海船船员适任考试用书

船舶操纵与避碰同步辅导

主　编　惠子刚　周振路
副主编　林　斌　裴建峰
主　审　张　钢

大连海事大学出版社
DALIAN MARITIME UNIVERSITY PRESS

图书在版编目(CIP)数据

船舶操纵与避碰同步辅导 / 惠子刚，周振路主编.
— 大连 ：大连海事大学出版社，2025. 8. —（海船船员适任考试用书）. — ISBN 978-7-5632-4750-9

Ⅰ. ①675. 9;U692. 1

中国国家版本馆 CIP 数据核字第 2025UL6579 号

大连海事大学出版社出版

地址:大连市黄浦路523号　邮编:116026　电话:0411-84729665(营销部)　84729480(总编室)

http://press. dlmu. edu. cn　E-mail:dmupress@ dlmu. edu. cn

大连日升彩色印刷有限公司印装　　大连海事大学出版社发行

2025 年 8 月第 1 版　　2025 年 8 月第 1 次印刷

幅面尺寸:184 mm×260 mm　　印张:29

字数:723 千　　册数:1~1000 册

出版人:余锡荣

责任编辑:张　华　　责任校对:陶月初　刘长影

封面设计:张爱妮　　版式设计:张爱妮

ISBN 978-7-5632-4750-9　　定价:80. 00 元

前 言

党的二十大报告指出，建设现代化产业体系需坚持把发展经济的着力点放在实体经济上，推进新型工业化，加快建设制造强国、质量强国、航天强国、交通强国、网络强国、数字中国，其中特别强调“交通强国”建设理念。作为海上交通从业者，通过践行“交通强国”战略，深化“海上丝绸之路”国际影响力，发展现代化航运船队，可进一步增强民族自信心和自豪感。

本教材以航海职业教育“工学结合”理念为指导，由校企“双元”合作开发，采用模块化、任务导向的编写体例，在深入解读最新版的《海船船员培训大纲》《海船船员考试大纲》，研究中华人民共和国海事局发布的相关训练资源的基础上，围绕海船船员适任考试特点系统编写而成。

全书共分两大模块：

模块一为船舶操纵，共八个项目：项目一为船舶操纵性能，项目二为船舶操纵设备及其运用，项目三为外界因素对操船的影响，项目四为港区操纵；项目五为特殊水域中的船舶操纵；项目六为恶劣天气中的船舶操纵；项目七为应急船舶操纵；项目八为搜寻与救助。

模块二为船舶值班与避碰，共四个项目：项目九为国际海上避碰规则，项目十为航行值班，项目十一为船舶视觉信号，项目十二为驾驶台资源管理。

本教材由惠子刚、周振路担任主编并负责全书的统稿、定稿工作，林斌、裴建峰担任副主编，张钢担任主审。深圳远洋运输股份有限公司刘德斌船长与青岛引航站裴建峰船长为本书提供了专业指导与实操建议，有效提升了教材的系统性和实用性。本教材模块一由惠子刚、李赞、刘德斌编写，模块二由周振路、林斌、裴建峰编写。

在本教材的编写过程中，青岛港湾职业技术学院与青岛远洋船员职业学院船艺教研室的教师们给予了大力支持与帮助，在此深表谢忱。

限于编写周期与编者水平，疏漏之处在所难免，恳请航海领域专家及广大读者不吝指正。

编　者

2025 年 5 月

扫码学习《深入学习贯彻党的二十大精神　加快建设交通强国　当好中国式现代化开路先锋》

目　录

模块一　船舶操纵

模块二　船舶值班与避碰

模块一

船舶操纵

项目一
船舶操纵性能

学习目标

1. 要求学员掌握船舶旋回性以及影响旋回性的因素。
2. 要求学员掌握航向稳定性和保向性。
3. 要求学员掌握船舶变速性能。
4. 要求学员掌握船舶操纵性试验。

任务一　理解及运用船舶旋回性能

知识储备

一、船舶旋回运动过程及其特征

船舶旋回运动是直航船舶操舵后所做纵移、横移和回转运动的复合运动，其过程分为三个阶段：

1. 转舵阶段

转舵阶段从转舵开始到舵转至规定角度止，时间较短（通常不超过 15 s）。此阶段船舶产生漂角斜航，船尾明显外移，降速不明显，出现少量向操舵一舷的横倾（内倾）。

2. 过渡阶段

过渡阶段从舵角达到规定值到船舶进入定常旋回运动之前。此阶段随漂角增大,船舶旋回加快,转心 P 逐渐前移,角加速度降低,斜航中船舶降速加剧,船体由内倾转为外倾。

3. 定常旋回阶段

当舵力转船力矩、漂角水动力转船力矩和阻尼力矩平衡时,船舶旋回角加速度为零,旋回角速度稳定,船舶围绕固定回转中心做匀速圆周运动。此阶段船舶的漂角、转心位置、横倾、横移速度和线速度固定,降速达到最大。

二、旋回圈及其要素

旋回圈是定速直航的船舶操一定舵角后,其重心所描绘的轨迹。其要素分为几何要素和运动要素:

1. 几何要素

(1)反移量 L_k:船舶重心偏离原航向线向操舵相反一侧横移的距离。全速满舵旋回反移量最大值约船长的 1%,船尾处反移量比重心处大。

(2)旋回初径 D_T:旋回运动船舶航向角变化 180°时船舶重心的横向移动距离,是判断旋回过程中船舶横向占用水域范围的依据。

(3)旋回直径 D:船舶进入定常旋回时的旋回圈直径。

(4)纵距 A_d:从操舵开始到船舶航向转过 90°时船舶重心所移动的纵向距离。

(5)横距 T_r:从操舵开始到船舶航向转过 90°时船舶重心所移动的横向距离。

(6)滞距 R_e:从发令位置起,船舶重心至定常旋回曲率中心的纵向距离。

2. 运动要素

(1)漂角 β:艏艉线上某一点的线速度与艏艉面的交角,为 3°~15°,漂角越大,旋回性越好。

(2)转心 P:船舶转舵后绕旋回曲率中心 O 的旋回运动的合成中心,其位置在定常旋回时约在艏柱后 1/5~1/3 船长处。

(3)旋回中的降速:旋回中船速降低,与相对旋回初径 D_T/L 密切相关,降速幅度约为旋回操舵前船速的 25%~50%。

(4)旋回时间:船舶旋回 360°所需的时间,与旋回初始船速、船舶排水量有关。

(5)旋回中的横倾:旋回过程中船舶受横倾力矩作用产生横倾运动,横倾方向和角度大小与旋回阶段、船舶受力等有关。

三、影响旋回圈大小的因素

1. 船型因素

(1)方形系数 C_b 小的瘦削型船舶比 C_b 大的肥大型船舶旋回性差。

(2)长宽比 L/B 大的船舶旋回性较差,反之较好。

(3)舵面积比大的船舶旋回圈减小,但超过一定值后旋回圈会增大。

(4)船体水线下侧面积形状及分布影响船舶的航向稳定性和旋回性。

2. 操船因素

(1)舵角增大,旋回初径变小。

(2)操舵时间长,进距较大。

(3)船速对旋回圈大小影响小,但对旋回时间影响明显。

(4)主机使用方式对旋回初径影响明显,加车旋回,旋回圈小。

3. 装载状态

(1)吃水增加时,旋回进距增大,横距和旋回初径增加,反移量减小。

(2)艉倾时旋回圈变大,艏倾时旋回圈减小。

(3)横倾对旋回圈的影响不大,但是低速时向低舷侧旋回时,旋回性好;高速时向高舷侧旋回时,旋回性好。

4. 环境因素

(1)浅水中船舶的旋回性下降,旋回圈增大。

(2)船体污底严重,旋回圈略微变大。

(3)有风、流影响时,旋回圈大小和形状会发生变化。

四、旋回要素在操船中的应用

1. 反移量

在操舵后的初始阶段,应特别注意克服或利用反移量,比如有人落水时操满舵使船尾摆开,紧急避让时先操舵让开船首等。

2. 纵距

纵距是判断船舶旋回过程中纵向占用水域范围的依据,比如两船对遇时可用两船进距之和估算最晚施舵点。

3. 滞距

滞距可用来估算两船对遇时用舵无法让开的距离。

4. 旋回初径

旋回初径是判断船舶旋回过程中横向占用水域范围的依据,可用来估算用舵旋回掉头所需水域的大小。

5. 防止船舶在旋回中出现过大的横倾

合理配载,降低船速,正确选择操舵时机,在旋回中出现较大横倾时,应快速减速并慢慢回舵。

相关习题

1. 船舶在旋回运动的转舵阶段,其船首、船尾转动情况为________。
   A. 船首有向操舵相反一侧转动,船尾向操舵相反一侧转动
   B. 船首有向操舵一侧回转的趋势,船尾向操舵相反一侧转动
   C. 船首向操舵一侧转动,船尾向操舵一侧转动
   D. 船首向操舵相反一侧转动,船尾向操舵一侧转动
2. 直航船操一定舵角后,其旋回初始阶段的船体________。
   A. 开始向操舵一侧横移,并向操舵一侧横倾

B. 开始向操舵相反的一侧横移,并向操舵一侧横倾
C. 开始向操舵一侧横移,并向操舵相反的一侧横倾
D. 开始向操舵相反的一侧横移,并向操舵相反的一侧横倾

3. 直航中的船舶操一舵角后,在进入加速旋回阶段,其运动特征是________。
A. 旋回角加速度逐渐降低,旋回角速度逐渐降低
B. 旋回角加速度逐渐提高,旋回角速度逐渐提高
C. 旋回角加速度逐渐降低,旋回角速度逐渐提高
D. 旋回角加速度逐渐提高,旋回角速度逐渐降低

4. 旋回圈是指直航中的船舶操左(或右)满舵后________。
A. 船尾端描绘的轨迹　　B. 重心描绘的轨迹
C. 转心描绘的轨迹　　D. 船首端描绘的轨迹

5. 船舶做舵旋回进入定常旋回阶段后,下列叙述哪项不正确?________。
A. 作用于船体的合力矩为零　　B. 角速度达最大
C. 角加速度达最大　　D. 降速达到最大

6. 船舶做舵旋回进入定常旋回阶段后,下列叙述哪项不正确?________。
①作用于船体的合力矩为零;②角速度达最小;③角加速度达最大;④降速达到最大
A. ①③④　　B. ①③
C. ③④　　D. ②③

7. 船舶在旋回中的降速主要是________。
A. 大舵角的舵阻力增大、斜航中船体阻力减小造成的
B. 大舵角的舵阻力增大、斜航中船体阻力增大造成的
C. 大舵角的舵阻力减小、斜航中船体阻力减小造成的
D. 大舵角的舵阻力减小、斜航中船体阻力增大造成的

8. 直航船操一定舵角后,其旋回初始阶段的________。
A. 转向角速度较小,角加速度较大　　B. 转向角速度较小,角加速度较小
C. 转向角速度较大,角加速度较大　　D. 转向角速度较大,角加速度较小

9. 直航船操一定舵角后,其定常旋回阶段________。
A. 降速达到最大,外倾角趋于稳定　　B. 船速继续下降,外倾角继续增大
C. 船速继续下降,外倾角趋于稳定　　D. 降速达到最大,外倾角继续增大

10. 船舶操舵旋回中,在转舵阶段将向________横倾,在定常旋回阶段将向________横倾。
A. 转舵一侧;转舵相反一侧　　B. 转舵一侧;转舵一侧
C. 转舵相反一侧;转舵一侧　　D. 转舵相反一侧;转舵相反一侧

11. 船舶做大舵角快速转向过程中,会产生横倾,倾斜的方向为________。
A. 内倾　　B. 外倾
C. 先内倾后外倾　　D. 先外倾后内倾

12. 关于船舶旋回过程中各阶段的横倾,下列说法正确的是________。
①转舵阶段和定常旋回阶段,船舶横倾方向相反;②内倾角较小;③过渡阶段的外倾角最大;④定常旋回阶段的外倾角最大

A. ①②③　　B. ①②④

C. ②③　　D. ②④

13. 在可操舵角的范围内,操不同的舵角时的旋回初径及旋回时间的变化情况是________。

A. 随着舵角的减小,旋回初径将会急剧减小,旋回时间也将增加

B. 随着舵角的减小,旋回初径将会急剧增大,旋回时间也将减少

C. 随着舵角的减小,旋回初径将会急剧增大,旋回时间也将增加

D. 随着舵角的减小,旋回初径将会急剧减小,旋回时间也将减少

14. 商船在满舵旋回时降速幅度为________。

A. 25%~50%　　B. 35%~50%

C. 25%~40%　　D. 15%~30%

15. 艉倾越大,旋回圈越大,若艉倾吃水差增加船长的1%,旋回半径会增加________。

A. 10%　　B. 20%

C. 50%　　D. 5%

16. 船舶旋回中,随着漂角的逐渐增大________。

A. 转心前移　　B. 转心后移

C. 舵力增大　　D. 船速加快

17. 下列关于船舶在旋回中降速的说法,不正确的是________。

A. 方形系数大的船舶一般比方形系数小的船舶旋回降速少

B. 船舶旋回过程中,推进器效率降低引起船速下降

C. 船舶旋回过程中,船舶斜航阻力增加也会引起船速下降

D. 相对旋回初径越小的船舶旋回中降速越多

18. 转心 P 是指________。

A. 旋回中船体所受水动力的作用中心

B. 旋回轨迹的曲率中心至艏艉线的垂足

C. 旋回轨迹的中心

D. 旋回中船体上漂角最大的一点

19. 船舶旋回过程中,转心位置________。

A. 在转舵阶段和过渡阶段不变,在定常旋回阶段不变

B. 在转舵阶段和过渡阶段变化,在定常旋回阶段变化

C. 在转舵阶段和过渡阶段变化,在定常旋回阶段不变

D. 在转舵阶段和过渡阶段不变,在定常旋回阶段变化

20. 船舶操一定舵角进行旋回,在开始操舵时转心位置在________。

A. 船尾　　B. 重心稍前处

C. 艏柱后1/5~1/3船长附近处　　D. 船中

21. 船舶在后退中回转时,转心________。

A. 接近船首　　B. 在船舶重心之后

C. 在船舶重心处　　D. 在船舶重心稍前

22. 船舶旋回360°所需要的时间与下述哪项因素关系最密切?________。

A. 船长　　B. 纵倾

C. 横倾　　D. 船速

23. 表征船舶旋回性能的要素包括________。

①横距；②纵距；③旋回初径；④旋回直径；⑤滞距；⑥反移量

A. ①②③　　B. ①②⑤⑥

C. ①③④⑥　　D. ①②③④⑤⑥

24. 船舶旋回圈中的横距一般是指________。

A. 自操舵起，至航向改变 90°时，其重心在原航向上的横向移动距离

B. 自操舵起，至航向改变 90°时，其重心在原航向上的纵向移动距离

C. 自操舵起，至航向改变 180°时，其重心在原航向上的横向移动距离

D. 自操舵起，至航向改变 180°时，其重心在原航向上的纵向移动距离

25. 船舶旋回过程中的反移量是指________。

A. 自操舵起，其重心向转舵相反一侧在原航向上的横向移动距离

B. 自操舵起，其船尾向转舵相反一侧在原航向上的横向移动距离

C. 自操舵起，其重心向转舵一侧在原航向上的横向移动距离

D. 自操舵起，其船尾向转舵一侧在原航向上的横向移动距离

26. 船舶旋回时，随着转头角速度的增大，将出现向操舵相反侧的外倾，在下列哪种情况下其外倾将增大？________。

A. 旋回直径越大，初稳性高度 *GM* 越大，船速越慢

B. 旋回直径越大，初稳性高度 *GM* 越小，船速越慢

C. 旋回直径越小，初稳性高度 *GM* 越大，船速越快

D. 旋回直径越小，初稳性高度 *GM* 越小，船速越快

27. 如下图所示的旋回试验中横距是指________所示的距离。

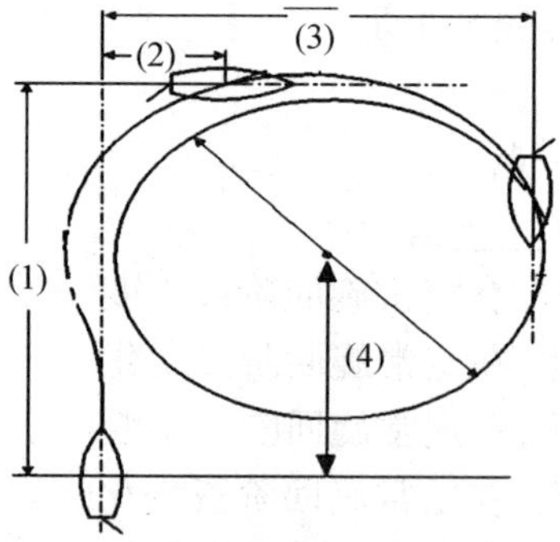

A. (1)　　B. (2)

C. (3)　　D. (4)

28. 如下图所示的旋回试验中反移量是指________所示的距离。

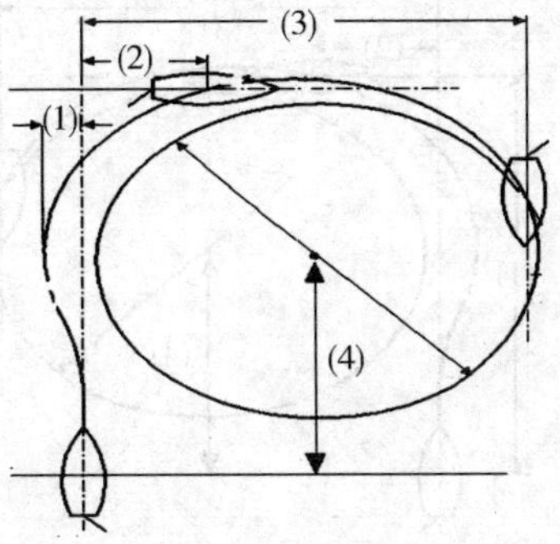

A.（1） B.（2）

C.（3） D.（4）

29. 如下图所示的旋回试验中旋回初径是________所示的距离。

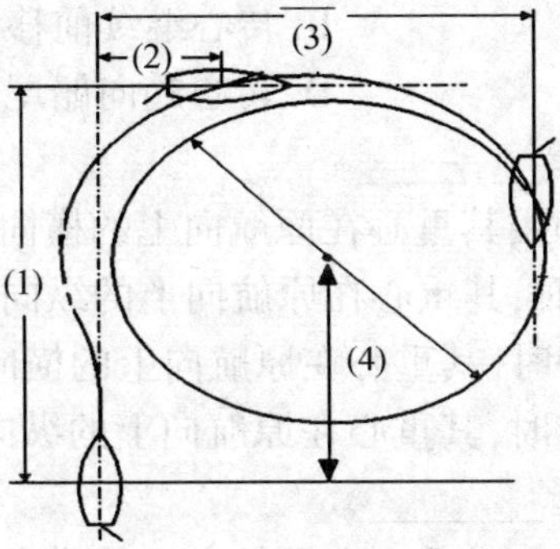

A.（1） B.（2）

C.（3） D.（4）

30. 如下图所示的旋回试验中进距是________所示的距离。

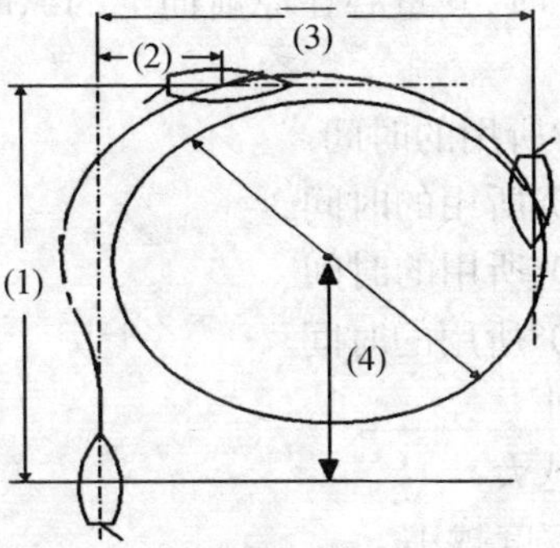

A.（1） B.（2）

C.（3） D.（4）

31. 如下图所示的旋回试验中滞距是________所示的距离。

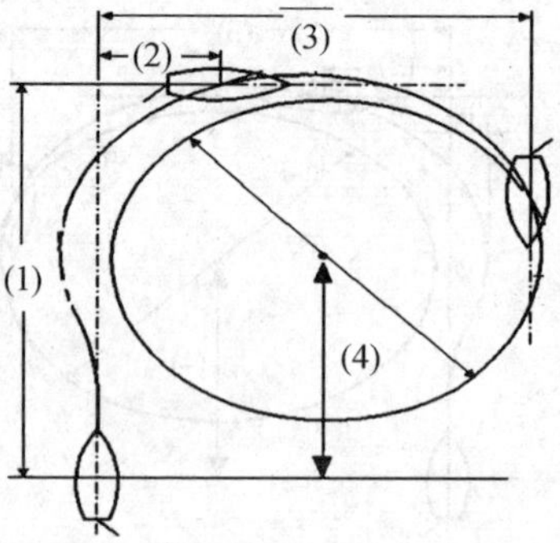

A. (1)　　B. (2)
C. (3)　　D. (4)

32. 直航船操一定舵角进行旋回,其定常旋回阶段的________。
A. 转心位置稳定　　B. 转心继续前移
C. 转心趋向船中　　D. 转心趋向船尾

33. 船舶旋回圈中的进距通常是指________。
A. 自操舵起,至航向改变 90°时,其重心在原航向上的横向移动距离
B. 自操舵起,至航向改变 90°时,其重心在原航向上的纵向移动距离
C. 自操舵起,至航向改变 180°时,其重心在原航向上的横向移动距离
D. 自操舵起,至航向改变 180°时,其重心在原航向上的纵向移动距离

34. 船舶旋回圈中的旋回初径是指________。
A. 自操舵起,至航向改变 90°时,其重心在原航向上的横向移动距离
B. 自操舵起,至航向改变 90°时,其重心在原航向上的纵向移动距离
C. 自操舵起,至航向改变 180°时,其重心在原航向上的横向移动距离
D. 自操舵起,至航向改变 180°时,其重心在原航向上的纵向移动距离

35. 船舶旋回时间是指________。
A. 自转舵起至航向角变化 90°所用的时间
B. 自转舵起至航向角变化 180°所用的时间
C. 自转舵起至航向角变化 270°所用的时间
D. 自转舵起至航向角变化 360°所用的时间

36. 船舶旋回过程中,漂角越大,则________。
A. 船尾向操舵一侧偏转幅度越大
B. 船尾向操舵相反一侧偏转幅度越小
C. 船首向操舵一侧偏转幅度越大
D. 船首向操舵相反一侧偏转幅度越小

37. 船舶旋回过程中,漂角越大,________。
A. 旋回性越差;旋回直径越大　　B. 旋回性越好;旋回直径越小
C. 追随性越差;旋回直径越大　　D. 追随性越好;旋回直径越小

38. 有关影响旋回圈大小因素的叙述,下列说法正确的是________。
A. 船舶重载时,旋回初径有所减小　　B. 有球鼻艏的船,旋回圈较大

C. 浅水中旋回时,旋回圈变大　　　　D. 方形系数大的船,旋回圈大

39. 某一大型船舶进行满载旋回时,满载相较压载状态,下列说法正确的是________。
A. 旋回初径变小　　　　B. 反移量变小
C. 横距变小　　　　D. 进距变小

40. 影响旋回圈反移量大小的因素包括________。
A. 船速、舵角、操舵速度、排水量
B. 船速、舵角、操舵速度、装载状态
C. 船型、船速、排水量、舵角
D. 船速、舵角、操舵速度、装载状态、船型

41. 同一艘船舶在相同的装载条件下,不同水深条件下的旋回圈大小是________。
A. 深水区的旋回初径大于浅水区
B. 深水区的旋回初径小于浅水区
C. 深水区与浅水区的旋回初径变化不大
D. 深水区与浅水区的旋回初径无法比较

42. 下列有关船舶旋回要素的叙述正确的是________。
①在船舶旋回资料中,给出的进距是航向改变 90°时的进距;②在船舶旋回资料中给出的横距是航向改变 90°时的横距;③船速越快,反移量越大;④船舶初稳性高度越大,定常外倾角越大
A. ①②④　　　　B. ②③④
C. ①③④　　　　D. ①②③

43. 下列说法正确的是________。
A. 船舶吃水增加,旋回时纵距增大,旋回初径增大
B. 船舶吃水增加,旋回时纵距减小,旋回初径增大
C. 船舶吃水增加,旋回时纵距增大,旋回初径减小
D. 船舶吃水增加,旋回时纵距减小,旋回初径减小

44. 同一艘船舶在下列哪种情况下旋回时旋回圈最小?________。
A. 全速下满舵旋回　　　　B. 全速前进中停车后满舵旋回
C. 静止中加车满舵旋回　　　　D. 半速前进中加车满舵旋回

45. 下列说法正确的是________。
A. 船舶吃水增加,旋回时纵距增大,反移量增大
B. 船舶吃水增加,旋回时纵距增大,反移量减小
C. 船舶吃水增加,旋回时纵距减小,反移量增大
D. 船舶吃水增加,旋回时纵距减小,反移量减小

46. 根据统计,________的相对旋回初径最小。
A. 客船　　　　B. 集装箱船舶
C. 大型油船　　　　D. 港作拖船

47. 两船在海上对遇采取转向避让,转舵时机最迟应在________。
A. 相距两船横距之和以外　　　　B. 相距 4 倍船长以外

C. 相距两船进距之和以外　　D. 相距两船长度之和的 4 倍以外

48. 船舶航行中,突然发现有人落水,为了防止船舶和螺旋桨对落水者造成伤害,应立即怎样操纵船舶?________。

A. 向落水者相反一舷操 20°舵角　　B. 向落水者一舷操满舵

C. 向落水者一舷操 20°舵角　　D. 向落水者相反一舷操满舵

49. 驾驶台展示的船舶操纵性资料中,其旋回圈________。

A. 是船舶全速直航操 20°舵角后重心描绘的轨迹

B. 是船舶半速直航操满舵后重心描绘的轨迹

C. 是船舶半速直航操 20°舵角后重心描绘的轨迹

D. 是船舶全速直航操满舵后重心描绘的轨迹

50. 在船舶提供给引航员的引航卡的船舶操纵性资料中的旋回圈是________。

A. 船舶在任意速度直航中操满舵后船中点描绘的轨迹

B. 船舶在全速直航中操满舵后船中点描绘的轨迹

C. 船舶在任意速度直航中操满舵后船重心描绘的轨迹

D. 船舶在全速直航中操满舵后船重心描绘的轨迹

51. 在船首前方偏右极近距离发现障碍物,用舵紧急避让,应________。

A. 先操左满舵使船首摆开,再操右满舵使船尾摆开

B. 先操右满舵使船首摆开,再操左满舵使船尾摆开

C. 先操左满舵使船尾摆开,再操右满舵使船首摆开

D. 先操右满舵使船尾摆开,再操左满舵使船首摆开

52. 在船首前方偏左极近距离发现障碍物,用舵紧急避让,应________。

A. 先操左满舵使船首摆开,再操右满舵使船尾摆开

B. 先操右满舵使船首摆开,再操左满舵使船尾摆开

C. 先操左满舵使船尾摆开,再操右满舵使船首摆开

D. 先操右满舵使船尾摆开,再操左满舵使船首摆开

53. ________和________可以用来估算用舵旋回所需水域的大小。

A. 旋回初径;进距　　B. 旋回初径;横距

C. 旋回直径;进距　　D. 旋回直径;横距

54. 船舶航行中,突然在船首右前方近距离发现障碍物,应如何操纵船舶避离?________。

A. 立即操右满舵,待船首避离后,再操左满舵,使船尾避离

B. 立即操右满舵,待船首避离后,保持右满舵,使船尾避离

C. 立即操左满舵,待船首避离后,保持左满舵,使船尾避离

D. 立即操左满舵,待船首避离后,再操右满舵,使船尾避离

55. 船舶在港内或锚地操纵时,为了在较小的水域达到掉头的目的,应如何操纵?________。

A. 在船速为零时,加车满舵,适时控制船速以达到掉头的目的

B. 进车当船舶达到一定速度后,满舵,以达到掉头的目的

C. 倒车可以利用螺旋桨的转头偏向力,以达到掉头的目的

D. 船舶自身无法实现,需要拖船来协助才能达到掉头的目的

56. 同一艘船舶在下列哪种情况下旋回时旋回圈最大？________。
   A. 全速下满舵旋回
   B. 全速前进中停车后满舵旋回
   C. 静止中加车满舵旋回
   D. 低速前进中加车满舵旋回
57. 关于旋回圈要素在实际操船中的应用，下列叙述错误的是________。
   A. 在水深足够的水域，旋回初径可以用来估算船舶用舵旋回掉头所需的水域
   B. 横距可以用来估算操舵转向后船舶与岸或其他船舶是否有足够的安全距离
   C. 滞距可以用来推算两船对遇时无法旋回避让的距离
   D. 两船的进距之和则可以用来推算对遇时的最早操舵点

任务二　掌握航向稳定性和保向性

知识储备

一、航向稳定性的概念

(1)直线运动稳定性：正舵直航中的船舶受到瞬时的外力干扰，在干扰消失后，船舶若能恢复直线运动，则具备直线运动稳定性；若不能恢复直线运动，则不具备直线运动稳定性。

(2)方向稳定性：在干扰消除后，船舶能恢复到原来航向上做直线运动，但存在横向偏量。

(2)位置稳定性：在干扰消除后，船舶能自行恢复到原来航线和航向，且运动轨迹无偏离。

二、航向稳定性的判别

(1)根据船舶的线型系数判别：方形系数较低、长宽比较高的船舶具有较好的航向稳定性。

(2)根据经验判别：航向稳定性好的船舶在直线航进中很少操舵也能较好地保向，操舵改向时能较快应舵，旋回中操正舵能较快稳定航向。

(3)根据实船试验结果判别：通过螺旋试验观察转头角速度与舵角的对应关系，单值对应则具有航向稳定性，多值对应则不具有。

三、影响航向稳定性的因素

(1)船舶的长宽比和方形系数：长宽比大、方形系数小的船舶航向稳定性好。

(2)船体水下侧面积分布：船尾侧面积较大，斜航时水动力作用中心靠近船尾，航向稳定性好。

(3)船舶的浮态：空载或压载时艉倾较大，水动力作用中心后移，航向稳定性变好。

(4)船速：航速提高，航向稳定性变好。

四、船舶保向性的概念

保向性是船舶在外力作用下偏离原航向后，通过操舵抑制或纠正艏摇并恢复到预定航向上的能力。与航向稳定性不同，保向性涉及人为操舵或自动舵的干预。

五、影响船舶保向性的因素

(1)方形系数：C_b 小的瘦削型船舶保向性好，C_b 大的宽体船保向性差。

(2)水线下船体侧面积形状：船尾分布较多的船舶保向性好，有球鼻艏的船舶保向性下降。

(3)船速：提高船速，保向性提高。

(4)舵角与舵面积比：舵角增加、舵面积比大，保向性提高。

(5)吃水：满载时保向性变差，空载或轻载时受强风影响保向性也差。

(6)纵倾与横倾：艉倾时保向性提高，艏倾和横倾时保向性下降。

(7)其他因素：浅水中航行、船体污底严重时保向性提高；顺风、顺流时保向性下降，顶风、顶流时保向性提高。

相关习题

1. 船舶在受到外力的瞬时干扰作用后，船首发生偏转，当干扰消失后在船舶保持正舵的条件下，船舶转头运动将稳定在新的航向上做直线运动的性质称为________。

A. 航向稳定性　　B. 保向性

C. 追随性　　D. 偏转抑制性

2. 有关航向稳定性好的船舶表现，下列说法错误的是________。

A. 直航中用小舵角保向困难　　B. 直航中少用舵即能保向

C. 船在转向中回舵，船首能很快停转　　D. 直航中改向时应舵较快

3. 船舶动航向稳定性的含义是正舵直航中的船在外力干扰下偏离原航向，当干扰消失后，________。

A. 操舵使船舶恢复原航向的性能

B. 船舶能自行稳定在新航向上的性能

C. 船舶自动恢复原航向的性能

D. 船舶自动恢复原航迹的性能

4. 船舶因受外力而转头，当撤去外力操正舵，船舶仍可稳定于新航向的性质为________。

A. 静航向稳定　　B. 静航向不稳定

C. 动航向稳定　　D. 动航向不稳定

5. 直航船舶受到干扰而偏离直线运动，当干扰过去以后，在不用舵纠正的情况下，船舶不能恢复直线运动，我们称其________。

A. 方位稳定　　B. 方位不稳定

C. 航向稳定　　D. 航向不稳定

6. 船舶在外力干扰下产生偏转，干扰消失后在船舶保持正舵的条件下，船舶转头运动变化的性质

称为________。

A. 船舶保向性　　B. 航向稳定性

C. 船舶旋回性　　D. 船舶追随性

7. 在海上实践中，航向自动舵达到的效果是________；航迹自动舵达到的效果是________。

A. 方向稳定；位置稳定　　B. 位置稳定；方向稳定

C. 位置稳定；位置稳定　　D. 方向稳定；方向稳定

8. 通常所说的航向稳定性指的是________或________。

A. 动航向稳定性；直线稳定性　　B. 静航向稳定性；直线稳定性

C. 动航向稳定性；方向稳定性　　D. 静航向稳定性；方向稳定性

9. 一艘航向稳定性较好的船舶的特征是________。

①直航中即使很少操舵也能较好地保向；②当操舵改向时，又能较快地应舵；③转向中回正舵，能较好地把航向稳定下来；④对航向的响应来得慢，耗时长，因而舵效比较差

A. ①②③④　　B. ①②③

C. ①③④　　D. ①②④

10. 在海上实践中，预配风流压差达到的是________。

A. 动航向稳定性　　B. 直线稳定性

C. 位置稳定性　　D. 方向稳定性

11. 航向稳定性好的船舶在________。

A. 改向时应舵较快，旋回中操正舵能较快地恢复直线运动

B. 改向时应舵较快，旋回中操正舵能较慢地恢复直线运动

C. 改向时应舵较慢，旋回中操正舵能较快地恢复直线运动

D. 改向时应舵较慢，旋回中操正舵能较慢地恢复直线运动

12. 如果船舶不具有航向稳定性，则通过操舵________。

A. 不能保向航行，不具有保向性

B. 可以保向航行，保向性不受影响

C. 可以保向航行，但保向性差

D. 可以保向航行，且保向性好

13. 直航中的船舶受外力干扰而偏离原航向，当外力消失后，船舶自动恢复直线运动的性能称为________。

A. 直线运动稳定或动航向稳定性

B. 直线运动稳定或静航向稳定性

C. 方向稳定性或动航向稳定性

D. 方向稳定性或静航向稳定性

14. 关于航向稳定性，下列说法正确的是________。

A. 方形系数较小，长宽比较小的船舶具有较差的航向稳定性

B. 方形系数较大，长宽比较大的船舶具有较差的航向稳定性

C. 方形系数较大，长宽比较小的船舶具有较差的航向稳定性

D. 方形系数较小，长宽比较大的船舶具有较差的航向稳定性

15. 同一艘船舶,艉倾比艏倾时的________。
A. 航向稳定性差,旋回圈小　　B. 航向稳定性好,旋回圈大
C. 航向稳定性差,旋回圈大　　D. 航向稳定性好,旋回圈小
16. 根据统计,一般来说比较瘦长的集装箱船舶通常具有________。
A. 较差的旋回性能,但航向稳定性较好
B. 较差的旋回性能和较差的航向稳定性
C. 较好的旋回性能,但航向稳定性较差
D. 较好的旋回性能,航向稳定性也较好
17. 同一艘船舶在排水量一定的情况下,________。
A. 艏倾时,航向稳定性好　　B. 艉倾时,航向稳定性差
C. 艏倾时,航向稳定性差　　D. 纵倾对航向稳定性影响不大
18. 在其他条件相同的情况下,不同方形系数的船舶其航向稳定性的特点是________。
A. 方形系数较小的船舶的航向稳定性较好
B. 方形系数大小对船舶的航向稳定性没有影响
C. 方形系数较小的船舶的航向稳定性较差
D. 方形系数较大的船舶的航向稳定性较好
19. 考虑船舶转头惯性时,下列说法正确的是________。
A. 一般来说,满载船舶较空载船舶应适当地早用舵,早回舵,所操舵角也比较大
B. 一般来说,满载船舶较空载船舶应适当地晚用舵,晚回舵,所操舵角也比较大
C. 一般来说,满载船舶较空载船舶应适当地早用舵,早回舵,所操舵角也比较小
D. 一般来说,满载船舶较空载船舶应适当地晚用舵,晚回舵,所操舵角也比较小
20. 满载大型船在进行操纵转向时,一般宜________。
A. 晚用舵,晚回舵,用小舵角　　B. 早用舵,早回舵,用大舵角
C. 早用舵,晚回舵,用小舵角　　D. 晚用舵,早回舵,用大舵角
21. 船舶航向稳定性与船体水下侧面积形状分布和纵倾情况有关,表现为________。
A. 船尾钝材、艉倾越大,航向稳定性越好
B. 船首钝材、艉倾越大,航向稳定性越好
C. 船首钝材、艏倾越大,航向稳定性越好
D. 船尾钝材、艏倾越大,航向稳定性越好
22. 影响船舶保向性的因素有________。
①航向稳定性;②操舵技能;③舵机性能;④外界干扰
A. ①②　　B. ①②③
C. ①②③④　　D. ①④
23. 船舶航向稳定性与其长宽比 L/B 和方形系数有关,表现为________。
A. 长宽比 L/B 越大、方形系数越大,航向稳定性越好
B. 长宽比 L/B 越小、方形系数越小,航向稳定性越好
C. 长宽比 L/B 越大、方形系数越小,航向稳定性越好
D. 长宽比 L/B 越小、方形系数越大,航向稳定性越好

24. 给定船舶随着吃水和排水量的增大,操纵性变化趋势为________。
A. 旋回性变化不大,航向稳定性变差
B. 旋回性明显变好,航向稳定性变差
C. 旋回性明显变差,航向稳定性变好
D. 旋回性变化不大,航向稳定性变好
25. 船舶从深水进入浅水时,下列说法正确的是________。
A. 冲程不变　　B. 航向稳定性提高
C. 旋回性变好　　D. 舵力增大
26. 有关船舶保向性的叙述,下列正确的是________。
①对同一艘船舶,轻载较满载时的保向性差;②对同一艘船舶,艉倾较艏倾时的保向性差;③较高的干舷将降低船舶在风中航行时的保向性;④同一艘船舶,船速提高,保向性将变好
A. ③④　　B. ①②③④
C. ①②③　　D. ①③
27. 保向性与航向稳定性有关,表现为________。
A. 航向稳定性越好,保向性越差
B. 保向性越好,航向稳定性越好
C. 航向稳定性与保向性没有直接联系
D. 航向稳定性越好,保向性越好
28. 船舶在外力干扰下产生艏摇,通过操舵抑制或纠正艏摇使船舶驶于预定航向的能力称为________。
A. 船舶保向性　　B. 航向稳定性
C. 船舶旋回性　　D. 船舶追随性
29. 关于船舶保向性,下述哪项正确?________。
A. 保向性与航向稳定性有关,与操舵人员的技能无关
B. 保向性与航向稳定性有关,与操舵人员的技能有关
C. 保向性与航向稳定性无关,与操舵人员的技能无关
D. 保向性与航向稳定性无关,与操舵人员的技能有关
30. 船型对船舶保向性的影响是________。
A. 方形系数较大,长宽比较大的瘦长型船舶其保向性较好
B. 方形系数较大,长宽比较小的肥大型船舶其保向性较好
C. 方形系数较小,长宽比较小的肥大型船舶其保向性较好
D. 方形系数较小,长宽比较大的瘦长型船舶其保向性较好
31. 对于同一艘船舶在相同装载情况下,有关船舶保向性叙述正确的是________。
①增大所操舵角,能明显地改善船舶的保向性;②由深水区驶入浅水区,保向性将变好;③顶风浪或顶流航行中保向性反而降低;④顶风浪或顶流航行中保向性反而提高
A. ①②③④　　B. ①②③
C. ②③④　　D. ①②④

任务三　理解及运用船舶变速性能

知识储备

一、船舶的启动性能

(1)启动冲程与冲时:船舶从静止到达到稳定船速所需的时间和距离,分别称为启动冲时和启动冲程。船舶惯性大,启动性能差,需逐步增加转速保护主机。

(2)启动性能估算:船舶启动后达到定常速度所需的时间和距离与排水量、速度和阻力有关,经验公式为 $t_0 \propto \Delta V_0/R_0$,$S_0 \propto \Delta V_0{}^2/R_0$。

二、船舶的减速、停车性能

(1)停车冲程与冲时:船舶从某一速度停车到对水停止移动所需的时间和距离,分别称为停车冲时和停车冲程。实际中很少用停车方法完全停船,通常将船速降至能维持舵效的速度。

(2)减速、停车性能的估算:主机停车后船速降至能维持舵效速度时的时间和距离估算公式为 $t_0 \propto \Delta V_0/R_0$,$S_0 \propto \Delta V_0{}^2/R_0$

三、船舶倒车停船性能

(1)倒车停船冲程:船舶从全速前进到全速倒车,直至对水停止移动所需的时间和距离,称倒车冲时和倒车冲程。主机换向时间因船而异,内燃机船需 90~120 s,汽轮机船需 120~180 s,蒸汽机船需 60~90 s。

(2)倒车停船性能估算:倒车冲时和冲程与排水量、速度和阻力有关,公式为 $t_0 \propto \Delta V_0/R_0$,$S_0 \propto \Delta V_0{}^2/R_0$。万吨级货船紧急停船距离为 6~8 倍船长,载重量越大,停船距离越长。

(3)船舶倒车制动的运动轨迹:倒车制动时船舶会产生偏航,偏航量和偏航角是衡量倒车停船性能的重要因素。满载时停船时间长,偏航量和偏航角大。

四、影响紧急停船距离的因素

(1)主机倒车功率:单位排水量主机功率越大,停船性能越好。

(2)主机换向时间:换向时间越短,紧急停船距离越小。

(3)推进器种类:可变螺距螺旋桨船比固定螺距螺旋桨船换向时间短,紧急停船距离小。

(4)船型系数:方形系数越大,停船距离越小。

(5)主机倒车转速:倒车转速越高,紧急停船距离越小。

(6)船舶排水量:排水量越大,紧急停船距离越大。

(7)船速:船速越高,紧急停船距离越大。

(8)船体的污底程度:船体污底越严重,紧急停船距离越小。

(9)外界条件:顺风、顺流时紧急停船距离增大;顶风、顶流时减小。

五、船舶制动方法及其运用

(1)倒车制动法:通过倒车产生拉力制动,适用于各种水域和船速,但历时较长,单桨船倒车时有偏航。

(2)大舵角旋回制动法:利用满舵旋回降低船速,操作方便,降速时间短,但需较宽水域,最后仍需倒车制动。

(3)Z形操纵制动法:通过左右操舵、减速、倒车利用斜航阻力和倒车拉力制动,适用于超大型船舶,开始时赋予明确偏航方向,缩短停船距离和时间,但在窄水域内使用受限。

(4)拖锚制动法:利用拖锚阻力刹减余速,适用于吨位较小的船舶低速时。

(5)拖船制动法:借助拖船推力制动,多用于大型船舶在港内低速状态。

(6)辅助装置制动法:设置阻力鳍等辅助装置使船舶减速,仅在高航速时效果明显。

相关习题

1. 船速达到定常速度时的启动距离与________。
   ①船舶的排水量成正比;②所需达到的定常速度的平方成正比;③船舶的水阻力成正比;④船舶的主机功率成正比
   A. ①②③④　　B. ①②③
   C. ②③④　　D. ①②
2. 在船舶启动倒车时,促使船舶产生后退运动的原因是________。
   A. 滑失较小,拉力小于阻力　　B. 滑失较小,拉力大于阻力
   C. 滑失较大,拉力小于阻力　　D. 滑失较大,拉力大于阻力
3. 在船舶启动进车时,促使船舶产生加速运动的原因是________。
   A. 滑失较大,推力小于阻力　　B. 滑失较小,推力小于阻力
   C. 滑失较大,推力大于阻力　　D. 滑失较小,推力大于阻力
4. FPP(固定螺距桨)船舶从静止状态开进车,其操作过程是主机的转速________。
   A. 可以一步到位以缩短启动时间
   B. 保持不变
   C. 轻载船可以急速提升,满载船可以缓慢提升
   D. 需视船速的逐步提高而逐渐增加
5. 船舶从静止状态中开进车,使船舶达到与主机功率相应的稳定航速所需的时间和航速的距离称为船舶的起动性能。其启动过程是________。
   A. 船舶从静止状态开进车,开始阶段推力大于阻力,船舶开始加速,同时阻力也随船速的提高而增大,而推力也随船速的增加而减小,当推力等于阻力时,船舶达到稳定的船速
   B. 船舶从静止状态开进车,开始阶段推力小于阻力,船舶开始加速,同时阻力也随船速的提高而减小,而推力也随船速的增加而减小,当推力等于阻力时,船舶达到稳定的船速
   C. 船舶从静止状态开进车,开始阶段推力大于阻力,船舶开始加速,同时阻力也随船速的提高

而增大,而推力也随船速的增加而增大,当推力等于阻力时,船舶达到稳定的船速

D. 船舶从静止状态开进车,开始阶段推力小于阻力,船舶开始加速,同时阻力也随船速的提高而增大,而推力也随船速的增加而减小,当推力等于阻力时,船舶达到最大的船速

6. 船舶启动过程中,为保护主机应________。

A. 先开高转速,在船速达到与转速相应的船速时再逐级减小转速

B. 先开低转速,在船速达到与转速相应的船速时再逐级加大转速

C. 先开低转速,在螺旋桨转动起来后就开高转速

D. 先开低转速,在转速达到相应的转速时再逐级增大转速

7. 当船速不变时,主机转速越低________。

A. 推力越小,螺旋桨旋转阻力越大　　B. 推力越小,螺旋桨旋转阻力越小

C. 推力越大,螺旋桨旋转阻力越小　　D. 推力越大,螺旋桨旋转阻力越大

8. 船舶由静止状态进车,达到相应稳定船速的时间________。

A. 与船舶排水量成正比,与达到相应稳定船速时的螺旋桨推力成正比

B. 与船舶排水量成反比,与达到相应稳定船速时的螺旋桨推力成正比

C. 与船舶排水量成正比,与达到相应稳定船速时的螺旋桨推力成反比

D. 与船舶排水量成反比,与达到相应稳定船速时的螺旋桨推力成反比

9. 船舶由静止状态进车,达到相应稳定航速的前进距离________。

A. 与船舶排水量成正比,与相应稳定船速的平方成正比

B. 与船舶排水量成正比,与相应稳定船速的平方成反比

C. 与船舶排水量成反比,与相应稳定船速的平方成正比

D. 与船舶排水量成反比,与相应稳定船速的平方成反比

10. 在港内航行,“微速前进”的功率与转速是________。

A. 主机能发出的最低功率,最低转速

B. 主机能发出的最低功率,最高转速

C. 主机能发出的最大功率,最低转速

D. 主机能发出的最大功率,最高转速

11. 船舶从静止状态启动,逐级加车过程中,随着船速的提高,关于主机推力与船舶阻力,下列说法正确的是________。

①主机推力逐渐减小;②主机推力逐渐增大;③船舶阻力逐渐增大;④船舶阻力逐渐减小

A. ①③　　B. ②④

C. ③　　D. ②③

12. 在停车冲程的估算中,停车冲程与________。

A. 排水量、船速成反比　　B. 排水量、船速成正比

C. 排水量的平方、船速成反比　　D. 船速的平方、排水量成正比

13. 下列说法正确的是________。

A. 停车冲程与发令时的初速度成正比

B. 停车冲程与发令时的初速度的平方成正比

C. 停车冲程与发令时的初速度成反比

D. 停车冲程与发令时的初速度的平方成反比

14. 关于停车冲程的大小，下列说法正确的是________。

①受吃水影响较大；②纵倾时比平吃水时大；③浅水中比深水中小；④与主机无关

A. ④ B. ①②③④

C. ③④ D. ①③

15. 船舶停船停车试验（冲程试验）测试的冲程，是指________。

A. 纵向进距 B. 横向偏移量

C. 初始船位与最终船位的距离 D. 航迹进距

16. 船停车后的停船距离（冲程）是指________。

A. 船舶在直航中停止主机至船舶对水停止移动的滑行距离

B. 船舶在直航中停止主机至船舶对地停止移动的滑行距离

C. 船舶在旋回中停止主机至船舶对水停止移动的滑行距离

D. 船舶在旋回中停止主机至船舶对地停止移动的滑行距离

17. 船舶停车时间与排水量和初始船速有关，在其他情况相同的条件下________。

A. 排水量越大、初始船速越小，停车冲时越长

B. 排水量越大、初始船速越大，停车冲时越长

C. 排水量越小、初始船速越小，停车冲时越长

D. 排水量越小、初始船速越大，停车冲时越长

18. 船舶停车冲程与排水量和初始船速有关，在其他情况相同的条件下________。

A. 排水量越小、初始船速越大，停车冲程越大

B. 排水量越大、初始船速越大，停车冲程越大

C. 排水量越小、初始船速越小，停车冲程越大

D. 排水量越大、初始船速越小，停车冲程越大

19. 船舶停车冲程的试验水域最好选择________。

A. 无风无流，浅水域 B. 有风有流，浅水域

C. 无风无流，深水域 D. 有风有流，深水域

20. 船舶在前进中减速或停止主机，至船减至所要求的速度或对水停止移动所滑行的距离称为减速时间或冲时，其大小与________。

①船舶的排水量成正比；②初始速度成正比；③船体水阻力成反比；④主机的功率成正比

A. ①②③④ B. ①②④

C. ①②③ D. ②③④

21. 停车后的停船距离受到________因素的影响。

①排水量；②初速度；③船舶阻力；④推进器类型

A. ①②③④ B. ①②③

C. ②③ D. ①②

22. 匀速前进中的船舶主机停车后，其速度随时间变化的情况为________。

A. 加速度为一恒定值，逐渐降速为零

B. 加速度不断变化，逐渐降速为定常值

C. 加速度不断变化，开始降速较快，而后下降率变低，逐渐降速为零

D. 加速度不断变化，开始降速较慢，而后下降率变高，逐渐降速为零

23. 在实际应用中，我们常说的停车冲程，一般以________船舶的惯性距离作为停车冲程。

A. 船舶对地速度降到能保持舵效的最小速度时

B. 船舶对水速度降到能保持舵效的最小速度时

C. 船舶对水速度降到零时

D. 船舶对地速度降到零时

24. 实测的倒车冲程和冲时通常指________。

A. 船舶在航进中从开出倒车到停止对水移动的对水航行距离和时间

B. 船舶在航进中从开出倒车，直至余速降至 2 kn 时的对水航进距离和所需时间

C. 船舶在航进中从下令倒车，直至对水余速降至 2 kn 时的对水航进距离和所需时间

D. 船舶在航进中从下令倒车到停止对水移动的对水航行距离和时间

25. 船舶倒车冲程与哪些因素有关？________。

①主机换向所需时间及倒车功率之大小；②排水量、船速、船体所受阻力；③风、流的方向、大小、航道浅窄、污底程度

A. ①　　　　B. ①②③

C. ②③　　　　D. ①②

26. 船舶在前进中倒车控船，下列说法正确的是________。

A. 船速降低到一定程度后才能开出倒车

B. 发出倒车令后主机可立即倒转

C. 任何船速情况下均可开出倒车

D. 船速降低到一定程度后才可发倒车令

27. 根据经验，万吨级船舶倒车制动中，在流速较缓水域________。

A. 当倒车排出流水花达到船首时，船舶对水速度约为 0

B. 当倒车排出流水花达到船首时，船舶对地速度约为 0

C. 当倒车排出流水花达到船中时，船舶对水速度约为 0

D. 当倒车排出流水花达到船中时，船舶对地速度约为 0

28. 下列说法正确的是________。

A. 船舶污底越严重，船体阻力越大，倒车冲程越小

B. 船舶污底越轻，船体阻力越大，倒车冲程越小

C. 船舶污底越严重，船体阻力越小，倒车冲程越小

D. 船舶污底越轻，船体阻力越小，倒车冲程越小

29. 船舶在前进中倒车停船，下列说法正确的是________。

A. 发出倒车令后主机可立即倒转

B. 船速降低到一定程度后才可发出倒车令

C. 任何船速情况下均可开出倒车

D. 船速降低到一定程度后才能开车倒车

30. 紧急避让时，可用操满舵或全速倒车方法，何种情况下应操满舵避让？________。

A. 进距大于最短停船距离　　B. 进距小于最短停船距离
C. 旋回初径大于最短停船距离　　D. 旋回初径小于最短停船距离

31. 下列说法正确的是________。
A. 船舶载重量越大,船速越低,紧急停船距离越大
B. 船舶载重量越小,船速越低,紧急停船距离越大
C. 船舶载重量越大,船速越高,紧急停船距离越大
D. 船舶载重量越小,船速越高,紧急停船距离越大

32. 船舶倒车冲程与排水量和初始船速有关,在其他条件相同的情况下________。
A. 排水量越大、初始船速越小,倒车冲程越大
B. 排水量越大、初始船速越大,倒车冲程越大
C. 排水量越小、初始船速越小,倒车冲程越大
D. 排水量越小、初始船速越大,倒车冲程越大

33. 对于给定的船舶,影响倒车冲程的因素主要有________。
①在其他条件相同的情况下,排水量越大,倒车冲程越大;②若其他因素相同,船速越高,倒车冲程越大;③若其他条件相同,主机倒车转速越高,主机倒车功率越大,倒车冲程越大;④若其他条件相同的情况下,主机换向时间越短,倒车冲程越小
A. ①②③④　　B. ①②③
C. ①②④　　D. ②③④

34. 船舶最短停船距离是指船在全速前进中下令全速后退,从________停止移动时船舶所前冲的距离。
A. 发令开始至船对地　　B. 发令开始至船对水
C. 螺旋桨开始倒转至船对地　　D. 螺旋桨开始倒转至船对水

35. 倒车冲程试验中的进距是指________。
A. 船舶从倒车开始至船舶对地停止时在原航向上的纵向位移量
B. 船舶从发令开始至船舶对水停止时在原航向上的纵向位移量
C. 船舶从倒车开始至船舶对水停止时在原航向上的纵向位移量
D. 船舶从发令开始至船舶对地停止时在原航向上的纵向位移量

36. 船舶倒车停止性能或最短停船距离是指船在前进三中开后退三,从________停止时船舶所前进的距离。
A. 发令开始至船对地　　B. 发令开始至船对水
C. 螺旋桨开始倒转至船对地　　D. 螺旋桨开始倒转至船对水

37. 船舶航行中,驾驶台突然下令倒车,机舱的倒车过程是________。
A. 关闭油门→主机停转→压缩空气通入气缸→倒车启动
B. 压缩空气通入气缸→关闭油门→主机停转→倒车启动
C. 压缩空气通入气缸→主机停转→关闭油门→倒车启动
D. 关闭油门→压缩空气通入气缸→主机停转→倒车启动

38. 船舶倒车冲程与主机换向所需时间及倒车功率有关,在其他情况相同的条件下________。
A. 主机换向所需时间越长、倒车功率越小,倒车冲程越大

B. 主机换向所需时间越长、倒车功率越大,倒车冲程越大
C. 主机换向所需时间越短、倒车功率越小,倒车冲程越大
D. 主机换向所需时间越短、倒车功率越大,倒车冲程越大

39. 关于船舶(FPP)在航进中倒车停船,下列说法正确的是________。
①除非紧急情况,倒车前应逐级降速;②应根据冲程提前倒车;③任意船速主机均可倒转;④船速降低到一定程度后才能开出倒车
A. ①③④　　B. ①②④
C. ①④　　D. ②③

40. 关于各因素对停车冲程与倒车冲程的影响,下列说法正确的是________。
①两者均随吃水增大而增大;②两者均随纵倾增大而增大;③浅水中两者均比深水中小;④两者均受主机操作影响
A. ③④　　B. ①③④
C. ①②　　D. ①④

41. 关于船舶蛇形操纵制动法,下列叙述哪项正确?________。
①能保证船舶较少偏离原航向;②有利于保护主机;③对于方形系数较大的船舶在较窄的水道里尤为有效
A. ①③　　B. ②③
C. ①②③　　D. ①②

42. 船舶大舵角旋回制动适用于________。
A. 低速且水域宽度较小的水域　　B. 高速且水域宽度较小的水域
C. 高速且水域宽度较大的水域　　D. 低速且水域宽度较大的水域

43. 满舵旋回制动法亦称大舵角旋回制动法,它是利用大舵角进行急速旋回的方法进行制动,其特点是________。
①无需机舱操作而且降速时间也相对较短;②一艘船舶进行大舵角旋回时可减速 30%左右,而肥大型船舶可以降速达 50%以上;③该方法所需水域比较宽;④大舵角旋回后基本上就可以把船完全停住,无需进行倒车制动
A. ①③④　　B. ①②③
C. ②③④　　D. ①②③④

44. 大型船舶在港内常采用的制动方法是________。
A. 拖船制动　　B. 倒车制动
C. 大舵角旋回制动　　D. Z 形操纵制动

45. 关于船舶靠泊操纵过程的制动操纵,下列说法正确的是________。
①小型船舶可拖锚制动;②中、大型船舶不适宜采用拖锚制动;③中型船舶可凭倒车进行制动;④大型船舶单凭倒车不足以制动,需要拖船制动
A. ①　　B. ②③④
C. ①②　　D. ①②③④

46. 拖锚制动法和拖船协助制动法分别适用于________情况。
A. 船舶高速和低速　　B. 船舶低速和低速

C. 船舶低速和高速　　D. 船舶高速和高速

47. 船舶倒车冲程与水深、船舶污底程度有关,在其他情况相同的条件下________。
   A. 水深越大、船舶污底越严重,倒车冲程越大
   B. 水深越大、船舶污底越轻微,倒车冲程越大
   C. 水深越小、船舶污底越严重,倒车冲程越大
   D. 水深越小、船舶污底越轻微,倒车冲程越大

48. 常用的制动方法包括________。
   ①倒车制动法;②Z 形操纵制动法;③满舵旋回制动法;④拖锚制动法;⑤拖船协助制动法
   A. ①②③④　　B. ②③④⑤
   C. ①②③④⑤　　D. ①②④⑤

49. 拖船制动适用于________。
   A. 高速或港内水域且多用于大型船舶
   B. 低速或港内水域且多用于小型船舶
   C. 高速或港内水域且多用于中小型船舶
   D. 低速或港内水域且多用于大型船舶

50. 倒车制动法适用于________。
   ①海外水道;②港外水道;③港内水道
   A. ①②③　　B. ②③
   C. ②　　D. ①

任务四　掌握船舶操纵性试验和 IMO 船舶操纵性衡准的基本内容

知识储备

一、实船试验条件

(1)水深、水域宽度:标准操纵性试验应在深水、宽度不受限制且遮蔽条件较好的水域进行,水深大于 4 倍船舶平均吃水,停船试验水深不小于 $3\sqrt{Bd}$ 。

(2)船舶载况和吃水差:试验在满载、平吃水条件下进行,确保螺旋桨有足够的沉深。油船和散货船还需进行压载状态试验。

(3)气象与海况:在风力不超过蒲氏 5 级、海浪不超过 4 级、流场均匀的水域进行试验。

(4)试验船速:最小船速应达到船舶海上速度的 85%,主机功率达到最大输出功率的 90%。

二、旋回试验

(1)目的:测定船舶旋回圈,求取旋回要素,评价船舶旋回性能。

(2)特征参数:旋回圈是船舶旋回性能的重要指标,旋回圈越小,旋回性能越好。

三、Z 形操纵试验

1. 目的

评价艏摇抑制性,求取操纵性指数 K、T,评价船舶的旋回性、追随性和航向稳定性。

2. 结果分析

(1)初始回转时间 t_0:操舵角 δ 后,船首向改变一定角度所需的时间,t 越小,初始回转性越好。

(2)惯性超越角 ψ 和转艏滞后时间 T_L:评价船舶偏转抑制能力。惯性超越角是操相反舵时的瞬时艏向角和最大艏向角间的差值;转艏滞后时间是回舵通过零舵角位置的瞬时至最大回转角的时间间隔。

四、螺旋试验

1. 目的

判定船舶航向稳定性的好坏。

2. 结果分析

(1)正螺旋试验:航向稳定的船舶 r 与 δ 具有单值关系;航向不稳定的船舶 $r-\delta$ 曲线构成滞后环,环的大小表征船舶航向稳定性。

(2)逆螺旋试验:航向稳定船舶的 $r-\delta$ 曲线与正螺旋试验结果类似;航向不稳定船舶的 $r-\delta$ 曲线呈 S 形,临界舵角范围内成多值对应关系。

五、停船试验

1. 目的

评价船舶的停止惯性,测定不同载况和主机转速下的停车和倒车冲程及时间。

2. 特征参数

(1)纵向进距:衡量船舶惯性的参数,指船舶从发令倒车开始至对水停止时在原航向上的纵向位移量。

(2)横向偏移量:由于螺旋桨作用产生的横向位移,与螺旋桨转动方向有关。

(3)航迹进距:俗称“冲程”,指船舶从发令倒车开始至对水停止时航迹所行进的距离,衡量船舶惯性。

(4)航向变化量:由于螺旋桨作用产生的转向,与螺旋桨转动方向有关。

3. 掷木块法

掷木块法是测定冲程的传统方法,通过掷木块和记录时间计算冲程,同时记录船舶滑行时间及船首偏转角度,绘出滑行轨迹,计算制动纵距和横距。

相关习题

1. 测定船舶冲程的目的是________。
   A. 评价船舶的保向性能　　B. 评价船舶的航向稳定性
   C. 评价船舶的旋回性能　　D. 评价船舶的停船性能
2. 停船性能是船舶操纵性能中极为重要的性能之一,在实船试验中应分别测定________。
   A. 船舶在满载和压载时主机转速为前进一、二、三时,采用停车、倒车措施的冲程和冲时
   B. 船舶压载时主机转速为前进一
   C. 船舶在满载时主机转速为前进一、二、三时,采用停车、倒车措施的冲程和冲时
   D. 船舶压载时主机转速为前进一、二、三时,采用停车、倒车措施的冲程和冲时
3. 通过 Z 形操纵试验可以判断出船舶用舵后________。
   ①航向稳定性;②初始旋回性能;③追随性能;④停船性能
   A. ①③④　　B. ①②③④
   C. ②③④　　D. ①②③
4. Z 形操纵试验通常采用 10°/10°试验,其试验方法正确的是________。
   A. 均速直航船舶操右(左)舵 10°,船首向左(右)转头的角度达 10°,立即回舵并操左(右)舵 10°
   B. 均速直航船舶操右(左)舵 10°,当船首向左(右)开始转向时,立即回舵并操左(右)舵 10°
   C. 均速直航船舶操右(左)舵 10°,船首向右(左)转向,当船首向右(左)转头的角度达 20°,立即回舵并操左(右)舵 10°
   D. 均速直航船舶操右(左)舵 10°,船首向右(左)转向,当船首向右(左)转头的角度达 10°,立即回舵并操左(右)舵 10°
5. 船舶在 10°/10° Z 形操纵试验过程中,操舵时机(第 2 次操舵及以后)为________。
   A. 每 10 s 一次,交替向左右舷操舵 10°
   B. 舵角达到 10°即向相反一舷操舵 10°
   C. 相对初始航向转向 10°时即向相反一舷操舵 10°
   D. 每次转向 10°时即向相反一舷操舵 10°
6. 通过 Z 形操纵试验可以判断出船舶用舵后________。
   ①航向稳定性;②旋回性能;③追随性能;④船舶转头惯性
   A. ①③④　　B. ②③④
   C. ①②③④　　D. ①②③
7. 通过 Z 形操纵试验可以判断出船舶用舵后________。
   ①航向稳定性;②初始旋回性能;③追随性能;④艏摇抑制性
   A. ②③④　　B. ①②③④
   C. ①②③　　D. ①③④
8. 螺旋试验的目的是评价船舶________的好坏。
   A. 旋回性　　B. 惯性

C. 航向稳定性　　D. 快速性

9. 某一新船下水后，进行试航时，一般需要做________。

①旋回试验；②Z 形操纵试验；③停船试验

A. ①②③　　B. ②③

C. ①②　　D. ①③

10. Z 形操纵试验的目的是评价船舶的________。

①旋回性；②追随性；③航向稳定性；④舵效优劣；⑤船舶转艏惯性

A. ①②③④⑤　　B. ①②④⑤

C. ①②③⑤　　D. ①③④

11. 旋回试验的目的是________。

A. 评价船舶旋回水域大小，旋回时间（船首转过 360°时）的长短

B. 评价船舶旋回水域大小，旋回时间（船首转过 540°时）的长短

C. 评价船舶初始回转性，旋回时间（船首转过 360°时）的长短

D. 评价船舶初始回转性，旋回时间（船首转过 540°时）的长短

12. 旋回试验的目的是________。

①求取旋回要素；②评价船舶旋回的迅速程度；③评价船舶旋回所需水域的大小；④评价船舶航向稳定性的优劣

A. ②③④　　B. ①②③④

C. ①③④　　D. ①②③

13. 通过哪种实船试验方法可测定船舶的旋回圈？________。

A. 旋回试验　　B. Z 形操纵试验

C. 螺旋试验　　D. 倒车试验

14. IMO 船舶操纵性能衡准指标包括________。

A. 旋回性能、初始回转性能、偏转抑制性能、摇摆性能

B. 旋回性能、初始回转性能、航向稳定性能、保向性能

C. 旋回性能、初始回转性能、偏转抑制性能、保向性能

D. 旋回性能、追随性能、初始回转性能、偏转抑制性能

15. 倒车冲程试验中的横向偏移量是指________。

A. 船舶从发令开始至船舶对水停止时在原航向上的横向位移量

B. 船舶从发令开始至船舶对地停止时在原航向上的横向位移量

C. 船舶从倒车开始至船舶对水停止时在原航向上的横向位移量

D. 船舶从倒车开始至船舶对地停止时在原航向上的横向位移量

16. 通过哪种实船试验方法来判断船舶的停船性能？________。

A. 旋回试验　　B. Z 形操纵试验

C. 螺旋试验　　D. 冲程试验

17. 船舶在旋回、冲程等操纵性试验之前，应当观测并记录的数据包括________。

①吃水；②水深；③风、浪情况；④流向、流速

A. ②③④　　B. ②③

C. ①②③ D. ①②③④

18. 船舶在冲程试验过程中，下达车令后应定时记录的数据包括________。
①主机转速；②船速；③艏、艉吃水变化；④纵倾变化
A. ② B. ①②
C. ①②④ D. ①②③④

参考答案

任务一 理解及运用船舶旋回性能

1. B	2. B	3. C	4. B	5. C	6. D	7. B	8. A	9. A	10. A
11. C	12. A	13. C	14. A	15. A	16. A	17. A	18. B	19. C	20. B
21. B	22. D	23. D	24. A	25. A	26. D	27. B	28. A	29. C	30. A
31. D	32. A	33. B	34. C	35. D	36. C	37. B	38. C	39. B	40. D
41. B	42. D	43. A	44. C	45. B	46. D	47. C	48. B	49. D	50. D
51. A	52. B	53. A	54. D	55. A	56. B	57. D			

任务二 掌握航向稳定性和保向性

1. A	2. A	3. B	4. C	5. D	6. B	7. A	8. A	9. B	10. C
11. A	12. C	13. A	14. C	15. B	16. A	17. C	18. A	19. A	20. B
21. A	22. C	23. C	24. A	25. B	26. A	27. D	28. A	29. B	30. D
31. D									

任务三 理解及运用船舶变速性能

1. D	2. D	3. C	4. D	5. A	6. B	7. B	8. C	9. A	10. A
11. C	12. D	13. B	14. D	15. D	16. A	17. B	18. B	19. C	20. C
21. B	22. C	23. B	24. D	25. B	26. A	27. C	28. A	29. D	30. B
31. C	32. B	33. C	34. B	35. B	36. B	37. D	38. A	39. B	40. B
41. D	42. C	43. B	44. A	45. D	46. B	47. B	48. C	49. D	50. A

任务四　掌握船舶操纵性试验和 IMO 船舶操纵性衡准的基本内容

1. D	2. A	3. D	4. D	5. C	6. C	7. B	8. C	9. A	10. A
11. A	12. D	13. A	14. C	15. A	16. D	17. D	18. B		

项目二

船舶操纵设备及其运用

学习目标

掌握螺旋桨、舵设备、系泊设备及其运用。

任务一　掌握螺旋桨及其运用

知识储备

一、螺旋桨的种类

（1）固定螺距螺旋桨（FPP）：也叫固定螺距桨，其桨叶固定，倒车时螺旋桨需倒转，可通过倒转离合器或改变主机转动方向实现。

（2）可变螺距螺旋桨（CPP）：也叫可调螺距桨，其桨叶可顺着桨叶轴旋转，改变螺旋桨螺距，驾驶台可远距离控制桨叶位置，只向一个方向旋转，通常为左旋桨，无需倒转离合器或改变主轴转动方向。

（3）其他类型螺旋桨：带导流罩的螺旋桨、Z 型推进器、对转螺旋桨等。

二、船舶的阻力

(1)船舶阻力的构成:由基本阻力 R_0 和附体阻力 ΔR 两部分构成,即 $R_T=R_0+\Delta R$。

(2)基本阻力:由摩擦阻力 R_F、兴波阻力 R_W、涡流阻力 R_E 三部分组成,通常后两者也称为剩余阻力,即 $R_0=R_F+R_W+R_E$。

(3)附体阻力:是船舶营运过程中由于船舶附件的增加、船体表面粗糙度、海况、风以及海流等引起的船舶阻力增量。

三、螺旋桨的推力与滑失

(1)推力:螺旋桨在主机驱动下旋转推水向后运动,水对螺旋桨的反作用力称为推力。

(2)滑失是指螺旋桨对水纵向运动的理论速度与实际速度之差,滑失比是滑失与螺旋桨对水运动的理论速度的比值。螺旋桨的滑失比越大,推力系数与转矩系数也越大。转速一定时,船速越低,滑失比越大。滑失比增加时,推力和转矩都增加,主机易超负荷工作而损坏,但有利于提高船舶的转向效率。实际操船中,船舶操纵人员常通过降低船速、增加螺旋桨转速来增大滑失比,提高舵效。

四、主机功率和船速

1. 主机功率的类型

(1)机器功率(MHP):主机发出的功率。蒸汽机主机常用指示功率(IHP)表示,内燃机主机常用制动功率(BHP)表示,汽轮机主机常用轴功率(SHP)表示。

(2)(螺旋桨)收到功率(DHP):机器功率经传动装置和其他机件的摩擦损失后,传至主轴尾端与螺旋桨连接处的功率。

(3)推力功率(THP):螺旋桨获得收到功率后发出的推进功率,等于螺旋桨发出的推力与螺旋桨进速(对水)的乘积。

(4)有效功率(EHP):克服船舶阻力保持一定船速所需的功率,等于船舶阻力与船速的乘积。

2. 各功率之间的关系

(螺旋桨)收到功率(DHP)与机器功率(MHP)的比值为传递效率,通常为 0.95~0.98。有效功率(EHP)与(螺旋桨)收到功率(DHP)之比为推进器效率,一般为 0.6~0.75。有效功率(EHP)与机器功率(MHP)之比为推进系数,一般为 0.5~0.7。

3. 船速分类

(1)额定船速:船舶主机按额定输出功率(最大功率)航行时能达到的最高船速,对应的主机转速为额定转速。投入营运后,由于主机磨损和船体陈旧,额定船速会降低。

(2)海上船速:船舶在海上实际航行时,通常采用低于额定功率的常用功率(一般为额定功率的 90%),对应的海上常用主机转速为额定转速的 96%~97%。主机按此功率和转速运转时,在平静深水域中取得的船速。

(3)港内船速:船舶进出港航行时,因需频繁用车、用舵,为便于操纵和避免主机超负荷,港内航行时主机最高转速较海速低,一般为海上常用转速的 70%~80%。港内船速也称为备车速度或操纵速度。

(4)经济航速:能使船舶费用和燃料费用之和即运输成本达到最低的航速。营运船舶为节约成本,常以经济航速航行,尤其在大洋航行时。

五、螺旋桨的致偏效应及其运用

(1)沉深横向力:螺旋桨转动时,上下桨叶所处深度不同,周向横向力方向相反、大小不同,产生横向力。沉深比小或水深较浅时,空气吸入或桨叶暴露于空气中,产生较大横向力。作用在桨叶上的横向力方向(由船尾向前看)与螺旋桨的旋转方向相同。

(2)伴流横向力:船舶前进中,螺旋桨受纵向伴流影响,上部桨叶相对于水的进速低,水流攻角大,升力和偏转力大,产生伴流横向力。作用在桨叶上的横向力方向与螺旋桨的旋转方向相反。

(3)排出流横向力:螺旋桨转动时,排出流作用在舵或船体尾部,产生横向力。船舶前进中进车时,排出流作用在舵上,使舵叶右侧水动力大于左侧,推艉向左;船舶进速低或后退中倒车时,排出流打在船体尾部,使船尾向左偏转。

六、螺旋桨致偏作用在不同运动状态下的表现及运用

(1)静止中进车:船舶在沉深横向力作用下船首左偏。船舶在静止中进车,螺旋桨排出流的作用能产生足够的舵效,可克服横向力的致偏作用保证船舶直航。

(2)静止中倒车:沉深横向力和倒车排出流横向力使船首向右偏转。空船或轻载时船首右偏明显;重载船在水深吃水比小的情况下仍有明显船首右偏。船在静止中由于吸入流产生的舵力极低,即便使用右满舵也不能控制这种船首右转的现象。

(3)前进中进车:沉深横向力、伴流横向力、进车排出流横向力以及推力中心偏位均存在,作用方向相反,致偏作用取决于各种横向力的大小,总体偏转不明显。低速时船舶在沉深横向力的作用下船首左偏;随着船速提高,沉深横向力减小,伴流横向力、排出流横向力推艉向左的影响增强。船舶在正车前航时,螺旋桨横向力致偏作用极小,且可用舵角保证船舶直航。

(4)前进中倒车:开始倒车时,船速较高,伴流强,伴流横向力和推力中心偏位使船首左偏;随着船速降低,沉深横向力与倒车排出流横向力影响增强,船首右偏明显。此时舵效差,需提前操左舵控制船首右转。

(5)后退中倒车:与静止中倒车相同,只有倒车排出流横向力及沉深横向力使船首向右偏转。后退中有一定舵效,但一般仍不能制止船首向右偏转。

(6)后退中进车:与静止中进车相同,船舶在沉深横向力的作用下船首左偏。螺旋桨排出流的作用能产生一定的舵效,可用舵克服横向力的致偏作用。

七、螺旋桨致偏运用实例

(1)向右就地掉头:右旋 FPP 单车船可采用向右调转的方法,在狭小水域完成掉头 180°的操纵。

(2)系靠单浮筒或单点系泊中的应用:在系靠单浮筒或单点系泊时的自力操船中,通常以右舷浮筒横距 1~1.5 倍船宽入泊。接近浮筒前倒车,既可刹减船速,又能使船首向右偏转,使船首

缓慢接近浮筒。

(3)自力靠泊操纵中的应用:左舷靠码头时,应调整靠拢角为 10°~20°,以便在适当时机倒车将船拉停在码头边,同时使船外转靠拢角度,平行停于码头泊位处;右舷靠泊时,考虑到倒车会使船舶右转,应尽量减小靠拢角,略加大船与码头线的横距,以便倒车时船首平安接近码头线,再解决船尾入泊问题。

八、双桨船的致偏效应

为了抵消正车前航时的螺旋桨致偏作用,不论是 FPP 还是 CPP,两个桨的旋转方向总是相反的。固定螺距双螺旋桨船多采用外旋式,这样设置是为了充分发挥港内操纵时的螺旋桨致偏作用,利用一进一倒进行转船时,两个螺旋桨的横向力都有助于船舶的转动。同理,对于可变螺距螺旋桨,一般采用内旋推进方式。

相关习题

1. 船舶总阻力分为________。
   A. 基本阻力和附体阻力　　B. 摩擦阻力和涡流阻力
   C. 基本阻力和空气阻力　　D. 摩擦阻力和兴波阻力
2. 船舶阻力由基本阻力和附体阻力组成,其中基本阻力包括________。
   A. 摩擦阻力、兴波阻力、涡流阻力
   B. 附加阻力、污底阻力、汹涛阻力、空气阻力
   C. 摩擦阻力、兴波阻力、涡流阻力、空气阻力
   D. 摩擦阻力、兴波阻力、涡流阻力、污底阻力
3. 给定船舶的基本阻力取决于________。
   A. 该船的吃水和船速的大小
   B. 该船的螺旋桨直径和船速的大小
   C. 该船的螺旋桨转数和吃水的大小
   D. 该船的螺旋桨直径和转数的大小
4. 加速直线航行的船舶所受的各种阻力之和应________。
   A. 等于所受到的推力　　B. 大于所受到的推力
   C. 小于所受到的推力　　D. 等于或小于所受到的推力
5. 船舶的附体阻力是指________。
   A. 船体表面粗糙度、海况、风、流引起的船舶阻力增量
   B. 空气阻力引起的船舶阻力增量
   C. 涡流阻力引起的船舶阻力增量
   D. 兴波阻力和涡流阻力引起的船舶阻力增量
6. 螺旋桨处伴流的分布规律正确的是________。
   ①离船尾船体越近则越小;②螺旋桨盘面下部伴流比盘面上部小;③螺旋桨盘面下部伴流比盘面上部大;④螺旋桨盘面左边伴流与盘面右边伴流相互对称

A. ①②③④　　B. ③④
C. ②④　　D. ①②③

7. 关于滑失,下列说法正确的是________。
A. 滑失是指螺旋桨对水横向运动的理论速度与船速之差
B. 滑失是指螺旋桨对水横向运动的理论速度与实际速度之差
C. 滑失是指螺旋桨对水纵向运动的理论速度与船速之差
D. 滑失是指螺旋桨对水纵向运动的理论速度与实际速度之差

8. 关于滑失的叙述,下述哪项正确?________。
A. 船舶阻力越大,滑失越大　　B. 海浪越大,滑失越小
C. 船体污底越严重,滑失越小　　D. 船速越高,滑失越大

9. 对于滑失的说法,下列说法错误的是________。
A. 海浪越大,滑失越小　　B. 船舶阻力越大,滑失越大
C. 船体污底越严重,滑失越大　　D. 低速时主机突进滑失大

10. 关于滑失比,下列说法正确的是________。
A. 滑失比是螺旋桨对水运动的理论速度与滑失的比值
B. 滑失比是滑失与螺旋桨对水运动的理论速度的比值
C. 滑失比是船速与滑失的比值
D. 滑失比是滑失与船速的比值

11. 普通商船定速航行时,关于螺旋桨吸入流与排出流,正确的是________。
A. 吸入流不受伴流影响,排出流受伴流影响
B. 吸入流、排出流均不受伴流影响
C. 吸入流受伴流影响,排出流不受伴流影响
D. 吸入流、排出流均受伴流影响

12. 普通商船定速航行时,关于螺旋桨吸入流与排出流,正确的是________。
A. 吸入流上下对称,排出流上下不对称
B. 吸入流、排出流上下不对称
C. 吸入流、排出流上下均对称
D. 吸入流上下不对称,排出流上下对称

13. 关于伴流的概念,下列说法正确的是________。
A. 船体周围有一部分向外扩散的水流称伴流
B. 船尾有一部分追随船舶运动的水流称伴流
C. 船首有一部分追随船舶运动的水流称伴流
D. 船体周围有一部分追随船舶运动的水流称伴流

14. 船尾螺旋桨处的伴流分布情况为________。
A. 上大下小,左右不对称　　B. 上小下大,左右不对称
C. 上大下小,左右对称　　D. 上小下大,左右对称

15. 关于伴流的分布特点,下列说法正确的是________。
A. 近大远小,上大下小　　B. 近小远大,上大下小

C. 近大远小,上小下大　　D. 近小远大,上小下大

16. 螺旋桨吸入流的特点是________。

A. 流速较快,范围较广,水流流线几乎相互平行

B. 流速较慢,范围较广,水流流线几乎相互平行

C. 流速较快,范围较小,水流旋转剧烈

D. 流速较慢,范围较小,水流旋转剧烈

17. 对于给定的螺旋桨,________进车推力最大。

A. 高速前进时　　B. 低速前进时

C. 低速后退时　　D. 静止中

18. ________的存在使得船后螺旋桨附近流场中水流对桨的相对速度与船速不同,从而使螺旋桨产生的推力也不同。

A. 排出流　　B. 吸入流

C. 伴流　　D. 船尾兴波

19. 对于给定的船舶,船速不变时,螺旋桨转数越低,则________。

A. 滑失越大、推力越小、主机负荷越小

B. 滑失越小、推力越大、主机负荷越小

C. 滑失越大、推力越大、主机负荷越大

D. 滑失越小、推力越小、主机负荷越小

20. 对于给定的船舶,主机转数不变时,船速越低,则________。

A. 滑失越大、推力越小、主机负荷越小

B. 滑失越小、推力越大、主机负荷越小

C. 滑失越大、推力越大、主机负荷越大

D. 滑失越小、推力越小、主机负荷越小

21. 对于给定的船舶,船速不变时,螺旋桨转速越高,则________。

A. 滑失越大、推力越小、主机负荷越小

B. 滑失越小、推力越大、主机负荷越小

C. 滑失越大、推力越大、主机负荷越大

D. 滑失越小、推力越小、主机负荷越小

22. 伴流在螺旋桨轴周围的分布情况是________。

A. 螺旋桨轴右侧伴流比左侧大　　B. 螺旋桨轴左侧伴流比右侧大

C. 螺旋桨轴下方伴流比上方大　　D. 螺旋桨轴上方伴流比下方大

23. 当船舶主机转速一定时,船速越低,则________。

A. 滑失越大,推力越小;推进器负荷越小,操舵时舵效越差

B. 滑失越小,推力越大;推进器负荷越小,操舵时舵效越好

C. 滑失越大,推力越大;推进器负荷越大,操舵时舵效越好

D. 滑失越小,推力越小;推进器负荷越小,操舵时舵效越差

24. 船舶在________伴流横向力较大。

A. 后退中　　B. 航进中

C. 静止中　　　　D. 高速后退中

25. 给定的船舶当船速一定时,螺旋桨推力的大小与螺旋桨转速的关系是________。
A. 螺旋桨转速为零时推力最大　　　　B. 螺旋桨转速越高推力越小
C. 螺旋桨转速越低推力越小　　　　D. 螺旋桨转速越低推力越大

26. 关于排出流的特点,下列说法正确的是________。
A. 流速快,流线螺旋,范围小　　　　B. 流速慢,流线螺旋,范围小
C. 流速快,流线平行,范围小　　　　D. 流速快,流线螺旋,范围大

27. 某船以一定的主机转速航行,下列有关推力的叙述正确的是________。
A. 随着船速的下降,推力下降　　　　B. 随着船速的提高,推力下降
C. 当船速为零时,推力为零　　　　D. 当船速恒定时,推力为零

28. 滑失比是螺旋桨________与________之比。
A. 滑失速度;理论上前进的速度　　　　B. 滑失速度;船对地的速度
C. 滑失速度;船对水的速度　　　　D. 滑失速度;螺旋桨进速

29. 当船舶保持主机转速不变,因风浪影响船速降低时,会造成________。
A. 滑失变大,主机推力变大,主机负荷变大
B. 滑失变小,主机推力变大,主机负荷变小
C. 滑失变大,主机推力变小,主机负荷变大
D. 滑失变小,主机推力变小,主机负荷变小

30. 为了保护主机,一般港内最高主机转速(前进)为海上常用转速的________。
A. 80%~90%　　　　B. 70%~80%
C. 60%~70%　　　　D. 50%~70%

31. 港内船速是指________。
A. 主机以额定功率和转速在平静深水域中航行的静水船速
B. 主机以额定功率和转速在深水域、风浪中航行的船速
C. 主机以港内各级转速在平静深水域中航行的船速
D. 主机以港内各级转速在深水域、风浪中航行的船速

32. 关于船速,下列说法正确的是________。
①额定船速不因主机的磨损和船体的陈旧而发生变化;②海上船速由于海上气候多变,船舶装载状态不同,并不是固定不变的;③港内船速由于船舶的装载状态以及水深等外界条件不同,并不是固定不变的
A. ①②③　　　　B. ①③
C. ②③　　　　D. ①②

33. 额定船速是指________。
A. 主机以海上常用功率和转速在深水中航行的静水船速
B. 主机以海上常用功率和转速在深水、风浪中航行的船速
C. 主机以额定功率和转速在深水中航行的静水船速
D. 主机以额定功率和转速在深水、风浪中航行的船速

34. 对于给定的船舶,当螺旋桨转速一定时,螺旋桨推力的大小与船速关系是________。

A. 船速越高推力越小　　B. 船速越低推力越小
C. 船速为零时推力最小　　D. 匀速前进时推力最大

35. 对于给定的船舶，螺旋桨转速和吃水不变时，随着船速的增加________。
A. 推力增大，阻力减小　　B. 推力减小，阻力减小
C. 推力减小，阻力增大　　D. 推力增大，阻力增大

36. 对于给定的船舶，船速相同时，转速越低，推力________；转速相同时，船速越低，推力________。
A. 越小；越大　　B. 越小；越小
C. 越大；越小　　D. 越大；越大

37. 船舶的有效功率是指________。
A. 主机发出的功率
B. 主机功率传递至主轴尾端，通过船艉轴管提供给螺旋桨的功率
C. 克服船舶阻力而保持一定船速所需要的功率
D. 制动功率

38. 一般右旋固定螺距单桨船舶正车前进中，排出流横向力的直接作用部位和方向________。
A. 作用在船尾，方向向右　　B. 作用在舵上，方向向右
C. 作用在舵上，方向向左　　D. 作用在船尾，方向向左

39. 螺旋桨的“沉深比”是指________。
A. 螺旋桨中轴距水面的距离与螺旋桨直径之比
B. 螺旋桨中轴距水面的距离与螺旋桨半径之比
C. 螺旋桨上叶距水面的距离与螺旋桨直径之比
D. 螺旋桨上叶距水面的距离与螺旋桨半径之比

40. 沉深横向力的直接作用部位是________。
A. 舵　　B. 艉
C. 船　　D. 螺旋桨

41. 伴流横向力的直接作用部位是________。
A. 螺旋桨　　B. 艉
C. 艏　　D. 舵

42. 关于螺旋桨沉深横向力大小的说法，错误的一项是________。
A. 滑失越大，沉深横向力越大　　B. 船速越小，沉深横向力越大
C. 水深越大，沉深横向力越大　　D. 倒车比进车大

43. 左旋螺旋桨，沉深横向力正车时推艉向________，倒车时推艉向________。
A. 右；左　　B. 左；左
C. 右；右　　D. 左；右

44. 对右旋 FPP 船舶，螺旋桨沉深横向力在下列哪种情况最大？________。
A. 沉深比不足，深水　　B. 沉深比足够，浅水
C. 沉深比足够，深水　　D. 沉深比不足，浅水

45. 右旋固定螺距单桨船，进车时其排出流________。

A. 流速较慢,冲击在舵叶上,范围较广
B. 流速较快,冲击在船尾船体上,范围较窄
C. 流速较快,冲击在舵叶上,范围较窄
D. 流速较慢,冲击在船尾船体上,范围较广

46. 右旋固定螺距单桨船,倒车时其排出流________。
A. 流速较慢,冲击在舵叶上,范围较广
B. 流速较快,冲击在船尾船体上,范围较窄
C. 流速较快,冲击在舵叶上,范围较窄
D. 流速较慢,冲击在船尾船体上,范围较广

47. 一般右旋 FPP 船舶正车前进中,螺旋桨排出流横向力________。
A. 作用在船尾,方向向右　　B. 作用在舵上,方向向右
C. 作用在舵上,方向向左　　D. 作用在船尾,方向向左

48. 对于右旋单桨船,如下图所示,关于沉深横向力引起的船尾偏转方向正确的是________。

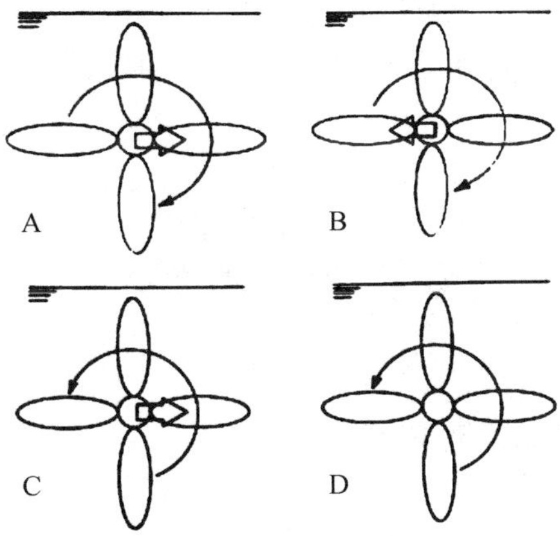

A. 选项 A　　B. 选项 B
C. 选项 C　　D. 选项 D

49. 如下图所示,低速航进中的右舷单桨船,排出流横向力引起的船尾偏转方向正确且该力最大的是________。

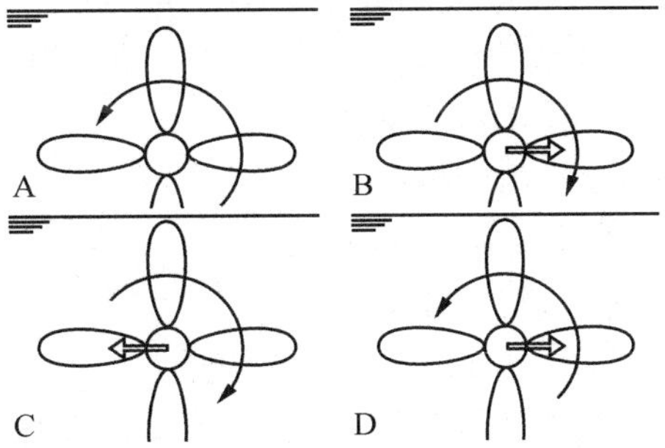

A. 选项 A　　B. 选项 B
C. 选项 C　　D. 选项 D

50. 由船尾向船首看,螺旋桨沉深横向力的作用方向为________。

A. 与螺旋桨旋转方向相反　　B. 与螺旋桨旋转方向无关
C. 与螺旋桨旋转方向相同　　D. 随螺旋桨叶数不同而不同

51. 船舶前进中伴流横向力产生的原因及偏转效果,下列何者正确?________。
A. 前进中进车,由于伴流上大下小,船首左偏
B. 前进中进车,由于伴流上小下大,船首左偏
C. 前进中进车,由于伴流上大下小,船首右偏
D. 前进中进车,由于伴流上小下大,船首右偏

52. 进车时排出流横向力的直接作用部位是________。
A. 舵　　B. 艉
C. 螺旋桨　　D. 艄

53. 倒车时排出流横向力的直接作用部位是________。
A. 螺旋桨　　B. 艉
C. 艄　　D. 舵

54. 关于螺旋桨沉深横向力,说法正确的是________。
①浅水中增大;②随沉深比的减小而增大;③方向取决于螺旋桨转动方向;④CPP 正倒车时沉深横向力方向不变
A. ②③　　B. ①②③
C. ①②③④　　D. ①②④

55. 在下列哪一种情况下产生的螺旋桨伴流横向力较大?________。
A. 船速为零,螺旋桨进车时
B. 船速为零,螺旋桨倒车时
C. 船速为较大的正值,螺旋桨倒车时
D. 船速为较小的负值,螺旋桨进车时

56. 伴流横向力主要是________。
A. 船舶前进中,伴流流场在螺旋桨处的分布上大下小的原因造成的
B. 船舶前进中,伴流流场在螺旋桨处的分布上小下大的原因造成的
C. 船舶后退中,伴流流场在螺旋桨处的分布上大下小的原因造成的
D. 船舶后退中,伴流流场在螺旋桨处的分布上小下大的原因造成的

57. 单车船静止中倒车,螺旋桨产生的横向力的大小排列顺序为________。
A. 伴流横向力>沉深横向力>排出流横向力
B. 沉深横向力>伴流横向力>排出流横向力
C. 排出流横向力>沉深横向力>伴流横向力
D. 伴流横向力>排出流横向力>沉深横向力

58. 对于右旋单桨船,关于沉深横向力的大小,正确的是________。
①倒车比进车要大;②启动时要比航进中要大;③空载时要比满载时要大;④快车进比慢车进要大
A. ①②③④　　B. ①②④
C. ①②③　　D. ③④

59. 下列说法正确的是________。
A. FPP 双车船一般布置为外旋式,横向力的作用有利于掉头操纵
B. FPP 双车船一般布置为内旋式,横向力的作用有利于掉头操纵
C. FPP 双车船一般布置为外旋式,横向力的作用不利于掉头操纵
D. FPP 双车船一般布置为内旋式,横向力的作用不利于掉头操纵

60. 下列说法正确的是________。
A. CPP 双车船一般布置为内旋式,横向力的作用有利于掉头操纵
B. FPP 双车船一般布置为内旋式,横向力的作用有利于掉头操纵
C. CPP 双车船一般布置为外旋式,横向力的作用有利于掉头操纵
D. FPP 双车船一般布置为外旋式,横向力的作用不利于掉头操纵

61. 一般情况下,在单桨船的启动阶段,作用比较明显的横向力一般是________。
A. 伴流横向力　　B. 沉深横向力
C. 排出流横向力　　D. 推力中心偏位

62. 船舶前进中进车,排出流作用在舵上,受伴流影响,冲击在舵叶右侧下部的流速________,冲击在左侧上部的流速________,舵叶两侧产生压力差,出现排出流横向力。
A. 减小多;减小少　　B. 减小少;减小多
C. 增大少;增大多　　D. 减小多;增大少

63. 右旋 FPP 单车船前进中倒车,螺旋桨横向力致偏效应如下________。
A. 伴流横向力使船首左转,排出流横向力使船首右转
B. 伴流横向力使船首右转,排出流横向力使船首右转
C. 伴流横向力使船首左转,排出流横向力使船首左转
D. 伴流横向力使船首右转,排出流横向力使船首左转

64. 右旋 FPP 单车船在后退中进车时,螺旋桨产生的横向力使船首向________偏转,用舵控制________。
A. 右;无效　　B. 右;有效
C. 左;无效　　D. 左;有效

65. 右旋 FPP 单车船静止中倒车时,螺旋桨产生的横向力________。
A. 使船首向左偏转,用舵控制有效　　B. 使船首向左偏转,用舵控制无效
C. 使船首向右偏转,用舵控制有效　　D. 使船首向右偏转,用舵控制无效

66. 右旋 FPP 单车船的车舵综合效应,下列说法正确的是________。
A. 正舵,船舶前进中进车,船首右转
B. 正舵,船舶后退中倒车,船首右转
C. 正舵,船舶前进中进车,船首左转
D. 正舵,船舶后退中倒车,船首左转

67. 压载右旋单车船静止中倒车使船首右偏,主要是受________的作用。
A. 沉深横向力和排出流横向力　　B. 沉深横向力和伴流横向力
C. 伴流横向力　　D. 排出流横向力和伴流横向力

68. 一般中小型右旋单车船在狭窄水域前进中倒车,为防止船过大的偏转,倒车前应压________。

A. 左舵　　B. 右舵
C. 正舵　　D. 任意舵角

69. 一般中小型右旋单车船利用车效应顶风流系单浮，风流较弱时一般应把浮筒________。
A. 置于右舷　　B. 置于左舷
C. 置于船首正前方　　D. 置于船尾正后方

70. 前进中的双车船，采取下列何种操纵方法，才能使船舶向右旋回圈最小？________。
A. 右满舵，左车和右车全速进车
B. 右满舵，右车停车，左车全速进车
C. 右满舵，左车全速倒车，右车全速进车
D. 右满舵，右车全速倒车，左车全速进车

71. 对固定螺距右旋螺旋桨船舶，前进中伴流横向力产生的原因及偏转效果，下列何者正确？________。
A. 前进中倒车，由于伴流上大下小，船首左偏
B. 前进中倒车，由于伴流上小下大，船首左偏
C. 前进中倒车，由于伴流上大下小，船首右偏
D. 前进中倒车，由于伴流上小下大，船首右偏

72. 对于单车船，车、舵对船舶的作用，下列何者正确？________。
A. 船舶前进时进车，螺旋桨产生的偏转不可用舵克服
B. 船舶前进时进车，螺旋桨产生的偏转可用舵克服
C. 船舶后退时进车，螺旋桨产生的偏转不可用舵克服
D. 船舶后退时倒车，螺旋桨产生的偏转可用舵克服

73. 一般中小型右旋单车船利用车效应在狭窄水域掉头，一般应________。
A. 先进车用右舵后倒车向右掉头
B. 先倒车用右舵后进车向左掉头
C. 先进车后倒车用右舵向右掉头
D. 先倒车后进车用右舵向左掉头

74. 右旋单车船螺旋桨前进中倒车，船尾向________。
A. 左偏，应用右舵控制
B. 右偏，应用左舵控制
C. 左偏，应在倒车前用左舵预防
D. 右偏，应在倒车前用右舵预防

75. 关于固定螺距右旋单螺旋桨船致偏效应的运用，下列说法正确的是________。
A. 左舷靠泊角度应大一点，右舷靠泊应小一点
B. 左舷靠泊角度应小一点，右舷靠泊应小一点
C. 左舷靠泊角度应大一点，右舷靠泊应大一点
D. 左舷靠泊角度应小一点，右舷靠泊应大一点

76. 对于固定螺距双桨船，为在一进一退操纵中有利于船舶旋回，其双桨________。
A. 多采用外旋式　　B. 多采用左旋式

C. 多采用右旋式　　　　D. 多采用内旋式

77. 对于可调螺距双桨船,为在一进一退操纵中有利于船舶旋回,其双桨________。

A. 多采用外旋式　　　　B. 多采用左旋式

C. 多采用右旋式　　　　D. 多采用内旋式

78. 可调螺距桨与普通定距螺旋桨相比,其缺点是________。

①效率低;②结构复杂、价格高昂;③维修保养困难;④停车惯性余速航行情况下舵效较差

A. ②③④　　　　B. ①②③

C. ①②③④　　　　D. ②③

任务二　掌握舵设备及其运用

知识储备

一、舵力及转船力矩

1. 舵力 F 的分解

舵力 F 可分解为升力 L(垂直水流方向)、阻力 D(平行水流方向),也可分解为法向力(舵压力)F_N、切向力 F_T。舵力及转船力矩主要指 F_N 及其产生的转船力矩。

2. 舵压力 F_N 的近似计算

$$F_N = k\rho S_R V_R^2 \sin\delta$$

式中,k——舵力系数。

ρ——水密度。

S_R——舵叶面积。

V_R——舵速。

δ——舵角。

3. 转船力矩

在计算转船力矩时,可以近似地认为舵力作用中心位于艉垂线处,则力臂为力对重心的转船力矩为

$$M_\delta = F_N \cdot \frac{L}{2}\cos\delta = k\rho S_R V_R^2 \sin\delta \cdot \frac{L}{2}\cos\delta = \frac{1}{4}k\rho S_R V_R^2 L\sin 2\delta$$

式中,k——舵力系数。

ρ——水密度。

S_R——舵叶面积。

V_R——舵速。

L——船长。

δ——舵角等参数。

4. 影响舵力的因素

(1)失速现象:随舵角增大,舵力先增后降。当舵角达临界值时,流线分离产生涡流,舵力系数骤降。

(2)空泡现象:大舵角或舵速大时,舵背面压力骤降,接近汽化压力时出现空泡,使舵力系数下降且舵金属表面剥蚀。

(3)空气吸入现象:舵叶浸水高度小时,背面吸入空气产生涡流,舵力下降的现象。

(4)舵与船体相互影响:操纵中舵叶压力差波及船体,使船尾舵力比单独舵增20%~30%。

(5)舵速:由船速、船体伴流、螺旋桨排出流组成。伴流与船速同向,降低舵速,使舵正压力减少;螺旋桨排出流打在舵叶上,使舵速增加,从而增加舵力。

(6)船舶旋回中舵力下降。

二、舵效及其影响因素

1. 舵效的概念

舵效是舵力转船效果的简称,指保持和改变航向的效率,即航向角对操舵的反应能力。操船中舵效体现为船舶在一定舵角、时间、水域下的转头角大小,转头角大、所需水域小则舵效好。

2. 影响舵效的因素

(1)舵角:舵角越大,舵力矩越大,舵效越好。

(2)舵速:舵速增加则舵力增加,从而增加了舵效。

(3)船舶排水量:排水量大,转动惯量大,舵效差。大型船宜用大舵角、早用舵、早抑制旋转角速度。

(4)船舶倾斜:纵倾时,艏倾舵效差,艉倾好;横倾时,低速下低舷侧阻力大、压力小,船首易向低舷侧偏转,舵效好;高速时相反。

(5)舵机性能:操舵时间短则舵效好。电动舵机来舵快、回舵慢,不易把定;电动液压舵机来舵、回舵均快,易把定。

(6)风流及浅水:空载慢速时,顺风转向舵效好;顶流舵效好于顺流;浅水旋回阻力大,舵效差。

3. 提高舵效的措施

(1)船舶过狭水道或航道大弯时,常提前降低船速、增加螺旋桨转速来提高舵效。

(2)港内受限航道航行时,可以在船尾系带一拖船协助减速,同时增加螺旋桨转速,以提高舵效。

相关习题

1. 舵的类型按舵杆轴线位置分有________。

①不平衡舵;②平衡舵;③半平衡舵;④双支承舵

A. ①②③　　B. ②③④

C. ①③④　　D. ①②③④

2. 操舵装置包括________。

A. 操舵装置控制系统　　B. 舵机和转舵装置
C. 舵和转舵装置　　D. 舵机和舵

3. 一般流线型平衡舵的结构主要由________组成。
A. 舵叶、舵承和舵柄　　B. 舵承、舵杆和舵叶
C. 舵承、舵杆和舵柄　　D. 舵叶、舵杆和舵柄

4. 舵的类型按舵叶的支承情况分有________。
①双支承舵;②多支承舵;③悬挂舵;④半悬挂舵
A. ①②③④　　B. ①②
C. ③④　　D. ①②③

5. 舵叶前缘以螺旋桨为轴线为界,上下分别向左右舷相反方向扭曲一个角度的舵称为________。
A. 整流帽舵　　B. 襟翼舵
C. 主动舵　　D. 反应舵

6. 下面有关舵杆的说法正确的是________。
①舵杆是舵叶转动的轴;②舵杆用以承受和传递作用在舵叶上的力;③舵杆不承受和传递舵给予转舵装置的力
A. ①②③　　B. ①③
C. ②③　　D. ①②

7. 按舵杆轴线所在位置分,以下所需转舵力矩最小的舵是________。
A. 普通舵　　B. 不平衡舵
C. 平衡舵　　D. 半平衡舵

8. 操舵装置控制系统的主要作用是________。
①传递舵令;②控制操舵精度;③传递转动力矩;④保护液压油缸
A. ②④　　B. ①④
C. ①②　　D. ②③

9. 舵机中,转舵机构由油缸和回转体组成的是________。
A. 电动舵机　　B. 往复式液压舵机
C. 转叶式液压舵机　　D. 蒸汽舵机

10. 上舵杆下端与舵叶之间用法兰接头连接,其连接形式有________。
①水平法兰连接;②垂直法兰连接;③垂直嵌接
A. ①②　　B. ①②③
C. ①③　　D. ②③

11. 液压操舵装置的工作原理________。
①电动机带动主油泵运转;②主油泵排吸油产生高压油进入转舵油缸;③带动舵杆,舵叶转动
A. ①②　　B. ①③
C. ②③　　D. ①②③

12. 舵角的显示装置应独立于________。
A. 电路控制系统　　B. 液压控制系统
C. 手柄控制系统　　D. 操舵装置的控制系统

13. 液压操舵装置主要由________等组成。
①电动机;②油泵;③管路;④转舵机械
A. ①②③
B. ①④
C. ②③④
D. ①②③④

14. 舵角的位置信号应在________和________都有显示。
A. 机舱;驾驶室
B. 驾驶室;轮机长室
C. 机舱;舵机室
D. 驾驶室;舵机室

15. 流线型舵的特点是________。
A. 阻力小、升力小、舵效好
B. 阻力小、升力大、舵效好
C. 阻力大、升力小、舵效好
D. 阻力大、升力大、舵效好

16. 下列哪项是电动操舵装置相对于液压操舵装置的优点？________。
A. 传动平稳
B. 噪声小
C. 效率高
D. 结构简单

17. 平衡舵的舵叶部分面积布置在舵杆轴线的前方,其优点是________。
A. 舵绕舵轴的转动力矩小
B. 流体特性好,舵正压力大
C. 航向稳定性好
D. 舵力转船力矩大,舵效好

18. 操舵装置控制系统中,具有随动操舵系统和非随动操舵系统的是________。
A. 电力式操舵装置控制系统
B. 电动液压式操舵装置控制系统
C. 机械式操舵装置控制系统
D. 液压式操舵装置控制系统

19. 舵设备由________组成。
①舵装置;②舵机;③转舵装置;④操舵装置的控制系统
A. ①③④
B. ①②③④
C. ①②③
D. ②③④

20. 关于舵角限位器的作用,下列何者正确？________。
A. 防止实操舵角太大而超过有效舵角
B. 防止实操舵角太小而超过有效舵角
C. 防止实操舵角太大而小于有效舵角
D. 防止实操舵角太小而小于有效舵角

21. 舵角限位器的作用是为了防止________。
A. 操舵时的有效舵角太大
B. 实操舵角超过有效舵角
C. 操舵时的实际舵角超过最大有效舵角
D. 操舵时的实际舵角太大

22. 舵叶的防腐主要采用________。
①舵叶内部灌涂防腐沥青;②舵叶外部涂油漆(不包括锌块部分);③舵叶外部用锌块(不包括油漆部分)
A. ①②③
B. ①②
C. ②③
D. ①③

23. 舵设备是船舶操纵的主要设备,其作用是使在航船舶________。

A. 保持和改变航向　　B. 保持、改变航向或做旋回运动

C. 控制船舶运动　　D. 操纵船舶旋转

24. 舵杆是舵叶转动的轴,其下部与________连接,上部与________相连。

A. 舵轴;操舵装置　　B. 舵顶板;传动装置

C. 舵叶;转舵装置　　D. 上轴承;舵机

25. 随动操舵控制系统的特点有________。

①转动舵轮可随之转出舵角;②舵轮停转,舵角不变;③舵轮转动角度(指针对应度数)与舵叶偏转的角度相等;④有舵角反馈发送器

A. ①②④　　B. ①③④

C. ②③④　　D. ①②③④

26. 电动液压舵机的种类有________。

①齿轮式;②往复式;③转叶式

A. ①②　　B. ②③

C. ①③　　D. ①②③

27. 使用非随动操舵系统操舵时,对操舵准确性影响较大的是________。

A. 舵的转动惯性　　B. 天气海况影响

C. 操舵信号的传递延迟　　D. 船舶操纵性和舵效

28. 舵的类型按舵叶剖面形状分为________。

①平板舵;②流线型舵;③槽形舵;④工字形舵

A. ③④　　B. ①②④

C. ①②③④　　D. ①②

29. 现代船舶普遍装备的操舵装置控制系统中,操舵方式包括________。

①随动舵;②非随动舵(手柄舵);③自动舵;④应急舵

A. ①②　　B. ①②③

C. ①②③④　　D. ①

30. 现代船舶广泛采用的液压操舵装置,具有下列哪些优点?________。

①转矩大;②传动平稳;③无级调速;④可靠性高

A. ①③④　　B. ②③④

C. ①②③④　　D. ①②③

31. 下图所示为往复式液压舵机结构图,其中1代表________。

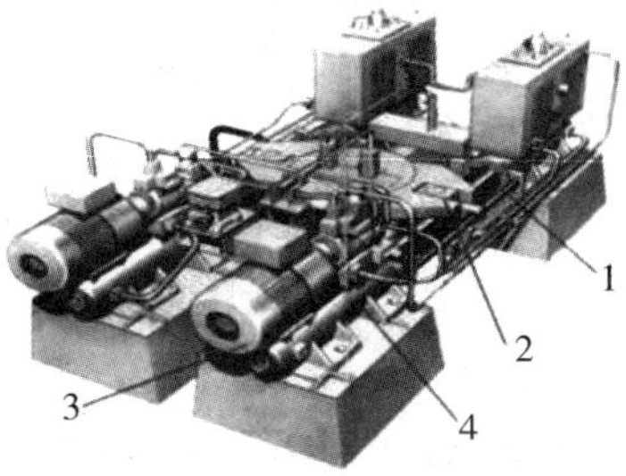

A. 电动机　　B. 油缸
C. 柱塞　　D. 滑块

32. 下图所示为电动操舵装置结构图,其中 1 代表________。

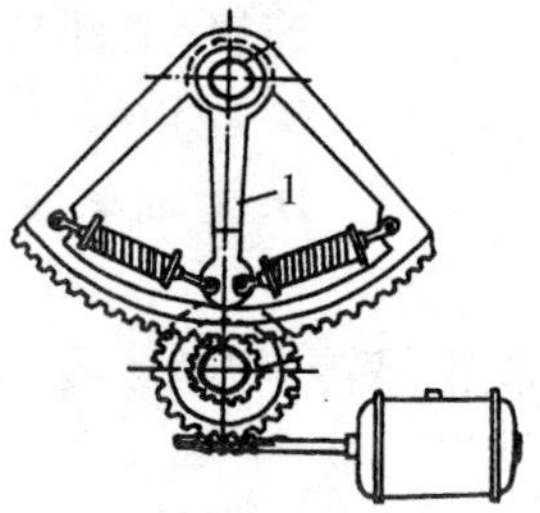

A. 舵杆　　B. 舵扇
C. 舵柄　　D. 蜗杆

33. 下图所示的舵属于________。

A. 整流帽舵　　B. 组合舵
C. 主动舵　　D. 反应舵

34. 下图所示的舵属于________。

A. 整流帽舵　　B. 反应舵
C. 组合舵　　D. 主动舵

35. 舵机和转舵装置,一般安装在________。
A. 艏尖舱内　　B. 艉尖舱内
C. 驾驶室内　　D. 船尾舵机间内

36. 电动操舵装置的特点是________。
①结构简单;②操作简便;③工作可靠;④适用于各类船舶

A. ①②③　　B. ①②④

C. ②③④　　D. ①③④

37. 电动操舵装置是由________来控制电动机，再带动蜗杆和蜗轮来传动的。

A. 操舵装置控制系统　　B. 转舵装置

C. 液压操舵装置　　D. 舵角信号发送器

38. 大、中型船舶较广泛采用的操舵装置种类是________。

A. 蒸汽操舵装置　　B. 电动操舵装置

C. 液压操舵装置　　D. 电动蒸汽操舵装置

39. 电力操舵装置控制系统的两套独立操舵系统是________。

A. 手柄操舵和应急操舵　　B. 随动操舵和应急操舵

C. 手动操舵和自动操舵　　D. 自动操舵和应急操舵

40. 海船广泛使用的舵是________。

A. 不平衡舵　　B. 平衡舵

C. 半平衡舵　　D. 单板舵

41. 流线型平衡舵的特点是________。

①阻力小；②产生的舵力大；③所需的转舵力矩小

A. ①②③　　B. ①③

C. ②③　　D. ①②

42. 具有阻力小、舵效高并被海船广泛采用的舵是________。

A. 平板舵　　B. 流线型舵

C. 普通舵　　D. 平衡舵

43. 关于随动操舵系统，下列说法正确的是________。

①带有舵角反馈装置；②自动控制舵角转至舵轮转角；③操舵直观；④使用随动操舵系统操舵时不需要舵角指示器

A. ①　　B. ①③

C. ①②③　　D. ①②③④

44. 使用随动操舵系统操舵时，关于舵角指示器的查看，下列说法正确的是________。

A. 转舵时需查看，报告舵角时不需查看

B. 转舵时不需查看，报告舵角时需查看

C. 转舵时与报告舵角时均需查看

D. 转舵时与报告舵角时均不需查看

45. 关于非随动操舵系统，下列说法正确的是________。

①不带有舵角反馈装置；②不能自动控制舵角转至舵轮转角；③操舵不直观；④转舵时不需要查看舵角指示器

A. ①　　B. ①③

C. ①②③　　D. ①②③④

46. 平衡舵部分舵叶面积设计在舵杆轴线前方的目的是________。

A. 增大回转力矩

B. 减小回转力矩

C. 减小舵绕舵轴回转所需的力矩,从而可相应减小所需的舵机功率

D. 改善水流分布

47. 使用直接控制系统操舵时,要使舵叶准确到达所需要的舵角,应注意掌握________。

A. 船的回转惯性　　B. 及时操作控制开关

C. 船舶旋回圈要素　　D. 船速

48. 海船广泛采用电力操舵装置控制系统的主要原因是________。

①便于遥控并具有较大的应用前景;②不受船体变形及环境温度的影响;③工作可靠,维修管理方便

A. ①②　　B. ②③

C. ①③　　D. ①②③

49. 根据《SOLAS 公约》附则(第五章)的要求,船舶航行中如果使用航向和/或航迹自动舵,则应________。

A. 有能胜任的操舵员随时准备接管操舵

B. 随时能够立即对船舶进行手动操舵

C. 驶入需要警惕区域前应转换为手操舵

D. 驶入需要警惕区域前应测试手操舵

50. 船舶可不设辅助操舵装置的条件是主操舵装置必须具有两台或几台________。

A. 相同的液压控制系统　　B. 相同的动力设备

C. 相同的随动系统　　D. 相同的电力控制系统

51. 主、辅操舵装置任一台动力设备在动力源发生故障时,应能在________发出________警报。

A. 机舱;音响　　B. 舵机间;灯光

C. 驾驶室;声、光　　D. 餐厅和船长房间;液晶光

52. 所谓"辅助操舵装置"是指在主操舵装置失效时,为驾驶船舶所必需的设备,包括________。

①主操舵装置以外的设备;②舵柄及舵扇;③相当舵柄及舵扇用途的部件;④舵叶

A. ①②③　　B. ①②③④

C. ②③④　　D. ①②④

53. 较大船舶的主操舵装置一般都有________。

A. 一套动力设备　　B. 两套或两套以上相同的动力设备

C. 三套相同的动力设备　　D. 三套不同的动力设备

54. 主操舵装置包括的设备和设施有________。

①使舵产生动作所必需的机械设备;②转舵机构;③操舵装置动力设备;④向舵杆施加转矩的舵柄或舵扇

A. ①②　　B. ①②④

C. ①②③　　D. ①②③④

55. 主操舵装置的控制系统________。

A. 设在驾驶室　　B. 设在舵机室

C. 设在机舱　　D. 在驾驶室和舵机室均设有

56. 主操舵装置应能在船舶满载全速前进时，将舵自一舷________转至另一舷________，其时间不超过________。

A. 30°;30°;30 s　　B. 35°;30°;28 s

C. 30°;30°;28 s　　D. 35°;30°;30 s

57. 辅助操舵装置应________。

①具有足够强度；②足以在可航行的航速下操纵船舶；③能于紧急时迅速投入工作

A. ①②　　B. ②③

C. ①③　　D. ①②③

58. 辅助操舵装置应能满足在最大营运前进航速的一半但不小于 7 kn 时进行操舵，使舵自一舷________转至另一舷________，所需时间不超过________。

A. 30°;30°;30 s　　B. 35°;35°;45 s

C. 20°;20°;50 s　　D. 15°;15°;60 s

59. 主、辅操舵装置动力设备的布置应能满足________。

①当动力源发生故障失效后又恢复输送时，能自动再启动；②能从驾驶室使其投入工作；③任一台操舵装置动力设备的动力源发生故障时，应在驾驶室发出声、光警报

A. ①②　　B. ①②③

C. ②③　　D. ①③

60. 主、辅操舵装置动力设备布置应满足能在________使其投入工作。

A. 机舱　　B. 舵机间

C. 应急操作室　　D. 驾驶室

61. 主操舵装置应在________和________都设有控制器。

A. 驾驶室;机舱　　B. 驾驶室;船长室

C. 驾驶室;机控室　　D. 驾驶室;舵机室

62. 当船舶满足不设置辅助操舵装置条件时，则应设置两套独立的控制系统，且每套系统均应能在________控制。

A. 甲板室　　B. 机控室

C. 应急控制室　　D. 驾驶室

63. 当辅助操舵装置是用动力操纵的，则应能在________进行控制，并应独立于主操舵装置的控制系统。

A. 机控室　　B. 舵机室

C. 驾驶室　　D. 舵机室、驾驶室

64. 当操舵装置控制系统或主操舵装置发生故障而又不能在驾驶室进行辅助操舵装置的控制时，应________。

①脱开驾驶室的控制系统；②改为在舵机室控制操舵；③转换动力供应

A. ①　　B. ②③

C. ①②　　D. ①②③

65. 灵敏度调节又称________。

①比例调节；②天气调节；③航摆角调节

A. ①　　B. ②
C. ①③　　D. ②③

66. 使用自动舵应进行适当的设置,其中偏航报警设定值是________。
A. 偏航角速度的最大值　　B. 船舶航速的最大值
C. 偏离航向的最大值　　D. 操舵舵角的最大值

67. 自动舵的反舵角调节(微分)旋钮是根据偏航惯性来调节的,具体的调节方法是________。
A. 大船调大些,小船调小些　　B. 小船调大些,大船调小些
C. 重载时调大些,轻载时调大些　　D. 重载时调大些,轻载时调小些

68. 比例-微分-积分自动舵的特点是________。
①给舵速度快;②能自动消除单侧偏航角;③结构简单,造价低;④比较完善的自动舵
A. ②③④　　B. ①②③
C. ①③④　　D. ①②④

69. 自动舵中能调节灵敏度的旋钮是________。
A. 反舵角调节旋钮　　B. 航摆角调节旋钮
C. 航向设定旋钮　　D. 舵角调节旋钮

70. 自动舵的比例调节(舵角调节)的调节方法是________。
①重载时调大些;②航行于渔区、礁区等复杂海区时调大些;③部分舵叶露出水面时应调大些;④海况较差时调大些
A. ②④　　B. ①③④
C. ①③　　D. ②③④

71. 关于随动操舵系统和非随动操舵系统,正确的是________。
A. 随动操舵系统没有舵角反馈装置,非随动操舵系统带有舵角反馈装置
B. 随动操舵系统带有舵角反馈装置,非随动操舵系统没有舵角反馈装置
C. 随动操舵系统、非随动操舵系统均有舵角反馈装置
D. 随动操舵系统、非随动操舵系统均没有舵角反馈装置

72. 在舵机房使用应急操舵系统操舵时,与驾驶台使用非随动操作系统的区别在于________。
A. 需要人工操舵
B. 需要通过电话传送舵令
C. 发令者与舵工均需要查看舵角指示器
D. 操舵者需要查看舵角指示器

73. 手动操舵转自动舵的注意事项不包括________。
A. 设定好航向,再转换至自动舵模式
B. 先手动操舵使艏向至要求的航向上
C. 转换到自动舵后,需要检查并确认自动舵工作正常
D. 自动舵仅能与陀螺罗经航向同步

74. 船舶进出港池、狭水道航行、避让及大风浪天气航行时,一般都应使用________。
A. 自动操舵　　B. 应急操舵
C. 非随动操舵　　D. 随动操舵

75. 船舶在航行时如使用自动操舵,应经常检查或核对的事项包括________。
①允许偏航及偏航报警设置;②自动舵所用艏向信息与艏向监控;③实际操舵是否达到限制舵角;④自动操舵系统各种工作状态
A. ①②　　B. ①
C. ①②③　　D. ①②③④

76. 自适应自动舵与普通自动舵相比具有的主要优点是________。
①能自动确定各项参数;②进行最佳控制;③减少操舵次数并减小操舵舵角
A. ①②③　　B. ①②
C. ①③　　D. ②③

77. 自动舵的舵角调节旋钮(比例调节)是用来调节________。
①开始工作的偏航角;②纠正偏航的舵角大小;③偏出一个固定舵角大小
A. ②③　　B. ①
C. ②　　D. ③

78. 自动舵的优点有________。
①自动纠正偏航角;②航向精确度高;③减少燃料消耗;④在任何情况下都不用人工调节和操作
A. ②③④　　B. ①③④
C. ①②④　　D. ①②③

79. 使用自动舵航行时应________检查手操舵装置一次。
A. 至少每 8 h　　B. 每 1 h
C. 每天　　D. 每个航行班次

80. 各种类型自动操舵仪都应和罗经组合,并具有________三种操舵方式。
A. 自动、液压、应急　　B. 随动、辅助、揿钮
C. 应急、电动、机械　　D. 自动、随动、非随动

81. 在下列哪些情况下应将自动舵转为人工操舵? ________。
①避让和雾航时;②备车进出港航行时;③大风浪中;④过转向点时
A. ①②③　　B. ②③④
C. ①③④　　D. ①②③④

82. 关于自动舵的使用,下列说法错误的是________。
A. 使用自动舵必须根据航区、海况和气象等条件决定
B. 船长或值班驾驶员可以随时下令改用手操舵,操舵水手必须坚决执行
C. 操舵水手可以自己决定将手操舵转换为自动舵
D. 操舵水手和驾驶员应正确和熟练地进行自动舵与手操舵的转换操作

83. 关于自动舵的使用,下列说法正确的是________。
①手操舵与自动舵的相互转换,由值班驾驶员亲自操作或监督舵工操作;②每班应至少试验一次自动舵的手动操作;③当船舶使用自动舵时,则舵工就是专职的瞭望人员;④在能见度不良的水域中航行,负责航行值班的驾驶员应将自动舵改为手操舵
A. ①②④　　B. ①②③

C. ②④　　D. ①②③④

84. 自动舵的使用条件包括________。

①开阔海域;②天气良好;③通航密度小;④不需要经常转向

A. ①　　B. ①②

C. ①②③　　D. ①②③④

85. 在使用自动舵时,下列情况中哪些应转换成人工操舵? ________。

①在避让时和雾航时;②大风浪航行时;③狭水道航行时;④航行于渔区、礁区等复杂海区时

A. ①②③④　　B. ②③④

C. ①②④　　D. ①②③

86. 只有在________的情况下才在舵机间使用应急操舵。

A. 自动舵失灵

B. 随动舵失灵

C. 自动舵和随动舵失灵

D. 在驾驶室不能进行操舵控制

87. 根据船舶艏向控制系统的性能标准,自动操舵时,可由人工调整操作的是________。

①设定航向;②偏航报警限制范围;③限制舵角;④信号源误差

A. ①②③　　B. ②

C. ①②③④　　D. ①②

88. 下列关于操舵注意事项的说法中,不正确的是________。

A. 当进行较大改向时,驾驶员宜用新航向的舵令

B. 驾驶员在舵令发出后,如遇舵工复诵舵令错误或操作不当,应立即予以纠正

C. 舵工复诵和报告时应做到吐字清楚、声音洪亮

D. 舵工听到舵令后,应立即复诵

89. 使用自动舵航行时,值班驾驶员应________。

①考虑及时使舵工就位并改为手操舵的必要性;②亲自或监督进行转换手操舵或自动舵;③将瞭望的责任交给舵工;④通过调整自动舵设定航向进行转向

A. ②③　　B. ①②

C. ③④　　D. ①②③④

90. 下列情况下,不得使用自动舵的是________。

①避让船舶时;②船舶改向时;③风浪大,航向难以把定时;④船舶进入狭水道时

A. ①②③　　B. ①②④

C. ①③④　　D. ①②③④

91. 下列情况下,不得使用自动舵的是________。

①驶进渔区时;②进出港口;③通过船舶密集区时;④能见度不良

A. ①②③　　B. ①②④

C. ①③④　　D. ①②③④

92. 如下图所示,船舶操舵装置面板(模拟器),点击“NFU”是什么操航模式? ________。

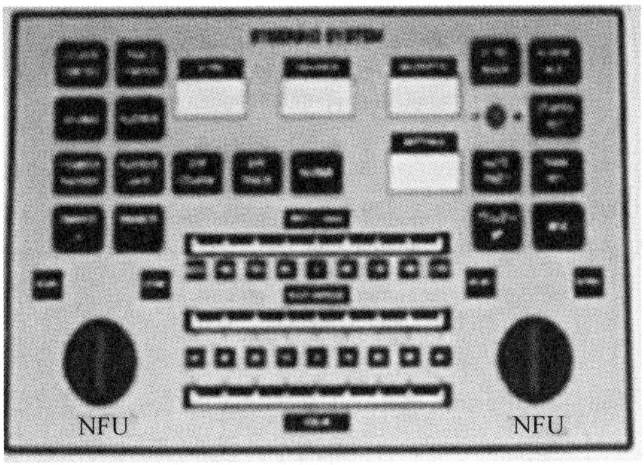

A. 非随动舵　　B. 自动舵
C. 应急舵　　D. 随动操舵

93. 为保护自动舵,风浪大时,应将“灵敏度”调________些,或者说将“航摆角”调________些。
A. 高;大　　B. 低;大
C. 高;小　　D. 低;小

94. 使用自动舵进行大角度改向时,则应分次进行,且每次改变的最大角度最好应不超过________。
A. 10°　　B. 15°
C. 20°　　D. 30°

95. 自动操舵与人工操舵相比其优点是________。
①自动纠正偏航角;②航向精度高;③相对提高了航速;④减轻人员劳动强度;⑤减少燃料消耗
A. ①②③④　　B. ②③④⑤
C. ①③④⑤　　D. ①②③④⑤

96. 自动操舵仪一般都有________。
A. 随动操舵和自动操舵两种操舵方式
B. 应急操舵和自动操舵两种操舵方式
C. 随动操舵和应急操舵两种操舵方式
D. 随动操舵、自动操舵和应急操舵三种操舵方式

97. 能保持船舶位置在预定航迹带内的自动舵是________。
A. 随动舵　　B. 一般自动舵
C. 自适应自动舵　　D. 航迹舵

98. 能使船在规定的航迹带内航行,并按指标航向自动转向的舵称为________。
A. 航迹舵　　B. 无人驾驶舵
C. 特种自动舵　　D. 自适应舵

99. 航迹舵能否正常工作的关键,取决于连续输入的________。
A. 船舶速度的精确度　　B. 风流压测定值的精确度
C. 船位数据的精确度　　D. 船舶航程数据的精确度

100. 手柄操舵的基本方法是________。

①左舵左扳;②右舵右扳;③到达所需舵角时,立即松开手柄

A. ①② B. ①③

C. ②③ D. ①②③

101. 应急操舵演习的内容应包括________。

①在舵机室操舵;②舵机室内与驾驶室的通信;③转换动力供应的操作(如适用时)

A. ① B. ②③

C. ①②③ D. ①②

102. 在使用手操舵转换为自动舵时,最重要的事项是确定________。

A. 自动舵所驶航向与计划航向一致 B. 当前航向与计划航向一致

C. 舵角回复正舵位置 D. 当时天气海况良好

103. 在使用手操舵转换为自动舵时,容易导致危险的情况包括________。

①自动舵设定的航向与计划航向不一致;②手操舵把定的航向与计划航向不一致;③舵角未完全回复正舵;④自动舵参数调整不当

A. ① B. ①②④

C. ①②③ D. ①②③④

104. 大角度转向时不允许使用自动舵的原因包括________。

①自动舵转向较慢;②转向时间较长;③转向后很难稳定到新航向;④超调量可能很大

A. ① B. ①②

C. ①②③ D. ①②③④

105. 在使用手操舵转换为自动舵时,应当确定________。

①自动舵设定的航向与计划航向一致;②手操舵把定的航向与计划航向一致;③舵角回复正舵;④自动舵参数已经调整完毕

A. ① B. ①②

C. ①②③ D. ①②③④

106. 关于自动舵、随动舵、应急舵的使用,下列说法正确的是________。

①开阔水域不经常转向且无危险时可使用自动舵;②正常情况下手操舵时使用随动舵;③随动舵不能正常使用时使用手柄控制系统操舵;④当操舵装置控制系统或主操舵装置发生故障而又不能在驾驶室进行辅助操舵装置的控制时,改由在舵机室控制操舵

A. ① B. ①②

C. ①②③ D. ①②③④

107. 在下列几种自动舵中保向性最好的是________。

A. 比例舵 B. 比例-微分舵

C. 比例-积分舵 D. 比例-微分-积分舵

108. 船舶全速航行时,若驾驶台想练习操舵,应征得轮机部同意后方能进行,原因是________。

A. 频繁操舵容易使主机超负荷

B. 频繁操舵容易使主机转速不稳定

C. 频繁操舵会增加轮机员的劳动强度

D. 频繁操舵容易使舵机超负荷

109. 微分调节(反舵角调节)的正确调节方法是:大船、重载及旋回惯性大时应调________,海况较差时应调________。

A. 小或必要时将其归至零位;大　　B. 小;小

C. 大;小或必要时将其归至零位　　D. 大;大

110. 就通常船舶而言,舵力转船力矩与舵角大小之间的关系,正确的是________。

A. 舵力转船力矩与舵角大小成正比

B. 在极限舵角范围内,舵力转船力矩与舵角大小成正比

C. 舵力转船力矩随舵角增大而增大

D. 在极限舵角范围内,舵力转船力矩随舵角增大而增大

111. 船舶在港内操纵时,为了增强舵效,可以提高舵速来增加旋回力矩,应采取的正确措施是________。

①提高滑失比;②减弱伴流;③加大螺旋桨转速

A. ②③　　B. ①②

C. ①②③　　D. ①

112. 对于可变螺距螺旋桨船,可以通过降低螺旋桨转速,增大螺距来________。

A. 提高滑失比,增强舵效　　B. 降低滑失比,增强舵效

C. 提高滑失比,减弱舵效　　D. 降低滑失比,减弱舵效

113. 航行中的船舶,提高舵力转船力矩的措施包括________。

①操大舵角;②增加螺旋桨转速;③提高舵速;④增大舵叶面积

A. ①②③④　　B. ①②③

C. ②　　D. ①③

114. 舵的正压力的大小________。

A. 与舵速、舵面积有关,与舵角无关

B. 与舵速、舵面积无关,与舵角有关

C. 与舵速、舵面积有关,与舵角有关

D. 与舵速、舵面积无关,与舵角无关

115. 舵的正压力的大小与舵面积、舵速有关,表现为________。

A. 舵面积越大、舵速越低,舵的正压力越大

B. 舵面积越大、舵速越高,舵的正压力越大

C. 舵面积越小、舵速越低,舵的正压力越大

D. 舵面积越小、舵速越高,舵的正压力越大

116. 有关船舶舵效,哪一种说法是正确的? ________。

A. 艏倾比艉倾时舵效好,顺流时比顶流时舵效好

B. 艏倾比艉倾时舵效好,顺流时比顶流时舵效差

C. 艏倾比艉倾时舵效差,顺流时比顶流时舵效差

D. 艏倾比艉倾时舵效差,顺流时比顶流时舵效好

117. 船舶在航行中,舵速等于________。

A. 船速+舵处的伴流速度+螺旋桨排出流速度
B. 船速-舵处的伴流速度+螺旋桨排出流速度
C. 船速+舵处的伴流速度-螺旋桨排出流速度
D. 船速-舵处的伴流速度-螺旋桨排出流速度

118. 操舵后,舵力对船舶运动产生的影响,下列说法正确的是________。
①使船速降低;②使船横倾;③使船偏转;④使船发生横移
A. ①②③④　　B. ①②③
C. ②③④　　D. ①④

119. 船舶在低速航行时,突然加大主机转速并用舵,结果舵效好,其原因是________。
A. 伴流小而排出流增大　　B. 伴流大而排出流减小
C. 伴流大而排出流增大　　D. 伴流小而排出流减小

120. 影响船舶的舵力转船力矩大小的因素是________。
①船长;②舵面积;③舵速;④舵角
A. ①②③④　　B. ②③④
C. ③④　　D. ②④

121. 海船上的舵是垂直安装在船尾作操纵用的装置,其主要作用为________。
①保持航向;②改变航向;③使船舶旋转;④改变航速
A. ①②③　　B. ①③④
C. ②③④　　D. ①②③④

122. 影响船舶水动力转船力矩大小的因素是________。
①水密度;②船长;③船速;④船舶吃水
A. ①②③④　　B. ①③
C. ②④　　D. ③④

123. 影响舵力转船力矩包括________因素。
①舵角;②舵速;③船长;④船宽
A. ①②③④　　B. ①②③
C. ①②　　D. ①④

124. 船舶在操纵时,可以借助提高螺旋桨的滑失比来增加舵效,需要做到________。
A. 提高螺旋桨的转速,提高螺旋桨的进速
B. 提高螺旋桨的转速,降低螺旋桨的进速
C. 降低螺旋桨的转速,降低螺旋桨的进速
D. 降低螺旋桨的转速,提高螺旋桨的进速

125. 对于低速航行的船舶,下列哪项措施对改善舵效最为有效?________。
A. 操大舵角　　B. 快进车操大舵角
C. 微进车操大舵角　　D. 快进车正舵

126. 影响常规船舶舵力大小的因素有________。
①伴流;②排出流;③吃水;④水深
A. ①②③④　　B. ①②

C. ③④　　　　D. ①②③

127. 下列哪项措施对改善舵效有利？________。

①提高船速；②增大操舵舵角；③适当的艉倾；④航进中停车

A. ①②③④　　　　B. ①②③

C. ②③　　　　D. ①④

128. 舵力的大小反映船舶改变航向的快慢，它主要与下列哪些因素有关？________。

①舵叶面积；②舵相对于水流的速度；③舵的断面形状；④舵角大小

A. ①②③　　　　B. ①③④

C. ②③④　　　　D. ①②③④

129. 舵速是指________。

A. 舵相对于水的相对运动速度在船舶首尾方向的分量

B. 舵相对于水的相对运动速度在船舶横向方向的分量

C. 舵相对于水的相对运动速度

D. 船舶的船速

130. 船舶降低船速后，突然加大主机转速是提高舵效的有效途径，这是由于此时________。

A. 伴流速度较大和舵速减小的结果　　B. 伴流速度较低和舵速增大的结果

C. 伴流速度较大和舵速增大的结果　　D. 伴流速度较低和舵速减小的结果

任务三　掌握锚设备及其运用

知识储备

锚的系留力（也称为锚泊力）由锚抓力和锚链抓力组成，一般用下式来表示：

$$P = P_a + P_c = \lambda_a \cdot W_a + \lambda_c \cdot w_c \cdot l$$

式中，P——锚泊力。

P_a——锚的抓力。

P_c——锚链的抓力。

λ_a——锚的抓力系数。

W_a——空气中锚的重量。

λ_c——锚链的抓力系数。

w_c——单位链长在空气中的重量。

l——卧底链长。

单锚泊安全所需总的出链长度由卧底链长度和悬链长度两部分构成。一般用下式来表示：

$$S = s + l = \sqrt{h_0 \cdot \left(h_0 + \frac{2T_0}{w_c}\right)} + \frac{T_0 - \lambda_a \cdot W_a}{\lambda_c \cdot w_c}$$

式中，s——悬链长度。

l——卧底链长度。

h_0——锚链孔至海底的垂直距离。

T_0——船舶所受水平外力。

其他变量参见上式。

实践中单锚泊出链长度常常采用下列经验公式

$$S=3h+90 \qquad 风速\approx 20\ m/s(8级)时$$

$$S=4h+145 \qquad 风速\approx 30\ m/s(11级)时$$

式中，S——出链长度(m)。

h——水深(m)。

相关习题

1. 最后1~2节锚链大都涂在红色或黄色等醒目油漆标记的位置的目的是________。
   A. 便于操作　　B. 美观
   C. 警惕有丢锚危险　　D. 防锈
2. 锚设备中弃链器的作用是________。
   A. 便于锚链拆修
   B. 使末端锚链不乱
   C. 固定末端锚链
   D. 保证在紧急情况下能迅速可靠地脱开锚链
3. 有关锚链管，下列说法不正确的是________。
   A. 应设防水盖　　B. 设在链轮的上方
   C. 正对锚链舱中央　　D. 直径为7~8倍链径
4. 锚链舱一般设在________。
   ①防撞舱壁之后；②锚机下面；③艏尖舱上面
   A. ①②③　　B. ②③
   C. ①③　　D. ①②
5. 锚机应有足够的功率以不小于9 m/min的速度将一只锚从水深82.5 m处拉至水深27.5 m处。锚机应能连续工作30 min，并能在不小于________过载拉力作用下连续工作2 min。
   A. 1.5倍　　B. 2.5倍
   C. 0.5倍　　D. 3.5倍
6. 螺旋式弃链器的操作手轮设在锚链仓________到达的地方，并能由其迅速________锚链。
   A. 内部不易；系固　　B. 外部易于；解脱
   C. 内部易于；解脱　　D. 外部易于；系固
7. 锚链标记从第________节之间开始，重复第一节与第二节及其他相应各节之间同样的方法进行标记。
   A. 5~6　　B. 6~7
   C. 7~8　　D. 4~5

8. 在连接链环前后第三个有挡链环的排挡上各绕以金属丝,并涂白漆,连链锚环涂红漆,这种标记应在________。

A. 3~4 节　　B. 4~5 节

C. 2~3 节　　D. 5~6 节

9. 锚链中转环的作用是________。

A. 连接各节锚链

B. 避免通过持链轮时产生跳动

C. 防止锚链过分扭绞

D. 标示锚链长度

10. 组成一根锚链的链环类型一般有________。

①普通链环;②加大链环;③末端链环;④转环;⑤末端卸扣;⑥连接链环

A. ①②③④⑤⑥　　B. ①②③④⑤

C. ①③④⑤⑥　　D. ②③④⑤⑥

11. 普通链环大小的表示方法为________。

A. 每个链环的重量　　B. 每节锚链的重量

C. 链环的直径　　D. 每节锚链的长度

12. 在每条锚链的连接链环前后的有挡链环上涂上白漆,主要目的是________。

A. 防止锚链生锈　　B. 指示锚链的长度

C. 提高锚链的自洁度　　D. 增加锚链的美观

13. 山字锚的优点是________。

①便于收藏;②抛起方便;③抓力大

A. ①②　　B. ①②③

C. ①③　　D. ②③

14. 将锚链连接链环涂红漆的目的是________。

A. 防锈　　B. 表明易损处

C. 指示锚链长度　　D. 提醒有丢失锚链的危险

15. 下列哪项措施主要是为了及时掌握锚链松放长度所采取的? ________。

A. 查看锚地水深　　B. 在连接链环及其附近进行标记

C. 采用有挡锚链　　D. 在末端链节设置转环

16. 如下图所示表示有挡锚链的是________。

A

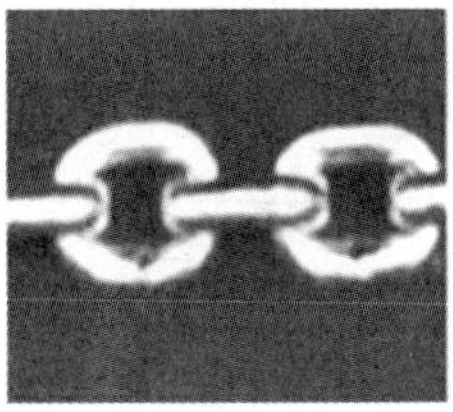
B

C

D

A. 图 A　　B. 图 B

C. 图 C　　D. 图 D

17. 下图所示为锚链标记,表示的锚链链长为________。

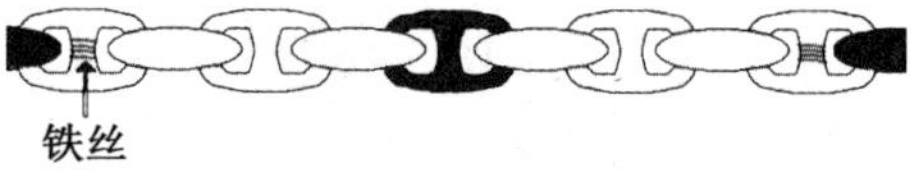

A. 3 节　　B. 4 节
C. 5 节　　D. 6 节

18. 如下图所示,下列物品用于锚链链节之间连接的是________。

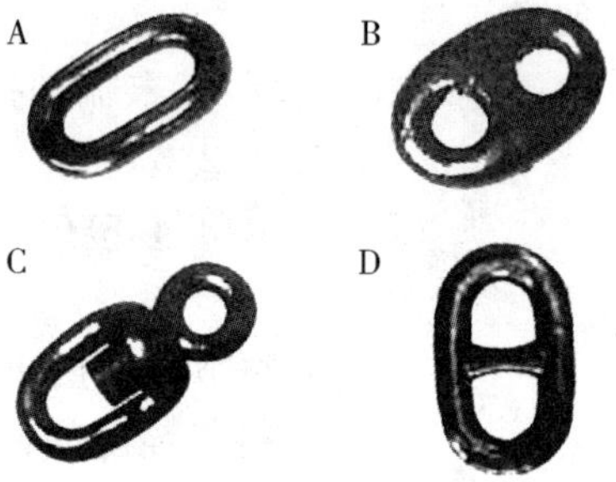

A. 图 A　　B. 图 B
C. 图 C　　D. 图 D

19. 如下图所示,已放出锚链多少节?________。

A. 3 节　　B. 2 节
C. 1 节　　D. 4 节

20. 图中的链环是锚链中的________。

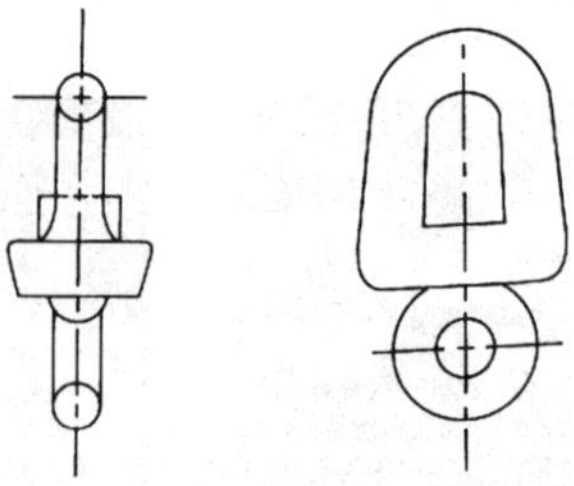

A. 普通链环　　B. 加大链环
C. 末端链环　　D. 转环

21. 锚链中设置转环的作用是________。
    A. 连接各节锚链
    B. 避免通过持链轮时产生跳动
    C. 防止锚链过分扭绞
    D. 标示锚链长度
22. 我国规定每节锚链的标准长度为________。
    A. 25 m　　B. 26 m
    C. 27 m　　D. 27.5 m
23. 若锚链链节间为连接卸扣，则连接卸扣的横栓应朝向________。
    A. 中间链节　　B. 弃链器
    C. 锚　　D. 两端
24. 铸钢锚链的缺点是________。
    ①制造工艺较复杂；②成本较高；③耐冲击负荷差
    A. ①②　　B. ①③
    C. ②③　　D. ①②③
25. 正常锚泊的船，当外力增大时，其卧底链长会________悬垂链长会________。
    A. 减小；增大　　B. 减小；减小
    C. 增大；增大　　D. 增大；减小
26. 在港内操纵时运用锚辅助操纵适用于________。
    A. 任何船型　　B. 大型船
    C. 中小型船　　D. 超大型船
27. 下列情况中，不属于港内操纵用锚的是________。
    A. 抛开锚　　B. 拖锚掉头
    C. 港内狭水道航行时备锚　　D. 拖锚制动
28. 一般情况下，万吨以下重载船拖锚制动时出链长度应控于________。
    A. 1.5 倍水深左右　　B. 2.5 倍水深左右
    C. 3.5 倍水深左右　　D. 4 倍水深左右
29. 拖锚制动时，利用锚与海底的摩擦力（即动抓力）来刹减船速。在出链长度一定时，该力的大小与锚重、水深有关，下列说法正确的是________。
    A. 锚越重，抓力越小；水深越大，抓力越大
    B. 锚越重，抓力越大；水深越大，抓力越大
    C. 锚越重，抓力越大；水深越大，抓力越小
    D. 锚越重，抓力越小；水深越大，抓力越小
30. 拖锚制动时，水深一定，制动力的大小与锚重、出链长度有关，下列说法正确的是________。
    ①锚越重，抓力越小；②锚越重，抓力越大；③出链长度越长，抓力越大；④出链长度越长，抓力越小
    A. ①④　　B. ①③
    C. ②④　　D. ②③

31. 拖锚制动时,出链长度一定,制动力的大小与锚重、水深有关,下列说法正确的是________。
    A. 锚越重,抓力越小,水深越大,抓力越大
    B. 锚越重,抓力越大,水深越大,抓力越小
    C. 锚越重,抓力越小,水深越大,抓力越小
    D. 锚越重,抓力越大,水深越大,抓力越大
32. 操纵中用锚时,锚的抓力取决于________。
    A. 锚型、锚重、抛锚方法等和风力、水流、海浪
    B. 出链长度、水深、底质、排水量、风力、水流
    C. 锚型、锚重、抛锚方法、排水量、风力、水流
    D. 锚型、锚重、出链长度、水深、底质
33. 船舶在港内拖锚淌航距离________。
    A. 与排水量成正比;与锚的抓力成正比
    B. 与排水量成正比;与锚的抓力成反比
    C. 与排水量成反比;与锚的抓力成反比
    D. 与排水量成反比;与锚的抓力成正比
34. 拖锚淌航距离与下列哪些因素有关?________。
    ①排水量;②抛锚时的余速;③锚抓力;④流速
    A. ①②③④　　B. ①②③
    C. ①②　　D. ②③
35. 确定富余水深时应考虑港内操纵用锚的影响,在结实的砂底拖锚,船底应保留的深度间隙一般取为________。
    A. 锚爪的宽度　　B. 锚爪的高度
    C. 锚冠凸缘的宽度　　D. 锚干的长度
36. 操纵用锚包括下列哪项?________。
    A. 控制余速、稳定船首、抛锚掉头、单锚泊
    B. 控制余速、稳定船首、单锚泊、脱浅用锚
    C. 控制余速、单锚泊、抛锚掉头、脱浅用锚
    D. 控制余速、稳定船首、抛开锚、抛锚掉头
37. 单锚泊时,锚链悬链长度________。
    A. 与锚重有关,与锚链单位长度重量有关
    B. 与锚重有关,与锚链单位长度重量无关
    C. 与锚重无关,与锚链单位长度重量有关
    D. 与锚重无关,与锚链单位长度重量无关

任务四　掌握系泊设备及其应用

知识储备

一、船舶系靠码头时缆绳的名称与作用

1. 艏缆(也叫头缆)

(1)位置:从船首引出。

(2)作用:承受来自前方的风、流等外力的推压,防止船身后移和外张。

(3)特殊情况:从内舷引出的艏缆可称为里档艏缆,俗称拎水缆;从外舷引出的艏缆也可称为外档艏缆,当外档艏缆与码头靠线的交角较大时,可称其为包艏缆。

2. 艉缆

(1)位置:从船尾引出。

(2)作用:承受从后方来的风、流等外力的推压,防止船身前移和外张。

3. 艏倒缆(也叫前倒缆)

(1)位置:从船首引出,向后绕过码头上的系缆桩或其他系缆设备后回到船上。

(2)作用:承受来自船尾方向的风、流推力或动车的影响,防止船身向前移动及船首外张。

4. 艉倒缆(也叫后倒缆)

(1)位置:从船尾引出,向前绕过码头上的系缆桩或其他系缆设备后回到船上。

(2)作用:承受来自船首方向的风、流推力和倒车的拉力,防止船身向后移动及外张。

5. 横缆

(1)位置:从船首或船尾垂直或接近垂直地引向码头。

(2)作用:防止吹开风和回转流的作用力,以防止船舶外移。

二、船舶系浮筒时缆绳的名称与作用

1. 单头缆

(1)位置:从船首或船尾方向送至浮筒。

(2)数量:艏艉至少各两根。

(3)系法:钢丝缆绳用卸扣系在浮筒环上,纤维缆绳用司令扣系在浮筒环上。

2. 回头缆

(1)位置:在系浮筒时,艏艉各带一根回头缆。

(2)系法:用一根较长的钢丝缆绳从艏、艉一舷送出穿过浮筒环,再从另一舷拉回船上挂在脱钩上。

(3)作用:主要用于离浮筒时使用,平时不受力,带好浮筒后应比单头缆松弛些,离浮筒时船员可自行从船上解脱。

三、靠泊用缆

1. 一般情况

通常在一般情况下，船舶采用先带艏部缆绳后带艉部缆绳的顺序进行靠泊带缆，其中的艏部带缆顺序取决于风、流的影响。

2. 顶流靠泊带缆顺序

(1)先带艏缆，并迅速收紧挽牢。

(2)待船体靠岸并就位之后，再带艏倒缆、前横缆。

(3)艉部先带艉倒缆，然后带艉缆和横缆。

3. 横风较强带缆顺序

(1)先带艏横缆，无横缆缆桩时可将艏缆和艏倒缆同时带上，并迅速收紧。

(2)艉部先带艉横缆，并尽快绞拢。

四、离泊用缆

1. 单绑

(1)定义：单绑是指船舶离泊前解除操纵中不起作用的缆绳。

(2)小型船舶在自力离泊单绑时，保留缆绳数量取决于流向。一般船首保留 1 根艏缆和 1 根艏倒缆，在顺流时保留 1 根艉缆，在顶流时保留 1 根艉倒缆。

2. 离泊倒缆的运用

(1)小型船舶在自力离泊时，一般采用艉离法，即借助艏倒缆的约束力，短时微速进车，操内舷满舵，使船尾慢慢离开码头。

(2)应选择强度大、质量好的缆绳作为艉离艏倒缆，尽可能将其贴靠码头边，而又接近船中部的缆桩上，并将其挽牢，以使其有足够的长度，减少其所受的应力，并严格控制进车时间。

3. 溜缆

(1)定义：在离泊时，艏部或艉部的最后一根缆，有时用来阻滞艏、艉的偏转，或控制船身的前冲后缩，需将其做一时溜出、一时刹住的操作，这根缆绳俗称溜缆。

(2)使用特点：溜缆使用的缆绳一般只用钢丝缆，一般只在小型船舶离泊时使用。

4. 绞缆移泊

(1)应用场景：船舶停靠中，常由于某种原因需要向前或向后平移若干距离。

(2)操作方法：

①如果向前移动时，解掉里档艏缆、艉缆，移向前方远处带上缆桩，艏倒缆也适当前移，外档艏缆上绞缆机，始终保持船首有一根艏缆和一根艏倒缆随时受力，使船首不致偏出码头过远而危及船尾的车舵；船尾也可同时绞收艉倒缆，松出艉缆，并适时将其带到较前的缆桩上，使船尾也保持较宽裕的受控状态。一次离泊距离不足，可反复进行，移泊完成后，带好并调整各缆绳，使之受力均匀。

②如果向后移泊时，可绞收艉缆及艏倒缆，但同样要有一根艏缆使之随时受力，以保持船身的平行移动。

(3)操作注意事项：绞缆时要前后配合，相互呼应，并在驾驶台统一指挥下进行。绞缆速度不宜太快,也不要硬绞,以防断缆。如果风大流急,应用车舵配合或借助拖船进行移泊,以策安全。

相关习题

1. 关于带缆桩的说法,正确的有________。
   ①其作用是在靠泊作业时系紧缆绳,以承受拉力;②其作用是在拖带作业时系紧缆绳,以承受拉力;③带缆桩的基座必须十分牢固,其附近的甲板也需特别加强
   A. ②③ B. ①②
   C. ①②③ D. ①③
2. 大型船舶的导缆钳多用________。
   A. 闭式和开式 B. 单拉式
   C. 双滚轮或三滚轮式 D. 单滚式
3. 导向滚轮及其挡角的作用是________。
   ①改变缆绳的走向;②防止系缆松弛时滚落到甲板上;③挽缆绳
   A. ①② B. ①②③
   C. ①③ D. ②③
4. 关于导缆装置的作用,下列说法正确的是________。
   A. 改变缆绳的方向,减少缆绳磨损 B. 固定缆绳的方向,增大缆绳磨损
   C. 固定缆绳的方向,减少缆绳磨损 D. 改变缆绳的方向,增大缆绳磨损
5. 绞缆机的作用是________。
   ①靠泊时,收紧缆绳;②自动移泊时,通过绞缆机绞缆,使船舶前后移动;③与他船并靠时绞紧缆绳
   A. ②③ B. ①③
   C. ①②③ D. ①②
6. 钢丝绳的规格主要是以________来表示的。
   A. 最大直径 B. 最大周长
   C. 每捆长度 D. 每捆重量
7. 系船缆的性能应满足________。
   ①强度大;②耐腐蚀、耐磨损;③密度小、弹性适中;④质地柔软和使用方便
   A. ①②③ B. ②③④
   C. ①③④ D. ①②③④
8. 导缆装置的作用是________。
   ①导引缆绳由舷内通向舷外;②限制其导出位置及减少磨损;③避免因缆绳急剧弯折而增大其所受应力;④使船舷固定在码头上
   A. ①④ B. ①②③
   C. ①③④ D. ②③④
9. 下图所示的设备是________。

A. 缆桩　　B. 桅杆

C. 滚筒　　D. 导缆滚柱

10. 下图所示的设备是________。

A. 导缆钳　　B. 导缆桩

C. 羊角　　D. 导缆滚柱

11. 下图所示的设备是________。

A. 导缆孔　　B. 导缆桩

C. 卸扣　　D. 眼环

12. 下图所示的设备是________。

A. 缆桩　　B. 滚筒

C. 滚柱导缆器　　D. 舷窗

13. 下图所示为船舶系泊设备,其中 1 的作用是________。

A. 将缆绳引送至码头

B. 便于将缆绳从绞缆机卷筒上脱开后挽桩时使用

C. 保护缆绳

D. 阻止鼠类动物爬进或爬出船舶

14. 下图所示为船舶系泊设备,其中不属于挽缆装置的是________。

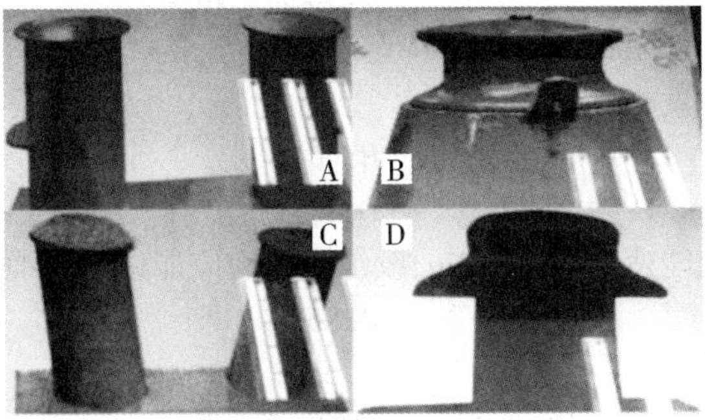

A. 图 A　　B. 图 B

C. 图 C　　D. 图 D

15. 下图所示的设备是________。

A. 导缆钳　　B. 导缆桩

C. 羊角　　D. 导缆滚柱

16. 下列各项中________是尼龙绳缆绳的特点。

①耐酸碱;②耐油;③弹性大;④不易疲劳

A. ①②③④　　B. ①②③

C. ②③④　　D. ①③④

17. 船上常用的导缆装置有________。

①导缆孔;②导缆钳;③导向滚柱;④导向滚轮

A. ①②④　　B. ①②③④

C. ①③④　　D. ①②③

18. 系泊设备的组成包括________。
①系船缆；②导缆装置；③挽缆装置；④绞缆机械
A. ①②③④　　B. ②③④
C. ①②④　　D. ①③

19. 导缆装置的类型包括________。
①导缆孔；②导缆钳；③导向滚轮；④绞缆机
A. ①②③　　B. ①③④
C. ②③④　　D. ①④

20. 纤维绳的规格主要是以________来表示的。
A. 最大直径　　B. 最大半径
C. 每捆长度　　D. 每捆重量

21. 下列各项中________是植物纤维缆的特点。
①柔软；②质轻；③强度小；④不易腐烂
A. ①②③④　　B. ①②③
C. ①②④　　D. ①③④

22. 绞缆机的绞缆速度应能达到 15 m/min，绞缆机拉力应能达到系缆破断力的________。
A. 75%　　B. 85%
C. 65%　　D. 55%

23. 按照通常做法，除了正在使用的系缆外，船舶应至少配备________根缆绳备用。
A. 3　　B. 4
C. 2　　D. 1

24. 近年来，有些船上配备了自动系缆绞车，其目的是________。
①可根据系缆的受力情况自动跳转系缆的长度；②减少值班人员的操作和劳动强度；③防止缆绳拉断，保证系缆安全
A. ①③　　B. ①②③
C. ②③　　D. ①②

25. 如果绞缆时缆绳张力超过绞缆机拉力，则________。
①收绞不动；②必然断缆；③应当松缆；④应暂缓绞缆
A. ①③　　B. ②④
C. ①④　　D. ②③

26. 一般船舶使用缆绳系单浮筒，关于单头缆与浮筒的系结方式，正确的是________。
①装有系浮钩的可直接钩在浮筒环上；②可用卸扣连接浮筒环；③可用套索来连接浮筒环；④可穿过系泊浮筒跟环后，返套在甲板缆桩
A. ①　　B. ①②
C. ①②③　　D. ①②③④

27. 船舶系浮筒作业时，从艏、艉一舷送出，穿过浮筒环，再从另一舷回到船上的缆绳，称为________。

A. 倒缆　　B. 横缆

C. 回头缆　　D. 单头缆

28. 近年来,有些船上配备了自动绞缆机,其目的是________。

①可根据系缆的受力情况自动调整系缆的长度;②减少值班人员的操作和劳动强度;③防止缆绳拉断,保证系缆安全

A. ①②　　B. ②③

C. ①③　　D. ①②③

29. 在使用制缆索时,应使用________。

A. 与缆绳同质的制缆索　　B. 化纤制缆索

C. 链条制缆索　　D. 软钢丝绳制缆索

30. 绞缆时,手持缆绳活端的水手应站在卷筒后方________以上距离。

A. 4 m　　B. 3 m

C. 2 m　　D. 1 m

31. 船舶采用绞缆方式进行向后移泊,为保持船身平行移动,下列哪项说法是正确的? ________。

A. 不应绞收艉缆

B. 不应绞收艏倒缆

C. 应保证有一根艏缆随时受力

D. 应将外舷艏缆改为艏倒缆,并使之受力

32. 船舶系泊时,艏横缆的作用是________,艉横缆的作用是________。

A. 防止船尾向外舷移动;防止船首向外舷移动

B. 防止船尾向外舷移动;防止船尾向外舷移动

C. 防止船首向外舷移动;防止船首向外舷移动

D. 防止船首向外舷移动;防止船尾向外舷移动

33. 船舶系泊时,艉倒缆的作用是________。

A. 防止船舶前移,防止船首向外舷移动

B. 防止船舶后移,防止船首向外舷移动

C. 防止船舶前移,防止船尾向外舷移动

D. 防止船舶后移,防止船尾向外舷移动

34. 船舶系泊时,能防止船尾向外舷移动的缆包括________。

A. 艏缆、艏倒缆和艏横缆

B. 艉缆、艏倒缆和艏横缆

C. 艉缆、艉倒缆和艏横缆

D. 艉缆、艉倒缆和艉横缆

35. 船舶系靠单浮筒时,应________。

A. 先带单头缆,后带回头缆

B. 单浮筒系妥后应将系泊时所抛锚绞紧

C. 回头缆应绞紧均匀受力

D. 单头缆应不受力

36. 船舶系靠单浮筒时，应________。

①先带单头缆；②后带回头缆；③单头缆应绞紧且均匀受力；④回头缆应绞紧且均匀受力

A. ①②③④　　B. ①②③

C. ①②　　D. ①②④

37. 船在系泊中，横缆的主要作用是________。

A. 阻止船舶向前移动

B. 阻止船舶离开码头

C. 阻止船舶向后移动

D. 阻止船舶前后移动

38. 如下图所示，在船舶靠头系缆图中 5 是________。

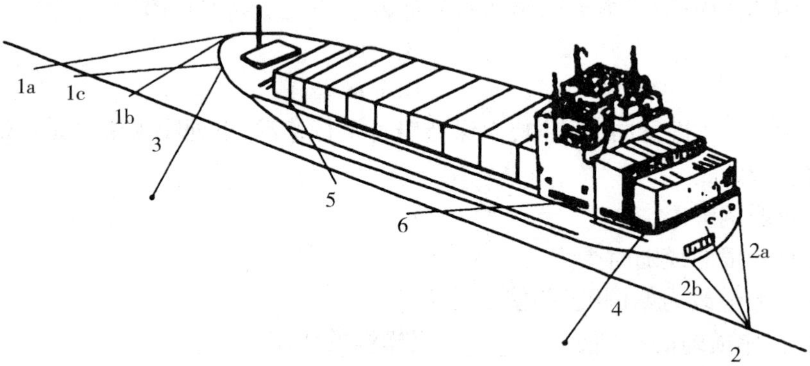

A. 艏倒缆　　B. 艉缆

C. 横缆　　D. 艏缆

39. 能够承受自船首方向的风、流推力和倒车的拉力，防止船位向后移动及外张的缆绳是________。

①头缆；②艉缆；③艏倒缆；④艉倒缆；⑤横缆

A. ①④　　B. ②③

C. ①③④　　D. ②③⑤

40. 如下图所示，在船舶靠码头系缆图中 E 是________。

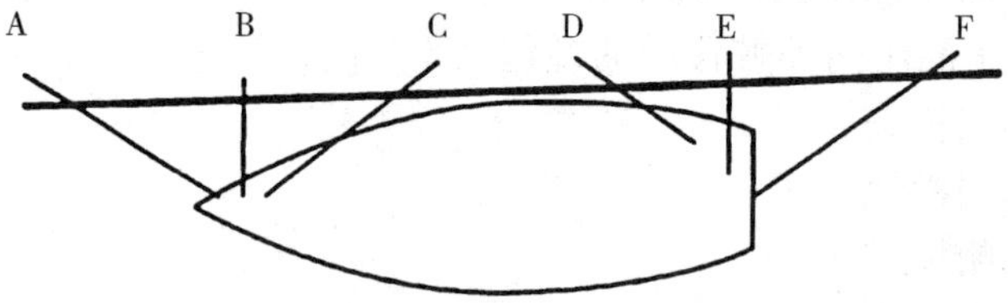

A. 艉倒缆　　B. 拖缆

C. 艉横缆　　D. 艏缆

41. 如下图所示，船舶系泊时，能防止船首向外舷移动的缆包括________。

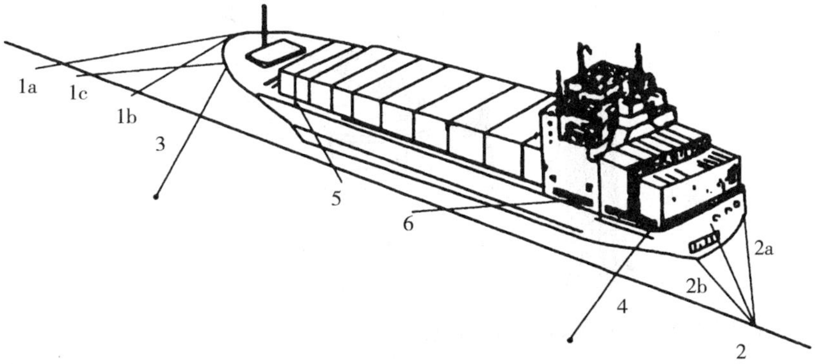

A. 艏缆、艏倒缆和艏横缆　　B. 艉缆、艏倒缆和艏横缆
C. 艉缆、艉倒缆和艏横缆　　D. 艉缆、艉倒缆和艉横缆

42. 如下图所示在船舶靠码头系缆图中 C 是________。

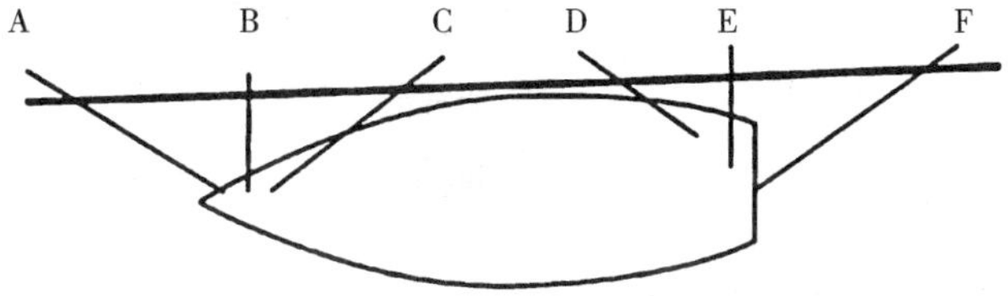

A. 艏倒缆　　B. 艉缆
C. 横缆　　D. 艏缆

43. 如下图所示在船舶靠码头系缆图中 D 是________。

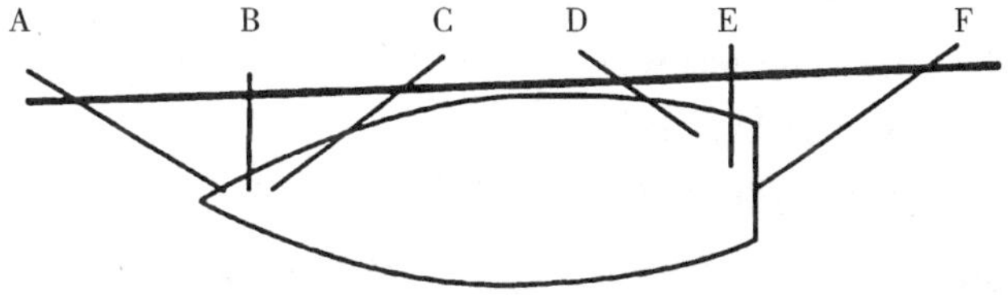

A. 艏缆　　B. 艉倒缆
C. 横缆　　D. 拖缆

44. 如下图所示在船舶靠码头系缆图中 E 是________。

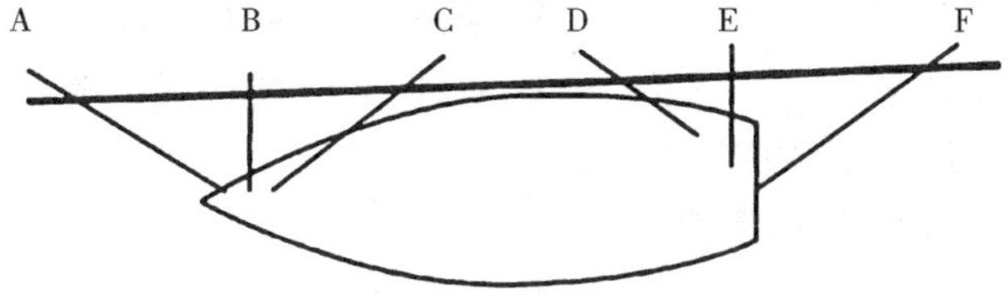

A. 艏缆　　B. 艉倒缆
C. 艉横缆　　D. 拖缆

45. 如下图所示,箭头所指的系缆名称为________。

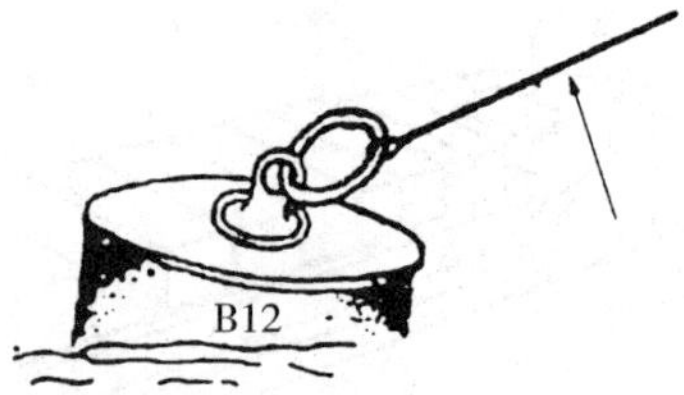

A. 单头缆　　B. 回头缆

C. 艏缆　　D. 艉缆

46. 如下图所示,在船舶靠码头系缆图中 B 是________。

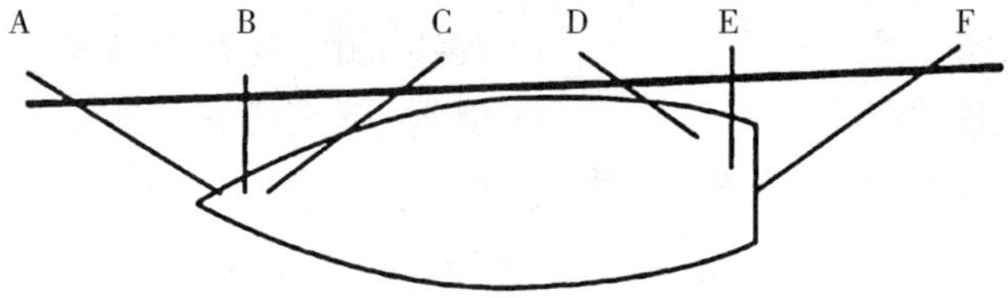

A. 艏缆　　B. 艉缆

C. 艏横缆　　D. 拖缆

47. 船舶系泊时,首缆的作用是________。

A. 防止船舶后移,防止船首向外舷移动

B. 防止船舶前移,防止船首向外舷移动

C. 防止船舶后移,防止船尾向外舷移动

D. 防止船舶前移,防止船尾向外舷移动

48. 船舶系泊时,尾缆的作用是________。

A. 防止船舶后移,防止船尾向外舷移动

B. 防止船舶前移,防止船尾向外舷移动

C. 防止船舶后移,防止船首向外舷移动

D. 防止船舶前移,防止船首向外舷移动

49. 船舶系泊时,能防止船舶后移的缆绳包括________。

A. 抢缆和抢收倒缆　　B. 艉缆和艏倒缆

C. 头缆和艉倒缆　　D. 头缆和艏倒缆

50. 船舶系泊时,能防止船首向外舷移动的缆包括________。

A. 艏缆、艏倒缆和艏横缆　　B. 艉缆、艏倒缆和艏横缆

C. 艉缆、艉倒缆和艏横缆　　D. 艉缆、艉倒缆和艉横缆

51. 绞缆移泊时,如要使船前移,宜绞收________。

①艏缆;②艉缆;③艏倒缆;④艉倒缆

A. ②③　　B. ①②③

C. ①④　　D. ②④

52. 绞缆移泊时,如要使船后移,宜绞收________。

①艏缆;②艉缆;③艏倒缆;④艉倒缆

A. ②③　　B. ①②③
C. ①④　　D. ②④

参考答案

任务一　掌握螺旋桨及其运用

1. A	2. A	3. A	4. C	5. A	6. C	7. D	8. A	9. A	10. B
11. D	12. A	13. D	14. C	15. A	16. B	17. C	18. C	19. D	20. C
21. C	22. D	23. C	24. B	25. C	26. A	27. B	28. A	29. A	30. B
31. C	32. C	33. C	34. A	35. C	36. A	37. C	38. C	39. A	40. D
41. A	42. C	43. D	44. D	45. C	46. B	47. C	48. A	49. C	50. C
51. C	52. A	53. B	54. C	55. C	56. A	57. C	58. A	59. A	60. A
61. B	62. B	63. A	64. D	65. D	66. B	67. A	68. A	69. A	70. D
71. A	72. B	73. A	74. C	75. A	76. A	77. D	78. C		

任务二　掌握舵设备及其运用

1. A	2. B	3. B	4. A	5. D	6. D	7. C	8. C	9. C	10. B
11. D	12. D	13. D	14. D	15. B	16. D	17. A	18. A	19. B	20. A
21. C	22. A	23. B	24. C	25. D	26. B	27. A	28. D	29. C	30. C
31. C	32. C	33. C	34. A	35. D	36. A	37. A	38. C	39. B	40. B
41. A	42. B	43. C	44. B	45. C	46. C	47. B	48. D	49. D	50. B
51. C	52. A	53. B	54. D	55. D	56. B	57. D	58. D	59. B	60. D
61. D	62. D	63. D	64. C	65. D	66. C	67. D	68. D	69. B	70. B
71. B	72. B	73. D	74. D	75. D	76. A	77. C	78. D	79. D	80. D
81. D	82. C	83. A	84. D	85. A	86. D	87. A	88. A	89. B	90. D
91. D	92. A	93. B	94. A	95. D	96. D	97. D	98. A	99. C	100. D
101. C	102. A	103. B	104. D	105. C	106. D	107. D	108. D	109. C	110. D
111. C	112. A	113. B	114. C	115. B	116. C	117. B	118. A	119. A	120. A
121. A	122. A	123. B	124. B	125. B	126. A	127. B	128. D	129. A	130. B

任务三　掌握锚设备及其运用

1. C	2. D	3. B	4. B	5. A	6. B	7. B	8. A	9. C	10. A
11. C	12. B	13. A	14. C	15. B	16. A	17. B	18. B	19. A	20. D
21. C	22. D	23. B	24. D	25. A	26. C	27. C	28. B	29. C	30. D
31. B	32. D	33. B	34. A	35. C	36. D	37. C			

任务四　掌握系泊设备及其应用

1. C	2. C	3. A	4. A	5. C	6. A	7. D	8. B	9. A	10. A
11. A	12. C	13. B	14. B	15. B	16. A	17. B	18. A	19. A	20. A
21. B	22. A	23. C	24. B	25. C	26. C	27. C	28. D	29. A	30. D
31. C	32. D	33. D	34. D	35. A	36. B	37. B	38. A	39. A	40. C
41. A	42. A	43. B	44. C	45. A	46. C	47. A	48. B	49. C	50. A
51. C	52. A								

项目三

外界因素对操船的影响

学习目标

1. 掌握风对船舶操纵的影响。
2. 掌握流对船舶操纵的影响。
3. 掌握浅水效应及其对操纵的影响。
4. 掌握船间效应、岸壁效应及其对操船的影响。

任务一　掌握风对操船的影响

知识储备

一、风压力和风压力转船力矩

1. 风压力的大小

风压力与风速、受风面积、风舷角及风阻力系数有关。风速越大、受风面积越大，风压力越大。其计算式为：

$$F_a = \rho_a \cdot C_a \cdot (A_a \sin^2\theta + B_a \cos^2\theta) \cdot v_a{}^2$$

风阻力系数 C_a 随风舷角 θ 变化，$\theta = 0°$ 或 $180°$ 时 C_a 最小，$\theta = 30° \sim 40°$ 或 $140° \sim 160°$ 时 C_a

最大。

2. 风压力的作用方向

风压力角 α 随相对风舷角 θ 变化，$\theta=0°$ 或 $180°$ 时 $\alpha\approx0°$ 或 $180°$，$\theta=90°$ 时 $\alpha\approx90°$，风压力方向更接近正横方向。

3. 风压力中心的位置

风压力中心的位置随风舷角 θ 变化，θ 增大时向后移动。$\theta<90°$ 时在重心 G 前，$\theta=90°$ 时在船中附近，$\theta>90°$ 时在重心 G 后。

4. 风压力转船力矩

风压力转船力矩公式为：

$$M_a = F_a \cdot \sin\alpha \cdot (l_G - a) = \rho_a C_{ma} V_a{}^2 (A_a \cos^2\theta + B_a \sin^2\theta)$$

式中的 C_{ma} 为风压力转船力矩系数，船舶在正横稍前受风时，$C_{ma}=0$；$\theta=90°$ 即正横受风，C_{ma} 很小；斜顶风、斜顺风时，C_{ma} 最大；正横后受风时 C_{ma} 又比正横前受风时大；$\theta=0°$ 或 $180°$ 时，$C_{ma}=0°$。

二、水动力与水动力转船力矩

1. 水动力的大小

水动力横向分力 Y_W 与漂角 β、水深等因素有关，浅水区水动力明显增加，其值可用下式估算：

$$Y_w = \rho_w \cdot C_{Yw} \cdot L \cdot d \cdot v_w{}^2$$

式中的横向水动力系数 C_{Yw} 随漂角 β 的变化关系近似于正弦曲线。

2. 水动力的方向

水动力角 γ 近似为 90°，与漂角 β 有关。

3. 水动力作用中心

水动力中心 W 至船首的距离 a_W，随漂角 β 的增大而增大。$\beta<90°$ 时，水动力中心 W 在重心 G 之前；$\beta=90°$ 时，水动力中心 W 在重心 G 附近；$\beta>90°$ 时，水动力中心 W 在重心 G 之后。

4. 水动力转船力矩

水动力转船力矩与漂角、水深吃水比等因素有关，浅水区转船力矩较大。

其计算式为：

$$M_w = \rho_w \cdot C_{Mw} \cdot L^2 \cdot d \cdot v_w{}^2$$

式中的 C_{Mw} 为水动力转船力矩系数，随漂角、水深吃水比、船体水线以下形状等因素的变化而变化。

三、风致偏转规律

1. 船舶静止中受风

风来自正横前或正横后，船舶最终转至接近正横受风状态并向下风漂移，不同类型船舶最终受风方向略有差异。

2. 船舶前进中受风

正横前来风时，慢速、空船等易顺风偏，满载、快速等易逆风偏；正横后来风时，船首逆风偏转显著。

3. 船舶后退中受风

船尾常逆风偏转，出现“尾找风”现象，左舷来风比右舷来风显著。

四、风致漂移

1. 停船时的漂移速度

停船时漂移速度与风速、船型、水深等因素有关，浅水区漂移速度较小。其计算式为：

$$V_y = V_a\sqrt{\frac{\rho_a C_a B_a}{\rho_w C_w B_w}} = V_a\sqrt{\frac{B_a}{L_w d}}$$

2. 航行中的风致漂移速度

船速越高，漂移速度越小，低速时漂移速度随船速降低而急剧增大。

五、强风中操船的可保向界限

1. 保向界限的概念

保向界限是船舶能用舵保持航向的最大风速，超过此界限，舵无法控制船舶航向。

2. 影响保向界限的因素

风舷角、船速、舵角、船型、载况、水深等因素影响保向能力。

(1) 风舷角的影响：风舷角 θ 为 60°~120°时，可保向范围小，风速达船速数倍时，即使满舵也难保向；风向向艏、艉靠拢时，可保向范围扩大，满舵无法保向的情况仅出现在更高风速船速比时。

(2) 来风位置差异：船首附近来风时可保向曲线比船尾附近高，斜迎风或迎风时保向性优于斜顺风或顺风时。因斜顶风时风力转船力矩与水动力转船力矩方向相反，风致偏转趋势弱；斜顺风时两者方向相同，风致偏转趋势强。

(3) 风速与船速的影响：保向性随风速降低而提高，随船速降低而降低。

(4) 舵角的影响：增大舵角可提高保向性。

(5) 船型的影响：水线上下侧面积比 B_a/Ld 大的船舶保向性差。

(6) 水深的影响：浅水对强风中船舶的可保向界限影响小。

相关习题

1. 航行中的漂移速度与停船时的漂移速度之间的关系为________。
   A. 航行中的漂移速度大于停船时的漂移速度
   B. 航行中的漂移速度小于停船时的漂移速度
   C. 航行中的漂移速度等于停船时的漂移速度
   D. 船速越高，航行中的漂移速度越大

2. 一般情况下船舶风动力转船力矩系数与________有关。
   ①船舶种类；②船舶载况；③船舶受风面积；④风舷角
   A. ①② B. ①②③

C. ①②③④　　　　D. ①③④

3. 航行于深水的船舶受横风的作用，其横向漂移速度与船速和相对风速的关系为________。

A. 船速越高、相对风速越大，横向漂移速度越大

B. 船速越高、相对风速越小，横向漂移速度越大

C. 船速越低、相对风速越大，横向漂移速度越大

D. 船速越低、相对风速越小，横向漂移速度越大

4. 船舶斜向后退时水动力转船力矩最大，漂角为________时水动力转船力矩系数最大。

A. 140°左右　　　　B. 150°左右

C. 120°左右　　　　D. 160°左右

5. 船舶水动力的大小________。

A. 与漂角有关，与船速有关　　　　B. 与漂角无关，与船速无关

C. 与漂角有关，与船速无关　　　　D. 与漂角无关，与船速有关

6. 船舶水动力作用中心的位置主要取决于________。

A. 船舶水下船体形状及面积分布情况和风舷角

B. 船舶水下船体形状及面积分布情况和漂角

C. 船舶上层建筑形状及面积分布情况和风舷角

D. 船舶上层建筑形状及面积分布情况和漂角

7. 船舶所受风动力的大小________。

A. 与风舷角有关，与干舷高度无关　　　　B. 与风舷角无关，与干舷高度有关

C. 与风舷角有关，与干舷高度有关　　　　D. 与风舷角无关，与干舷高度无关

8. 船舶所受风动力作用中心的位置主要取决于________。

A. 船舶水线上面积分布情况和风舷角

B. 船舶船体形状及面积分布情况和漂角

C. 船舶船体形状及面积分布情况和风舷角

D. 船舶水线上面积分布情况和漂角

9. 船舶前进时，水动力中心________。

A. 在重心附近　　　　B. 在重心之前

C. 在重心之后　　　　D. 在转心附近

10. 船舶后退时，水动力中心________。

A. 在重心附近　　　　B. 在重心之前

C. 在重心之后　　　　D. 在转心附近

11. 关于船舶漂移速度，下列叙述哪项正确？________。

A. 船速越高，漂移速度越大　　　　B. 船速越低，漂移速度越大

C. 船速为零，漂移速度最小　　　　D. 船速越低，漂移速度越小

12. 同一条船舶满载时，其水动力中心位置比空船或压载要________。

A. 明显靠前　　　　B. 稍向后移

C. 明显靠后　　　　D. 稍向前移

13. 同一条船舶满载时，其风动力中心位置比空船或压载要________。

A. 明显靠前　　B. 稍有后移
C. 明显靠后　　D. 稍微靠后

14. 前进中的船舶正横前来风,风对船舶运动产生的作用包括________。
A. 船速提高,不产生横移　　B. 船速降低,不产生横移
C. 船速提高,产生横移速度　　D. 船速降低,产生横移速度

15. 船舶航行中,为减小风致横向漂移速度,下列措施有效的是________。
A. 减小风舷角　　B. 提高船速
C. 增大风舷角　　D. 降低船速

16. 关于水动力转船力矩系数,下列叙述哪项正确? ________。
A. 与漂角无关;与船舶运动方向有关
B. 与漂角无关;与船舶运动方向无关
C. 与漂角有关;与船舶运动方向无关
D. 与漂角有关;与船舶运动方向有关

17. 定性说明船舶在风中偏转方向时,下列说法正确的是________。
①风力中心,船舶重心、水动力中心位置很重要;②最终取决于船舶所受的风力转船力矩和水动力转船力矩之矢量和;③仅取决于风力中心与船舶重心的位置关系,与水动力无关
A. ③　　B. ①②③
C. ①　　D. ①②

18. 当船在后退中遇到正横后吹来的风,水动力中心 W 和风力中心 A 都在重心之后,但水动力力矩大于风力力矩,则船舶的动态为________。
A. 船尾找风　　B. 船首向上风,船尾向下风偏转
C. 偏转方向不定　　D. 处于横风状态向下风漂移

19. 停船后的船舶受风时,最终将转向________。
A. 船首顶风　　B. 船尾迎风
C. 正横附近受风　　D. 右舷 30°附近对风

20. 船舶前进中受正横后来风的偏转规律是________。
A. 左舷来风,船首右偏;右舷来风,船首右偏
B. 左舷来风,船首左偏;右舷来风,船首左偏
C. 左舷来风,船首右偏;右舷来风,船首左偏
D. 左舷来风,船首左偏;右舷来风,船首右偏

21. 高速前进中的船舶正横后来风,其偏转趋势及保向性为________。
A. 船尾转向下风,使船首转向上风,容易保向
B. 船尾转向上风,使船首转向下风,不易保向
C. 船尾转向下风,使船首转向上风,不易保向
D. 船尾转向上风,使船首转向上风,容易保向

22. 船舶前进中受正横以前来风,出现船首向上风偏转的条件包括________。
A. 艉倾、船尾受风面积大　　B. 艉倾、船首受风面积大
C. 艏倾、船首受风面积大　　D. 艏倾、船尾受风面积大

23. 船舶前进中受正横以前来风,出现船首下风偏转的主要条件是________。
A. 艉倾、船尾受风面积大　　B. 艉倾、船首受风面积大
C. 艏倾、船首受风面积大　　D. 艏倾、船尾受风面积大
24. 船在风中航行,决定船舶偏转方向的是________。
A. 风动力矩、水动力矩和舵力转船力矩
B. 水动力矩和舵力矩
C. 风动力矩和舵力矩
D. 风动力矩和舵力转船力矩
25. 船舶高速前进中正横前来风船舶的偏转规律是________。
A. 满载、船尾受风面积大时,船首向上风偏转
B. 满载、船尾受风面积大时,船尾向上风偏转
C. 空载、船首受风面积大时,船首向上风偏转
D. 空载、船首受风面积大时,船尾向下风偏转
26. 定性说明船舶在风中偏转规律时,船舶偏转方向________。
A. 与风动力中心、船舶重心和水动力中心相对位置无关,与船舶进退动态无关
B. 与风动力中心、船舶重心和水动力中心相对位置有关,与船舶进退动态有关
C. 与风动力中心、船舶重心和水动力中心相对位置无关,与船舶进退动态有关
D. 与风动力中心、船舶重心和水动力中心相对位置有关,与船舶进退动态无关
27. 船舶压载、船首受风面积大时,低速前进中右正横前来风的偏转规律是________。
A. 船首向右偏转,操右舵纠正　　B. 船首向右偏转,操左舵纠正
C. 船首向左偏转,操右舵纠正　　D. 船首向左偏转,操左舵纠正
28. 船舶满载、船尾受风面积大时,高速前进中右正横前来风的偏转规律是________。
A. 船首向右偏转,操左舵纠正　　B. 船首向左偏转,操左舵纠正
C. 船首向右偏转,操右舵纠正　　D. 船首向左偏转,操右舵纠正
29. 船舶静止中正横前受风,下列说法正确的是________。
A. 船首呈现顺风偏转,船体最后成横风状态
B. 船尾呈现顺风偏转,船体最后成横风状态
C. 船首呈现顺风偏转,船体最后成迎风状态
D. 船尾呈现顺风偏转,船体最后成迎风状态
30. 船舶常速前进中受风时,________。
A. 风来自正横前易于保向　　B. 风来自正横后易于保向
C. 风来自正横易于保向　　D. 上层建筑面积越大越易于保向
31. 船舶静止中正横后受风,下列说法正确的是________。
A. 船首呈现顺风偏转,船体最后成横风状态
B. 船尾呈现顺风偏转,船体最后成横风状态
C. 船首呈现顺风偏转,船体最后成迎风状态
D. 船尾呈现顺风偏转,船体最后成迎风状态
32. 船舶前进中正横前受风,下列说法正确的是________。

A. 空载、慢速、艉倾船首呈现顺风偏转
B. 空载、快速、艉倾船尾呈现顺风偏转
C. 空载、慢速、艉倾船尾呈现顺风偏转
D. 空载、快速、艉倾船首呈现顺风偏转

33. 静止中的船舶,正横后来风,该船偏转的情况是________。
A. 船首向下风偏转,直至船舶处于横风状态
B. 船首向上风偏转,直至船舶处于顶风状态
C. 船首向下风偏转,直至船舶处于顺风状态
D. 船首向上风偏转,直至船舶处于横风状态

34. 船舶静止中受风时船舶的偏转规律是________。
A. 正横前来风时船首向上风偏转,最终转向正横受风
B. 正横前来风时船首向上风偏转,最终转向船首受风
C. 正横前来风时船首向下风偏转,最终转向船尾受风
D. 正横前来风时船首向下风偏转,最终转向正横受风

35. 一般货船,艉吃水较深,船首受风面积较大,当其在静止中右正横前受风时,通常最终将保持________来风的位置上。
A. 右正横　　B. 左正横
C. 右正横略前　　D. 右正横略后

36. 在其他情况相同的条件下,以下关于在强风中前进中的船舶操船保向的说法正确的是________。
①正横前来风比正横后来风易于保向;②正横后来风比正横前来风易于保向;③正横后来风比正横附近来风易于保向;④正横附近来风比正横后来风易于保向
A. ②④　　B. ①③
C. ①④　　D. ②③

37. 船舶在风中航行,有关保向的叙述,下列何者正确?________。
A. 正横附近来风比正横前来风易于保向,正横前来风比正横后来风易于保向
B. 正横附近来风比正横前来风易于保向,正横后来风比正横前来风易于保向
C. 正横前来风比正横附近来风易于保向,正横前来风比正横后来风易于保向
D. 正横前来风比正横附近来风易于保向,正横后来风比正横前来风易于保向

38. 船舶在风中航行,有关保向的叙述,下列何者正确?________。
A. 风速与船速之比越大越易于保向
B. 正横后来风比正横前来风易于保向
C. 正横附近来风比正横前来风易于保向
D. 正横前来风比正横后来风易于保向

39. 船舶在风中航行,有关保向的叙述,下列何者正确?________。
A. 风速与船速之比越大越不易于保向
B. 正横后来风比正横前来风易于保向
C. 正横附近来风比正横前来风易于保向

D. 船速与风速之比越小越易于保向

40. 强风中转向应考虑的因素包括________。
①风速;②流速;③船舶吃水;④转头角速度
A. ①②③④ B. ①③④
C. ①②④ D. ①④

41. 下列说法正确的是________。
A. 船速越低,风速越高,船在风中越易保向
B. 船速越高,风速越高,船在风中越易保向
C. 船速越高,风速越低,船在风中越易保向
D. 船速越低,风速越低,船在风中越难保向

42. 船在风中的保向范围,下列说法正确的是________。
A. 随风速的减小而扩大,随舵角的增大而增大
B. 随风速的增大而扩大,随舵角的增大而增大
C. 随风速的减小而扩大,随舵角的减小而增大
D. 随风速的增大而扩大,随舵角的减小而增大

43. 普通货船在海上全速航行,遇强横风时为保向通常________。
A. 不必操舵 B. 应压上风舵
C. 应压下风舵 D. 应操正舵

44. 航行中船舶受风影响,如风力达到保向界限,为提高保向性,下列措施有效的是________。
①增加吃水;②提高船速;③减小风舷角;④调成艉倾
A. ①② B. ①
C. ①②③ D. ①②③④

45. 船舶在航行中受强风的作用,在风舷角一定时________。
A. 舵角越大,保向界限越小 B. 舵角越大,保向界限越大
C. 保向界限与舵角的大小无关 D. 不操舵也能保向

46. 强风中转向应考虑的因素包括________。
①风速;②流速;③船舶载况;④转向幅度
A. ①②③④ B. ①③④
C. ①②④ D. ①④

任务二　掌握流对操船的影响

知识储备

一、流对航速的影响

船舶对地速度是船对水速度与流速的合成。顺流时,航速等于静水船速加流速;顶流时,航

速等于静水船速减流速。

二、流对冲程的影响

顶流和顺流航行时，停车冲程相同，但顶流制动时对地移动距离小。进港靠泊为控制余速，通常顶流靠泊。顺流进港停车后降速慢，需及早停车淌航并采取减速措施。停车避让时，顶流可比顺流在更短距离采取行动，但避让他船时流的影响不计入冲程，顶流与顺流应在相同距离采取行动。

三、流对舵力、舵效的影响

均匀流中，船舶对水相对速度不变时，顶流或顺流舵力及转船力矩不变。但顶流时对地速度小，相同舵角下能在较短距离转过较大角度，舵效好。

四、流对旋回运动的影响

流场中，船舶对水旋回圈大小不变，但对地旋回圈会在流方向上因流速漂移变形。船舶在受限水域旋回掉头或转向时，需充分估计流的影响，预留足够水域并选择适当时机操舵。转向时机选择上，静水中物标接近正横时转向，顺流时提前操舵，顶流时延迟操舵。

相关习题

1. 船舶在有水流的水域航行，在相对水的运动速度不变时，舵角相同的条件下，则________。
   A. 舵力不同，顺流舵效好，顶流舵效差
   B. 顺流舵力比顶流舵力小
   C. 顺流舵力比顶流能力大
   D. 舵力相同，顺流舵效差，顶流舵效好
2. 相同流速的水流和相同舵角对舵力、舵力转船力矩的影响是________。
   A. 顶流舵力大、舵力转船力矩也大
   B. 顺流舵力大、舵力转船力矩也大
   C. 顶流和顺流舵力、舵力转船力矩一样大
   D. 顶流和顺流舵力、舵力转船力矩不一样大
3. 在均匀流场中，船舶旋回，下列说法正确的是________。
   A. 顶流时旋回圈减小　　B. 顶流时旋回圈增大
   C. 顺流时旋回圈减小　　D. 顺流、顶流时旋回圈大小不变
4. 船舶在有流水域停车避让前方在锚泊船，顺流时比顶流时在距离上________。
   A. 应更远　　B. 应更近
   C. 可一样　　D. 无法判断
5. 船舶在有流水域停车避让前方在航船，顺流时比顶流时在距离上________。
   A. 应更远　　B. 应更近
   C. 无法判断　　D. 可一样

6. 在流速和静水船速不变时,相同舵角下的舵力和舵效的情况是________。
   A. 顶流时,舵力比顺流时大,舵效好
   B. 顶流时,舵力比顺流时大,舵效差
   C. 顶流时,舵力与顺流时相同,舵效好
   D. 顶流时,舵力与顺流时相同,舵效差
7. 船舶转向操纵时,关于流对舵效和转向速率的影响,下列说法正确的是________。
   A. 顶流舵效好,转向速率比顺流时大
   B. 顶流舵效好,但顶流与顺流的转向速率一样
   C. 顺流时航速高,舵效好,转向速率大
   D. 稳定转向速率相同,但顶流时舵效好,转向速率上升快
8. 在船舶与水的相对运动速度不变的情况下,流对航速的影响是________。
   A. 顺流航速比顶流航速大一倍流速　　B. 顺流航速比顶流航速大两倍流速
   C. 顶流航速比顺流航速大一倍流速　　D. 顶流航速比顺流航速大两倍流速

任务三　掌握受限水域对操船的影响

知识储备

一、受限水域的定义

受限水域指水深和宽度受限的可航水域,其对船舶运动的影响主要表现为浅水效应和岸壁效应。浅水效应因水深较浅导致船舶运动变化,岸壁效应因水道狭窄引起船舶运动变化。

二、浅水效应

1. 在浅水中的运动特点

(1)附加质量和附加惯性矩增加:浅水中船舶运动时附加质量和附加惯矩比深水明显增加,$H/d \leqslant 2$ 时增加明显,$H/d \leqslant 1.5$ 时急剧增大。船型越肥大、船速越高,附加质量和附加惯矩越大。

(2)横向阻力和转头阻矩增大:浅水域中横向水动力系数和水动力矩系数随水深变浅成倍增长,对操船影响重大。

(3)兴波阻力变化:浅水时船行波受干扰,散波角增大,兴波阻力增大,可能出现“赶浪”“拖浪”现象。

2. 对船体下沉和纵倾变化的影响

(1)船体下沉:浅水使船体下沉和纵倾变化比深水更显著,船速、船型、水深均会影响船体下沉和纵倾。船速较低时就开始下沉,随着船速增加,下沉量增加率比深水中大。

(2)船体纵倾变化:船舶在浅水中航行时通常表现为艏下沉量大于艉下沉量,即原为平吃水的船舶将变为艏倾。

相关习题

1. 船舶在浅水区域操纵________。
   A. 旋回性变差，舵效变差　　B. 旋回性变好，舵效变差
   C. 旋回性变差，舵效变好　　D. 旋回性变好，舵效变好
2. 船舶由深水进入浅水，引起船速下降的原因包括________。
   A. 船体下沉减弱、兴波增强　　B. 船体下沉减弱、兴波减弱
   C. 船体下沉加剧、兴波增强　　D. 船体下沉加剧、兴波减弱
3. 船舶在浅水区航行时，通常会出现________。
   ①船速下降；②船体下沉和纵倾变化；③舵效变差；④船首向浅滩一侧偏转
   A. ①②③　　B. ①③
   C. ②④　　D. ①②③④
4. 一般商船（静浮时为平吃水）低速航行于浅水域或者深水域，下列说法正确的是________。
   A. 不管航行在浅水域还是深水域，船舶都会艉倾，且浅水域中更严重
   B. 不管航行在浅水域还是深水域，船舶都会艉倾，且深水域中更严重
   C. 不管航行在浅水域还是深水域，船舶都会艏倾，且浅水域中更严重
   D. 不管航行在浅水域还是深水域，船舶都会艏倾，且深水域中更严重
5. 浅水中，随着水深变浅，船舶横向附加质量________（约为船舶质量的 0.75 倍），纵向附加质量________（约为船舶质量的 0.07 倍），附加惯性矩也________。
   A. 增大；增大；增大　　B. 增大；减小；增大
   C. 增大；增大；减小　　D. 减小；增大；增大
6. 船舶由深水进入浅水，其旋回性的变化是________。
   A. 随水深变浅而变好　　B. 随水浅而变差
   C. 与水深变化无关　　D. 随水深变浅先变好后变差
7. 普通商船在浅水区航行时，决定船舶下沉量的因素，下列说法正确的是________。
   ①船舶航速越高，船体的下沉量越大；②船体越肥大，船体的下沉量越大；③航道越窄，水深越浅，船体的下沉量越大
   A. ①　　B. ①②③
   C. ②③　　D. ①③
8. 船舶由深水进入浅水区，发生的现象下列哪项正确？________。
   A. 船体下沉减轻，艏倾增大　　B. 船体下沉加剧，艏倾增大
   C. 船体下沉减轻，艏倾减小　　D. 船体下沉加剧，艏倾减小
9. 船舶由深水进入浅水区，发生的现象下列哪项正确？________。
   A. 船体水动力减小，船体振动加剧　　B. 船体水动力增大，船体振动减轻
   C. 船体水动力增大，船体振动加剧　　D. 船体水动力减小，船体振动减轻
10. 船舶由深水进入浅水区，发生的现象下列哪项正确？________。
   A. 船速下降、航向稳定性提高　　B. 船速下降、航向稳定性下降

C. 船速提高、航向稳定性提高　　D. 船速提高、航向稳定性下降

11. 船舶由深水进入浅水区,发生的现象下列哪项正确?________。

A. 舵力变化不大、航向稳定性提高　　B. 舵力减小、航向稳定性下降

C. 舵力增大、航向稳定性提高　　D. 舵力增大、航向稳定性下降

12. 船在浅区航行时,为保护主机,应该________。

A. 适当增加喷油量　　B. 高低转速交替运行

C. 不动油门　　D. 降低油门运行

13. 关于浅水对船舶操纵性的影响,正确的是________。

A. 旋回性变好,停船性能变差　　B. 停船性能变好,旋回性变差

C. 旋回性、停船性能均变差　　D. 旋回性、停船性能均变好

14. 船舶在浅水中航行时,为防止搁浅或触底,确定富余水深应考虑的因素包括________。

①船体下沉量;②乘潮潮高和乘潮时间;③风浪或涌浪引起的纵摇、横摇、垂荡;④海图测深精度

A. ①②③④　　B. ①

C. ①②　　D. ①②③

15. 在一般商船的船速范围内,静止中为平吃水的船舶航行中大多出现________。

A. 下沉和艏倾现象　　B. 下沉和艉倾现象

C. 上浮和艏倾现象　　D. 上浮和艉倾现象

16. 静止中为平吃水的一般货船,航行中多为________。

A. 艉倾,平均吃水增大　　B. 艏倾,平均吃水减小

C. 艏倾,平均吃水增大　　D. 艉倾,平均吃水减小

17. 某船吃水 10 m,进港航道水深为 8 m,港口当局规定的富余水深为船舶吃水的 10%,则该船进港通航的乘潮水位应为________。

A. 1.2 m　　B. 2.0 m

C. 2.8 m　　D. 3.0 m

18. 一船在航速、载况和舵角相同的情况下,浅水中较深水中________。

A. 航行阻力减小,航向稳定性变好　　B. 航行阻力减小,航向稳定性变差

C. 航行阻力增大,航向稳定性变好　　D. 航行阻力增大,航向稳定性变差

19. 关于普通商船在浅水中航行的下沉量,正确的是________。

①同等船速下沉量比深水中大;②同等船速下沉量比深水中小;③同等船速下纵倾变化比深水中大;④同等船速纵倾变化比深水中小

A. ②④　　B. ①③

C. ②③　　D. ①④

20. 船舶由深水进入浅水________。

A. 水花声变小,船体振动加强　　B. 水花声变大,船体振动加强

C. 水花声变小,船体振动减弱　　D. 水花声变大,船体振动减弱

21. 船舶由深水进入浅水________。

A. 航道越狭窄,水深越浅,船舶所受到的阻力越大

B. 航道越宽敞,水深越浅,船舶所受到的阻力越大
C. 航道越狭窄,水深越深,船舶所受到的阻力越大
D. 航道越宽敞,水深越深,船舶所受到的阻力越大

22. 船舶近岸航行,可能会引起船舶吃水增加的因素包括________。
①海水密度变小;②波浪引起的摇荡;③海图水深的测量误差
A. ①②③　　B. ①③
C. ②③　　D. ①②

23. 下列关于浅水效应的说法正确的是________。
①船体所受阻力将增加;②舵力有所下降但下降不大;③船舶由深水域驶入浅水域时船速会下降,螺旋桨的滑失比将增大;④浅水效应使得船舶航向稳定性变差
A. ①②③　　B. ①③④
C. ①②④　　D. ②③④

24. 船舶在浅水中操纵比深水中________。
A. 从静止状态启动较慢,转艏运动较慢
B. 从静止状态启动较慢,转艏运动较快
C. 从静止状态启动较快,转艏运动较慢
D. 从静止状态启动较快,转艏运动较快

25. 船舶在浅水域航行,确定富余水深应考虑的因素包括________。
①船体的下沉和纵倾变化;②波浪引起的摇荡使吃水增加;③海图水深的测量误差
A. ①②③　　B. ①③
C. ②③　　D. ①②

26. 确定富余水深时应考虑气压变化对水位的影响,气压每升高 1 hPa,水面________。
A. 上升 1 mm　　B. 上升 1 cm
C. 下降 1 mm　　D. 下降 1 cm

27. 船舶在浅水区操纵________。
A. 船体下沉增大,舵力变化不大　　B. 船体下沉减小,舵力变化不大
C. 船体下沉增大,舵力明显变化　　D. 船体下沉减小,舵力明显变化

28. 船舶在浅水区操纵________。
A. 旋回性变差,舵效变差　　B. 旋回性变好,舵效变差
C. 旋回性变差,舵效变好　　D. 旋回性变好,舵效变好

29. 船舶在浅水区操纵________。
A. 航向稳定性变好,舵效变差　　B. 航向稳定性变差,舵效变差
C. 航向稳定性变好,舵效变好　　D. 航向稳定性变差,舵效变好

30. 船舶在浅水区航行时,通常会出现________。
A. 船速上升、船体下沉和纵倾变化、舵效变差等现象
B. 船速下降、船体下沉和纵倾变化、舵效变差等现象
C. 船速下降、船体下沉和纵倾变化、舵效变好等现象
D. 船速上升、船体下沉和纵倾变化、舵效变好等现象

31. 一艘船舶驶于浅水域时,其下沉量变化情况为________。

A. 水深越浅,下沉量越小,且同船速下的下沉量比深水中大

B. 水深越浅,下沉量越大,且同船速下的下沉量比深水中小

C. 水深越浅,下沉量越大,且同船速下的下沉量比深水中大

D. 水深越浅,下沉量越小,且同船速下的下沉量比深水中小

32. 浅水船舶操纵特性的变化趋势是________。

①稳定性变好、旋回性变差;②下沉量增大;③冲程增大;④舵效变差

A. ①③　　B. ①②③④

C. ②③④　　D. ①②④

33. 船舶航行时的船体下沉量与船速密切相关,船速越高,下沉量越大。该下沉量与________成正比。

A. 船速　　B. 船速的平方

C. 船速的立方　　D. 船速的平方根

任务四　掌握船间效应和岸壁效应

知识储备

一、船间效应的现象及产生原因

(1)吸引与排斥:航行船舶的船首、船尾处水位升高、压力增高,对靠近他船产生排斥作用;船中部水位下降、压力降低,对靠近他船产生吸引作用。

(2)波荡:两船在平行接近时,受追越船或被追越船兴波影响,会因相对波位置不同而加速或减速。

(3)转头:船舶在斜向遭遇他船发散波时,波峰波谷处船体受力不同形成力矩,使船首转头。

二、影响船间效应的因素

(1)船间距离:间距越小,相互作用越大。作用力与横距 4 次方成反比,力矩与横距 3 次方成反比。

(2)船速:船速越大,流压变化越激烈,兴波越强,相互作用越大。

(3)作用时间:航向相同且船速差小则作用时间长,相互作用大;航向相反时作用时间短,相互作用小。

(4)船舶排水量:大船对小船影响大。

(5)航道尺度:浅窄受限水域船间效应更激烈。

三、追越中两船间的船间效应及其预防

1. 追越过程中的船间作用

追越中随两船相对位置变化，不同位置产生不同作用效果。

2. 预防措施

(1)避免在狭窄弯段或浅滩处追越，选择合适航段并征得被追越船同意。

(2)被追越船让出航道、减速，追越船加车并加大间距。

(3)深水快速追越保持大间距，港内低速追越保持最小横距。

(4)出现碰撞危险时，追越船减速、停车或倒车，被追越船加车抵制偏转。

四、两船对驶时的船间效应及其预防

1. 对驶过程中的船间作用

两船对驶时，随相对位置变化，不同位置产生不同作用效果。

2. 预防措施

(1)避免在复杂航段会船，拉开横距并减速缓慢行驶。

(2)船首相平时适当加车稳定艏向，减少通过时间。

(3)注意横距过小时的碰撞风险。

五、驶过系泊船时的相互作用及其预防

1. 影响因素

航行船舶排水量大、航速高，水深浅、船间距离小，系泊船排水量小，风强流急，驶过系泊船时的相互作用比较大。

2. 预防措施

(1)航行船舶减速并加大与系泊船的横距。

(2)系泊船加强值班、调整系缆和碰垫，必要时调整舷梯并停止受影响作业。

相关习题

1. 船舶一侧靠近岸壁航行时，为了保向________。

A. 需向内舷压舵，且应降低航速　　B. 需向内舷压舵，且应提高航速

C. 需向外舷压舵，且应降低航速　　D. 需向外舷压舵，且应提高航速

2. 航速、船型对岸壁效应的影响是________。

A. 航速越高，岸壁效应越剧烈；方形系数越大，岸壁效应越明显

B. 航速越高，岸壁效应越剧烈；方形系数越小，岸壁效应越明显

C. 航速越低，岸壁效应越剧烈；方形系数越大，岸壁效应越明显

D. 航速越低，岸壁效应越剧烈；方形系数越小，岸壁效应越明显

3. 船体距岸距离、航道宽度对岸壁效应的影响是________。

A. 距岸越近，岸壁效应越剧烈；航道宽度越大，岸壁效应越明显

B. 距岸越远,岸壁效应越剧烈;航道宽度越大,岸壁效应越明显

C. 距岸越近,岸壁效应越剧烈;航道宽度越小,岸壁效应越明显

D. 距岸越远,岸壁效应越剧烈;航道宽度越小,岸壁效应越明显

4. 下列水深、航道宽度对岸壁效应影响的说法正确的是________。

A. 水深越小,岸壁效应越剧烈;航道宽度越小,岸壁效应越明显

B. 水深越大,岸壁效应越剧烈;航道宽度越大,岸壁效应越明显

C. 水深越小,岸壁效应越剧烈;航道宽度越大,岸壁效应越明显

D. 水深越大,岸壁效应越剧烈;航道宽度越小,岸壁效应越明显

5. 船舶在航道中航行,岸吸岸推(岸壁效应)的剧烈程度________。

A. 与航道水深有关,与航道宽度无关

B. 与航道水深有关,与航道宽度有关

C. 与航道水深无关,与航道宽度有关

D. 与航道水深无关,与航道宽度无关

6. 两船并行船吸现象,其吸引力大小与两船间横距的________成反比,与船速的________成正比;其转头力矩的大小与两船间横距的 3 次方成反比,与船速的________成正比。

A. 4 次方;2 次方;2 次方　　B. 4 次方;3 次方;2 次方

C. 4 次方;2 次方;3 次方　　D. 2 次方;2 次方;2 次方

7. 船舶以极近距离驶过系泊船时,受驶过船的兴波作用以及发散波被岸壁反射后对船体的作用,系泊船会发生艏摇、纵荡、垂荡、横荡等运动,对系泊船安全威胁最大的是________。

A. 纵荡　　B. 垂荡

C. 横荡　　D. 艏摇

8. 船舶以极近距离驶过系泊船时,受驶过船的兴波作用以及发散波被岸壁反射后对船体的作用,系泊船会发生________。

①艏摇、纵荡;②横摇、垂荡;③横荡、纵摇

A. ①②③　　B. ②③

C. ①③　　D. ①②

9. 为防止出现浪损,船舶驶经系泊船附近时应________。

①为减少通过时间,需加速;②保持低速行驶;③减小兴波;④保持足够的横距

A. ②③④　　B. ①②③④

C. ①②③　　D. ①③④

10. 船舶近距离驶过系泊船时,系泊船所受影响的大小与________有关。

①航行船航速;②船舶排水量;③水域水深;④系泊船操纵性能

A. ①②③④　　B. ①②③

C. ③④　　D. ①②④

11. 系泊船受驶过船的船行波及其岸壁反射波的影响,不良后果是可能造成系泊船________。

A. 靠岸舷侧的擦损和碰撞等事故

B. 靠岸舷侧的擦损和甲板上浪等事故

C. 靠岸舷侧的擦损和倾覆等事故

D. 靠岸舷侧的擦损和断缆等事故

12. 船间效应与________有关。

①航速;②船舶大小;③船舶吃水;④船舶间横距

A. ①②③④　　B. ①②③

C. ①②④　　D. ③④

13. 船吸现象容易出现在________。

A. 两船速度较高,相对速度较小的对驶中

B. 两船速度较低,相对速度较小的对驶中

C. 两船速度较高,相对速度较小的追越中

D. 两船速度较低,相对速度较小的追越中

14. 试验表明两船并行距离约为________时会开始产生船吸现象;________时船吸作用明显加剧。

A. 两船船长之和的 2 倍;小于两船船长之和的 1 倍

B. 两船船长之和的 1 倍;小于两船船长之和的一半

C. 两船船长之和的 1 倍;小于两船船宽之和

D. 两船船宽之和的 1 倍;小于两船船宽之和的一半

15. 船舶狭水道航行,沿岸有系泊他船时,应________航行以________。

A. 适当加速;保持足够舵效　　B. 适当降速;减少船间作用时间

C. 适当加速;减少船间效应影响　　D. 适当降速;减少船间效应影响

16. 在横距较近的追越中,追越船船首驶达被追越船船尾时,________。

A. 追越船船首和被追越船船尾均向外偏转,且相互排斥

B. 追越船船首和被追越船船尾均向内偏转,且相互吸引

C. 追越船船首向内偏转和被追越船船尾将向外偏转

D. 追越船船首向外偏转和被追越船船尾将向内偏转

17. 两船并行航行接近时会出现________。

①波荡;②转头;③吸引;④排斥

A. ①③④　　B. ②④

C. ①②③④　　D. ①②③

18. 船吸现象的危险程度与两船船速和两船间的横距有关,表现为________。

A. 两船船速越高,两船间的横距越小,危险性越大

B. 两船船速越低,两船间的横距越大,危险性越大

C. 两船船速越低,两船间的横距越小,危险性越大

D. 两船船速越高,两船间的横距越大,危险性越大

19. 一大船从小船右舷追越,当大船船首平小船船尾时,小船易发生________。

A. 船首向左偏转　　B. 船首向右偏转

C. 船体平行吸引　　D. 船体平行排斥

20. 船舶在前进中受风影响横向漂移,影响漂移速度的因素包括________。

①船速;②横向受风面积;③真风速;④真风向

A. ①②③④　　B. ①③④
C. ①②③　　D. ②③④

21. 航行船舶近距离平行驶过系泊船,关于船间效应对航行船舶的影响,正确的是________。
①与岸壁效应相同;②与追越过程相同;③航行船舶会受到吸引、排斥和转头作用;④航行船舶不受波荡作用影响
A. ③④　　B. ①③
C. ②③　　D. ①④

22. 船舶岸壁效应中岸吸力的大小________。
A. 与水深和船速无关,与船长和船宽有关
B. 与水深和船速有关,与船长和船宽有关
C. 与水深和船速无关,与船长和船宽无关
D. 与水深和船速有关,与船长和船宽无关

23. 两船近距离并行航行,下列说法正确的是________。
A. 先出现波荡,再出现转头,最后出现吸引与排斥
B. 先出现转头,再出现波荡,最后出现吸引与排斥
C. 先出现吸引与排斥,再出现转头,最后出现波荡
D. 波荡、转头、吸引与排斥可能同时出现

24. 为防止出现浪损,船舶驶经系泊船附近时应________。
①提前减速;②保持低速行驶;③减小兴波; ④保持足够的横距
A. ①②③　　B. ②③④
C. ①③④　　D. ①②③④

25. 在狭窄的航道追越,追越船 A 船首接近被追越船 B 船尾时________。
A. A 船船首外转,B 船船首内转　　B. A 船船首内转,B 船船首内转
C. A 船船首外转,B 船船首外转　　D. A 船船首内转,B 船船首外转

26. 航行船舶近距离驶过系泊船,下列说法正确的是________。
A. 水深越浅,系泊船排水量越小,系泊船所受影响越大
B. 水深越深,系泊船排水量越小,系泊船所受影响越大
C. 水深越浅,系泊船排水量越大,系泊船所受影响越大
D. 水深越深,系泊船排水量越大,系泊船所受影响越大

27. 航行船舶近距离驶过系泊船,下列说法正确的是________。
A. 航行船舶排水量越大,航速越高,系泊船所受影响越大
B. 航行船舶排水量越小,航速越高,系泊船所受影响越大
C. 航行船舶排水量越大,航速越低,系泊船所受影响越大
D. 航行船舶排水量越小,航速越低,系泊船所受影响越大

28. 在频繁有船驶过的内河岸线泊位系泊,为防止船间效应导致的危害,系泊船安全可行的措施是________。
A. 加强系缆,及时调整缆绳均匀受力
B. 抛下外挡开锚,减小横荡和艏摇

C. 备车,随时用车舵抵消纵荡和艏摇

D. 抛平行锚

29. 当船舶太过接近航道岸壁一侧时将会出现以下哪种情况?________。

A. 船舶整体会被岸壁排斥推开,船尾转向岸壁,船首转向航道中央

B. 船舶整体会被岸壁排斥推开,船首转向岸壁,船尾转向航道中央

C. 船舶整体会被岸壁吸引过去,船尾转向岸壁,船首转向航道中央

D. 船舶整体会被岸壁吸引过去,船首转向岸壁,船尾转向航道中央

30. 船吸现象的危险程度________。

A. 与两船船速无关,与两船间的横距有关

B. 与两船船速有关,与两船间的横距有关

C. 与两船船速无关,与两船间的横距无关

D. 与两船船速有关,与两船间的横距无关

31. 船舶在航道中航行发生岸壁效应是指________。

A. 船体与岸壁的吸引作用和船首与岸壁的排斥作用

B. 船体与岸壁的吸引作用和船首与岸壁的吸引作用

C. 船体与岸壁的排斥作用和船首与岸壁的吸引作用

D. 船体与岸壁的排斥作用和船首与岸壁的排斥作用

32. 关于横距较近的两船并行航行发生船吸现象,下列哪项正确?________。

①两船船速越高,影响越大;②相对速度越小,影响越大;③相对横距越小,影响越大

A. ①③　　B. ①②③

C. ②③　　D. ①②

33. 关于横距较近的两船并行航行发生船吸现象,下列哪项正确?________。

①追越比对驶影响大;②相对速度越小,影响越大;③小船受到的影响比大船小

A. ①②③　　B. ②③

C. ①③　　D. ①②

34. 船舶在航道中航行时,若接近航道一侧太近会发生________现象。

A. 船尾碰撞岸壁,船首转向航道中央

B. 船尾碰撞岸壁,船首碰撞岸壁

C. 船尾转向航道中央,船首碰撞岸壁

D. 船尾转向航道中央,船首转向航道中央

35. 两船并行横距较近,下列哪种情况容易发生船吸现象?________。

A. 两船的船速较高,相对速度较小　　B. 两船的船速较高,相对速度较大

C. 两船的船速较低,相对速度较小　　D. 两船的船速较低,相对速度较大

36. 在狭水道航行,离岸壁太近会出现________。

A. 船首岸推,船尾岸吸　　B. 船首岸推,船尾岸推

C. 船首岸吸,船尾岸推　　D. 船首岸吸,船尾岸吸

37. 在狭窄的航道对驶,两船船首接近时________。

A. 两船互相吸引,船首各自外转　　B. 两船互相排斥,船首各自内转

C. 两船互相吸引,船首各自内转　　D. 两船互相排斥,船首各自外转

38. 在横距较近的对驶中,当甲、乙两船船首快平时会出现________。

A. 甲、乙两船船首都内转　　B. 甲、乙两船船首都外转

C. 甲船船首内转,乙船船首外转　　D. 乙船船首内转,甲船船首外转

39. 船舶在狭窄航道中航行,岸吸力的大小________。

A. 与水深和船速无关,与船长和船宽比无关

B. 与水深和船速有关,与船长和船宽比无关

C. 与水深和船速无关,与船长和船宽比有关

D. 与水深和船速有关,与船长和船宽比有关

40. 对于给定的船舶,岸壁影响与________有关。

①船速;②螺旋桨转速;③水深;④岸壁的几何形状

A. ①④　　B. ②③

C. ①②③④　　D. ①②④

41. 船舶近距离平行追越他船的情况下,受船间作用影响,两船船速的变化规律是________。

A. 追越船加速,被追越船减速

B. 追越船减速,被追越船减速

C. 船位在前者减速,船位在后者加速

D. 船位在前者加速,船位在后者减速

42. 关于岸壁的坡度对岸壁效应的影响,下列说法正确的是________。

A. 直立岸壁岸吸力和岸推力矩最大

B. 岸壁的坡度越平缓,岸吸力和岸推力矩越大

C. 直立岸壁岸吸力最大,岸推力矩最小

D. 岸壁的坡度越平缓,岸吸力越大,岸推力矩越小

43. 在狭水道追越,如果船间效应明显有使船舶发生碰撞的危险时,则下列说法正确的是________。

A. 追越船应该加速,并使用舵控制偏转

B. 被追越船应该减车、减速,使得追越船能快速超过本船

C. 追越船与被追越船都应该减速、减车,使得船间效应影响减弱

D. 追越船应该减速、停车或者倒车,且用舵控制偏转;被追越船应该适当加车增加舵效,抵制偏转

参考答案

任务一　掌握风对操船的影响

1. B	2. C	3. C	4. B	5. A	6. B	7. C	8. A	9. B	10. C
11. B	12. A	13. C	14. D	15. B	16. D	17. D	18. A	19. C	20. D

21. C　22. D　23. B　24. A　25. A　26. B　27. C　28. A　29. A　30. A
31. B　32. A　33. D　34. D　35. D　36. B　37. C　38. D　39. A　40. A
41. C　42. A　43. C　44. A　45. B　46. A

任务二　掌握流对操船的影响

1. D　2. C　3. D　4. A　5. D　6. C　7. B　8. B

任务三　掌握受限水域对操船的影响

1. A　2. C　3. A　4. C　5. A　6. B　7. B　8. B　9. C　10. A
11. A　12. D　13. B　14. A　15. A　16. C　17. D　18. C　19. B　20. A
21. A　22. D　23. A　24. A　25. A　26. D　27. A　28. A　29. A　30. B
31. C　32. D　33. B

任务四　掌握船间效应和岸壁效应

1. A　2. A　3. C　4. A　5. B　6. A　7. A　8. A　9. A　10. B
11. D　12. A　13. C　14. B　15. D　16. A　17. C　18. A　19. B　20. A
21. B　22. B　23. D　24. D　25. A　26. A　27. A　28. A　29. C　30. B
31. A　32. A　33. D　34. A　35. A　36. A　37. D　38. B　39. D　40. C
41. C　42. A　43. D

项目四
港区操纵

学习目标

1. 掌握接送引航员时的操船方法、《SOLAS 公约》关于引航员软梯的布置要求。
2. 掌握锚地选择方法及各种环境条件下的锚泊作业方法。
3. 掌握船舶靠离泊作业方法。
4. 熟悉系离浮筒。

任务一　掌握接送引航员时的操船方法

知识储备

一、引航员登离船装置要求

1. 干舷为 9 m 及以下的船舶

(1)扶手立柱直径至少 32 mm、高出舷墙 120 cm 以上,两柱间距 70~80 cm。

(2)准备两根无绳结、直径 28~32 mm 的扶手绳。

(3)边索直径至少 18 mm,两根边索间距至少 40 cm。

(4)所有踏板保持水平并稳固靠在船舷,两块踏板间距 31~35 cm。

(5)最下方四块踏板可用足够强度和刚度的橡胶板,第五块为长 180 cm 以上的防扭加长踏板。

(6)两块防扭加长踏板间最多设 9 块踏板。

(7)软梯离海面高度由引航员决定。

2. 干舷为 9 m 以上的船舶安装组合梯

(1)舷梯用系留座或磁性、气动系统系固在船舷上,朝向船尾,最大坡度不超过 45°。

(2)舷梯宽至少 600 mm,下平台保持水平,离海面 5 m 以上,两边装有坚固立柱和栏杆。

(3)软梯自舷梯下平台向上延伸至少 2 m,系固在舷梯下平台上 1.5 m 的船舷上。

(4)软梯和下端平台间水平距离 0.1~0.2 m,引航员攀爬软梯长度 1.5~9 m。

(5)推荐在船舷上涂上白下红的“9 m 干舷标识”,高 4 m、宽 50 cm,白红相间处至甲板 9 m。

二、接、送引航员时的操船方法

(1)操船要求:根据引航员的要求,引航员软梯下风,上下时,保持航向航速。

(2)直升机接送:吊运区清洁;足够照明,方向向下指向甲板;挂妥船旗和三角旗。降落甲板期间保持航向和航速;船舶风舷角不大于 30°或遵守飞行员要求。

相关习题

1. 为保障引航员登离船安全,《SOLAS 公约》对引航梯的布置提出了相应的要求,下列关于引航梯布置的描述,正确的是________。
   A. 当适用舷梯与引航梯组合时,应将舷梯尽可能放低,使引航员尽快从引航梯转移至舷梯上
   B. 当使用舷梯与引航梯组合时,为方便收放舷梯和引航梯,不应将两者进行固定
   C. 由木匠或水手长负责监督和指挥水手完成引航梯的布置
   D. 从海平面至船舶入口位置的垂直距离超过 9 m 的船舶,应将舷梯或机械式引航员升降机与引航员软梯组成组合梯供引航员登船或离船
2. 引航员登离船的安全保障主要有________。
   ①航行中接引航员登船时应备车航行并使用手操舵,降低航速并尽可能给引航船造成下风;②船舶登船口离水面高度超过 9 m 时,必须为引航员配置软梯加舷梯的联合登船装置;③登离船器材符合标准并齐全,引航员登离船装置的安装应由驾驶员监督;④派一名驾驶员持对讲机接送引航员登离船,夜间接送引航员应有足够的照明;⑤使用直升机接送引航员时,应严格按相应的操作规程进行
   A. ①②③④⑤　　B. ①③④⑤
   C. ①②④⑤　　D. ①②③⑤
3. 引航员登离船时,自始至终应由________负责协助和护送。
   A. 值班水手　　B. 驾驶员
   C. 船长　　D. 大副
4.《SOLAS 公约》及国际引航协会对船舶所设置的引航员软梯的要求是________。
   ①边索上不得有卸扣、绳结和接头;②踏板必须水平,踏板之间等距离,踏板下的楔子必须紧紧

扎牢边索;③踏板应具有有效的防滑表面,不应油漆、弄脏或湿滑;④两根边索必须保持相等间距;⑤软梯最下端不应有各种圈、绳,因存在把人绊倒和缠住引航艇的危险

A. ①②③⑤　　B. ①③④⑤

C. ①②④⑤　　D. ①②③④⑤

5.《SOLAS 公约》及国际引航协会对于干舷为 9 m 以上的船舶所设置的引航员软梯要求,下列说法正确的是________。

A. 舷梯的设置应朝向船尾方向,舷梯必须紧靠船舷侧,最大坡度不超过 45°,宽至少 600 mm,下端的平台必须保持水平,并离海面至少 5 m

B. 舷梯的设置应朝向船首方向,舷梯必须紧靠船舷侧,最大坡度不超过 45°,宽至少 600 mm,下端的平台必须保持水平,并离海面至少 5 m

C. 舷梯的设置应朝向船尾方向,舷梯必须紧靠船舷侧,最大坡度不超过 50°,宽至少 600 mm,下端的平台必须保持水平,并离海面至少 5 m

D. 舷梯的设置应朝向船首方向,舷梯必须紧靠船舷侧,最大坡度不超过 50°,宽至少 600 mm,下端的平台必须保持水平,并离海面至少 5 m

6. 船舶接送引航员时,关于引航梯的放置,________。

A. 根据引航员的要求,通常应放在上风舷侧

B. 根据船长的决定,通常应放在上风舷侧

C. 根据引航员的要求,通常应放在下风舷侧

D. 根据船长的决定,通常应放在下风舷侧

7. 在风浪较大的水域,船舶接送引航员时,下列操船行动,哪项正确?________。

①必要时操纵船舶,使引航梯处于上风舷侧;②必要时操纵船舶,使引航梯处于下风舷侧;③引航员上下船时,船舶应适当改变航向和(或)航速;④引航员上下船时,船舶应保持航向和(或)航速

A. ①④　　B. ①③

C. ②③　　D. ②④

8. 干舷为________ m 以上的船舶,必须设置组合引航梯。

A. 7　　B. 8

C. 9　　D. 1

9. 在风浪较大的水域,船舶在航中接送引航员时,应怎样操纵船舶?________。

A. 必要时操纵船舶,使引航梯处于下风舷侧

B. 引航员上下船时,船舶应保持航向但可适当改变航速

C. 必要时操纵船舶,使引航梯处于上风舷侧

D. 引航员上下船时,船舶应保持航速但可适当变向

10. 引航员登离装置的安装应由________进行监督。

A. 水手长　　B. 木匠

C. 值班驾驶员　　D. 船长

11. 引航员(乘艇)登离船期间,船舶航向航速调整的要求是________。

A. 控制船舶的横摇和纵摇幅度

B. 给引航船做下风舷并降低船速

C. 顶风并保持航速不变

D. 保持风舷角 30°和航速不变

12.《SOLAS 公约》及国际引航协会对引航员登离船入口处的要求是________。

①两根扶手立柱,紧紧固定在船舶甲板上;②带有一个自亮灯浮的救生圈和一根撇缆绳;③舷墙梯一台,紧固在船舶甲板上,登船入口处无障碍物;④负责接送引航员的驾驶员携带无线电对讲机在登船入口处照料并保持与驾驶台联系;⑤夜间应使引航员软梯及引航员登离船的地方均有足够的照明

A. ①②③⑤　　B. ①③④⑤

C. ①②④⑤　　D. ①②③④⑤

13. 采用直升机接送引航员,有风、浪影响时,船舶控制船舶航向、船速时主要考虑________。

A. 风对船舶操纵的影响　　B. 浪对船舶操纵的影响

C. 船舶的摇摆幅度　　D. 风、浪对舵效的影响

14. 负责监督引航员登离船装置的安装并指导安装和操作设备的人员安全操作程序的是________。

A. 负责的驾驶员　　B. 船长

C. 大副　　D. 水手长

15. 根据《SOLAS 公约》的要求,引航员软梯的安装位置和系固应做到________。

①避开排水孔;②在平行船体长度范围内;③每级踏板稳固地紧靠在船舷;④卸扣和系索的强度应至少与扶手索相同

A. ①④　　B. ②③

C. ①②③④　　D. ①②④

16. 当引航员登船使用组合装置时,引航员软梯和安全绳应系固在________。

A. 舷梯的底平台以上 1.5 m 处的船舷

B. 舷梯底平台以上 1.5 m 处

C. 舷梯的底平台处的船舷

D. 舷梯的底平台上

17. 航行中接引航员,为适应引航船并靠,船速应降低至________。

A. 对水静止　　B. 对地静止

C. 以保持舵效的船速为准　　D. 与引航船船速相同

18. 航行中接送引航员,在引航员乘梯上下船的过程中,应________。

A. 保持对地静止　　B. 保持对水静止

C. 保持航向和船速不变　　D. 保持船首顶流以提高舵效

19. 船舶进港,为抵达引航员登船地点接引航员,应________。

A. 提高船速,提前到达

B. 降低船速,等引航员先到

C. 调整进港船速,按 ETA 抵达

D. 保持航速不变,到达时通知

20. 在风浪中，引航员爬上引航梯的时机是________。
A. 当引航艇颠簸到中间点附近时
B. 当引航艇颠簸到最低点附近时
C. 当引航艇颠簸到最高点附近时
D. 当引航艇颠簸到最高点或最低点附近时

任务二　掌握进出港操船方法

知识储备

一、进港减速过程(海上船速—港内船速)

船舶进港时的减速过程一般根据船舶种类、船型、主机功率、进港航道情况、水文气象等因素分阶段实施，具体分为高速阶段、中速阶段、低速阶段、制动阶段。

二、备车时机

(1)中小型船舶：提前 10 n mile 或 1 h；环境好，5 n mile 或 0.5 h。
(2)大型集装箱船：操纵性好，5 n mile 或 0.5 h；交通复杂，10 n mile 或 1 h。
(3)大型油船：提前 10 n mile 或 1 h。

相关习题

1. 在港内，主机准备盘车、冲车、试车前，值班驾驶员应确认或做到下列事项，哪些是正确的？________。
①主机试车前应当确认推进器附近无障碍物；②不致碍及他船；③不损坏舷梯、跳板、缆绳、装卸属具及港口设施等；④采取必要的预防措施
A. ①③④　　B. ③④
C. ①②③④　　D. ①②③
2. 船舶舵效随航速降低而变差，一般情况下，手动操舵保持舵效的最低航速约为 2~3 kn，自动舵约为________以上。一般万吨船能保持舵效的最低船速约为________。
A. 8 kn；2 kn　　B. 6 kn；2 kn
C. 8 kn；3 kn　　D. 8 kn；6 kn
3. 船舶进港过程中，一般采用________方式进行减速操纵。
A. 脱锚制动　　B. 拖船制动
C. 主机转速逐级递减　　D. 停车或倒车
4. 一般情况下，顶流或顶风靠泊时的带缆顺序是________。

A. 头缆、前倒缆、艉倒缆、艉缆　　B. 前倒缆、艉倒缆、艉缆、头缆
C. 头缆、艉缆、前倒缆、艉倒缆　　D. 前倒缆、头缆、艉倒缆、艉缆

5. 静水港空船吹拢风靠码头,控制抵泊余速及横距比无风情况下________。
A. 余速慢些,横距大些　　B. 余速快些,横距小些
C. 余速快些,横距大些　　D. 余速慢些,横距小些

6. 静水港空船吹开风靠码头,控制抵泊余速及横距比无风情况下________。
A. 余速快些,横距小些　　B. 余速快些,横距大些
C. 余速慢些,横距小些　　D. 余速慢些,横距大些

7. 关于离泊部署,下列说法正确的是________。
①做好人员分工;②做好应急准备;③提前测试缆车、锚机;④做好解缆准备
A. ①②④　　B. ②③④
C. ①②③④　　D. ①④

8. 静水港内靠泊,在控制余速方面比有流港________。
A. 控速较早,但倒车和抛锚时机较晚
B. 控速、倒车、抛锚时机均较晚
C. 控速、倒车、抛锚时机均较早
D. 控速、倒车时机较早,抛锚较晚

9. 一般船舶的靠泊操纵要领是________。
①控制抵泊余速;②摆好船位;③调整好靠拢角
A. ①②　　B. ②③
C. ①②③　　D. ①③

10. 自力靠泊操纵要领包括________。
①控制好船速;②调整好横距;③调整好靠拢角度;④适当使用拖船
A. ①②③④　　B. ①②③
C. ①③④　　D. ①④

11. 在风浪较大的水域,船舶接送引航员时,下列行动哪项正确?________。
①引航梯应当放在下风、浪小的一舷;②必要时操纵船舶,使引航梯处于下风舷侧;③引航员上下船时,船舶应保持航向和航速;④准备好接送引航员的用具,引航梯处应备好应急救生器具
A. ①②④　　B. ①④
C. ①②③　　D. ①②③④

12. 关于船舶进港的控制速度情况,下述哪项正确?________。
A. 横风较大时,船速不宜过高;顺风较大时,船速不宜过高
B. 横风较大时,船速不宜过高;顺风较大时,船速不宜过低
C. 横风较大时,船速不宜过低;顺风较大时,船速不宜过高
D. 横风较大时,船速不宜过低;顺风较大时,船速不宜过低

13. 使用直升机接送引航员时,下列行动正确的是________。
①船舶建立保持与直升机通信联络;②按照直升机的要求降速或转向;③悬挂三角旗或风向

袋,并能被直升机飞行员清楚地看见;④降落区附近应备妥消防救生装备

A. ①②③　　B. ②③④

C. ①②④　　D. ①②③④

14. 通常情况下,船舶进港过程为________,出港过程为________。

A. 加速操纵;加速操纵　　B. 加速操纵;减速操纵

C. 减速操纵;加速操纵　　D. 减速操纵;减速操纵

15. 普通船舶进港过程中,减速操纵方式一般为________。

A. 停车或倒车　　B. 拖锚制动

C. 拖船制动　　D. 主机转速逐渐递减

16. 船舶进港过程中,分阶段进行减速操纵应考虑的因素包括________。

①船舶种类及载重状态;②减速性能;③进港水域;④水文气象条件

A. ①②③④　　B. ②③④

C. ①②③　　D. ①③

17. 关于失去舵效的最低船速,下列说法正确的是________。

①方形系数较小的船舶失去舵效的最小船速低;②排水量大的船舶失去舵效的最小船速高;③船舶在浅水中失去舵效的最小船速低

A. ①②③　　B. ①③

C. ②③　　D. ①②

18. 侧推器的效率与船速有关,________才能有效发挥侧推器的效率。

A. 当船速小于 2 kn 时　　B. 当船速小于 4 kn 时

C. 当船速小于 6 kn 时　　D. 当船速小于 8 kn 时

任务三　掌握锚泊操纵

知识储备

一、锚地选择

(1)水深:综合考虑船舶吃水、潮高、波高等因素确定锚地最小水深。无浪涌侵入且遮蔽良好的锚地,低潮时富余水深应高于吃水的 10%;有浪涌侵入或遮蔽不良时,低潮时的水深 H_{low} 与吃水 d 和最大波高 H_{max} 的关系应满足:$H_{low}=1.5d+\frac{2}{3}H_{max}$。

(2)底质和海底地形:软硬适度的砂底和黏土质海底抓力好,石底、珊瑚礁底不宜抛锚;海底地形平坦为好,坡度陡则锚爪不易入土抓牢。

(3)旋回余地:根据出链长度、底质、锚泊时间、附近障碍物及水文气象等条件确定。

(4)避风浪条件:选择锚地时应考虑当地气象、海浪预报和盛行季风,以免受强风袭扰,水域

周围地形应能躲避风浪。

(5)其他方面:锚地应远离航道、水道等交通密集区,无海底电缆、沉船、礁石等障碍物,水流缓且方向稳定。

二、锚泊方式选择

(1)单锚泊:应用最普遍,作业容易,抛起锚方便,但大风急流下锚泊力不足,易走锚。

(2)八字锚泊:锚泊力较大,旋回水域小,对偏荡有抑制作用,但作业复杂,风流方向改变后锚链易绞缠。

(3)一字锚泊:能最大程度限制船舶运动范围,但作业复杂,风流方向变化后易缠链且锚泊力不足,适用于狭窄水域。

(4)平行锚泊:抓力大,操作较简单,可抵御强烈风浪和湍急水流,但偏荡难抑制,两锚链可能出现绞缠。

三、单锚泊操纵

(1)备锚:使锚和锚链处于预备抛出状态,包括启动锚机、解开制链器等操作。

(2)调整船身与风向、流向的交角:船首向最好指向风流合力方向,可根据其他锚泊船的船首向和锚链松紧程度判断风流作用力方向和大小。空载、强风、流弱时船首迎风抛锚;重载、流强时船首迎流抛锚。

(3)控制退速:抛锚最佳时机是倒车水花到船中,以减轻锚链张力,减少拖锚距离,保持锚的抓底稳定性。

(4)松链:根据锚链受力情况及时调整,避免一次性松出过多,影响设备安全。

四、双锚泊操纵

(1)抛八字锚:根据外力影响选择锚链夹角和开口方向,确定落锚点、两锚间距与出链长度。操作方法有顶风后退抛八字锚、横风流抛八字锚、抗台抛八字锚等。

(2)抛一字锚:有顶流前进抛与顶流后退抛两种方法。顶流前进抛锚法易于保向,锚位准确;顶流后退抛锚法有利于防止惰链受力过大,但不利于保持船舶状态和航向。

(3)抛平行锚:顶风流略有退势时,同时抛出两锚并松链至等长,操作简便,抓力大,锚泊稳定度高。

五、锚泊船的偏荡运动及缓解措施

(1)偏荡中锚链张力:由定常张力和冲击张力组成,偏荡运动越剧烈,张力越大,可能导致拖锚或走锚。

(2)偏荡运动特征参数及变化规律:包括偏荡幅度、偏荡周期、风舷角、转动角速度等,受出链长度、风力、船舶吃水、纵倾状态等因素影响。

(3)减轻偏荡的措施:增加吃水、调整纵倾状态、加抛止荡锚、改抛八字锚、恰当地使用车舵和侧推器等。

六、走锚及防止

（1）发现走锚的方法：观察锚泊船的偏荡运动、岸上串视物标方位变化、锚位、锚链受力情况以及本船与他船相对位置变化等。

（2）发现走锚后的措施：立即加抛另一锚，通知机舱备车并用车抵抗外力，悬挂及鸣放“Y”信号警告他船，必要时起锚重抛或出海滞航。

相关习题

1. 下列有关起锚前的准备工作的描述，正确的是________。
   ①检查锚机；②准备锚链水；③查看锚链
   A. ①　　B. ②
   C. ③　　D. ①②③
2. 单锚泊船在强风作用下的偏荡幅度与船舶吃水和纵倾有关，________。
   A. 艏倾越大、吃水越小，偏荡幅度越大
   B. 艉倾越大、吃水越大、偏荡幅度越大
   C. 艏倾越大、吃水越大、偏荡幅度越大
   D. 艉倾越大、吃水越小，偏荡幅度越大
3. 单锚泊船在强风作用下偏荡过程中，锚链冲击张力最大时刻大约出现在________。
   A. 船首偏荡极限位置向平衡位置过渡中接近平衡位置时
   B. 船首抵达偏荡极限位置时
   C. 船首由偏离平衡位置向极限位置过渡中接近极限位置时
   D. 船首抵达偏荡平衡位置时
4. 在强风中单锚泊的船，以下抑制偏荡措施中错误的一项是________。
   A. 放长锚链　　B. 加抛止荡锚
   C. 注入压舱水增加艏倾　　D. 适当使用车舵
5. 在开敞锚地中，观测到前方上风处的锚泊船距离越来越近，此时最佳的措施是________。
   A. 备车、弃锚
   B. 备车、必要时起锚，使用甚高频和汽笛警告对方并报告港口控制中心
   C. 立即抛下另一只锚并使之受力
   D. 备车，起锚另择锚地
6. 起锚时锚机的操作程序是________。
   ①锚机加润滑油，空车正反转试验；②通知机舱送电，供锚链水；③确认正常合上离合器，打开制链器和刹车带，让锚机受力；④工作完毕报告驾驶台
   A. ②→①→③→④　　B. ③→①→②→④
   C. ①→②→③→④　　D. ①→②→④→③
7. 单锚泊船在大风中发生偏荡运动，当船舶偏荡运动处在________态势时，最容易发生走锚现象。

A. 向左(或向右)偏荡到最大端(回折处)
B. 由平衡位置起向左(或右)偏荡到最大端(回折处)的 1/2 距离处
C. 由平衡位置起向左(或右)偏荡到最大端(回折处)的 1/3 距离处
D. 平衡位置处

8. 大风中锚泊时最易辨别走锚的现象或最有效的方法是________。
A. 从走锚中船舶正横附近的物标方位来判断船位的变化
B. 锚链始终处于吃力状态
C. 船体周期性的偏荡现象消失,风仅作用于抛锚舷
D. 感到船体受到异常冲击

9. 引起走锚的主要原因是________。
①严重偏荡;②松链不够长、抛锚方法不妥;③锚地底质差或风浪突然袭击;④值班人员不负责任,擅自离开岗位
A. ①②④ B. ①③④
C. ①②③ D. ②③④

10. 锚泊中的船舶突遇强风袭击发现走锚,最佳的应急措施是________。
A. 立即抛下另一只锚并使之受力 B. 松锚链以增加锚抓力
C. 备车,起锚另择锚地 D. 弃锚,开动主机顶风滞航

11. 下述方法中,减少单锚泊偏荡的最有效、最常用的方法是________。
A. 松长锚链 B. 抛止荡锚
C. 增加艉倾 D. 采用车舵

12. 单锚泊中的船舶在大风中发生周期性偏荡运动主要是由哪些力造成的?________。
A. 风力、锚链拉力和摩擦阻力 B. 风力、水动力和摩擦阻力
C. 风力、水动力和兴波阻力 D. 风力、水动力和锚链拉力

13. 船舶在锚泊中,当风流方向改变时,下列说法正确的是________。
①单锚泊容易引起绞缠;②单锚泊可能失去锚抓底的稳定性;③抛双锚时应考虑锚稳定性和重新抛锚的必要性;④双锚泊时锚抓底的稳定性不变
A. ②③ B. ①③
C. ①②③④ D. ②④

14. 抛锚前备锚的正确操作程序是________。
①通知机舱供电,开启锚机电源;②移开防浪板与锚链管盖板,查看有无异常情况;③将刹车带刹牢,确认离合器脱开,检查空车运转情况是否正常;④合上离合器,打开制链器,松开刹车带,用锚机将锚送至水面之上;⑤刹牢刹车带,脱开离合器,待口令抛锚
A. ①→②→③→④→⑤ B. ①→②→④→③→⑤
C. ①→②→④→⑤ D. ①→②→③→④

15. 在大风中偏荡的锚泊船,辨别走锚的有效方法是________。
A. 船体周期性偏荡幅度增大,风仅作用于抛锚舷
B. 船体周期性偏荡幅度增大,风仅作用于抛锚舷的对面舷侧
C. 船体周期性偏荡现象消失,风仅作用于抛锚舷

D. 船体周期性偏荡现象消失,风仅作用于抛锚舷的对面舷侧

16. 在河口或江河等急流地区长期锚泊,需每隔一段时间重起重抛,其原因是________。

A. 该水域流速较高,易于走锚

B. 便于仔细检查抛锚是否牢靠,必要时可重起重抛

C. 该水域流沙现象严重,易于走锚

D. 该水域泥沙多流动,锚被深埋不易起出

17. 船舶在锚泊中,当风流方向改变时,下列说法正确的________。

①应注意与其他锚泊的安全距离;②不论何时,认真值守锚更,核对锚位;③抛双锚时应考虑锚链交缠,必要时起锚重抛;④判断锚抓底情况,防止任何情况下的走锚

A. ①②③　　B. ①②④

C. ①③④　　D. ①②③④

18. 抛锚时,松到所需链长后,应判断锚是否有效抓底,下列说法正确的是________。

①锚链绷紧之后短时间内变得松弛,则说明锚没有稳定抓底;②露出水面的锚链长度缓慢缩短,锚链成自然悬垂状态,则说明锚已稳定抓底;③锚链长时间处于绷紧状态或绷紧时抖动,则说明锚没有稳定抓底

A. ①③　　B. ①②③

C. ②③　　D. ①②

19. 为了减少偏荡,适宜用________锚泊方法。

A. 单锚泊　　B. 一字锚

C. 平行锚　　D. 八字锚

20. 抛锚作业时,大副应随时向驾驶台报告________。

①出链长度;②锚链的方向;③锚链的受力情况

A. ①②　　B. ②③

C. ①③　　D. ①②③

21. 浅水抛锚时,锚松至水面后应________。

A. 脱开离合器、松开刹车带　　B. 刹紧刹车带、脱开离合器

C. 合上离合器、松开刹车带　　D. 合上离合器、刹紧刹车带

22. 使用浅水抛锚法抛锚,第一次送出适当锚链长度后需要刹停,原因在于________。

①防止锚链绞缠;②防止出链速度过快导致刹不住;③防止丢锚断链;④有利于锚抓底

A. ①②　　B. ①②③

C. ①　　D. ①②③④

23. 一般船舶抛双锚时受风影响导致走锚,走锚的姿态为________。

①船体横向受风向下风漂移;②船首受风向下风漂移;③走锚过程中两锚锚链张角保持走锚前的姿态;④走锚过程中两锚锚链逐渐接近平行

A. ①④　　B. ②④

C. ②③④　　D. ①③

24. 退抛法抛锚时,驾驶台应该根据报告的锚链松紧程度和方向,采取进车、操舵或倒车措施,下列说法正确的是________。

①锚链指向“9 点钟方向”，受力较小，可适当倒车；②锚链指向“2 点钟方向”，受力较大，可适当进车配合右舵；③锚链指向正横后，若受力过大，应快速松链；④锚链指向正横后，应适当倒车，使锚链指向正横之前

A. ①②④　　B. ①③④

C. ②③④　　D. ①②③

25. 锚泊中发现本船走锚，值班驾驶员应采取________措施。

①正确显示信号；②报告船长；③通知机舱；④加抛另一锚

A. ①②③④　　B. ①②③

C. ①②④　　D. ①④

26. 白天，你船在锚地锚泊时，发现走锚，为提醒周围船舶注意，应及时地悬挂什么型信号旗？________。

A. P　　B. O

C. Y　　D. Z

27. 水深大于________ m 时，不可直接由锚孔或在水面吊锚状态下抛锚，应用锚机将锚送到海底，而后使船极微的退势（小于 0.5 kn）将锚抛出，或用锚机抛出全部锚链。

A. 50　　B. 25

C. 40　　D. 15

28. 浅水锚泊时，一般最初的出链长度为________水深时即应刹住，使其受力后再松链。

A. 1.5 倍　　B. 3~4 倍

C. 2~2.5 倍　　D. 5 倍

29. 起锚前锚机的正确操作程序是________。

①通知机舱送电，供锚链水；②移开防浪板，开启锚机电源，空车正反转活络锚机；③合上离合器，让锚机受力，打开制链器和刹车带；④工作完毕报告驾驶台

A. ①→②→③　　B. ②→③→④

C. ①→③→④　　D. ①→②→③→④

30. 起锚后，“收锚”工作的准确程序为________。

①合上制链器，用锚机将锚链倒出一点使制链器受力；②收紧刹车；③脱开离合器，关闭锚链水；④盖上锚链筒防浪盖；⑤封好锚链管口；⑥通知机舱关闭锚机电源

A. ①→②→③→④→⑤→⑥　　B. ①→②→③→⑤→④→⑥

C. ①→③→④→⑤→⑥　　D. ①→③→⑤→④→⑥

31. 落锚时的船速，可利用________。

①冲程资料估算；②正横附近灵敏度较高串视物标的相对运动来判定；③本船倒车水花来判断（流缓时）

A. ①②③　　B. ①②

C. ①③　　D. ②③

32. 绞锚时，如锚链太紧绞不动且方向朝前时，若要尽早把锚绞起，可以________。

A. 慢速倒车　　B. 慢速进车

C. 快速倒车　　D. 快速进车

33. 抛锚时,锚链的方向通常用整点时钟表示,“9 点钟方向”表示________。

A. 锚链指向正后方　　B. 锚链指向正前方

C. 锚链指向左正横　　D. 锚链指向右正横

34. 为了保证航行中锚处于安全状态,应将锚妥善收好,“锚收妥”的标志是________。

①锚爪紧贴船舷;②制链器已合上且已吃力;③刹车上紧,离合器已脱开

A. ①　　B. ②

C. ③　　D. ①②③

35. 单锚泊船的值班人员发现走锚时,情况危急,务必立即采取的首要措施是________。

A. 松长锚链　　B. 缩短锚链

C. 通知机舱备车移泊　　D. 抛下另一锚并使之受力

36. 船舶在强风或强流水域单锚泊时________。

A. 易发生偏荡,易走锚　　B. 易发生偏荡,不易走锚

C. 不易发生偏荡,易走锚　　D. 不易发生偏荡,不易走锚

37. 大风浪中的锚泊船,会产生偏荡,在什么情况下其锚链受力最大?

A. 船舶偏离平衡位置最大时　　B. 船舶风舷角最大时

C. 锚链与风的夹角最大时　　D. 整个偏荡周期中

38. 单锚泊时为保证锚泊安全,所需出链长度应该考虑的因素有________。

①所在水域水深;②所在水域天气、水文条件;③船舶启制动性能;④锚地的底质;⑤转流时的船舶回旋半径

A. ①②③④　　B. ①②③⑤

C. ①③④⑤　　D. ①②④⑤

任务四　掌握船舶靠离泊作业方法

知识储备

一、靠泊方式选择

(1)自力靠泊:主要依靠船舶自身锚设备、推进器和舵控制。适用于小型船舶。

(2)拖船协助靠泊:中、大型船舶常用,尤其在环境复杂或气象恶劣时,拖船协助能降低操纵风险。

二、靠泊操纵准备

(1)掌握港口与码头信息:包括航道的深度、宽度、弯势、走向,泊位的走向、长短、水深、空当大小,以及风、流、水深等气象水文信息和船舶交通情况。

(2)本船情况:操纵性能(旋回、停船性能等)、载重状态、实际运动状态及操纵设备的有效性

和可靠性。

(3)制订靠泊操纵计划:涵盖进港准备、航道航行、靠泊各阶段的总体安排、主要操纵环节、可能困难及对策。明确各阶段的时间、空间、操纵措施、关键问题和对策。

(4)靠泊部署:向驾驶员明确交代靠泊计划和关键环节,按计划准备锚设备、系泊设备、操舵和操车等,预约拖船并使其按计划到位。

三、靠泊操纵要领

1. 控制惯性余速

根据船舶载况、风流方向和速度、倒车功率,在抵泊前适时减速和停车,尽可能降低抵泊速度以保持舵效,便于控制船位和艏向,同时为观察和校正船舶运动争取时间和空间。

2. 确定抵泊横距

(1)入泊横距(d_2):船舶停于泊位外档时船首距码头外缘的横距,一般大型船需保持 20 m 左右安全余量,有较强拢风或开风时根据影响适量增减。

(2)初始横距(d_1):船舶进入泊位后端和驶抵泊位前端横开位置处距码头外缘的横距。无他船停靠且风流影响极小时至少保持两倍船宽;有吹拢风时大于 3 倍船宽;有吹开风时不少于两倍船宽。泊位后方有他船停靠时,需保证船尾内舷不触碰他船。

3. 调整靠拢角度

靠拢角度是艏向与码头线的交角。调整原则为:重载船顶强流靠泊时靠拢角宜小,空船、流缓吹开风时靠拢角宜大。

四、离泊方法

(1)艏离:船首先离开码头,适用于小型船舶自力离泊,条件为顶流较缓、有吹开风、泊位前方较清爽且船首开出 15°左右时船尾车舵与码头无碍。

(2)艉离:船尾先离开码头,后再使船首离开,小型船舶自力离泊时较普遍采用,尤其在静水港内。

(3)平行离:船首、船尾平行离开码头,在有拖船协助的情况下普遍采用,尤其适合大型船舶,或在强拢风时以及泊位前后余地不大、艏离或艉离不便时使用。

五、离泊操纵要领

(1)掌握摆出角度:在艏离或艉离时,摆出角度大小取决于外力影响和摆出后操船需要。外力有利时摆出角虽小但足够;外力不利时摆出角虽大却可能不足。

(2)控制前冲后缩:利用正横方向附近的物标灵敏判断本船的前冲后缩,并通过用车或使用拖船有效控制。

相关习题

1. 靠码头时,泊位空当的大小,一般应为船长的________倍。

A. 1.1　　B. 1.5

C. 1.2　　D. 1.4

2. 船舶离泊时，泊位之前余地不大，且有吹拢风时多采用平行离，下列说法正确的是________。
   A. 船首余地不大，且风流较强，顺流吹拢风时，多采用艉先离；船尾余地不大，且风流较弱，顶流吹开风时，艏先离
   B. 船首余地不大，且风流较强，顺流吹拢风时，多采用艏先离；船尾余地不大，且风流较弱，顶流吹开风时，艏先离
   C. 船首余地不大，且风流较强，顺流吹拢风时，多采用艉先离；船尾余地不大，且风流较弱，顶流吹开风时，艉先离
   D. 船首余地不大，且风流较强，顺流吹拢风时，多采用艏先离；船尾余地不大，且风流较弱，顶流吹开风时，艉先离

3. 离泊的准备工作包括________。
   ①掌握本船的船舶特性；②掌握外界的客观条件；③做好离泊部署；④做好应急准备
   A. ①②③④　　B. ①②③
   C. ②③④　　D. ①③④

4. 顺风顺流艉离码头时应挽住________。
   A. 艏缆　　B. 艏倒缆
   C. 艉倒缆　　D. 艉缆

5. 船舶靠泊前应做的准备工作包括________。
   ①按照要求布置登船装置；②前后准备带缆；③准备好需要的系泊设备；④做好应急准备
   A. ①③④　　B. ①②③④
   C. ①　　D. ①②

6. 万吨级以下船舶靠泊操纵中，在通常情况下船首抵达泊位中点时船舶最大余速应控制在________为佳，拖单锚制动是适当的。
   A. 3 kn 以下　　B. 2 kn 以下
   C. 3 kn 以上　　D. 2 kn 以上

7. 靠泊的准备工作包括________。
   ①掌握本船的船舶特性；②掌握外界的客观条件；③做好靠泊部署；④做好应急准备
   A. ①②③④　　B. ①②③
   C. ②③④　　D. ①③④

8. 船舶离泊前的准备工作中，在冲车之前，驾驶员应确保________。
   ①所有缆绳受力均匀；②舷梯、吊杆、岸上装卸设备无障碍；③与机舱保持联系；④按规定做好记录
   A. ①②③④　　B. ①②④
   C. ③④　　D. ①②

9. 风、流对船舶运动的影响不一致时，应________。
   A. 不考虑本船载况，主要考虑流的影响
   B. 不考虑本船载况，主要考虑风的影响
   C. 考虑本船载况，考虑风、流影响较大者

D. 考虑本船载况,按无风、流情况处理

10. 船舶重载、顶流时靠泊应先带________。

A. 艏缆　　B. 艏倒缆

C. 艉缆　　D. 艉倒缆

11. 小型船舶采用艉离法自力离泊,为防止断缆事故,下列哪些说法是正确的?________。

①艏倒缆应采用钢丝缆,且不应挽牢;②艏倒缆应挽牢;③应采用短时间快进车;④应采用短时间微速进车

A. ①③　　B. ②④

C. ①④　　D. ②③

12. 船舶离泊前的准备工作中,下列各项中正确的是________。

①制定离泊方案;②检查系缆情况;③先吊起舷梯,后冲车;④先备车,后单绑

A. ①②③④　　B. ②③④

C. ②③　　D. ①②③

13. 艉系泊,俗称艉靠方式,船首通常________。

A. 用缆绳固定于浮筒　　B. 用单锚或双锚向外固定

C. 用拖船保持位置　　D. 用缆绳固定于其他船舶

14. 艉系泊,俗称艉靠方式,船尾通常固定于________。

①浮筒;②他船;③突堤;④码头

A. ④　　B. ③④

C. ①③④　　D. ①②③④

15. 船舶采用艉系泊方式,上风舷的锚位应偏于________一侧,船尾上风舷系缆应________。

A. 上风;放松　　B. 下风;放松

C. 上风;加强　　D. 下风;加强

16. 吹开风较强时,船首的带缆顺序是________。

A. 一般应先带头缆,然后带横缆、前倒缆

B. 一般应先带头缆,然后带前倒缆、头缆

C. 一般应先带横缆,然后带头缆、前倒缆

D. 一般应先带前倒缆,然后带横缆、头缆

17. 压载拢风较强时靠泊________。

A. 余速宜高些、推迟抛锚　　B. 余速宜高些、提早抛锚

C. 余速宜低些、提早抛锚　　D. 余速宜低些、推迟抛锚

18. 船舶离泊前的准备工作中,下列说法正确的是________。

①先冲车,后吊起舷梯;②检查系缆情况;③制定离泊方案;④先备车,后单绑

A. ①②③④　　B. ②③④

C. ②③　　D. ①②③

19. 一般船舶在靠泊操纵时,有关控制抵泊余速的操作,哪一种说法正确?________。

①能保证舵效的情况下,速度尽量慢;②船首抵泊位后端是控制余速的关键;③空载而横风较大时,余速应提高;④船首抵 N 旗时的余速以不超过 2 kn 为宜

A. ①②③　　B. ①③④
C. ①②④　　D. ①②③④

任务五　掌握船舶系离浮筒操纵方法

知识储备

一、系离浮筒基本操作规范

1. 系单浮筒操纵

(1)准备工作:备妥系缆与锚链,检查浮筒锚链状态及周围风流条件。

(2)操纵步骤:顶风/顶流驶近浮筒,保持船首与浮筒横向距离 1~5 倍船宽,以最低舵效速度接近;距浮筒纵向约 1 倍船长时,倒车停船并稳住船位,放出系浮缆或锚链;强风流时,可抛锚辅助(左锚抛于浮筒上风侧),或借助拖船完成系泊。

2. 离单浮筒操纵

先解单头缆,最后解回头缆;无风流时倒车退离,有风流时用车舵调整航向驶离。

3. 系双浮筒操纵

将两浮筒连线视作码头基准线,顶风/顶流驶向上端浮筒,系缆后倒车调整船尾位置再系下端浮筒;抛锚点通常选在连线 1/4 处,横距 30~40 m(吹拢风时增至 50 m);带艏缆时保持船首横距 10 m、纵距 20 m,带缆后绞紧缆绳减少船身偏移。

4. 离双浮筒操纵

解除非顶流端缆绳,保留顶流端回头缆;拖船以 30°~50°顶流起拖至船身偏离连线后解缆,调整航向 20°左右驶离。

二、关键注意事项

1. 环境评估

关注浮筒连线与流向夹角(可能存在轧拢/轧开流);计算潮流转流时间,避免带缆过程中遭遇急流。

2. 船位控制

使用正横串视目标监控船位,防止前冲或后缩;强风流时优先请求拖船协助,确保带缆安全。

3. 安全操作

浮筒作业人员需注意缆绳受力状态,防止意外落水;系泊后定期检查缆绳松紧,及时调整以减少流压影响。

相关习题

1. 关于锚链系浮筒的准备,下列说法正确的是________。

①做好人员分工;②做好应急准备;③备妥锚链;④备妥回头缆

A. ①②③④　　B. ①②③

C. ①③④　　D. ②③④

2. 船舶系双浮筒时,下列说法正确的是________。

A. 顶风或顶流,先系船首浮筒,后退再系船尾浮筒

B. 顺风或顺流,先系船尾浮筒,前进再系船首浮筒

C. 顶风或顶流,船首、船尾同时系浮筒

D. 顺风或顺流,船首、船尾同时系浮筒

3. 船舶系带双浮筒时,带缆程序一般应是________。

A. 回头缆、单头缆同时带　　B. 先回头缆,后单头缆

C. 先单头缆后回头缆　　D. 根据当时具体情况而定

4. 船舶系单浮一般应取________方向驶向浮筒进行系浮操作。

A. 顶风或顶流　　B. 顺风或顺流

C. 横风或横流　　D. 30°风舷角

5. 缆绳系浮筒的准备工作包括________。

①掌握本船的船舶特性;②掌握外界的客观条件;③做好系泊部署;④做好应急准备

A. ①②③④　　B. ①②③

C. ①③④　　D. ①④

6. 船舶系浮筒时带回头缆的目的是________。

A. 承受来自前方的风、流等外力的推压

B. 离浮筒便于自行解脱

C. 防止船位前移和外张

D. 协助船舶驶离泊位

7. 对于河口港,为了减小船舶的回旋水域,多采用哪种系浮方法?________。

A. 用缆绳系单浮　　B. 用缆绳系双浮

C. 用锚链系单浮　　D. 用锚链系双浮

8. 长时间系浮或风浪较大,且船舶的回旋水域足够时,多采用哪种系浮方法?________。

A. 用缆绳系单浮　　B. 用缆绳系双浮

C. 用锚链系单浮　　D. 用锚链系双浮

9. 船舶离双浮,无论是顶流还是顺流,均应________。

A. 解除下游端的所有缆绳,顶流端只留回头缆

B. 解除顶流端的所有缆绳,下游端只留回头缆

C. 解除船首的所有缆绳,船尾只留回头缆

D. 解除船尾的所有缆绳,船首只留回头缆

10. 船舶系浮筒时的注意事项哪项不正确?________。

A. 系泊单浮筒系妥后应将系泊时所抛开锚绞紧

B. 回头缆挽桩时应做“8”字形挽牢

C. 系离浮筒前应掌握潮流的涨落时间

D. 系泊浮筒前应做好系泊计划

11. 离双浮时,“单绑”的含义是指________。

A. 船首、船尾各留一根单头缆　　B. 船首仅留一根缆绳

C. 船尾仅留一根缆绳　　D. 船首、船尾解除单头缆留回头缆

12. 船舶使用锚链系浮,右旋单车船多使用________。

A. 左舷锚链　　B. 右舷锚链

C. 双锚链　　D. 任一舷锚链

13. 船舶系双浮筒时,驶向浮筒方式和系缆顺序分别为________。

A. 顶风或顶流,先系船首浮筒　　B. 顺风或顺流,先系船尾浮筒

C. 顶风或顶流,船首、船尾同时系浮筒　　D. 顺风或顺流,船首、船尾同时系浮筒

14. 船舶使用锚链系浮,准备锚链时,应卸下________。

A. 锚链的连接链环或卸扣　　B. 第一节锚链的连接链环或卸扣

C. 第二节锚链的连接链环或卸扣　　D. 第三节锚链的连接链环或卸扣

参考答案

任务一　掌握接送引航员时的操船方法

1. D	2. A	3. B	4. D	5. A	6. C	7. D	8. C	9. A	10. C
11. B	12. D	13. C	14. A	15. C	16. A	17. C	18. C	19. C	20. C

任务二　掌握进出港操船方法

1. C	2. A	3. C	4. A	5. C	6. A	7. C	8. C	9. C	10. B
11. D	12. C	13. D	14. C	15. D	16. A	17. D	18. B		

任务三　掌握锚泊操纵

1. D	2. D	3. A	4. A	5. B	6. A	7. D	8. C	9. C	10. A
11. B	12. D	13. A	14. A	15. C	16. D	17. D	18. C	19. D	20. D
21. B	22. D	23. A	24. A	25. A	26. C	27. A	28. C	29. D	30. A
31. A	32. B	33. C	34. D	35. D	36. A	37. B	38. D		

任务四　掌握船舶靠离泊作业方法

1. C	2. A	3. A	4. B	5. B	6. B	7. A	8. A	9. C	10. A
11. B	12. A	13. B	14. C	15. C	16. C	17. B	18. B	19. D	

任务五　掌握船舶系离浮筒操纵方法

1. A	2. A	3. C	4. A	5. A	6. B	7. B	8. C	9. A	10. A
11. D	12. B	13. A	14. B						

项目五
特殊水域中的船舶操纵

学习目标

1. 掌握狭水道中的船舶操纵。
2. 掌握岛礁水域的船舶操纵。
3. 掌握桥区水域的船舶操纵。
4. 掌握分道通航制和船舶交通管理区域的船舶操纵。
5. 掌握冰区水域的船舶操纵。

任务一　掌握狭水道中的船舶操纵

知识储备

一、狭水道的特点

(1)环境复杂:航道狭窄、弯曲,水浅滩多,有暗礁、沉船等障碍物,灯浮多、潮流急、流向多变,船舶交通密集。

(2)安全风险高:操纵难度大,易发生碰撞、触浅等事故。

二、狭水道中的操船注意事项

（1）随时确认船位：注意是否偏离航线，尤其在大风浪、急流中，航道浮标可能移位，导航时需多方参照。

（2）适时备车、备锚：根据情况需要，必要时不间断测深。

（3）浅水域航行注意事项：富余水深不足时，选高潮时通过，必要时降速航行，减少下沉和艏倾，避免追越他船，操舵时要有预见性。

（4）强潮流水道通过时机：选择视界良好、交通量较少的平流时通过，避免陷入被动局面。

（5）距岸较近高速行驶注意事项：减速通过，防止引发系泊船激烈摇摆。

（6）夜间或雾中航行：兼用雷达瞭望，用 ARPA 协助瞭望时，需确认实际情况后再避让。

（7）狭水道中避让：一般按车、舵、锚的顺序使用设备，紧急时抛锚配合车舵操作。

（8）服从指挥：航行于船舶交通管理区域，服从交管中心指挥，实时报告船舶动态。

三、在有流弯曲航道中的船舶操纵

（1）顶流过弯：保持船在水道中央略偏凹岸，船首对流，慢速内转，保持船身与岸线平行，沿水流流线航进。用舵太迟或过早把定，船首易外偏，需迅速加车用舵纠正，无效时果断抛双锚、快倒车防事故。

（2）顺流过弯：保持船在水道中央，使船尾顺着流，依次操舵转过弯道。速度不易控制，舵效迟钝，可提前停车淌航，到达弯段前突然加车提高舵效。

四、运河中的船舶操纵

（1）保持在航道中线上航行：在对称运河中，保持船位在中线，两岸推力与吸力平衡，只需少量舵。

（2）保持航向：在不对称河段，驶在中线可避免船首偏转；有风时，稍偏上风一边。过弯道时，靠近凹岸一边行驶，航线掌握得当可不用舵。

（3）选定航速：根据载况、风流影响等在限制航速范围内调整实际航速，避免速度过大或过小带来的风险。减速时要逐渐进行，必要时采用倒车，需先驶到中线。

（4）偏转的产生与克服

①单推进器船：偏转时用满舵纠正，可瞬时加车助舵效，偏转迅速时用倒车，选择恰当时机。也可在减速的同时抛下偏转相反一舷的锚，利用短链拖锚防止冲向对岸。

②双推进器船：偏转时将相反一舷的车停住，向相反一舷操舵，船首开始转动时再开进车，用舵驶入中线。低速时偏转，可将偏转一舷的车加速，另一车减速或停车，并用满舵配合；高速时偏转，将相反一舷的车全速倒车，另一车减速或停车，同时用满舵配合。

（5）运河中会船：在规定湖泊中会船，特殊情况下一船系缆让另一船驶过。系缆时尽量不用倒车，提前减速，有风时靠下风一边，操纵性能差的船可停在中间用艇带缆后再绞拢，双车船注意螺旋桨不要碰岸壁，一般只需带 2 根横缆即可；驶过船慢速保持在航道中线航行，避免过分靠近另一岸产生岸壁效应。

相关习题

1. 双车船在运河中低速行驶时发生向右偏移，可采取哪些制止偏转的措施？________。

A. 将右车减速，左车减速　　B. 将右车加速，左车减速

C. 将右车加速，左车加速　　D. 将右车减速，左车加速

2. 在狭水道中航行的船舶，顺流过弯曲水道时，如果靠近凸岸太近，船首将受湾处回流的作用而向________偏转，船尾也受到流压的作用而向________偏转。

A. 凹岸；凸岸　　B. 凹岸；凹岸

C. 凸岸；凸岸　　D. 凸岸；凹岸

3. 在狭水道中航行的船舶，顶流过弯时，应使船保持在水道的________；顺流过弯时，应使船保持在水道的________。

A. 中央；中央略偏凹岸一侧　　B. 中央；中央略偏凸岸一侧

C. 中央略偏凹岸一侧；中央　　D. 中央略偏凸岸一侧；中央

4. 在弯曲水道的有流港，泊位处（凹岸）的水流情况是________。

A. 复合流　　B. 压拢流

C. 冲开流　　D. 平行流

5. 船舶顶流过弯，水流有将船首压向哪侧的趋势？________。

A. 浅水侧　　B. 航道中间

C. 凸岸　　D. 凹岸

6. 船在顶流过弯头时，由于没及时保持船首与流向较小的交角，沿水流线航行，致使船首和船尾受到流向、流速________。

A. 不同的水流的影响，将船首推向凹岸

B. 相同的水流的影响，将船首推向凹岸

C. 不同的水流的影响，将船首推向凸岸

D. 相同的水流的影响，将船首推向凸岸

7. 船舶在水深分布相等的运河中航行，若船位偏离河道中央线靠右岸太近时________。

A. 船首将受到岸推作用，船尾将受到岸吸作用，使船首转向航道中央

B. 船首将受到岸推作用，船尾将受到岸推作用，使船舶横移向航道中央

C. 船首将受到岸吸作用，船尾将受到岸吸作用，使船舶横移向航道右侧

D. 船首将受到岸吸作用，船尾将受到岸推作用，使船尾转向航道中央

8. 在狭水道或航道内追越，追越船的驾驶员应意识到________。

①与他船靠得太近而引起的碰撞危险；②与他船间的船吸作用致使一船朝另一船方向偏转而导致碰撞；③因岸吸岸推作用而造成碰撞

A. ①②　　B. ①③

C. ②③　　D. ①②③

9. 在大转弯的狭窄航道上顶流过弯，若用舵太迟，受流压的作用产生的情况为________。

A. 压艏转向凸岸　　B. 压艏转向凹岸

C. 使船右转　　D. 使船左转

10. 船舶沿弯曲水道顺流航行时，流线弯曲对船舶的影响是________。
A. 船首凹岸一舷受流，船尾凸岸一舷受流，船舶向凸岸偏转
B. 船首凸岸一舷受流，船尾凹岸一舷受流，船舶向凹岸偏转
C. 船首、船尾均为凸岸一舷受流，船舶向凹岸偏转
D. 船首、船尾均为凹岸一舷受流，船舶向凸岸偏转
11. 在狭水道中，船舶在富余水深不大的浅水水域通过时，应注意的问题下列哪项正确？________。
A. 最好在低潮时通过，必要时应加速航行
B. 最好在高潮时通过，必要时应加速航行
C. 最好在低潮时通过，必要时应降速航行
D. 最好在高潮时通过，必要时应降速航行
12. 狭水道操纵，应根据________确定新航向距离。
①船速；②转向角；③操舵时间；④舵角
A. ①②④　　B. ②④
C. ①③　　D. ①②③④
13. 关于狭水道对操船的影响，下列各项中哪些正确？________。
①航道狭窄；②水流多变；③来往船舶不多；④航道弯曲
A. ①②③　　B. ①②④
C. ①③④　　D. ②③④
14. 在狭水道中，船舶距岸较近高速行驶时，船行波将引发岸边系泊船的剧烈运动，有时导致________。
①系泊船船体受损；②码头设施损坏；③缆绳绷断
A. ①②③　　B. ①③
C. ①②　　D. ②③
15. 在狭水道中航行的船舶，顺流过弯时，舵效较迟钝，为了顺利过弯，可采取________的措施，以提高舵效。
A. 提前加车增速，到达弯段前突然停车
B. 提前停车减速，到达弯段前突然加车
C. 始终以最高速度行驶
D. 始终以维持舵效的最低速度行驶
16. 为保证狭水道操纵安全，参考资料应包括________。
①大比例尺海图；②航路指南；③潮汐表；④气象资料
A. ①②③　　B. ②③④
C. ①②③④　　D. ③④
17. 狭水道航行，可采用的导航方法有________。
①叠标导航；②单标导航；③岛礁开视；④岛礁闭视
A. ①③④　　B. ①②
C. ②③　　D. ①②③④

18. 船舶在运河中航行，过弯道时，应________。

A. 保持在河面的中线行驶　　B. 保持在航道的中线行驶

C. 适当靠近弯道凸岸的一边行驶　　D. 适当靠近弯道凹岸的一边行驶

19. 单车船在运河中航行，严重偏转时可用________纠正。

A. 在减速的同时抛下偏转相反一舷的锚

B. 在加速的同时抛下偏转相反一舷的锚

C. 在减速的同时抛下偏转一舷的锚

D. 在加速的同时抛下偏转一舷的锚

20. 顶流过弯时，应使船舶保持在航道的________；此时船舶用舵要________。

A. 中央；早点、大点

B. 中央；晚点、小点

C. 中央略偏凹岸一侧；早点、大点

D. 中央略偏凸岸一侧；晚点、小点

任务二　掌握岛礁水域的船舶操纵

知识储备

一、岛礁水域的航行局限性

(1) 航行资料少且精度差：通航船舶少，测量不足，海图精度低，水深精度不够。

(2) 航标稀少：航标系统不完善，缺乏显著物标，雷达图像在恶劣天气下难以辨认。

(3) 水深变化大，海流潮流复杂：礁滩下侧有涡流与回流，进出水道退潮时流速大，长浪袭来时波涛汹涌。

(4) 气象条件复杂：往往是热带低压发源地。

二、岛礁水域航行注意事项及操纵要点

1. 进入礁区水域前的准备

(1) 正确选择航线：使用最新大比例尺海图，将航线选在水深点相对密的地方，考虑海流、潮流、风向、风力和天气等条件，设计航线至少离礁 6 n mile 以外，画好物标正横线并推算物标正横时刻。

(2) 正确选择出航时间：如无特殊情况应在白天接近礁盘，最好在白天低潮时接近，考虑太阳高度和方向便于准确辨识；夜间通过必须与礁盘保持足够距离。

(3) 检测设备：检查航行及导航设备、仪器状态，测量和校正误差。

2. 进入礁区水域

(1) 确保船舶航行于计划航线上：利用一切定位手段进行定位并相互比对，运用航路资料，

对照陆岸形状,确保定位准确。

(2)连续测深:利用连续测深进行航速推算较为困难,但测深记录中有海底深浅变化较大记载时,注意附近有礁脉逼近,夜航于无航标的多礁海面更应加强测深。

(3)保持严密的瞭望:在高处瞭望,连续测深,委派有珊瑚礁知识的人员瞭望,根据海水颜色判断水深,注意海面微波和礁盘反光,早晨和傍晚时分根据海鸟飞行方向判断礁盘位置。

(4)减速航行:尽可能在保向前提下减速航行,注意不致造成因流致漂移而触礁或搁浅。

3. 礁区水域通行及安全操纵

(1)确保船位:利用 GPS 接收机等各种手段获取船位,保持在计划航线上。

(2)利用各种导航和避险方法:采用浮标导航、人工叠标导航、自然叠标导航、"开视"与"闭视"导航、单方位线导航等导航法;运用方位线避险法、距离圈避险法等避险法。

(3)合理控制船速:备车备锚,尽可能在保向前提下减速航行,注意不致造成因漂流而搁浅。

(4)做好应急准备,正确实施抛锚:使船舶顶风慢进,边测深边通过礁区;将链用锚机送至锚泊所需水深的长度,操纵船舶使船舶后退;待锚抓住珊瑚礁后再慢慢松出锚链,并在越过礁面的较深水域处锚泊。注意倒车不可太猛,防止拉断锚链或使锚卡住。

相关习题

1. 关于特殊水域船舶操纵,下列说法错误的是________。
   A. 桥区水域航行,过桥前应控制船位,有横风影响时,应使船首偏向上风
   B. 岛礁水域水深观察,背着太阳从高处观察海水颜色,太阳高度较高时,最好的条件是左右各60°视野,随太阳高度降低而减小
   C. 在岛礁水域可通过观察阳光照射水色的变化以发现浅礁和判断水深,识别困难的情况是,薄云天,太阳相反的方向上有乱云,太阳光线被水面反射
   D. 通过岛礁区的时候的航线拟定,若水域允许,一般至少要离礁盘 5 n mile 以外
2. 在定位和导航系统比较先进可靠的情况下,保证岛礁区操纵安全的措施包括________。
   ①选择安全航线;②保证正规瞭望判断水深变化;③关注天气水文变化,及时调整风流压力;④做好应急准备
   A. ①②　　B. ①②③④
   C. ①②③　　D. ①
3. 对于通过礁盘区的时间,最好于________通过。
   A. 夜间高潮时　　B. 夜间低潮时
   C. 白天高潮时　　D. 白天低潮时
4. 船舶于岛礁水域航行时,关于操纵与航行危险,下列说法正确的是________。
   ①潮流多变可能引起保向困难;②水深不均匀可能引起保向困难;③可能存在位置危险物;④通航船舶较多,碰撞危险增加
   A. ①②③④　　B. ②③④
   C. ①②③　　D. ①④
5. 岛礁水域操船,应注意保持连续雷达观测和测深________。

A. 并减速、备锚航行
B. 并减速、不备锚航行
C. 并加速、备锚航行
D. 并加速、不备锚航行

6. 在岛礁水域，________会影响对水深的判断。

①薄云天；②太阳相反的方向上有乱云；③太阳的方向上有乱云；④太阳光线被水面反射

A. ①②③④
B. ②③
C. ①③④
D. ①②④

任务三　掌握桥区水域的船舶操纵

知识储备

一、桥区水域的特点

(1)自然环境特殊：水深、航道、水流方向复杂且随水下地势变化。

(2)通航环境受限：航道宽度缩减，通航高度受限，流场特性改变(如壅水)。

(3)风险性大：外界条件(如强风、强流)和船舶自身因素(如失控、操纵失误)均可能导致通航风险。

(4)交通流密集：桥区水域局部交通流密集度增大，易导致船桥及船舶碰撞事故。

二、桥区水域的操纵要领

1. 调整航向、确认船速和船位

在初始船位进行过桥前的准备工作，调整船舶风流压差角，使船舶计划航线与桥梁通航孔轴线方向呈直角，并保持船首向稍微靠近中心线的上风舷一侧。

2. 桥墩入口处操纵

在艏部进入桥墩连线水域前，调整风流压差角，保持船体平直通过桥墩连线水域，尽可能保持在航道中心线上。

当艉部驶出桥墩连线水域时，注意船首向下风舷偏转的程度，偏转越大，碰撞桥墩风险越高。

3. 船舶整体通过桥区水域后的操纵

船舶整体通过桥墩连线水域后，仍需重新预设风流压差角，防止因风流压导致漂移撞击桥墩。

三、桥区水域船舶通航注意事项

(1)选择合适的通航桥孔：保留足够的富余高度、水深，与桥墩边缘保持安全间距，禁止从禁航标志的桥孔通过。

(2)备车及检查设备：进入桥区水域前备车，检查主要航行设备、号灯等确保良好状态。

(3)加强瞭望，谨慎驾驶：使用安全航速，密切关注周围环境和其他船舶动态。

(4)异常情况报告:发现助航标志异常不能确保安全过桥时,采取安全措施并向海事管理机构报告。

(5)禁止危险行为:禁止在桥区水域内追越、掉头、试航或并排航行。

(6)配备有效航海资料:携带并更新航海图书资料(包括航行通告)。

(7)不得随意停泊或锚泊:除非紧急情况,不得在桥区水域内停泊或锚泊,紧急情况下应立即报告并按规定显示信号、发布动态,尽快驶离。

(8)关注天气和航行安全信息:收听天气预报和有关航行安全信息,遇异常情况不能确保安全过桥时,不得冒险通过,并及早采取安全措施。

(9)遵守主管机关规定:遵循主管机关的其他相关规定。

相关习题

1. 桥区水域航行,过桥前应控制船位,预设风流压差,船首________。

A. 与桥梁垂直　　B. 与水道中心线平行

C. 偏向上风流一侧　　D. 偏向下风流一侧

2. 桥区水域航行,选择合适通航孔时,应注意________。

①净空高度;②富余水深;③安全间距;④禁航标志

A. ①②　　B. ④

C. ①②④　　D. ①②③④

3. 桥区水域的特点包括________。

①自然环境特殊;②通航制水域受限;③风险性大;④交通流密集

A. ①②③　　B. ②③④

C. ①②④　　D. ①②③④

4. 桥区水域航行,船位应控制在________。

A. 航道中心线　　B. 水道中心线

C. 桥梁中心线　　D. 桥梁法线

5. 桥区水域的船舶操纵风险主要由________引起。

①强风;②强流;③船舶失控;④操纵失误

A. ①②　　B. ②③

C. ③④　　D. ①②③④

6. 桥梁通航净空高度系指代表船型的船舶或船队安全通过桥孔的最小高度,起算面为________。

A. 设计最高通航水位　　B. 设计最低通航水位

C. 航道设计底高程　　D. 平均海平面

7. 桥区水域的航行环境特点包括________。

①风流不均匀;②水域受限;③交通密集;④风险较大

A. ①②③　　B. ②③④

C. ①③④　　D. ①②③④

8. 桥区水域通航,船舶在通航孔航行时,禁止________。

①追越;②掉头;③试航;④并行

A. ①②　　B. ①②③

C. ②③④　　D. ①②③④

任务四　掌握分道通航制和船舶交通管理区域的船舶操纵

知识储备

一、分道通航制(TSS)的船舶操纵

1. 基本原则

(1)遵守分道方向:严格按分道通航制规定的方向航行,顺航道船(同方向)应保持在分道内,逆航道船(反方向)禁止进入。

(2)分隔带/线:不得穿越分隔带或进入相反方向的分道,除非紧急避险。

(3)免横向穿越:如必须穿越分道,应选择直角方向快速通过,减少与顺航道船的碰撞风险。

2. 操纵要点

(1)航向与速度:保持稳定航向和航速,避免频繁转向或变速干扰其他船舶。

(2)转向点:提前规划分道入口/出口的转向点,避免急转弯。

(3)警戒区(Precautionary Area):在分道交会处加强瞭望,使用雷达和 AIS 监控周围船舶动态。

(4)渔船和小船注意:分道内常有渔船作业,需预留安全距离。

3. 特殊情况处理

(1)紧急避险:若必须偏离分道,需通过 VHF 发布动态并开启 AIS,优先避让顺航道船。

(2)能见度不良:开启雷达和航行灯,鸣放雾号,降低航速,增加安全距离。

二、船舶交通管理(VTS)区域的操纵要求

1. 基本规则

(1)遵守 VTS 指令:及时接收并执行 VTS 中心发布的航行指令(如限速、锚地分配)。

(2)动态报告:在进入、离开 VTS 区域或发生异常时,主动向 VTS 中心报告船位、航向和意图。

(3)协调避让:在 VTS 监控下与其他船舶协调行动,避免单方面避让导致混乱。

2. 操纵注意事项

(1)航速控制:遵守 VTS 区域的限速规定,尤其在港口、狭水道等敏感区域。

(2)锚泊管理:仅在指定锚地抛锚,避免阻塞航道。

(3)特殊船舶优先:为大型船、危险品船、受限船等让路。

3. 技术与设备要求

(1)保持通信畅通:VHF 频道值守(通常为 CH16 或指定频道)。

(2)AIS 与雷达使用:确保 AIS 信息准确,雷达持续监测周围目标。

无论是否在 TSS 或 VTS 区域内,船舶均需保持正规瞭望(目视、雷达、AIS 结合),注意特殊水域(如渔区、军事禁区)的临时通告;即使处于 TSS 或 VTS 管理下,仍需遵守《国际海上避碰规则》的避让责任(如直航船与让路船关系);主机、舵机等关键设备保持随时可用状态;制定应急预案(如主机故障时紧急锚泊)。

相关习题

1. 关于禁锚区的说法正确的是________。

①禁锚区不是船舶定线制种类;②禁锚区是由一个规定界限的区域构成的一种定线措施;③该区域内船舶锚泊是危险的或可能对海洋环境造成无法接受的损害;④所有船舶或某些特定类型的船舶应避免在禁锚区内锚泊

A. ②③④　　B. ①③

C. ①③④　　D. ①②

2. 在分道通航制和交通管制及其附近水域操纵船舶时应注意________。

①严格遵守分道通航制和交通管制等各种航行规定;②近岸航行应减速,防止浪损;③确认船位,走规定的通航分道,尤其在横流地段,更应经常观察前后方物标

A. ①②③　　B. ②③

C. ①③　　D. ①②

3. 在分道通航制和交通管制及其附近水域操纵船舶时应注意________。

①航线标绘要顺着船舶的总流向,并取分道的中线为宜;②认真瞭望观测,注意连续定位,及时用 VHF 沟通联系、协同避让;③在转向、交叉警戒区内要小心谨慎,并采用安全航速

A. ①②　　B. ②③

C. ①②③　　D. ①③

4. 在分道通航制和交通管制及其附近水域操纵船舶时应注意________。

①及时收听和改正航海通告,研究、查核最新海图,特别注意水深、浮标的变动情况;②备车航行,以便随时控制航速,根据情况加派瞭头;③检查船舶操舵系统、声光信号设备、助航仪器是否正常,以确保安全

A. ①②　　B. ②③

C. ①③　　D. ①②③

5. 在分道通航制水域操纵船舶时,航线标绘要顺着船舶的总流向________。

A. 并靠近通航分道的中线为宜　　B. 并靠近通航分道的左右侧均可

C. 并靠近通航分道的左侧为宜　　D. 并靠近通航分道的右侧为宜

6. 分道通航区内船多拥挤,船速快慢不一,受风流影响明显,这就需要值班驾驶员做到认真瞭望和观测,________。

①切忌偏重定位而疏忽避让;②随时掌握自己的准确船位和他船动态;③及早采取对策,避免

险情出现

A. ①②③　　B. ①②

C. ①③　　D. ②③

任务五　掌握冰区水域的船舶操纵

知识储备

一、接近冰区征兆

(1)出现冰光。

(2)冰区边缘常出现浓雾,有少量冰块漂流。

(3)风浪突然减弱或浪涌减弱而风力不变,且上风方向无陆地,可能有冰区。

(4)水温降低预示接近冰区。

(5)远离陆地发现海豹、海狮或海鸟等,预示附近有冰区。

(6)听到冰的撞击或挤压声,说明冰区临近。

二、冰区的船舶操纵

1. 迂回航线的选择

航线上有冰山、冰群,且情况允许时,最好采取迂回航线。能看到冰区边缘时,沿其上风侧边界航行。

2. 进入冰区

(1)冰量 5/10 或 6/10 时,冰块间常有通航水道,冰厚不超过 30 cm 可通航。冰量 6/10 以上,船舶行动困难,应争取破冰船引航。

(2)进入冰区时,从下风侧进入比上风侧安全。上风边缘冰块密集,有涌浪时碎冰骚动,易损坏船体。

(3)涨潮冰易结聚,退潮时碎裂。厚冰随流快速漂移时,应等待缓流或无流时进入。

(4)海面涌浪较大或有 5 级以上横风时,不宜进入冰区。

(5)冰区边缘不规则,选择舌状突出之间较平坦处进入,受浪影响较小。

(6)进入冰区时保持船首与冰缘垂直,将冲力降到最小。船首顶住冰块时,逐渐增加车速,推开冰块,驶向松散方向。

3. 通过冰区

(1)有离岸风时,近岸边常有可航水道;有向岸风时,不能从冰的靠岸一边通过。

(2)通过冰区时最好少改变航向。

(3)冰区航行,增加艏尖舱及污水沟的测量次数,注意海底阀可能被冰堵塞。

(4)冰中转向,不可一次用 30°舵角,用小舵角慢慢转,每次改向 5°～10°,以防舵及螺旋桨损坏。在冰中无法前进需脱离时,从原路驶出较为便利。

4. 冰中停泊

在岸边冰上或海中冰群边缘抛冰锚带缆停靠。先在冰上挖槽,放硬木块冰锚(长 0.07 m、宽 0.25 m、高 2 m),套缆绳,浇水使冰锚与水冻结。这种操作叫“抛冰锚”。

5. 冰中靠泊

港内结冰时,因船身与码头间冰块堆积不能靠拢,拖船在泊位边破冰,然后驶靠。

(1)泊位下端有余地,对准泊位后端,向码头靠拢,带艏缆至泊位前端较远桩上,绞艏缆,进车,外舷舵,使船首紧贴码头扫过,排挤碎冰。

(2)泊位后端无余地,船先对准泊位前端插入,带好艏缆、倒缆及艉缆,进车外舷舵,拖船顶推协助,挤压里舷积冰,再用排出流排冰,反复多次,使船尾靠拢。

相关习题

1. 一般运输船舶跟随破冰编队通过冰区,船队前后船舶间的距离一般保持________。
   A. 2~3 倍本船船长　　B. 2~3 倍破冰船船长
   C. 1~2 倍破冰船船长　　D. 1~2 倍本船船长
2. 一般运输船舶跟随破冰船编队通过冰区,编队时把船体强度较差、主机功率较小的船放在________。
   A. 船队之前,紧跟破冰船　　B. 船队的中部
   C. 船队的前部　　D. 船队的尾部
3. 船舶进入冰区时,为安全起见________。
   A. 应保持船首与冰缘垂直,并将冲力降到最小
   B. 应保持船首与冰缘垂直,并将冲力增到最大
   C. 应保持船首与冰缘平行,并将冲力降到最小
   D. 应保持船首与冰缘平行,并将冲力增到最大
4. 冰量一般以________分法度量,分为________级。
   A. 10;8　　B. 8;10
   C. 8;8　　D. 9;9
5. 冰中航行,倒车前应________。
   A. 左满舵　　B. 右满舵
   C. 正舵　　D. 任意舵角
6. 冰中下锚时,应选择________。
   A. 薄冰或碎冰的深水区,锚出链长度应不超过 2 倍水深
   B. 薄冰或碎冰的深水区,锚出链长度应不超过 4 倍水深
   C. 薄冰或碎冰的浅水区,锚出链长度应不超过 2 倍水深
   D. 薄冰或碎冰的浅水区,锚出链长度应不超过 4 倍水深
7. 在晴朗的黑夜,用望远镜可在________ n mile 处看到冰山。
   A. 0.5　　B. 1.5

C. 2　　　　D. 1

参考答案

任务一　掌握狭水道中的船舶操纵

1. B　2. D　3. C　4. B　5. D　6. A　7. A　8. D　9. B　10. A
11. D　12. D　13. B　14. A　15. B　16. C　17. D　18. D　19. A　20. C

任务二　掌握岛礁水域的船舶操纵

1. D　2. B　3. D　4. C　5. A　6. D

任务三　掌握桥区水域的船舶操纵

1. C　2. D　3. D　4. A　5. D　6. A　7. D　8. D

任务四　掌握分道通航制和船舶交通管理区域的船舶操纵

1. A　2. A　3. C　4. D　5. A　6. A

任务五　掌握冰区水域的船舶操纵

1. A　2. B　3. A　4. A　5. C　6. C　7. D

项目六
恶劣天气中的船舶操纵

学习目标

1. 掌握大风浪中的船舶操纵。
2. 掌握热带气旋的避离操纵。

任务一　掌握大风浪中的船舶操纵

知识储备

一、船在波浪中运动

X 轴方向有纵荡和横摇；Y 轴方向有横荡和纵摇；Z 轴方向有垂荡和艏摇。对船舶安全有威胁的是横摇、纵摇、垂荡。

1. 船舶遭遇周期

$$T_E = \lambda / V_E = \lambda / (c + v\cos u)$$

2. 横摇

(1)横摇周期 $T_R = C \cdot B / (GM)^{1/2}$。

(2) $T_R/T_E<1$,横摇快,甲板不容易上浪,惯性力大。

$T_R/T_E>1$,横摇慢,容易上浪。

$T_R/T_E=1$,横摇剧烈,严重将倾覆,谐摇角 $\theta_s=7.92(a_0)^{1/2}$。

$T_R/T_E=0.7\sim1.3$,谐摇。

(3)措施:调整自由周期;调整遭遇周期,改向变速,正横受浪变速不起作用。

3. 纵摇

(1)纵摇周期

$$T_p = C_p(L)^{1/2}$$

油船 C_p 取值最大。

(2)影响因素

自由周期与遭遇周期之差越小,纵摇摆幅越大。

随船速的增大,纵摇摆幅增大。

船长与波长的关系对纵摇振幅有决定性影响:$L>1.5\lambda$,纵摇摆幅最小,相对纵摇摆幅小于0.4,$L>1.3\lambda$ 相对纵摇振幅0.6;$L<\lambda$,纵摇振幅急剧增大。

(3)措施:调整船速和航向。

4. 垂荡

(1)垂荡周期 $T_H=2.4(d)^{1/2}$。

(2)幅度取决于波长船长比、船速、自由周期和遭遇周期比。

二、船舶在大风浪中航行时所遭受的危害

1. 船体结构损伤

(1)拍底

船首或船底与波浪剧烈撞击,导致局部结构变形或开裂。多发于空载或压载不足时,可能损坏船体、肋骨甚至货舱。当波长接近船长的0.7~1.2倍且航速较高时,拍底概率显著增加。

(2)甲板上浪

巨浪冲上甲板,淹没设备或货物,损坏甲板机械(如锚机、绞车)、冲垮水密门,甚至导致局部进水。可通过降速或调整航向来调节甲板上浪。

(3)船体共振

波浪周期与船舶横摇/纵摇周期接近时引发剧烈谐摇,可能导致货物移位、船体疲劳断裂,极端情况下引发倾覆。

2. 船舶稳性丧失

未满液舱的液体存在自由液面,随横摇晃动,降低初稳性高度(GM)。稳性不足时船舶恢复力矩下降,易发生大角度横倾。未绑扎牢固的货物(如集装箱、散货)因剧烈摇晃滑移,导致船舶重心偏移,加剧横倾甚至倾覆。水密门破损、通风筒断裂或甲板开口被冲开。

3. 机械与设备故障

船尾抬离水面时螺旋桨失去负荷,螺旋桨空转,转速骤增,导致主机超负荷、轴系振动加剧,可能损坏推进系统。船尾被浪托起时舵叶部分或全部露出水面,舵效丧失,导致船舶无法保持航向,陷入横向受浪的险境。频繁变速(如交替快慢车)使主机负荷波动,导致主机故障,船舶失控

漂流,加剧碰撞或搁浅风险。

4. 人员操作风险

甲板作业人员被海浪卷走,或舱内人员因剧烈摇晃受伤。导航设备失效,比如雷达天线被浪击歪、GPS 信号受干扰、电子海图系统进水,导致船舶失去定位和避碰能力,盲航风险升高。恶劣海况下救生艇无法释放、直升机难以救援。

5. 环境与外部威胁

集装箱落海、漂浮渔网或废弃货物,损坏螺旋桨、舵叶或船体,引发进水。大浪伴随暴雨或大雾,能见度较低,妨碍瞭望与避碰。

三、大风浪中的操船方法及其注意事项

1. 顶浪航行(Z 字航法)

(1)适用场景:遭遇顶浪或偏顶浪(波向角 300°~060°)时,适用于耐波性较好的中大型船舶(如集装箱船)。

(2)操作方法:调整航向,使船首与波浪成 10°~30°夹角交替航行,形成 Z 字路径。降低航速以减少波浪冲击,避免横摇、拍底和螺旋桨空转。

(3)注意事项:小型船舶或老旧船应改用“滞航”或“顺浪”方法。

2. 顺浪航行

(1)适用场景:顺浪或偏顺浪(波向角 120°~240°)时,可减轻船体冲击,适合脱离大风浪区域。

(2)操作方法:保持船尾受浪,调整航速使船速略大于或小于波速,避免艉淹或打横。舵效不足时,可在船尾拖曳缆绳或网具以增强保向性。

(3)风险控制:当波长超过 0.8 倍船长时,需减速并调整航向至 160°~200°受浪角。

3. 滞航

(1)适用场景:顶浪航行中船舶无法承受冲击时,用于等待海况好转。

(2)操作方法:以最低航速保持航向,使波浪位于船首 20°~30°方位。动态调整航速和航向,确保舵效并避免“打横”。

4. 漂滞(被动漂流)

(1)适用场景:主机故障或极端情况下(如老旧船需减少冲击)。

(2)操作方法:停止主机,通过调整锚链或拖曳物使船首顶浪,避免横向受浪。

(3)注意事项:主动漂滞风险极高,需确保船舶水密性和复原力矩。

5. 大风浪中转向与掉头

(1)关键原则:选择风浪较小的时机(如“三大浪后有小浪”规律),避免横浪状态。

(2)操作步骤:提前减速,使用小舵角缓慢转向。从顶浪转顺浪时,在平静海面到来前开始转向;从顺浪转顶浪时需先降速。

相关习题

1. 有关大风浪中的船舶操纵,下列说法错误的是________。

A. 船舶在波浪中的相对纵摇摆幅主要取决于波长、船长和船速

B. 大风浪中航行，同一船舶在同一风浪中顺浪时相对纵摇摆幅小，且冲击减缓

C. 船舶顶浪航行中，纵摇垂荡和拍底严重，减速措施和转向措施都有效

D. 从顶浪转向顺浪应在较平静海面到来之前进行，开始快速中舵，适时慢车满舵

2. 船舶在大风浪中掉头应注意掌握________。

①使回转引起的横倾角与波浪引起的横倾角相位一致；②在较平静的海面来临之前进行掉头；③开始用慢速中舵，以后适时快车满舵

A. ①②　　B. ①③

C. ②③　　D. ①②③

3. 大风浪中航行，同一船舶在同一风浪中________。

A. 顶浪时相对纵摇摆幅小，且冲击增强

B. 顶浪时相对纵摇摆幅大，且冲击减缓

C. 顺浪时相对纵摇摆幅小，且冲击增强

D. 顺浪时相对纵摇摆幅小，且冲击减缓

4. 漂滞适用于________。

①顺浪中保向性差的船；②滞航中不能顶浪的船；③船体衰老的船；④稳性差的船；⑤水密性差的船

A. ①②③④⑤　　B. ①②③④

C. ①②③　　D. ②③④⑤

5. 滞航是指以保持舵效的最小速度________。

A. 将风浪放船首 1~2 个罗经点的方位上迎浪前进的方法

B. 将风浪放船首 2~3 个罗经点的方位上迎浪前进的方法

C. 将风浪放船首 3~4 个罗经点的方位上迎浪前进的方法

D. 将风浪放船首 4~5 个罗经点的方位上迎浪前进的方法

6. 船舶在顺浪或偏顺浪航行时，其产生的危害主要表现在________。

①冲浪和打横；②稳性降低；③可能发生谐摇；④拍底

A. ①②③④　　B. ①②③

C. ②④　　D. ③④

7. 船舶在顶浪或偏顶浪航行时，其产生的危害主要表现在________。

①拍底；②螺旋桨空转；③甲板上浪；④艉淹

A. ①②③　　B. ①②③④

C. ②④　　D. ③④

8. 船舶正横受浪时，减轻横摇的有效措施是________。

①改变航速；②改变航向；③调整吃水差

A. ①②③均无效　　B. ②

C. ①　　D. ③

9. 船舶横向受浪时所产生的危害包括________。

①倾覆危险；②舷侧上浪；③货物移动；④人员不适

A. ②④　　B. ①②③④

C. ①③　　D. ①④

10. 船舶在大风浪中航行受波浪的作用,对船舶安全有威胁的运动是________。

A. 横摇、纵摇和横荡　　B. 横摇、纵摇和垂荡

C. 横摇、纵摇和纵荡　　D. 横摇、艏摇和纵荡

11. 航行中的船舶遭遇大风浪天气,操纵极为困难,应采取________措施。

A. 滞航　　B. 顺浪

C. 漂滞　　D. 转向

12. 船舶大风浪中顺浪航行与顶浪航行比较,下述哪项正确?________。

A. 减轻纵摇摆幅,减弱波浪对船体的冲击

B. 加重纵摇摆幅,减弱波浪对船体的冲击

C. 减轻纵摇摆幅,增大波浪对船体的冲击

D. 加重纵摇摆幅,增大波浪对船体的冲击

13. 船舶在波浪中的横摇摆幅取决于船舶固有横摇周期和与波浪的遭遇周期,下列说法正确的是________。

A. 船舶自由横摇周期越大,横摇摆幅越大

B. 船舶与波浪的遭遇周期越大,横摇摆幅越大

C. 船舶自由横摇周期和船舶与波浪的遭遇周期之差越大,横摇摆幅越大

D. 船舶自由横摇周期和船舶与波浪的遭遇周期之差越小,横摇摆幅越大

14. 船舶在波浪中顺浪航行,当船处于追波的前斜面时,会出现航向不稳状态,甚至突然产生艏摇而横于波中,即所谓的________。

A. 纵摇　　B. 打横

C. 艏摇　　D. 横摇

15. 压载航行的船舶在大风浪中有很多不利之处,包括________。

①保向性下降;②拍底严重;③空转加剧;④失速严重

A. ②③④　　B. ①②③

C. ①②③④　　D. ②③

16. 船体水密完整是大风浪航行最基本的要求,保证船体水密的准备工作包括________。

①检查加固开口封闭的水密性;②盖好锚链管;③关闭通风口,并加盖防水布;④关紧天窗和舷窗

A. ①②　　B. ①②③④

C. ①②③　　D. ①

17. 船舶在大风浪中航行,甲板上浪,________。

A. 将会影响船舶稳性,需适当加速航行

B. 将不会影响船舶稳性,需适当加速航行

C. 将会影响船舶稳性,需适当减速航行

D. 将不会影响船舶稳性,需适当减速航行

18. 船舶在顶浪或偏顶浪航行时,容易产生剧烈拍底的情况是________。

A. 波长比船长大　　B. 波长比船长小
C. 波长与船长接近　　D. 波长与船长不等

19. 船舶在大风浪中航行，影响甲板上浪的因素包括________。
①船首干舷；②船速；③波长；④纵摇周期
A. ①②③④　　B. ①②③
C. ②③④　　D. ②③

20. 船舶的垂荡周期与什么有关？________。
A. 船长　　B. 船宽
C. 吃水　　D. 船首线形

21. 船舶在海上遇到大风浪，船体剧烈摇摆，拍底严重，甲板大量上浪，螺旋桨打空车，应采取________措施。
A. 滞航　　B. 顺浪
C. 漂滞　　D. 迎浪加速

22. 航行中船舶受强风影响，转向操纵时可能引起的危险包括________。
①风致侧倾力矩与操舵引起的旋回横倾一致导致横倾过大；②风致转艏力矩与操舵力矩一致导致转艏速率过大；③转向后保向性不足；④转向后保向性提高
A. ①　　B. ①②③④
C. ①②　　D. ①②③

23. 船舶在大风浪中掉头操纵，应当避免的是________。
A. 舵力转艏力矩与风力转艏力矩相位相同
B. 回转突倾与浪致横倾相位相同
C. 船体横浪
D. 快车满舵

24. 船舶在大风浪中从顶浪转顺浪时，转向应在较平静海面到来________开始。
A. 之时　　B. 之前
C. 之后　　D. 任何时候

25. 船舶在规则波中做小角度横摇时，船舶的横摇周期与什么有关？________。
A. 船长　　B. 船宽
C. 吃水　　D. 船首线形

26. 船舶的纵摇周期与什么有关？________。
A. 船长　　B. 船宽
C. 吃水　　D. 船首线形

27. 对于中小型船舶而言，大风浪中船舶顶浪时的纵摇摆幅将________。
A. 随船速增高而减小　　B. 随船速增高而增大
C. 与船速变化无关　　D. 仅与波长有关

28. 大风浪中航行甲板上浪将________。
①影响船舶稳性，危及甲板货；②损坏甲板设备或上层建筑；③恶化工作环境，严寒时会造成冰害

A. ①②③　　B. ①③

C. ①②　　D. ②③

29. 船舶顶浪航行中,纵摇、垂荡和拍底严重时,为了减轻其造成的危害而采取措施,下列说法正确的是________。

A. 减速措施无效,转向措施有效

B. 减速措施无效,转向措施无效

C. 减速措施有效,转向措施有效

D. 减速措施有效,转向措施无效

30. 船舶在顺浪或偏顺浪的海况下航行,其主要危险有________。

①艉淹和打横;②横稳性降低;③谐摇;④大幅度横摇

A. ②③④　　B. ②④

C. ①②③④　　D. ①②③

31. 顺浪航行时,最易出现打横的情况是________。

A. 船速等于波速;航向稳定性好

B. 船速等于波速;航向稳定性差

C. 船速远大于波速;航向稳定性好

D. 船速远大于波速;航向稳定性差

32. 当船舶顺浪或偏顺浪航行而发生艉淹时,波浪力的作用可能使船舶发生________现象,使船舶遭受________的作用而产生突发性横倾,严重时有船舶倾覆的危险。

A. 打横;横浪　　B. 加速;谐摇

C. 纵倾;谐摇　　D. 垂荡;拱垂

33. 大风浪来临前的一般准备工作包括哪些?________。

①确保水密;②空船应适当压载;③确保排水畅通;④加固绑扎活动物;⑤做好应急准备

A. ①②③④⑤　　B. ①②③④

C. ②③④⑤　　D. ①③⑤

34. 一般来说,船舶顶浪航行,会产生剧烈的纵摇和垂荡,为了保证安全,下述哪项措施最有效?________。

A. 调整吃水差　　B. 调整压载水

C. 调整稳性高度　　D. 减速和改向

35. 航行中的船舶大风浪中主机故障丧失动力,应采取________措施。

A. 滞航　　B. 顺浪

C. 漂滞　　D. 减速

36. 船舶在大风浪中顺浪航行时,为避免出现艉淹或打横现象,应果断采取________的措施。

A. 只能改向变速无效

B. 改变航向和改变船速

C. 只能变速改向无效

D. 只能减速不能增速

37. 大风浪中船舶掉头的全过程内都要避免________。

A. 使用全速和使用满舵角

B. 使用慢速和使用小舵角

C. 操舵引起的横倾与波浪引起横倾的相位相同

D. 操舵引起的横倾与波浪引起横倾的相位相反

38. 根据风向的变化，可以确定本船在台风路径中的位置，在北半球，下述正确的是________。

A. 风向顺时针变化船在左半圆

B. 风向顺时针变化船在右半圆

C. 风向不变船在台风中心

D. 风向不定船在台风进路上

39. 北半球台风可航半圆内的特点和避航法是________。

A. 右半圆、风向右转、左艉受风驶离

B. 右半圆、风向右转、右艏受风驶离

C. 左半圆、风向左转、右艉受风驶离

D. 左半圆、风向左转、左艏受风驶离

40. 船舶在强风中转向操纵，操舵时应考虑的因素包括________。

①舵效；②风致转艏力矩；③操舵和转向引起的横倾；④风致侧倾力矩

A. ①　　B. ①②

C. ①②③　　D. ①②③④

41. 空船在大风浪中航行的弊端包括________。

①舵效差；②空转加剧；③失速严重；④易谐摇

A. ②③④　　B. ①②③④

C. ②③　　D. ①②③

42. 万吨船在风浪中压载航行时，为了减轻拍底，应________。

A. 保持艏吃水大于1/4满载吃水，并减速

B. 保持艏吃水大于1/4满载吃水，并加速

C. 保持艏吃水大于1/2满载吃水，并减速

D. 保持艏吃水大于1/2满载吃水，并加速

43. 北半球危险半圆内避台操纵法有________。

①应采取与台风路径垂直方向全速驶离；②以左艏舷约15°~20°顶风全速驶离；③风浪较大，不能全速驶离时，应以右艏顶风滞航；④以右艏舷约15°~20°顶风全速驶离

A. ①②③④　　B. ①②③

C. ①③④　　D. ③④

任务二 掌握热带气旋的避离操纵

知识储备

一、北半球热带气旋的避离操纵

(1)危险半圆:右右右(右半圆,风向右转,右艏受风驶离,右艏顶风滞航)。

(2)可航半圆:左左右(左半圆,风向左转,右艉受风驶离,右艏顶风滞航)。

(3)台风进路:风向不变,气压下降,右艉受风驶离。

二、南半球热带气旋的避离操纵

(1)危险半圆:左左左(左半圆,风向左转,左艏受风驶离,左艏顶风滞航)。

(2)可航半圆:右右左(右半圆,风向右转,左艉受风驶离,左艏顶风滞航)。

(3)台风进路:风向不变,气压下降,左艉受风驶离。

相关习题

1. 处于北半球在可航半圆内船舶为了避台抗台,在操纵中应以________全速驶离,并适时向________改向。

A. 右艉受风;左　　B. 右艉受风;右

C. 左艉受风;左　　D. 左艉受风;右

2. 处于北半球在可航半圆内船舶为了避台抗台,在操纵中应以________全速驶离,风力较大、不允许全速驶离时,应以________滞航。

A. 右艉受风;左艏受风　　B. 右艉受风;右艏受风

C. 左艉受风;左艏受风　　D. 左艉受风;右艏受风

3. 船舶在北半球受到邻近台风威胁,如果风向无明显变化且气压逐渐降低,则表明________。

A. 船舶在台风中心附近　　B. 船舶在台风进路上

C. 船舶在台风右半圆　　D. 船舶在台风左半圆

4. 北半球可航半圆的特点和可行的避台操纵法是________。

①风向左转;②左艏顶风,全速驶离;③右艏受风顶风滞航;④右艉受风驶离

A. ①④　　B. ①③

C. ①③④　　D. ②③④

5. 船舶航行中避台,操纵方法不需要考虑的是________。

A. 台风相对位置和距离

B. 船舶操纵性和耐波性

C. 附近有无避风港口或锚地
D. 台风的规模和路径

参考答案

任务一　掌握大风浪中的船舶操纵

1. D	2. C	3. D	4. C	5. B	6. B	7. A	8. B	9. B	10. B
11. A	12. A	13. D	14. B	15. C	16. B	17. C	18. C	19. A	20. C
21. A	22. D	23. B	24. B	25. B	26. A	27. B	28. A	29. C	30. C
31. B	32. A	33. A	34. D	35. C	36. B	37. C	38. B	39. C	40. D
41. B	42. C	43. C							

任务二　掌握热带气旋的避离操纵

1. A　2. B　3. B　4. C　5. C

项目七

应急船舶操纵

学习目标

1. 掌握在紧急情况下的旅客保护和安全措施。

2. 掌握船舶搁浅前后应采取的应急操船措施、搁浅的危害及损害的评估和控制、搁浅后应采取的措施以及脱浅方法及脱浅拉力的估算。

3. 掌握船舶碰撞前、后应采取的应急操船措施，碰撞后损害的评估和应变部署，以及船舶碰撞后续航、抢滩或弃船时的注意事项。

4. 掌握船舶火灾时的应急操船方法。

任务一　掌握船舶碰撞前后的处置

知识储备

一、碰撞后的应急操船

(1)我船船首撞入他船时：微速顶住他船，减少进水量；风浪小且无沉没危险时可用缆系住；被撞船有沉没危险时，在不危及自身情况下施救；附近有浅滩且被撞船有沉没危险时，操纵本船顶其抢滩。

(2)我船被他船撞入时:停船保持撞击咬合状态,减少进水并关闭水密装置;无法保持时,使破损处处于下风侧;确认无沉没危险且进水控制后,同意对方脱出。

二、碰撞后的应变部署

(1)判明碰撞损失:现场检查、测量水位,比对碰撞前后记录,确定破洞位置、大小及进水量等。

(2)保证水密和排水:关闭破损部位水密装置,通知机舱全力排水,记录水位并掌握排水效果。

(3)堵漏:根据破损情况组织堵漏,选用合适器材,采取堵漏毯、堵漏板、水泥箱等措施,必要时加固进水舱舱壁。

(4)调整纵横倾:测量油水舱液位变化,通过排出、注入、移载等方法保持船舶平衡稳定,谨慎使用注入法。

(5)抛弃货物:在进水可能引发危险、保持稳性或减少进水量时采取。

相关习题

1. 采用保持船舶正浮的方法时,下列哪种方法慎用?________。

A. 转驳　　B. 移栽

C. 排出　　D. 注入

2. 航行中当我船船体被他船撞入时,若破损处在水线以下,我船应尽可能________。

①立即停船以防破洞扩大;②关闭水密门检查破损;③立即开微进车,以减少进水量;④操船使破损处处于下风

A. ①③④　　B. ①②③④

C. ①②④　　D. ①②

3. 船舶发生碰撞后续航,应使碰撞损伤部位处于________,并尽可能________船舶的摇摆幅度。

A. 下风侧;减小　　B. 下风侧;保持

C. 上风侧;减小　　D. 上风侧;保持

4. 在航行中两船碰撞不可避免的情况下,为了减小碰撞损失,可采取________措施。

A. 全速倒车　　B. 全速倒车右满舵

C. 全速进车左满舵　　D. 立即停车并维持航向

5. 当我船船首撞入他船船体时,为保持顶住对方破洞的姿态,必要时________。

A. 微进车用舵　　B. 停用车舵

C. 可用缆绳系住　　D. 停车左右舵

6. 航行中船舶发生碰撞,甲船撞入乙船船体,关于船舶碰撞后的紧急处置措施,下列说法正确的是________。

①报告船长;②检查破损;③派人测量油舱和水舱;④关闭进水舱室邻近舱室的水密门

A. ①②③④　　B. ①②

C. ①②③　　D. ①③④

7. 船舶发生碰撞后,哪些情况下应采取抛弃货物的措施? ________。

①因进水可能引起货物着火及货物急剧膨胀;②为了保持一定的剩余稳性;③为了保持一定的吃水差;④为了保留储备浮力或减少进水量

A. ①②③④ B. ①②④

C. ①②③ D. ②③④

8. 当我船船体被他船撞入时,我船应关闭水密门检查破损并报告船长,并尽可能________。

A. 加速以减少进水量,操船使破损处处于下风

B. 停船以减少进水量,操船使破损处处于下风

C. 加速以减少进水量,操船使破损处处于上风

D. 停船以减少进水量,操船使破损处处于上风

9. 当他船船首撞入我船船体时,我船的应急措施不应包括________。

A. 组织堵漏 B. 尽可能使本船停住

C. 关闭破损舱室前后的水密装置 D. 责成对方倒车退出

10. 当碰撞不可避免时,每一船舶应运用良好的船艺采取最有效的行动减小碰撞造成的损失,下列所采取的措施中________不妥。

A. 紧急倒车刹减船速以减小碰撞的动能

B. 避免船中被他船船首撞入

C. 避免机舱附近被他船船首撞入

D. 碰撞角度尽可能大

11. 有关碰撞后的续航应注意的事项,下列说法错误的是________。

A. 减速航行 B. 近岸航行

C. 使损伤部位处于上风侧 D. 风力增大应立即择地避风

12. 当本船船首撞入他船船体后,被撞船舶有沉没的危险,可________。

A. 快速倒车撤离,避免他船沉没危及本船

B. 转向与他船并靠,并用缆绳系住

C. 全速进车顶住

D. 征得他船同意后将其顶向附近浅处搁浅

13. 船舶发生碰撞后,甲船撞入乙船船体时,甲船应采取的操作是________。

A. 立即停车以防破洞扩大

B. 立即开微进车,顶住对方减少进水量

C. 立即倒车退出,组织进行堵漏抢救

D. 先用缆绳相互牢固系住

14. 船舶发生碰撞后,破洞舱室进水量较大时,必须对________进行加强。

A. 邻近舱室 B. 隔舱舱壁

C. 破损部位 D. 邻近舱壁

15. 船体进水后一般都引起纵倾和横倾的变化,保持船舶正浮的方法包括________。

①排出法;②注入法;③移载法;④转驳法

A. ②③ B. ②③④

C. ①③④　　D. ①②③④

16. 为保持进水后船舶正浮可采用注入法，但应特别谨慎使用，其原因是________。

A. 注入法可能降低储备浮力和稳性　　B. 注入法可能降低储备浮力

C. 注入法可能降低船舶稳性　　D. 注入法可能降低船体强度

17. 撞入他船船体的船舶应当________。

①采用微进车顶住破损部位以利对方应急；②情况紧急，附近有浅滩时可顶驶抢滩；③在不严重危及自身安全的情况下尽力救助被撞船

A. ①②　　B. ①②③

C. ②③　　D. ①③

18. 船舶碰撞后的防进水措施中，首要的工作是________。

A. 排水　　B. 堵漏

C. 调整纵横倾　　D. 关闭水密门窗

19. 碰撞不可避免时，船舶驾引人员应运用良好船艺，采取减少碰撞损失的应急措施，包括________。

①减小碰撞角度；②降低相对速度；③避免要害部位被撞；④增大碰撞角度

A. ①②③　　B. ①②③④

C. ②③④　　D. ②③

20. 当碰撞已不可避免时，船舶驾驶员应根据良好船艺的要求采取最有效的行动以减小碰撞造成的损失，下列做法错误的是________。

A. 采取紧急倒车，以减小碰撞的冲击能量

B. 避免本船船中被他船船首撞入

C. 避免本船机舱附近被他船船首撞入

D. 尽量使本船船首撞入他船船体

21. 当我船船体被他船撞入时，应报告船长并关闭水密门、检查破损，并尽可能________。

A. 加速以减少进水量，操船使破损处处于下风

B. 停船以减少进水量，操船使破损处处于下风

C. 加速以减少进水量，操船使破损处处于上风

D. 停船以减少进水量，操船使破损处处于上风

22. 当我船船首撞入他船船体时，我船应________。

A. 立即停车　　B. 倒车退出

C. 微速进车顶住　　D. 半速进车顶住

23. 被他船撞入的船舶应________。

①尽可能使本船停住（消除对水速度），减少进水量；②迅速关闭破损舱室前后的水密装置；③进行排水及堵漏工作

A. ①②③　　B. ①②

C. ①③　　D. ②③

24. 当我船船体被他船撞入后，为减少进水量，应________。

①尽可能使本船停住；②关闭破损舱室前后的水密装置；③进行排水及堵漏工作；④使破损处

位于上风侧

A. ①②③④　　B. ①②③

C. ②③　　D. ④

25. 在碰撞不可避免的情况下,为了减小本船的碰撞损失,在操船方面应尽力避免________部位被他船船首撞入。

A. 机舱或船中　　B. 船首或船尾

C. 船尾或机舱　　D. 船首或船中

26. 船舶碰撞后的损害程度与两船相对运动速度和碰撞角度有关,两船相对运动速度________,碰撞角度越接近________,碰撞损失越大。

A. 越小;平行　　B. 越小;垂直

C. 越大;垂直　　D. 越大;平行

27. 船舶碰撞后的损害程度取决于________。

①两船相对运动速度和碰撞角度;②碰撞海域海流速度的大小;③碰撞位置和破损的大小;④碰撞船舶的吨位大小

A. ②③④　　B. ①②④

C. ①②③④　　D. ①③④

28. 碰撞后为迅速确定船体破损的位置、大小及进水量等情况,应测量________。

①各货舱污水井(沟)的水位;②各压载水舱的水位;③各淡水舱的水位;④各油舱的油位

A. ①④　　B. ①②③

C. ①②③④　　D. ②③④

29. 碰撞后评估船舶风险应考虑________。

①进水量的大小;②能否控制进水量;③船位以及距离最近港口或浅水区的距离;④船舶是否有倾覆、沉没等风险

A. ①④　　B. ①②③

C. ①②③④　　D. ②③④

30. 船舶发生碰撞后续航时应________。

①减速航行;②密切注意各舱水位;③尽可能近岸航行;④密切注意气象变化

A. ①②③　　B. ②③

C. ①②③④　　D. ②

任务二　掌握抢滩前后的处置

知识储备

一、抢滩概述

(1)定义:船舶面临沉没危险时,利用附近浅滩主动搁浅,争取时间实施自救或等待救援,避

免沉没。

(2)适用条件:碰撞后大量进水,排水速度跟不上,无法堵漏且有沉没危险,附近有浅滩时可考虑抢滩。

二、抢滩前的准备工作

(1)选择抢滩地点:综合考虑底质、风流、水深、坡度、周围环境等因素。

(2)调整船舶吃水差:利用压舱水等调整,适应抢滩处坡度。

(3)备妥双锚:准备抛锚,用于稳定船身和协助出滩。

(4)报告有关当局:及时通报情况。

三、选择抢滩地点的因素

(1)底质:泥、砂、砂砾底均可,避免软泥底和活砂底,礁石区不可抢滩。

(2)风和流:选择流缓、风小的地点,港湾内遮蔽条件好或盛行风下风侧优先。

(3)水深:浅滩水深(含潮高)应不大于船舶轻载吃水且小于型深,确保主甲板高潮时露出。

(4)坡度:根据船型选择合适坡度,小型船 1:15,中型船 1:17,大型船 1:19~1:24。

(5)周围环境:利于固定船舶,让出航道,便于出滩和救助。

四、抢滩和出滩操作

1. 抢滩操作

(1)尽量选择高潮后落潮时进行,视留滩时间确定。

(2)船首上滩,保持船身与等深线垂直,适时停车,慢速接近,和缓擦滩而上。

(3)随船首上滩抛双锚,必要时利用拖船等将锚向后抛出。

2. 出滩操作

(1)抢滩后尽快堵漏修复,排尽积水,做好出滩准备;长时间出滩需固定船身。

(2)出滩时打出压载水,待高潮时绞收双锚,配合倒车出滩;若双锚和倒车拉力不足,请求拖船协助。

相关习题

1. 关于抢滩的地点,下列说法正确的是________。

①有利于固定船舶;②尽可能靠近航道;③便于出滩作业;④便于救助作业

A. ①②③　　B. ①②③④

C. ①③④　　D. ③④

2. 船舶发生碰撞后有沉没危险而欲抢滩,适于抢滩的底质包括________。

①泥;②砂;③砾;④礁石

A. ①②③　　B. ②③④

C. ②③　　D. ①②③④

3. 船首抢滩时,应保持船身与等深线________。

A. 平行　　B. 垂直

C. 成尽可能小的角度　　D. 任何角度皆可

4. 船舶在抢滩时抛下的锚起________作用。

①稳定船身；②防船漂移；③有助于出滩

A. ①②　　B. ①③

C. ②③　　D. ①②③

5. 关于船舶抢滩前的准备工作，下列说法正确的是________。

①选择适宜的抢滩地点；②适当调整吃水差；③备锚；④报告有关当局

A. ①②③④　　B. ①②④

C. ①④　　D. ①③④

6. 关于船舶抢滩前后压载水的操纵，正确的是________。

A. 抢滩前排出压载水，出摊后注入压载水

B. 抢滩前注入压载水，出摊后排出压载水

C. 抢滩前排出压载水，出摊前注入压载水

D. 抢滩前注入压载水，出摊前排出压载水

7. 关于船舶抢滩前与压载水的操作，正确的是________。

A. 抢滩前注入压载水，出摊前排出压载水

B. 抢滩前注入压载水，出摊后排出压载水

C. 抢滩前排出压载水，出摊前注入压载水

D. 抢滩前排出压载水，出摊后注入压载水

8. 船舶发生碰撞后有沉没危险而欲抢滩，选择抢滩地点应考虑________。

①底质；②风流条件；③坡度；④水深

A. ②③④　　B. ①②③

C. ②③　　D. ①②③④

9. 船舶应考虑抢滩的情况包括________。

①碰撞导致船体破损进水较快，难以控制；②触礁导致船体破损进水较快，难以控制；③船舶搁浅难以短时脱浅；④采用水消防系统连续长时间地向舱内冲水灭火最后会导致船身倾斜和倾覆的危险

A. ①④　　B. ②③

C. ①②③④　　D. ①②④

10. 为保证安全和便于操纵，抢滩前后关于压载水的调整和操作程序应为________。

A. 抢滩前注入压载水，出滩时排出压载水

B. 抢滩前排出压载水，出滩时注入压载水

C. 抢滩前将船舶调整为平吃水，出滩时调为艏倾

D. 抢滩前将船舶调整为艏倾，出滩时调为艉倾

11. 为保证安全和便于操纵，如条件允许，抢滩时机应选择________。

A. 高潮后落潮期间

B. 低潮后涨潮期间

C. 高潮后平潮期间
D. 低潮后平潮期间

12. 为保证安全和便于操纵,抢滩后合适的出滩时机应为________。
A. 高潮后落潮期间　　B. 高潮前涨潮期间
C. 高潮后平潮期间　　D. 低潮后平潮期间

13. 为保证安全和便于操纵,抢滩前应________。
A. 向压载水舱注入压载水,将船舶吃水差调整到与抢滩坡度相适应
B. 排出各压载水舱压载水,将船舶吃水差调整到与抢滩坡度相适应
C. 向压载水舱注入压载水,将船舶调整为平吃水
D. 排出各压载水舱压载水,将船舶调整为艏倾

14. 不可抢滩的海底底质是________。
A. 泥底　　B. 礁石底
C. 软泥底　　D. 砂底

15. 抢滩时应考虑抢滩处的底质,尽量避免________。
①泥沙;②砂砾;③软泥;④礁石
A. ②③　　B. ①④
C. ①②　　D. ③④

16. 抢滩时应考虑抢滩处的底质,尽量避免________。
①泥沙;②砂砾;③软泥;④活砂
A. ①④　　B. ②③
C. ③④　　D. ①②

17. 为保证安全和便于操纵,选择抢滩地点可选择________。
①软泥底质;②活沙底质;③礁石底质;④砂砾底质
A. ①④　　B. ①②③
C. ①②③④　　D. ④

18. 抢滩使用的浅滩,最好是________底质。
A. 软泥　　B. 泥、沙
C. 礁石　　D. 沙石

19. 当船舶碰撞后,需要抢滩时,在抢滩之前应该________。
①调整吃水差;②备锚;③尽量选好坡度;④报告有关当局
A. ①②③　　B. ①③④
C. ②③④　　D. ①②③④

任务三　掌握船舶搁浅前后的处置

知识储备

一、搁浅与触礁前的紧急操船

1. 搁浅不可避免时

(1)不明搁浅水域地形,立即停车,可行时抛双锚。

(2)明了搁浅水域且航向垂直浅滩、船尾方向水深富余,停车、快倒车,可行时抛双锚,阻滞船前进。

(3)浅滩为航道中新生成小沙滩,可保向快速冲过或左右交替满舵蛇航挤过。

2. 触礁不可避免时

(1)船首前方是长排礁石且距离小于旋回进距,停车、倒车并抛双锚,保持航向,避免船身全部上礁,保护车舵。

(2)船首前方是孤立小礁石且四周水深,尽早让清;无法避让时,停车、倒车,减缓船体前冲,减小触礁程度与损失。

二、搁浅与触礁后的处置

1. 立即行动

(1)搁浅情况未判明前不盲目动车脱浅。

(2)保证船舶整体水密性。

(3)按规则显示搁浅信号。

(4)紧急报告,告知港口主管机关及船东、代理,必要时请求援救机构协助脱浅。

2. 搁浅船舶的态势评估

(1)评估船上人员安全状况。

(2)关注天气、海况、潮流和潮汐情况。

(3)调查船舶周围水域的海底底质、海岸线和水深情况。

(4)检查船舶损坏情况及污染危险性。

(5)分析进一步损失的危险性。

(6)保持通信畅通。

(7)确定船底与海底之间的作用力。

(8)预测脱浅后船舶的吃水和纵倾情况。

3. 固定搁浅船舶、保护船体

(1)防止船体在风、浪和潮流作用下继续运动,避免墩底、向岸漂移、打横、倾斜和承受过大应力等危险情况。

(2)固定方法:锚缆固定法(用缆绳或锚链固定在固定物上)和灌水坐浅法(注满压载舱及部分货舱注水,加强邻舱舱壁)。

4. 测量船舶吃水和检查搁浅部位

(1)频繁测量各舱室液位深度并与搁浅前比对,发现破损情况。

(2)对搁浅船体周围进行测深,标注水深资料,采样海底底质。

(3)记录吃水数据时,注明时间、潮高、海况等,并修正到潮高基准面。

(4)判断搁浅部位:疑似搁浅后吃水大于疑似搁浅前说明未搁浅,反之则搁浅;进一步比较搁浅后吃水与舷边水深,确定搁浅在海底突起物上还是陷入海底。

三、脱浅方法和脱浅力的计算

1. 脱浅方法

(1)自力脱浅

①候潮脱浅:船舶轻微损坏且艉部水深足够,等下一个高潮来临时起浮脱浅,必要时配合车、舵、锚。

②移载脱浅:移动压载水、燃油、淡水或部分货物调整船体浮态,脱浅前需严格计算。

③卸载脱浅:当其他方法无效时,卸载压载水、淡水或部分货物,卸载前进行浮力、稳性等计算。

(2)外援脱浅

船舶损坏严重或自力脱浅困难时,申请外援。救助船可协助固定船体、堵漏排水、移载、过驳、增加浮力、冲挖船底等。

2. 脱浅拉力的计算

脱浅时所需的拉力应根据搁浅损失的排水量、船底与海底摩擦系数计算。

相关习题

1. 当发现本船搁浅已难以避免时,如明了浅滩仅仅是航道中新生成的小沙滩,应________。

A. 全速前进并左右交替满舵　　B. 立即停车

C. 全速前进　　D. 左右交替满舵

2. 关于搁浅后主机的使用,下列说法正确的是________。

①搁浅情况未判明前不能盲目动车;②如短时间内不能脱浅,应处于备车状态;③用车不当可能导致主机和船体损伤;④用车不当可能导致船舶搁浅加重

A. ①③④　　B. ①

C. ①③　　D. ①②③④

3. 下列关于应急操船的说法错误的是________。

A. 船舶过浅滩前,情况不明,立即停车

B. 搁浅后不要盲目动车脱浅,保证水密,用缆或锚链固定搁浅船舶

C. 对坐礁的船应将各压载水舱注满水

D. 碰撞后担负查明全船漏损情况责任的船员是三副和水头

4. 船舶发生碰撞全面检查,符合下列哪些条件时可续航?________。
①主、辅机无损,情况良好;②船体破损部位进水经采取措施后得以控制;③船舶具有正稳性及一定的保留浮力;④一舷救生设备受损
A. ①②③④ B. ①②④
C. ①②③ D. ②③④
5. 当搁浅不可避免时,若明了航向与浅滩边线接近垂直,应采取的正确措施是________。
①快倒车;②抛双锚;③操满舵;④置车舵于深水区
A. ①③④ B. ②③④
C. ①②③④ D. ①②④
6. 关于船舶搁浅后应采取的措施,下列说法正确的是________。
①正确显示信号;②及时报告;③确定搁浅的船位;④确定搁浅的部位和程度
A. ①②③ B. ②③④
C. ①③④ D. ①②③④
7. 搁浅后,可通过所测得水深与船舶吃水的比较确定________。
①搁浅部位;②搁浅程度;③浅滩底质
A. ①③ B. ②③
C. ①②③ D. ①②
8. 船舶搁浅后,在情况不明时,应________。
A. 立即查明情况,然后再行动
B. 操左右满舵并进车松动船体后再全速倒出
C. 开车使船尾转向深水保护车舵
D. 立即全速后退脱浅
9. 在搁浅后的应急措施中,首要的工作是________。
A. 立即倒车推离 B. 立即停车迅速查明情况
C. 用车舵力挣脱 D. 请求外援
10. 短时间内不能安全脱险的搁浅船舶,应设法固定船体,其目的是________。
①避免在风流作用下向岸漂移;②避免因风流作用而造成打横;③避免因涌浪作用而造成墩底;④避免在风流作用下造成艉淹
A. ①②③④ B. ①②③
C. ①③ D. ②④
11. 船舶搁浅后,应避免情况继续恶化,确保船体安全,具体措施包括________。
①可利用搁浅船的锚链及缆绳来固定船体;②对坐礁的船,还应将各压载水舱注满水;③对坐礁的船,为了减少破底现象,可立即抛弃货物,使船浮起
A. ①② B. ②③
C. ①③ D. ①②③
12. 当发现本船搁浅已难以避免时,如不明浅滩范围和形状,应________。
A. 立即停车 B. 立即倒车
C. 左满舵 D. 右满舵

13. 船舶搁浅后，可能存在________的危险。
①偏转；②向岸推移；③墩底；④加重搁浅；⑤倾覆
A. ①②③④⑤　　B. ③④⑤
C. ①②④⑤　　D. ②③④

14. 船舶自力脱浅时可采用________脱浅。
①移(卸)载；②等候高潮；③车舵锚配合；④拖船协助
A. ①②③④　　B. ①②③
C. ①④　　D. ②④

15. 船舶搁浅不可避免时，如不明搁浅的地形和底质，应立即________。
A. 倒车，并操左满舵　　B. 左右交替满舵
C. 停车，通知船长　　D. 倒车，并操右满舵

16. 关于船舶搁浅后初始损害的评估和控制，下列哪些说法正确？________。
①忌盲目动车；②立即检查或关闭与海底相通的水密门盖；③液舱测量；④采取适当的措施保护船体
A. ①②③④　　B. ②③④
C. ①②③　　D. ①③④

17. 船舶发生搁浅后，首先应当采取的措施是________。
A. 立即采取倒车脱浅的措施
B. 立即采取停车措施，在完全了解搁浅情况前不随意采取转向、用车等措施
C. 立即操舵，使得船首转向深水一侧水域
D. 立即加速前进，尽可能尽快脱浅

18. 船舶搁浅后，应对搁浅状况进行初步评估，包括________。
①天气和海况、潮流和潮汐情况；②船上人员的安全状况、船舶损坏情况；③海底底质、海岸线和水深分布；④进一步损失的危险性
A. ①④　　B. ①②③
C. ①②③④　　D. ②④

19. 船舶搁浅后，应对搁浅船的态势进行初步评估，内容包括________。
①船舶损坏情况；②进一步损失的危险性；③污染情况；④潜在污染的危险性
A. ①③　　B. ②④
C. ①②③　　D. ①②③④

20. 一般船舶在搁浅后可能会发生的危险情况有________。
①船身倾斜；②墩底；③向岸漂移；④船体承受的应力过大
A. ①②③　　B. ②③④
C. ①②④　　D. ①②③④

21. 通过吃水与水深的比较，可判断船体搁浅部位和程度，若搁浅当时吃水小于搁浅前吃水又大于舷边水深，说明此处船体________。
A. 搁浅　　B. 未搁浅
C. 搁浅且陷入海底　　D. 情况不明

22. 船舶搁浅后一般可能发生的危险情况包括________。
①墩底;②向岸漂移;③打横;④艉淹
A. ①②③ B. ②③④
C. ①②④ D. ①②③④
23. 当搁浅不可避免时,应采取的正确措施是________。
①快车冲过;②设法减小船的冲力;③尽力保护好车舵
A. ①②③ B. ①②
C. ②③ D. ①③
24. 船舶在发生搁浅后所立即采取的措施中,最忌讳的是________。
A. 停车 B. 抛锚
C. 评估搁浅的态势 D. 盲目用车、用舵
25. 搁浅船舶需固定船体的情况包括________。
A. 短时间内就能安全脱浅,因风浪影响而墩底、打横或翻沉
B. 短时间内不能安全脱浅,因风浪影响而墩底、打横或翻沉
C. 短时间内就能安全脱浅,因风浪影响而可自由脱浅的情况
D. 短时间内不能安全脱浅,因风浪影响而可自由脱浅的情况
26. 船舶搁浅后损失的排水量可根据________进行估算。
①搁浅前船舶的平均吃水;②搁浅后船舶的六面吃水;③船底和海底的摩擦系数
A. ①② B. ①③
C. ②③ D. ①②③
27. 如船舶一端或一舷搁浅,而另一端或另一舷有足够的水深,则可移动________进行脱浅。
A. 压载水、燃油或货物 B. 淡水、燃油或货物
C. 压载水、淡水、燃油 D. 压载水、淡水、燃油或货物
28. 利用拖船脱浅时,需计算________。
①搁浅船的损失排水量;②脱浅所需拖力;③所需拖船的功率;④脱浅时的潮高和潮时
A. ①②③ B. ①②③④
C. ②③ D. ④
29. 在搁浅船与浅滩垂直或接近垂直且船首向没有明显变化的情况下,最佳的脱浅方向通常是________。
A. 船舶搁浅航向的相同方向 B. 船舶搁浅航向的相反方向
C. 船舶搁浅航向的垂直方向 D. 脱浅当时风流相反方向
30. 船舶坐礁时的船体保护措施包括________。
①在适当方向上抛锚固定船位;②将各压载水舱注满水;③立即抛货让船起浮
A. ②③ B. ①②
C. ①③ D. ①②③

任务四　掌握海上拖带前后的处置

知识储备

一、拖带前的准备

(1)计算拖缆长度:公式 $S=K(L_1+L_2)$,K 值 1.5~2.0,高速拖带取大值。

(2)确定悬垂量:拖缆长度 6%;海面平静时大于 8 m;风浪大时大于 13 m。

(3)接近被拖船:本船横向漂移速度大于被拖船时,上风接近;小于时,下风接近;横风困难则顶风接近。

(4)拖缆传递:驶向被拖船上风舷,放下风救生艇传递拖缆。

(5)系结方法:拖缆绕甲板室或桅柱,在另一舷缆桩上各绕一圈,然后在缆桩上绕 8 字,拖缆通过导缆孔处用帆布麻袋包扎后涂牛油。

二、拖带中的操作

(1)控制拖航速度:取决于拖缆强度、被拖船阻力、拖船剩余阻力。拖缆安全系数近距离取 4,长距离或风浪影响取 6~8。拖带运输船 6~8 kn,大型船舶钻井平台 3~4 kn。

(2)起拖及加速:使用微速进车,反复停车、微进,保持拖缆悬垂量,使被拖船逐渐加速。待拖速达 2 kn,分段加速,每段增 0.5 kn 左右。

(3)改向原则:避免 20°以上变向;有潮流涌浪时,不宜超过 5°;风流影响小,可在 5°~15°范围内改向。

(4)偏荡抑制:增大被拖船艉倾;降低拖航速度;船尾拖曳漂浮物;适当缩短拖缆长度;改变系结方法增加抑制索。

(5)拖缆长度调整:减小偏荡,协调摇摆。在浅水或降速时防止拖底适当缩短;狭水道为改善操纵性能适当缩短。

三、拖带后的解除

(1)选择合适位置:到达目的地或安全水域后,选择合适地点进行拖带解除操作。

(2)平稳解除拖缆:逐步减少拖船动力,平稳解除拖缆张力,然后安全解开拖缆。

(3)检查船舶状态:拖带解除后,全面检查拖船和被拖船设备,确保正常无损坏。

(4)清理现场:整理收纳拖缆等设备,清理现场,恢复船舶正常状态。

相关习题

1. 根据海上应急拖带作业程序相关要求,拖船与被拖船的应急通信内容包括________。

①遇险船基本信息;②遇险船损坏和适航情况;③遇险船甲板设备动力情况;④拖带模式

A. ②③④　　B. ①②③④

C. ①②③　　D. ①②

2. 根据船上应急拖带程序,拖缆的配置和布置主要取决于________。

①遇险船舶临近的危险;②拖带时间;③允许的准备时间;④天气情况

A. ①　　B. ①②③④

C. ②③④　　D. ①④

3. 拖航速度取决于________。

①拖缆强度;②被拖船的阻力;③拖船的拖力;④风浪条件

A. ①④　　B. ②③

C. ①②③④　　D. ①②④

4. 从事海上拖带的船由深水区进入浅水区,应________。

A. 加长拖缆,降低拖速　　B. 加长拖缆,增大拖速

C. 缩短拖缆,降低拖速　　D. 缩短拖缆,增大拖速

5. 海上拖带时,拖缆的选用一般考虑________。

A. 有一定的强度、长度和适当的重量,并形成一定的悬垂部分

B. 有一定的强度、长度和适当的重量,悬垂部分越小越好

C. 有一定的强度,长度越短越好

D. 有一定的强度,长度越长越好

6. 在深水的洋面上拖航时,务必使拖缆的中部________。

A. 接近水面　　B. 远离水面

C. 与水面保持 8 m　　D. 没入水中

7. 在大风浪中拖带航行应尽量采取________。

A. 顶浪航行　　B. 顺浪航行

C. 斜浪航行　　D. 滞航方法

8. 本船救助遇险他船需要进行应急拖带作业,则本船应准备的设备包括________。

①甲板操作人员救生设备;②通信设备;③甲板作业工具;④拖带所需装置

A. ①②③④　　B. ①

C. ①②③　　D. ①②

9. 海上拖航起拖时,应先微速进车,当观察到拖缆刚有张力时即________。

A. 停车,拖缆下垂后再微速进车,如此反复直到有前进速度,方可逐步加速

B. 停车,拖缆下垂后再慢速进车,待拖缆出水面后再全速进车可逐步加速

C. 停车,拖缆下垂后再半速进车,待拖缆出水面后再全速进车可逐步加速

D. 加速,待拖缆出水面后再全速进车可逐步加速

10. 当拖带速度提高时,应将拖缆适当________。

A. 缩短　　B. 放长

C. 不用调整　　D. 放长或缩短均可

11. 当在狭水道拖带时,应将拖缆适当________。

A. 不用调整　　B. 放长
C. 放长或缩短均可　　D. 缩短

12. 海上拖航起拖时的正确操作是________。
A. 微速进车、缆绳绷紧、稍微加大转速
B. 微速进车、缆绳受力到一定程度即停车、缆绳松弛后再用车
C. 微速进车、缆绳刚一受力即停车、紧接着再用车
D. 微速进车、使缆绳缓缓受力

13. 关于海上应急拖带、应急通信的建立，下列说法正确的是________。
①确定通信设备；②确定通信频率；③专人值守；④双方其他约定
A. ①②③④　　B. ①②③
C. ①②④　　D. ②③④

14. 确定海上拖航速度考虑的因素应包括________。
①被拖船阻力大小；②风浪流等拖航条件；③拖缆安全使用强度；④拖船的剩余推力
A. ①②③　　B. ①②③④
C. ①②④　　D. ②③④

15. 海上拖带时，被拖船发生偏荡，为了减轻偏荡，下述措施哪项不正确？________。
A. 增加拖缆长度　　B. 降低拖航速度
C. 使被拖船艉倾　　D. 拖缆加抑制索

16. 海上应急拖带作业结束时，拖缆的操作主要事项包括________。
①甲板与驾驶台保持通信；②甲板作业人员配备个人救生装置；③遵守安全操作规程；④夜间应有适当照明
A. ②③④　　B. ①②③④
C. ①②　　D. ①②③

17. 海上应急拖带作业结束时，关于解缆的操作条件要求，下列说法正确的是________。
①拖船停稳；②被拖船停稳；③拖缆已不受力；④解缆后被拖船没有新的危险
A. ①②③④　　B. ①④
C. ②③④　　D. ①③④

18. 为缓解拖船与被拖船之间运动而产生的冲击张力以及被拖船的偏荡，拖揽________。
①长度应适当；②有一定悬垂量；③长度应尽可能缩短；④长度尽可能放长
A. ①②　　B. ②③
C. ②④　　D. ①

19. 拖航中可通过________判断拖航速度是否适当。
A. 观测拖缆的悬垂程度
B. 观测被拖船的船首兴波
C. 观测被拖船的下沉量
D. 观测被拖船的偏荡程度

20. 实际拖航中，可通过拖缆的悬垂量来判断拖缆所受张力是否处于允许范围，下列说法正确的是________。

A. 一旦露出水面，说明拖缆张力小于允许范围，即应加速
B. 一旦露出水面，说明拖缆张力小于允许范围，即应减速
C. 一旦露出水面，说明拖缆张力大于允许范围，即应加速
D. 一旦露出水面，说明拖缆张力大于允许范围，即应减速

21. 机动船夜间主机故障申请救助拖航，拖缆带好但尚未起拖时，应________。
A. 显示舷灯、艉灯及失控灯　　B. 显示舷灯、艉灯
C. 显示失控灯、关闭舷灯与艉灯　　D. 关闭舷灯、艉灯

22. 吊拖时拖缆长度应大于被拖船拖缆出口至水面距离的________。
A. 8 倍　　B. 6 倍
C. 4 倍　　D. 2 倍

任务五　掌握船舶火灾时的应急操船方法

知识储备

(1)立即发出消防警报，通报全船，全体船员按应变部署集合待命并投入灭火。

(2)查明火源地点、火灾性质、燃烧范围及火势，确定灭火方案。

(3)根据火源地点和风向操纵船舶，使火源处于下风侧。火在船尾迎风行驶；火在船首顺风行驶（船速略低于风速）；火在船中附近旁风行驶。尽可能降低船速，但要避免急剧转向加剧火势。

一、火灾报警与初期应对

1. 发现火情

(1)立即报警：通过船舶通用警报系统（七短一长声）通知全船，启动火灾应急预案。

(2)定位火源：利用烟雾探测器、热成像仪或船员报告确定火灾位置（机舱、货舱、生活区等）。

2. 初期灭火

(1)隔离火源：关闭火灾区域的通风系统、燃油阀、电路，防止火势蔓延。

(2)使用灭火设备：机舱火灾，优先使用固定式 CO_2 系统（释放前确保人员撤离）；货舱火灾，根据货物性质选择水雾（忌水货物禁用）、泡沫或惰性气体；小型火情，由应急小队用灭火器或消防水龙扑灭。

二、船舶操纵核心要点

1. 调整航向与航速

(1)减速停车：减少气流助燃（尤其机舱火灾），但需保留舵效控制航向。

(2)顶风航行：将火源置于下风舷（如生活区失火，调整航向使风从船尾吹来）。

(3)避免顺风航行:防止风助火势蔓延至全船。

2. 特殊场景操纵

(1)货舱火灾:

若载运危险品(如化学品、锂电池),立即隔离并远离其他船舶/岸基设施。

避免开舱(O_2 进入可能引发爆炸),通过舱壁冷却控制温度。

(2)机舱火灾:

关闭主电源,切换应急发电机供电。

若火势失控,封闭机舱并释放 CO_2,启动应急消防泵从外部降温。

3. 锚泊与漂流

(1)浅水区:选择安全水域抛锚,避免火势失控后搁浅或阻塞航道。

(2)深水区:保持低速机动,避免横向受风导致船体倾斜加剧火势扩散。

相关习题

1. 船舶航行中货舱发生火灾,用大量的水灭火时,特别应注意船舶的________。
   A. 储备浮力、稳性和吃水差　　B. 稳性、横倾和吃水差
   C. 储备浮力、横倾和吃水差　　D. 储备浮力、稳性和横倾
2. 船舶航行中发生火灾,根据火灾发生的位置操纵船舶,着火源在船首,应________。
   A. 顺风行驶,且风速略高于航速
   B. 附近有适于抛锚的水域,应抛锚灭火
   C. 顺风行驶,且风速略低于航速
   D. 迎风行驶
3. 船舶航行中发生火灾,根据火灾发生的位置操纵船舶,当火源在船中,如有可能,应________。
   A. 横风行驶,使火源置于下风侧且降低船速
   B. 迎风行驶
   C. 顺风行驶
   D. 提高船速
4. 船舶航行中发生火灾,根据火灾发生的位置操纵船舶,着火源在船尾,应________。
   A. 迎风行驶　　B. 顺风行驶
   C. 旁风行驶　　D. 任何时候都应抛锚灭火

参考答案

任务一　掌握船舶碰撞前后的处置

1. D　2. C　3. A　4. A　5. C　6. A　7. B　8. B　9. D　10. D

11. C	12. D	13. B	14. D	15. D	16. A	17. B	18. D	19. A	20. D
21. B	22. C	23. A	24. B	25. A	26. C	27. D	28. C	29. C	30. C

任务二　掌握抢滩前后的处置

1. C	2. A	3. B	4. D	5. A	6. D	7. A	8. D	9. D	10. A
11. A	12. B	13. A	14. B	15. D	16. C	17. D	18. B	19. D	

任务三　掌握船舶搁浅前后的处置

1. A	2. D	3. D	4. C	5. D	6. D	7. D	8. A	9. B	10. B
11. A	12. A	13. A	14. B	15. C	16. A	17. B	18. C	19. D	20. D
21. C	22. A	23. C	24. D	25. B	26. A	27. D	28. B	29. B	30. B

任务四　掌握海上拖带前后的处置

1. B	2. B	3. C	4. C	5. A	6. D	7. D	8. A	9. A	10. B
11. D	12. B	13. A	14. B	15. A	16. B	17. A	18. A	19. A	20. D
21. B	22. C								

任务五　掌握船舶火灾时的应急操船方法

1. D	2. A	3. A	4. A

项目八 搜寻与救助

学习目标

1. 掌握 IMO《国际航空和海上搜寻救助手册》中的全面知识和应用能力，包括搜救组织、搜寻基点和最可能区域的确定、搜寻方式、救助落水人员的程序以及救助落水人员的应急操作。

2. 掌握从救助艇或救生艇筏上救助幸存人员时的操船方法。

3. 掌握弃船准备和弃船应急措施。

任务一　掌握搜救的协调和实施

知识储备

一、搜寻的组织

（1）全球搜救计划：国际海事组织将世界海域划分为 13 个海上搜救责任区（SRR），每个区指定一个沿海国政府为救助协调中心（RCC），负责搜救服务和协调。

（2）搜救协调中心职责：RCC 收到遇险信号后，派出搜救力量或召集附近船舶参与搜救。多个搜救设施共同救助时，指定现场协调人（OSC）协调行动。

（3）海面搜寻协调船（CSS）：最好是专业救助船或飞机，若无则由现场合适船舶担任。CSS

职责包括执行搜救计划、调整计划、报告进展、做好记录、建议终止搜救等。

(4)OSC 和 CSS 识别信号:白天悬挂国际信号旗“FR”,夜间显示预定识别标志。

二、搜寻计划

(1)搜寻基点:由 CSS 计算遇险者漂流值确定,考虑遇险时间和船位、救助船到达时间、遇险船漂移量等因素。

(2)初始搜寻阶段区域:以搜寻基点为中心、10 n mile 为半径的圆的外切正方形区域。

(3)海面搜寻协调船规定:

①雷达搜寻模式无特殊规定,可要求各船成一列横队平行搜寻。

②平行搜寻时,航向与遇险船舶漂移方向一致。

③搜寻速度取最慢船的最高船速。

④搜寻线间距:根据能见度和目标情况确定,能见度不良时,减速并缩小搜寻间隔。

三、搜寻模式及其实施

(1)扩展正方形搜寻:单船搜寻模式,从基点开始逐步扩展正方形边长,可在基点投下漂浮标志。

(2)扇形搜寻:单船搜寻模式,适用于目标区域较小的情况,搜寻中船舶改向角为 120°,分两段进行。

(3)平行搜寻:两艘及以上船舶参与时采用,各船按一定间隔平行搜寻。

(4)海空协同搜寻:船舶和飞机协同搜寻,注意操船指令使用标准信文或国际信号规则,遵守《1972 年国际海上避碰规则》。

相关习题

1. IAMSAR Manual 规定的扇形搜寻方式中,第一个搜寻循环中每次转向角为________,第一个搜寻循环结束时,右转________进入第二个搜寻循环。

   A. 120°;30°　　　　B. 120°;60°

   C. 150;60°　　　　D. 150°;30°

2. IAMSAR Manual 规定的搜寻方式中适用于单船搜寻的是________。

   A. 平行航线搜寻方式或扇形搜寻方式

   B. 扇形搜寻方式、扩展方形搜寻方式或平行航线搜寻方式

   C. 平行航线搜寻方式或扩展方形搜寻方式

   D. 扩展方形搜寻方式或扇形搜寻方式

3. 如果有多艘搜救船舶驶达初始搜寻区域,从搜救实际结果来看,效果相对较好的做法是________。

   A. 扩大初始搜寻区域,在宽广的搜索区域内粗略地进行搜寻

   B. 初始搜寻区域不变,在搜寻区域内彻底地进行搜寻

   C. 缩小初始搜寻区域,在狭窄水域内彻底地进行搜寻

D. 部分船舶在初始搜寻区域搜寻,其他船舶在初始搜寻区域外搜寻

4. 初始搜寻阶段,遇险最可能的区域,是________。
   A. 以搜寻基点为中心,10 n mile 为直径的圆形区域
   B. 以搜寻基点为中心,10 n mile 为直径的圆的外切正方形
   C. 以搜寻基点为中心,10 n mile 为半径的圆的外切正方形
   D. 以搜寻基点为中心,10 n mile 为半径的圆形区域
5. 海上搜寻时,搜寻线间距查表依据的因素为________。
   ①被搜寻目标的大小;②当时的气象能见度;③搜寻船的大小
   A. ①③　　B. ①②③
   C. ①②　　D. ②③
6. 当单船进行扇形搜寻时,每一航向所搜寻的里程为________ n mile,这种搜寻方式适用于当搜寻目标的可能存在区域较________时。
   A. 2;大　　B. 2;小
   C. 10;大　　D. 10;小
7. 单旋回法适用于人落水后的________。
   A. 立即行动　　B. 延迟行动
   C. 人员失踪　　D. 搜寻行动
8. IAMSAR Manual 规定的扩展方形搜寻方式适用于________。
   ①单船搜寻;②多船搜寻;③海空协同搜寻
   A. ①　　B. ②
   C. ③　　D. ①②③
9. 根据 IAMSAR 手册(第三册),负责指定现场协调人(OSC)的是________。
   A. 国际海事组织(IMO)　　B. 搜救任务协调人(SMC)
   C. 海安会(MSC)　　D. 搜救协调人(SC)
10. 平行航线搜寻时,搜寻速度通常________。
   A. 取最慢船舶能开出的最高船速,让所有的船舶都能参加平行航线搜寻
   B. 取最快能开出的最高船速,以节省搜寻时间
   C. 取各船能开出的最高船速,以节省搜寻时间
   D. 与风流导致的漂移速度一致
11. 搜寻基点可理解为________。
   A. 遇险报警发出位置　　B. 海面搜寻协调船船位
   C. 进行搜寻的参考位置　　D. RCC 或 RSC 的位置
12. 确定搜寻基点时,遇难船舶的漂移速度估算为________。
   A. 风压漂移速度和流压漂移速度代数和
   B. 风压漂移速度和流压漂移速度矢量和
   C. 风压漂移速度和流压漂移速度的乘积
   D. 风压漂移速度和流压漂移速度取大者
13. 在搜寻遇险船时,确定搜寻基点后,开始搜寻阶段的最可能区域是以基点为中心,半径为

________的圆的外切正方形。

A. 40 n mile　　B. 30 n mile

C. 20 n mile　　D. 10 n mile

14. 在搜寻遇险船时，确定搜寻基点后，开始搜寻阶段的最可能区域是以基点为中心________。

A. 边长为 10 n mile 的正方形

B. 半径为 15 n mile 的圆的外切正方形

C. 半径为 10 n mile 的圆的外切正方形

D. 半径为 20 n mile 的圆的外切正方形

15. 在搜寻遇险船时，确定搜寻基点时应考虑的因素中包括通报遇险的________，以及在救助船到达现场前时间内，遇险船的________。

A. 时间和船位；漂移量　　B. 损害情况；漂移量

C. 损害情况；采取的行动　　D. 时间和船位；采取的行动

16. 确定搜寻基点时应考虑的因素包括________。

①通报遇险的时间和船位；②各救助船到达遇险船船位的时间；③救助船到达之前的时间内，遇险船或其艇筏的漂移量

A. ①②　　B. ①③

C. ②③　　D. ①②③

17. 当两个或多个搜救设施共同参与一个搜救任务时，由________来协调搜救行动。

A. 该区负责协调的国家　　B. 沿海国救助协调中心（RCC）

C. 指定的现场协调员（OSC）　　D. 最近的救助分中心（RSC）

18. IAMSAR 手册规定的平行航线搜寻方式适用于________。

A. 扇形搜寻　　B. 船舶与航空器联合

C. 单船搜寻　　D. 两船及以上搜寻

19. 平行搜寻时，各船最初的航向通常________。

A. 与风向一致　　B. 与风、流较强者一致

C. 与流向一致　　D. 与遇险船的漂移方向一致

20. 事先计划搜寻模式和程序时，________可能是不需要的。

A. 搜寻基点　　B. 初始搜寻航向

C. 搜寻线间距　　D. 初始搜寻区域

21. 关于扩展方形搜寻方式，下列说法正确的是________。

①适用多船搜寻；②海空协同搜寻时早到达的船舶应首先开始扩展方形搜寻；③多船搜寻情况下第一艘到达现场的船舶也适用；④当搜寻目标的可能存在区域较小时宜于实施

A. ①④　　B. ①②③④

C. ②③　　D. ①③

22. 关于平行航线搜索方式，下列说法正确的是________。

①从基点开始搜寻；②搜寻方向为遇难船的漂移方向；③各船搜寻速度相同以保证平行航线搜寻；④搜寻分两段进行，搜寻前一段搜寻结束时，应马上右转 90°，进入后一段搜寻

A. ①②　　B. ①②③

C. ②③　　D. ①②③④

23. 海面搜寻协调船的识别信号是________。
A. 白天悬挂国际信号旗“FR”;夜间显示红色闪光灯
B. 白天悬挂国际信号旗“FR”;夜间显示预定的识别标志
C. 白天悬挂国际信号旗“GR”;夜间显示上绿下红环照灯
D. 白天悬挂国际信号旗“GR”;夜间显示预定的识别标志

24. 搜寻基点无法从岸上主管机关得到,海面搜寻协调船应确定________,并将该位置定为搜寻基点。
A. 救助船舶最初到达的位置　　B. 遇险报警最初发出的位置
C. 遇险报警最后发出的位置　　D. 搜寻目标概率最大的位置

25. 搜寻区域是搜寻目标有一定存在概率的区域,在该区域内________。
A. 搜寻目标在其中心的概率最大
B. 搜寻目标存在的概率密度相等
C. 搜寻目标存在的概率为90%
D. 搜寻目标存在的概率为70%

26. 为了使船舶和航空器进行有效的搜寻,需事先计划好________。
A. 搜寻模式　　B. 搜寻程序
C. 搜寻模式和搜寻程序　　D. 搜寻模式或搜寻程序

27. 在运用扩展方形搜寻时,尽可能在搜寻基点处投下一艘救生筏或其他漂浮标志,用以________。
A. 观测风流向　　B. 观测其漂移速度
C. 便于遇难者发现　　D. 便于其他救助船发现

28. 开展平行航线搜寻,搜寻速度的确定以________为准。
A. 参加搜寻的最慢船的最高速度
B. 参加搜寻的最快船的最高速度
C. 搜救协调中心的指示
D. 参加搜寻的最慢船的最高速度或搜救协调中心的指示

任务二　掌握救生与弃船的相关操作

知识储备

一、从遇难船上救人的操船方法

(1)根据漂移速度救助:考虑本船与被救船或艇的漂移速度,灵活救助。

(2)救助方式:

①遇难船可放救生艇或筏时，本船驶往其下风侧等待，或在其上风侧便于其放下艇筏来靠本船下风舷，利用起重设备吊起艇筏或转移遇难者到救助船艇。

②需本船放艇时，在上风侧放艇，下风侧收艇。

③对漂浮遇难人员，在舷边张挂救生网、使用抛绳枪等工具救助，选择合适位置吊起，或用救生艇逐个救助。

(3)特殊情况下救助：风浪大等无法离船时，用抛绳枪和救生裤转移人员。

二、救助落水人员的操船方法

1. 紧急处置

(1)发现者投下救生圈、烟雾信号或自亮灯浮救生圈。

(2)停车并向落水者一舷操满舵，防止船尾和螺旋桨伤人。

(3)发出警报，启动应急预案，瞭望并报告，操纵船舶驶近落水者，准备放艇。

2. 驶近落水者的行动及操船方法

(1)单向旋回法：向落水者一舷操满舵，适时操正舵并停船，适用于立即行动。

(2)双半旋回法：向落水者一舷操满舵旋回 180°，再次操满舵旋回，向落水者上风处驶近，适用于立即行动。

(3)威廉逊(Williamson)旋回法：向落水者一舷操满舵，转向角达 60°时操相反舵，把定在相反航向上搜索，适用于延迟行动和人员失踪。

(4)斯恰诺(Schrnow)旋回法：向任一舷操满舵，改向达 240°时操另一舷满舵，把定在相反航向上搜索，适用于人员失踪。

三、在恶劣天气下释放救助艇或救生艇筏的操船注意事项

(1)海面平静时：尽早放艇，纵倾低于 10°，横倾低于 20°，船速不高于 5 kn。

(2)恶劣天气下：船舶可滞航操船法放艇，用止荡索等减少摇摆和碰撞。

(3)其他注意事项：

①救生艇落水时对水静止，系妥系船索，前后同时脱钩。

②风浪中在落水者上风侧放艇。

③根据情况确定救生艇接近方向，准备好抛绳枪和系艇索。

④在船中部救助舷边遇险人员。

⑤大风浪中收艇时注意挂钩顺序和时机。

四、弃船准备和弃船应急措施

1. 弃船决定

船长在无法保全船舶且危及人员生命安全时决定弃船，发出警报和求救信号。

2. 准备工作

(1)电台负责人发出求救信号并做好弃船准备。

(2)机舱人员坚守岗位，做好弃船安全防护工作。

(3)专人携带国旗、文件、日志、海图、证书、账册等物品登艇。

(4)封闭油舱呼吸口,防止燃油溢出。

(5)艇长检查救生艇设备并汇报,船长布置相关事项。

3. 放艇与登艇

船长下令放艇,组织旅客和船员有秩序登艇,离船后在安全距离集合,船长保持对全体人员的责权。

相关习题

1. IAMSAR Manual 规定的扇形搜寻方式适用于________。

A. 海空协同搜寻　　B. 多船搜寻

C. 两船协助搜寻　　D. 单船搜寻

2. 发现落水人较早,并在海上可见时,最好采用________。

A. 单向旋回法

B. 威廉逊(Williamson)旋回法

C. 单向旋回法或斯恰诺(Schrnow)旋回法

D. 威廉孙(Williamson)旋回或斯恰诺(Schrnow)旋回法

3. 威廉逊(Williamson)旋回法中,在发现有人落水后,立即向落水者一舷操满舵,当船首转过________后,改操另一舷满舵。

A. 40°　　B. 60°

C. 80°　　D. 90°

4. 单向旋回法的操船方法不适用于________。

①立即行动;②延迟行动;③人员失踪

A. ①③　　B. ①②

C. ②③　　D. ①

5. 下列关于搜寻和救助行动的说法错误的是________。

A. 国际海事组织航行安全委员会的全球搜救计划中将全世界海区划分为 13 个区

B. 初始搜寻阶段,遇险最可能的区域是以搜寻基点为中心,10 n mile 为半径的圆的外切正方形

C. 放艇时,船速不高于 6 kn。收艇时,在横摇中挂钩,应在大船由另一舷横摇至中间位置时同时挂钩

D. 船舶在营救有较多落水人员时,可以拖曳系有救生衣或救生圈的缆绳在上风低速旋回

6. 威廉逊(Williamson)旋回法最适用于人落水后的________。

A. 人员失踪　　B. 立即行动

C. 搜寻行动　　D. 延迟行动

7. 斯恰诺(Schrnow)旋回法最适用于人落水后的________。

A. 立即行动　　B. 延迟行动

C. 人员失踪　　D. 搜寻行动

8. 船长下令弃船后,救生艇的艇长在登艇前,应向船长请示哪些内容? ________。

①本船遇难地点;②发出的遇难求救信号是否有回答,可能在何时、何地遇救;③驶往最近陆地或交通线的航向、距离和其他有关的指示

A. ②③　　B. ①②

C. ①③　　D. ①②③

9. 弃船时,人员登艇并降落入水后,应________。

A. 守在难船旁,直到难船沉没　　B. 离开难船 200 m 以外集合

C. 尽量远离难船　　D. 立即各自驶往最近陆地

10. 如有大批遇难人员漂在水中,搜救船可以拖________。

A. 系有救生圈和救生衣且用浮力较大的缆绳在漂浮者下风处高速围绕其回转,让人员攀附

B. 系有救生圈和救生衣且用浮力较大的缆绳在漂浮者上风处低速围绕其回转,让人员攀附

C. 系有救生圈和救生衣且用浮力较大的缆绳在漂浮者上风处高速围绕其回转,让人员攀附

D. 系有救生圈和救生衣且用浮力较大的缆绳在漂浮者下风处低速围绕其回转,让人员攀附

11. 风浪中救助遇难船舶人员时,如需要救助船放艇,则救助船________,救助艇从________接近遇难船;之后救助船又开到遇难船________等待救助艇开回到救助船的________收艇。

A. 应行驶到遇难船上风放艇;遇难船下风;下风舷;上风舷

B. 应行驶到遇难船下风放艇;遇难船下风;上风舷;下风舷

C. 应行驶到遇难船下风放艇;遇难船下风;上风舷;上风舷

D. 应行驶到遇难船上风放艇;遇难船下风;下风舷;下风舷

12. 船舶航行中,突然发现有人从船首左舷落水,应立即采取的措施是________。

A. 操左满舵、停车　　B. 操右满舵、停车

C. 操右满舵、加车　　D. 操左满舵、加车

13. 航行中驾驶台接到人员落水报告,如果已经驶过落水者,为利于施救,正确的是________。

①派人紧盯落水者;②立即停车并向落水一舷操满舵;③立即标注船位;④选择合适的旋回方式

A. ①③④　　B. ③④

C. ①②③④　　D. ①②③

14. 全速航行中发现本船有人落水,为避免落水人员被螺旋桨打伤,最有效的操纵是________。

A. 向落水一舷操满舵　　B. 立即停车

C. 立即全速倒车　　D. 向落水相反一舷操满舵

15. 航行中驾驶台收到本船人员落水报告,如果人员能见度不良不可视认。最合适的措施是________。

A. 等待一段时间后采取双半旋回法

B. 等待一段时间后采取斯恰诺(Schrnow)旋回法

C. 立即采取单向旋回法

D. 立即采取威廉逊(Williamson)旋回法

16. 海空协同搜寻方式下,开始搜寻时,早到达的船舶应________。

A. 首先开始扩展方形搜寻　　B. 首先开始扇形搜寻

C. 首先开始直线搜寻　　D. 等待飞机到来再开始搜寻

17. 船舶在海上航行,值班驾驶员突然接到有人落水的报告,应怎样紧急操船? ________。
A. 立即向落水者一舷操满舵
B. 立即向落水者相反一舷操满舵
C. 立即操左舷满舵
D. 立即操右舷满舵
18. 发现有人落水,目击者应采取的首要措施是________。
A. 报告船长　　B. 报告驾驶台
C. 就近抛下救生圈　　D. 施放救生艇
19. 航行中看到本船甲板有人落水,为避免打伤落水者并利于采取应急旋回操纵,即________。
A. 停车,向落水者一舷操满舵
B. 通知机舱备车,报告船长
C. 派人瞭望,抛下救生圈,标记落水人
D. 鸣放人员落水声号
20. 关于航行中值班驾驶员看到甲板上有人落水时的立即行动,首要行动是________。
A. 向落水者一舷操满舵　　B. 报告船长
C. 通知机舱　　D. 报告 VTS
21. 甲板上的人员看到有人落水时的立即行动,下列说法正确的是________。
A. 报告船长　　B. 大声示警,就近抛下救生圈
C. 报告驾驶台　　D. 通知机舱
22. 船上有人落水后,________操纵方法适用于立即行动,并能以最短时间返回落水者位置。
A. 威廉逊(Williamson)旋回法和单向旋回法
B. 单向旋回法
C. 双半旋回法和单向旋回法
D. 斯恰诺(Schrnow)旋回法
23. 以下救助遇险艇筏上的人员的应急行动不正确的是________。
A. 本船一般应将艇筏置于上风
B. 艇筏靠妥本船,可让艇筏上的遇险人员经由软梯登船
C. 本船可将遇险艇筏直接吊上本船
D. 本船可用吊货网将艇筏上的遇险人员吊上本船
24. 如下图所示旋回为________,最适合________。

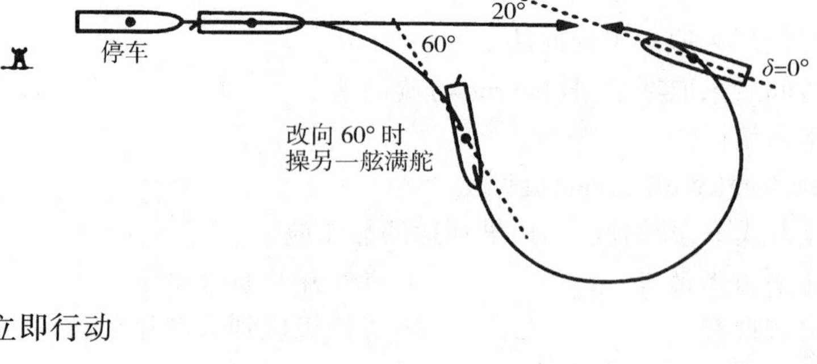

A. 单向旋回法;立即行动

B. 威廉逊(Williamson)旋回法;延迟行动

C. 斯恰诺(Schrnow)旋回法;人员失踪

D. 双半旋回法;延迟行动

25. 值班驾驶员一旦发现人落水,应立即采取的行动是________。

①拉响警报;②抛救生圈;③放救生艇;④向落水者一舷操满舵

A. ①②③④　　B. ②③

C. ②③④　　D. ①②④

26. 航行中值班驾驶员看到甲板上有人落水时的立即行动包括________。

①向落水者一舷操满舵;②报告船长;③通知机舱;④发布船舶动态

A. ①②③④　　B. ②③④

C. ①②③　　D. ①④

27. 落水者已失踪,大型船为尽快驶至落水者应采用________。

A. 斯恰诺(Schrnow)旋回法

B. 威廉逊(Williamson)旋回法

C. 双向旋回法

D. 单向旋回法

28. 威廉逊(Williamson)旋回法的缺陷是________。

A. 操船所需时间较长　　B. 不够准确

C. 不适用于夜间　　D. 不适用于人员失踪

29. 风浪中救助落水人员时,救助船应先驶向落水者的________,将________救生艇放下,从________靠拢落水者。

A. 上风;下风;上风　　B. 上风;下风;下风

C. 下风;下风;上风　　D. 下风;上风;下风

30. 对于在救生艇上的幸存人员,救助时________。

A. 应让人攀爬到救助船　　B. 可以将人与艇一同吊起

C. 必须将人与艇分别吊起　　D. 必须将人与艇一同吊起

31. 对于较多漂浮在海面的遇险人员,最好的救助方法是________。

A. 让遇险人员自行集合攀爬到救助船

B. 救助船逐个救助上船

C. 放艇,由艇逐个救助,最后吊上救助船

D. 救助方拖曳缆绳,让遇险人员攀爬

32. 航行中发现本船人员落水,正确的施救措施是________。

①立即抛救生圈;②派人紧盯落水者;③立即停车并向落水一舷操满舵;④立即倒车把船停住

A. ③④　　B. ①③④

C. ①②③　　D. ②③④

33. 航行中驾驶台接到人员落水报告,但报告已晚,落水者已失踪,正确的施救措施是________。

①立即采用斯恰诺(Schrnow)旋回法;②派人瞭望寻找落水者;③根据落水时间推测落水船位;④发布人员落水警报

A. ③④　　B. ①③④

C. ①②③　　D. ①②③④

34. 救助船收艇时,应行驶到遇险船的________侧,等待救生艇来靠本船的________舷。

A. 下风;上风　　B. 上风;下风

C. 上风;上风　　D. 下风;下风

参考答案

任务一　掌握搜救的协调和实施

1. A　2. D　3. B　4. C　5. C　6. B　7. A　8. A　9. B　10. A

11. C　12. B　13. D　14. C　15. A　16. D　17. C　18. D　19. D　20. C

21. C　22. C　23. B　24. D　25. A　26. C　27. B　28. D

任务二　掌握救生与弃船的相关操作

1. D　2. A　3. B　4. C　5. C　6. D　7. C　8. D　9. B　10. B

11. D　12. A　13. A　14. A　15. D　16. A　17. A　18. C　19. A　20. A

21. B　22. B　23. A　24. B　25. D　26. A　27. A　28. A　29. B　30. B

31. C　32. C　33. D　34. D

模块二

船舶值班与避碰

更多资源码上见

项目九
国际海上避碰规则

学习目标

1. 理解《国际海上避碰规则》的适用范围,并明确在不同情境下各方的责任。

2. 熟悉《国际海上避碰规则》中的一般定义,并能够正确识别和使用号灯与号型、声响与灯光信号,以确保在海上航行中能够准确传达和接收信息。

3. 掌握瞭望和安全航速的相关规定,能够在实际航行中保持良好的瞭望状态,并根据环境条件合理控制航速,以预防碰撞危险。

4. 理解并能够正确执行避免碰撞的行动,熟悉狭水道、分道通航制、帆船条款等特殊航行规则,确保在复杂航行环境中能够安全操作。

5. 掌握在能见度不良条件时的行动规则,了解渔区航行与避让的特殊规定,确保在特殊环境下能够采取正确的避碰措施,保障航行安全。

相关习题中提到的"《国际海上避碰规则》""《规则》"即为《1972 年国际海上避碰规则》。

任务一　理解《国际海上避碰规则》的适用范围

知识储备

一、适用的水域

(1)公海:除国家专属经济区、领海、内水或群岛国群岛水域外的全部海域。

(2)连接于公海且可供海船航行的水域:需满足连接于公海且可供海船航行的条件。

二、适用的船舶

(1)依赖水面的船舶:在水面航行、锚泊、搁浅的船舶,无论静止或运动都要依赖水面,不依赖水面时不适用。

(2)无限制的船舶:在适用水域中航行、锚泊、搁浅的任何种类、大小、状态、归属船舶都是适用对象。

三、有关水域的特殊规定

(1)地方规则的制定:允许有关主管机关为港外锚地、港口、江河、湖泊或内陆水道制定特殊规定,这些水域属一国管辖范围,地方规则应尽可能符合《国际海上避碰规则》条款。

(2)地方规则与《国际海上避碰规则》的关系:地方规则优先适用,在同一水域两种规则不一致时执行地方规则,未规定事项依照《国际海上避碰规则》。

四、有关船队额外信号的特殊规定

(1)制定主体与适用船舶:各国政府可为军舰及其护航船舶、结队捕鱼渔船制定额外队形灯、信号灯、号型或笛号等特殊规定,单独航行作业船舶不适用。

(2)信号内容与要求:额外信号用于表明船队编队关系、内部通信等,应尽可能不被误认为《国际海上避碰规则》规定的信号。

五、分道通航制的制定和适用

《国际海上避碰规则》授权国际海事组织可采纳分道通航制,其制定通常先由有关国家或地方作为地方规则存在,经采纳后适用《国际海上避碰规则》第十条,未采纳时作为地方规则实施。

六、特殊构造或用途的船舶信号另行规定

(1)制定主体与适用船舶:有关政府可为特殊构造或用途船舶确定另行规定,船舶本身无权制定或更改信号设备配置。

(2)规定内容与要求:涉及号灯或号型的数量、位置、能见距离、弧度及声号设备配置特性,

要求尽可能符合《国际海上避碰规则》条款。

相关习题

1. 在《国际海上避碰规则》适用的水域内，下列哪种船舶无须执行《国际海上避碰规则》？________。
   ①在海面以下潜航的潜水艇；②战争发生时的军舰；③搁浅的船舶
   A. ①③　　B. ①②
   C. ①　　D. ①②③
2. 关于《国际海上避碰规则》适用的水域，下列说法错误的是________。
   A. 不限于公海和各沿海国家的领海
   B. 不包括内陆湖泊，即使该湖泊与海连通并可供海船航行
   C. 包括各沿海国家的海港水域
   D. 包括可供海船航行的内河
3. 关于《国际海上避碰规则》适用的水域，下列说法正确的是________。
   A. 适用船舶能够到达的一切水域　　B. 适用海船能够到达的一切水域
   C. 不适用不可供海船航行的水域　　D. 不适用可供内河船航行的水域
4. 《国际海上避碰规则》适用的船舶包括________。
   ①在水面航行的水上飞机；②超低空飞行的飞机；③拖航中的钻井平台
   A. ①　　B. ②
   C. ①③　　D. ①②③
5. 《国际海上避碰规则》适用的船舶是指________。
   A. 用作水上运输工具的一切水上船筏，包括非排水船舶、地效船和水上飞机
   B. 能够用作水上运输工具的一切水上船筏，包括非排水船舶、地效船和水上飞机
   C. 用作或能够用作水上运输工具的一切水上船筏，包括非排水船舶、地效船和水上飞机
   D. 在公海以及连接公海可供海船航行的一切水域中的一切用作或能够用作水上运输工具的一切水上船筏，包括非排水船舶、地效船和水上飞机
6. 《国际海上避碰规则》适用的船舶是指________。
   A. 在公海上的一切船舶
   B. 在公海以及连接公海而可供海船航行的一切水域中的在航船舶和锚泊船
   C. 除内河船舶之外的任何船舶
   D. 在公海以及连接公海可供海船航行的一切水域中的一切船舶
7. 《国际海上避碰规则》适用的船舶不包括________。
   A. 在海面航行的潜水艇　　B. 在水下潜行的潜水艇
   C. 抬离水面的气垫船　　D. 贴近水面飞行的地效船
8. 《国际海上避碰规则》适用于________。
   A. 公海以及与公海相连接并可供海船航行的一切水域
   B. 除内陆水域外的一切水域
   C. 可供海船航行的一切水域

D. 船舶能够到达的一切水域

9. 在我国管辖的水域内，我国的哪种船舶可免受《国际海上避碰规则》的约束？________。

A. 执行公务的政府公务船　　B. 从事捕鱼的船舶

C. 非机动船　　D. 自航式钻井平台

10. 关于地方规则与国际规则之间的关系，下列说法正确的是________。

①地方规则尽可能符合国际规则；②地方规则受国际规则的限制；③地方规则优先于国际规则；④地方规则未尽之处执行国际规则

A. ①②③　　B. ①②④

C. ①③④　　D. ①②③④

11.《国际海上避碰规则》除适用于公海之外，还适用于________。

A. 沿海水域

B. 领海，并与之相连接的内河、江海、湖泊、港口、港外锚地以及一切内陆水域

C. 港口当局所管辖的一切水域

D. 与公海相连接、可供海船航行的一切水域

12. 关于《国际海上避碰规则》的适用范围，下列说法正确的是________。

A. 不适用内河(可供海船)航行的内河船舶

B. 在适用水域内，适用范围不限于海船

C. 不包括适用水域内的内河船舶

D. 仅适用于海船的避碰，但不适用海船与内河船之间的避碰

13. 在《国际海上避碰规则》适用的水域内，下列哪种船舶需执行《国际海上避碰规则》？________。

①政府公务船；②军舰；③渔船

A. ①　　B. ①②

C. ②　　D. ①②③

14. 在《国际海上避碰规则》适用的水域内，下列哪种船舶需执行《国际海上避碰规则》？________。

①失去控制的船舶；②执行任务中的缉私艇；③搁浅的船舶

A. ②　　B. ①

C. ①②③　　D. ①②

15. 以下哪种船舶不适用《国际海上避碰规则》？________。

A. 战争中的军舰　　B. 执行公务的政府公务船

C. 我国的非机动船　　D. 引航船

16.《国际海上避碰规则》适用的水域是指________。

A. 海洋

B. 与海洋连接的并可供海船航行的一切水域

C. 公海以及与公海相连接并可供海船航行的一切水域

D. 连接于公海，并可供海船航行的一切感潮水域

17. 下列哪种船舶应执行《国际海上避碰规则》中的驾驶和航行规则？________。

A. 在海面超低空飞行的水上飞机

B. 脱离水面处于非排水状态下的气垫船

C. 在海面以下潜行的潜水艇

D. 在船坞修理的海船

18. 下述哪一项不正确？________。

①在战争时期，军用舰艇可以不执行《国际海上避碰规则》的任何规定；②在执行公务时，政府公务船可以不执行《国际海上避碰规则》的任何规定；③军用舰艇和政府公务船在本国领海内不受《国际海上避碰规则》规定的约束

A. ③　　B. ②③

C. ①②　　D. ①②③

19. 关于《国际海上避碰规则》(在适用水域内)的适用，下列说法正确的是________。

①适用海船之间的避碰；②适用海船与内河船之间的避碰；③不适用海船与内河船之间的避碰；④不适用内河船之间的避碰

A. ①　　B. ①②

C. ①②④　　D. ①③④

20. 在与公海相连的并可供海船航行的内陆水域，关于主管机关制定的特殊避碰规定，下列说法正确的是________。

①必须完全符合《国际海上避碰规则》；②应尽可能符合《国际海上避碰规则》；③仅适用悬挂该国国旗的船舶；④不应妨碍《国际海上避碰规则》的实施

A. ①③④　　B. ②

C. ①③　　D. ②③④

21. 下列哪种说法是正确的？________。

A.《国际海上避碰规则》不适用于港口、江河、湖泊或内陆水域，因为这些水域受地方规则的约束

B. 当你驾驶一艘船舶进入制定有地方规则的水域时，不必考虑《国际海上避碰规则》的任何规定

C.《国际海上避碰规则》适用于与公海相连的，并可供海船航行的一切港口、江河、湖泊或内陆水域，但《国际海上避碰规则》受到地方规则的限制

D.《国际海上避碰规则》优先于地方规则

22. 在外国港口的港外锚地，发现该国港外锚地的相关规定与《国际海上避碰规则》相冲突，则你船应该怎么办？________。

A. 执行该国港外锚地的相关规定

B. 综合港外锚地规则与《国际海上避碰规则》，折中执行

C. 不执行任何规则

D. 执行《国际海上避碰规则》

23. 在我国上海港港内航行的外籍海船，应遵守________。

A. 上海港的港章或《国际海上避碰规则》

B.《国际海上避碰规则》

C. 上海港的港章

D. 上海港的港章，凡上海港的港章和我国现行其他港务法未尽事宜，仍应遵守《国际海上避

碰规则》

24. 在与公海相连的并可供海船航行的内河,下列说法正确的是________。
    A. 主管机关制定的任何特殊避碰规定仅适用于内河船舶
    B. 主管机关制定的任何特殊避碰规定不应与《国际海上避碰规则》相同或相近
    C.《国际海上避碰规则》不妨碍主管机关制定特殊避碰规定
    D. 如果主管机关制定了特殊避碰规定,则《国际海上避碰规则》不再适用
25. 在连接公海并可供海船航行的内河,下列说法正确的是________。
    A. 内河船舶之间的避碰适用《国际海上避碰规则》
    B. 海船应遵守主管机关制定的特殊的避碰规定
    C. 海船之间的避碰只适用《国际海上避碰规则》
    D. 海船与内河船舶之间的避碰不适用特殊避碰规定
26. 在与公海相连的并可供海船航行的内河港口,下列说法正确的是________。
    A. 主管机关制定的任何特殊避碰规定不适用于海船
    B. 如果主管机关制定了特殊避碰规定,适用船舶均应遵守
    C. 不适用《国际海上避碰规则》
    D. 任何部门不能制定任何的特殊避碰规定
27. 关于特殊的避碰规则或规定,下列说法正确的是________。
    ①必须由沿海国政府统一制定;②可由某水域的主管机关制定;③必须由 IMO 统一制定;④特殊的避碰规则或规定不适用外籍船舶
    A. ①③　　B. ②
    C. ①③④　　D. ②③④
28. 在我国沿海某港口水域航行的船舶,应遵守________。
    A.《国际海上避碰规则》
    B. 该港的港章
    C. 除遵守该港的港章外,还应遵守《国际海上避碰规则》
    D. 船员根据需要选择遵守《国际海上避碰规则》或港章
29. 在某国制定有地方规则的港口水域航行的船舶应遵守________。
    A.《国际海上避碰规则》
    B. 该国有关主管机关制定的地方规则
    C.《国际海上避碰规则》或地方规则
    D.《国际海上避碰规则》,但《国际海上避碰规则》与地方规则不一致时,应优先遵守地方规则
30. 有关主管机关可在________水域制定特殊规定。
    ①江河;②湖泊;③内陆水道;④领海、毗连区
    A. ①②　　B. ①③
    C. ①②③　　D. ①②③④
31. 有关主管机关可在________制定特殊规定。
    A. 沿海水域,包括毗连区和专属经济区
    B. 领海及毗连区

C. 有关主管机关确定的水域,包括毗连区和专属经济区
D. 港口、江河、湖泊、港外锚地和内陆水道船

32. 有关主管机关可在________水域制定特殊规定。
①港口;②港外锚地;③内陆水道;④专属经济区
A. ①②
B. ①③
C. ①②③
D. ①②③④

33. 有关主管机关可以为下列哪些连接公海且可供海船航行的水域制定特殊规定?________。
①港口;②长江;③渤海湾;④琼州海峡
A. ①②③
B. ①②
C. ①③
D. ①②③④

34. 船舶在指定有地方规则的港口水域航行时,下列说法正确的是________。
A. 执行《国际海上避碰规则》,但当《国际海上避碰规则》受到地方规则的限制,应遵守地方规则
B. 视具体情况执行《国际海上避碰规则》或地方规则
C. 只需执行地方规则
D. 只需执行《国际海上避碰规则》

35. 有关主管机关为与公海相连的,并可供海船航行的一切港口、江河、湖泊或内陆水域所制定的特殊规定,应________。
A. 尽可能与《国际海上避碰规则》相符
B. 与《国际海上避碰规则》相符
C. 根据实际需要来决定
D. 不受《国际海上避碰规则》的限制

36.《国际海上避碰规则》不妨碍各国政府为军舰及护航下的船舶和结队从事捕鱼的渔船制定额外的队形灯、信号灯或号型,这些额外的队形灯、信号灯、号型应________。
A. 尽可能与规则规定的信号、号灯或号型一致
B. 尽可能不致被误认为《国际海上避碰规则》其他条文所规定的任何号灯、号型或信号
C. 可以任意设置
D. 在结构和设置方面应符合《国际海上避碰规则》附录的有关要求

37.《国际海上避碰规则》________各国政府为军舰及护航下的船舶所制定的关于额外的队形灯、信号灯、号型或声号,或者为结队从事捕鱼的渔船所制定的关于额外的队形灯、信号灯、号型的任何特殊规定的实施。这些额外的队形灯、信号灯、号型或声号,应尽可能不致被误认为本规则其他条款所规定的任何号灯、号型或信号。
A. 不妨碍
B. 规定
C. 阻止
D. 符合

38.《国际海上避碰规则》不妨碍各国政府为________制定额外的队形灯、信号灯或号型。
A. 军舰及护航下的船舶
B. 结队从事捕鱼的渔船
C. 军舰及护航下的船舶或结队从事捕鱼的渔船

D. 特殊构造或用途的船舶

39. 可以适用政府制定的额外声号的船舶包括________。

①军舰及护航下的船舶;②结队从事捕鱼的船舶;③特殊构造的船舶;④特殊用途的船舶

A. ① B. ①②

C. ①②④ D. ①②③④

40.《国际海上避碰规则》不妨碍________为军舰及护航下的船舶制定额外的队形灯、信号灯、声号或号型。

A. 有关的主管机关 B. IMO 授权的组织

C. 各国政府 D. 船级社

41. 下列船舶编队中,可以使用政府制定的额外声号的是________。

①军舰护航编队;②从事捕鱼的船队;③拖带船队;④破冰航行船队

A. ① B. ①②

C. ①②③ D. ①②③④

42. 下列船舶编队中,可以显示政府制定的额外号型的是________。

①军舰护航编队;②从事捕鱼的船队;③拖带船队;④破冰航行船队

A. ① B. ①②

C. ①②④ D. ①②③④

43. 为实施《国际海上避碰规则》,IMO ________分道通航制。

A. 不能采纳 B. 可以采纳

C. 必须采纳 D. 应该采纳

44. 下列说法正确的是________。

A. 军舰及其护航下的船舶仅显示其政府规定的队形灯是不符合《国际海上避碰规则》规定的

B. 军舰及其护航下的船舶仅需显示其政府规定的队形灯与信号灯或号型

C. 结队从事捕鱼的渔船不但应按《国际海上避碰规则》规定显示号灯与号型,还可以显示所在国政府为其制定的额外的队形灯、信号灯、声号或号型

D. 结队从事捕鱼的渔船不但应按《国际海上避碰规则》规定显示号灯与号型,还应该显示所在国政府为其制定的额外的队形灯、信号灯、声号或号型

45. 对某种特殊构造或用途的船舶所制定的另行规定,________。

A.《国际海上避碰规则》没有对其提出限制性要求

B. 应根据特殊构造或用途的实际需要而制定

C. 应尽可能符合《国际海上避碰规则》所要求的规定

D. 应尽可能不致被误认为是《国际海上避碰规则》其他条文的规定

46. 对某种特殊构造和用途的船舶所制定的有关号灯与号型的数量、位置、能见距离等的另行规定,应________。

A. 尽可能符合《国际海上避碰规则》的规定

B. 尽可能不致被误认为《国际海上避碰规则》其他条文的规定

C. 不受《国际海上避碰规则》的限制

D. 根据实际需要自行确定

47. 关于特殊构造或用途船舶的特殊规定，下列哪一项正确？________。
A. 各国主管机关有权制定
B. 各国政府有权制定
C. 各国政府必须得到 IMO 的授权才能制定
D. 各国主管机关必须得到 IMO 的授权才能制定

任务二　明确《国际海上避碰规则》在不同情境下各方的责任

知识储备

一、责任条款适用对象

船舶、船舶所有人、船长或船员。

二、三种不能免除责任的疏忽

(1)遵守本规则条款的任何疏忽：未遵守规则规定，包括船舶所有人管理船舶不当和船长或船员在瞭望、航速、避让行动等方面的疏忽。

(2)按海员通常做法可能要求的任何戒备上的疏忽：未遵循海员传统、习惯、经常性做法，如不熟悉船舶操纵性能、在复杂水域不备车锚、使用自动舵避让等。

(3)对特殊情况可能要求的任何戒备上的疏忽：未对突发、低概率事件保持戒备，如船舶机件故障、突发恶劣天气、多船卷入碰撞局面等。

三、背离《国际海上避碰规则》的目的

背离《国际海上避碰规则》旨在避免紧迫危险，包括航行危险、碰撞危险和特殊情况。

四、背离《国际海上避碰规则》的条件

(1)危险客观存在：危险必须是客观存在的，而非主观臆断的。

(2)危险紧迫：危险具有紧迫性，继续遵守《国际海上避碰规则》将导致碰撞或搁浅、触礁等危险。

(3)背离必要合理：背离是必要的、合理的，能够避免碰撞或减少损失。

五、允许背离的条款

(1)涉及避让方法的条款：如“狭水道”条款中的“右行规则”“对遇局面”条款中的“右转规则”等。

(2)不涉及具体避让操纵的条款：如一、三、四、五章各条规定，以及第二章中的“瞭望”“安全航速”“碰撞危险”等条款不允许背离。

六、背离《国际海上避碰规则》的原则

(1)遵守《国际海上避碰规则》可避免碰撞时,不得背离。

(2)背离行动应有助于避碰,否则可能被视为不合理甚至违规。

相关习题

1.《国际海上避碰规则》第二条责任条款适用的对象是________。
①任何船舶;②船舶所有人;③船长和/或船员;④船舶代理人
A. ①②③④　　B. ①③④
C. ①②③　　D. ①②④

2. 根据《国际海上避碰规则》责任条款,疏忽导致的后果责任可能由________承担。
①船舶;②船舶所有人;③船长;④当事船员
A. ①　　B. ①②
C. ①②③　　D. ①②③④

3. 由于值班船员疏忽导致碰撞事故,承担后果责任的主体可能是________。
①船舶;②船舶所有人;③当事船员;④全体船员
A. ①　　B. ①②
C. ①②③　　D. ①②③④

4. 因船员对海员通常做法要求的戒备的疏忽而导致碰撞事故的发生,则根据责任条款,下列说法正确的是________。
A. 船长不承担任何责任
B. 船东不承担任何责任
C. 当事船员承担一切责任
D. 当事船员、船长、船舶所有人均应对碰撞后果承担相应的责任

5. 由于值班船员疏忽导致船舶碰撞,下列说法正确的是________。
A. 船长不承担后果责任　　B. 船舶所有人不承担后果责任
C. 全体船员不承担后果责任　　D. 无关船员不承担后果责任

6.《国际海上避碰规则》各条款不免除________的疏忽所产生的各种后果的责任。
①船舶所有人;②船长;③船舶;④船员
A. ①②③　　B. ①②④
C. ②③④　　D. ①②③④

7. 由于船长在避让操纵中的过失,导致碰撞的发生,根据责任条款,将来由谁来承担碰撞各种后果的责任?________。
A. 有关方有权追究当事船舶或当事人及其船舶的所有人由于该碰撞而产生的后果的责任
B. 由于船长是船东的雇佣人员,因而应由船长承担一切责任
C. 若船东并无任何过失,则只能由船长本人承担责任
D. 由船长自行承担碰撞导致的一切责任

8.《国际海上避碰规则》责任条款中关于疏忽的规定适用对象,下列说法正确的是________。

A. 船舶或船舶所有人如果没有过错,则不适用

B. 船长如果不在驾驶台或没有过错,则不适用

C. 仅适用于当事海员

D. 适用于船舶或者船舶所有人、船长或船员

9. 在航行中,船舶未使用安全航速属于________。

A. 视当时能见度而定

B. 对遵守《国际海上避碰规则》条款的疏忽

C. 对海员通常做法可能要求的任何戒备上的疏忽

D. 对特殊情况可能要求的任何戒备上的疏忽

10. 在雾中航行,仅保持雷达观测,而放弃视觉瞭望的做法,属于________。

A. 对海员通常做法可能要求的任何戒备上的疏忽

B. 对特殊情况可能要求的任何戒备上的疏忽

C. 对遵守《国际海上避碰规则》条款的疏忽

D. 一种遵守规则要求的做法

11. 在雾中,船舶未鸣放规定的雾号,属于________。

A. 对海员通常做法可能要求的任何戒备上的疏忽

B. 对特殊情况可能要求的任何戒备上的疏忽

C. 对遵守《国际海上避碰规则》条款的疏忽

D. 视周围是否有他船而定

12. 某船在沿海航行,前方来船用 VHF 电话协调要求各自向左转向把会遇距离拉大,但随后来船却迟迟没有采取任何行动最终导致碰撞,这是________。

A. 对特殊情况可能要求的任何戒备上的疏忽

B. 驾驶员缺乏起码的责任心

C. 对海员通常做法可能要求的任何戒备上的疏忽

D. 对遵守《国际海上避碰规则》各条的疏忽

13. 疏忽的种类有________。

①遵守《国际海上避碰规则》条款的任何疏忽;②海员通常做法所要求的任何戒备上的疏忽;③当时特殊情况可能要求的任何戒备上的疏忽

A. ①②　　B. ①③

C. ②③　　D. ①②③

14. 某船对号灯损坏未发现或未及时发现,而导致碰撞,应属于哪种疏忽?________。

A. 对遵守《国际海上避碰规则》条款的疏忽

B. 对海员通常做法可能要求的任何戒备上的疏忽

C. 对当时特殊情况可能要求的任何戒备上的疏忽

D. 不属于规则所指的疏忽

15. 下列做法属于对遵守规则的疏忽的是________。

①夜间航行时未显示航行灯;②直航船未鸣放警告声号而独自采取避碰行动;③避让过程中

交接班;④渔区航行未备车

A. ②④　　B. ①③④

C. ①②　　D. ②③

16. 下列做法属于对遵守规则的疏忽的是________。

①未执行规则强制性规定;②未达到规则要求的目的;③采取了规则禁止的行动;④应当背离而未背离

A. ①②　　B. ①②③

C. ①②③④　　D. ①

17. 某船在能见度不良的水域中航行,没有将主机做好随时操纵的准备而导致碰撞,其行为是________。

A. 对遵守《国际海上避碰规则》各条款的疏忽

B. 对海员通常做法可能要求的任何戒备上的疏忽

C. 对特殊情况可能要求的任何戒备上的疏忽

D. 船长和驾驶员责任心缺乏

18. 船舶在航行中,值班驾驶员忙于定位,在海图室停留时间太长,以致发现来船太晚而避让不及,发生碰撞事故,属于________。

A. 对遵守《国际海上避碰规则》条款的疏忽

B. 对海员通常做法可能要求的任何戒备上的疏忽

C. 对特殊情况可能要求的任何戒备上的疏忽

D. 一种特殊情况

19. 直航船在发觉单凭让路船采取行动已不能避免碰撞时,直航船仍保速保向消极等待的做法,属于________。

A. 对遵守《国际海上避碰规则》条款的疏忽

B. 对海员通常做法可能要求的任何戒备上的疏忽

C. 对特殊情况可能要求的任何戒备上的疏忽

D. 遵守规则的做法

20. 在雾中,仅把雷达放在 12 n mile 挡,而未发现近距离来船,属于________。

A. 对遵守《国际海上避碰规则》条款的疏忽

B. 对海员通常做法可能要求的任何戒备上的疏忽

C. 对特殊情况可能要求的任何戒备上的疏忽

D. 遵守规则的做法

21. 在雾中航行,未进行雷达标绘或与其相当的系统观测,属于________。

A. 对遵守《国际海上避碰规则》条款的疏忽

B. 对海员通常做法可能要求的任何戒备上的疏忽

C. 对特殊情况可能要求的任何戒备上的疏忽

D. 一种通常做法

22. 在采取避让行动时,对航向做了一连串的小变动的做法,属于________。

A. 对遵守《国际海上避碰规则》条款的疏忽

B. 对海员通常做法可能要求的任何戒备上的疏忽

C. 对特殊情况可能要求的任何戒备上的疏忽

D. 一种良好船艺的做法

23. 在狭水道内,企图追越的船在鸣放追越声号后,未听到被追越船的声号而强行追越,这是属于________。

A. 对遵守《国际海上避碰规则》条款的疏忽

B. 对海员通常做法可能要求的任何戒备上的疏忽

C. 对特殊情况可能要求的任何戒备上的疏忽

D. 遵守规则的正常做法

24. 直航船未鸣放"五短声"怀疑警告声号,即独自采取操纵行动,以避免碰撞的做法,属于________。

A. 对遵守《国际海上避碰规则》条款的疏忽

B. 对海员通常做法可能要求的任何戒备上的疏忽

C. 对特殊情况可能要求的任何戒备上的疏忽

D. 该做法并无违背《国际海上避碰规则》之处,是符合通常做法的

25. 下列做法属于对海员通常做法要求的戒备的疏忽的是________。

①驾驶员对雷达的操作不当;②直航船未鸣放警告声号而独自采取避碰行动;③避让过程中交接班;④渔区航行未备车

A. ②③　　B. ①②④

C. ③④　　D. ①②

26. 某船在进出港口之前,虽然已经备车航行,但是大副没有在船首备锚,因避让穿越航道的渡船,致使本船与停泊在码头的船舶碰撞,这是________。

A. 对遵守《国际海上避碰规则》各条款的疏忽

B. 对海员的通常做法可能要求的任何戒备上的疏忽

C. 对特殊情况可能要求的任何戒备上的疏忽

D. 船长没有做好充分的操纵准备

27. 没有充分地注意到船间效应、岸壁效应,属于________。

A. 不属于规则所指的疏忽

B. 对海员通常做法可能要求的任何戒备上的疏忽

C. 对特殊情况可能要求的任何戒备上的疏忽

D. 对遵守《国际海上避碰规则》条款的疏忽

28. 某船在狭水道航行,因避让前方对驶的小船,二副下令右舵 10,水手复诵右舵 10,但实际操了左舵 10,结果导致将对驶的小船撞沉,这是________。

A. 对遵守《国际海上避碰规则》各条款的疏忽

B. 对海员通常做法可能要求的任何戒备上的疏忽

C. 对特殊情况可能要求的任何戒备上的疏忽

D. 二副缺乏细致的工作习惯

29. 在避让中采用自动舵进行避让的做法,属于________。

A. 对遵守《国际海上避碰规则》条款的疏忽
B. 对海员通常做法可能要求的任何戒备上的疏忽
C. 遵守值班
D. 对特殊情况可能要求的任何戒备上的疏忽

30. 船长和船舶的驾驶员对本船的船舶操纵性能不了解，属于________。
A. 对遵守《国际海上避碰规则》条款的疏忽
B. 对海员通常做法可能要求的任何戒备上的疏忽
C. 对特殊情况可能要求的任何戒备上的疏忽
D. 一种特殊情况

31. 在狭水道航行或进出港时未及时改用手操舵，属于________。
A. 对遵守《国际海上避碰规则》各条款的疏忽
B. 对海员通常做法可能要求的任何戒备上的疏忽
C. 对特殊情况可能要求的任何戒备上的疏忽
D. 遵守港章的疏忽

32. 在避让过程中，驾驶员相互交接班的做法，是________。
A. 对遵守《国际海上避碰规则》条款的疏忽
B. 对海员通常做法可能要求的任何戒备上的疏忽
C. 对特殊情况可能要求的任何戒备上的疏忽
D. 一种正常行为

33. 在狭水道航行或在进出港时未备车备锚，属于________。
A. 对遵守《国际海上避碰规则》条款的疏忽
B. 对海员通常做法可能要求的任何戒备上的疏忽
C. 对特殊情况可能要求的任何戒备上的疏忽
D. 遵守港章的疏忽

34. 对舵令不复诵、不核对的做法，属于________。
A. 对遵守《国际海上避碰规则》条款的疏忽
B. 对海员通常做法可能要求的任何戒备上的疏忽
C. 对特殊情况可能要求的任何戒备上的疏忽
D. 遵守驾驶台规则的疏忽

35. 在不了解周围环境的情况下进行交接班的做法，属于________。
A. 对遵守《国际海上避碰规则》条款的疏忽
B. 对海员通常做法可能要求的任何戒备上的疏忽
C. 对特殊情况可能要求的任何戒备上的疏忽
D. 遵守值班规则的疏忽

36. 在强风强流中没有远离他船抛锚，并未送出足够的链长而导致走锚与他船发生碰撞，属于________。
A. 对遵守《国际海上避碰规则》条款的疏忽
B. 对海员通常做法可能要求的任何戒备上的疏忽

C. 对特殊情况可能要求的任何戒备上的疏忽

D. 不属于规则所指的疏忽

37. 某船在进港靠泊过程中，因舵机故障导致与他船碰撞，属于________。

A. 对特殊情况可能要求的任何戒备上的疏忽

B. 对遵守《国际海上避碰规则》各条的疏忽

C. 船长缺乏必要的应变技能

D. 对海员通常做法可能要求的任何戒备上的疏忽

38. 在狭水道或通航密度大的水域中行驶，与其他两船同时构成碰撞危险，这种情况缺乏戒备属于________。

A. 不适用规则的特殊情况

B. 对海员通常做法可能要求的任何戒备上的疏忽

C. 对特殊情况可能要求的任何戒备上的疏忽

D. 对遵守《国际海上避碰规则》条款的疏忽

39. 某驾驶员对另一船为避免紧迫危险而背离规则的行动缺乏思想准备，这属于________。

A. 海员通常的做法

B. 对海员通常做法可能要求的任何戒备上的疏忽

C. 对当时特殊情况可能要求的任何戒备上的疏忽

D. 对遵守《国际海上避碰规则》条款的疏忽

40. 船舶为避免紧迫危险，必要时可以背离的条款包括________。

①责任；②瞭望；③安全航速；④避免碰撞的行动

A. ②③④　　B. ①

C. ④　　D. ①②

41. 对主机、舵机、操舵系统突然故障缺乏戒备属于________。

A. 对遵守《国际海上避碰规则》各条款的疏忽

B. 对海员通常做法可能要求的任何戒备上的疏忽

C. 对特殊情况可能要求的任何戒备上的疏忽

D. 不属于规则所指的疏忽

42. 对突发的雾和暴风雨缺乏戒备，属于________。

A. 对遵守《国际海上避碰规则》条款的疏忽

B. 对海员通常做法可能要求的任何戒备上的疏忽

C. 对特殊情况可能要求的任何戒备上的疏忽

D. 一种特殊情况

43. 下列情况中属于对当时特殊情况可能要求的任何戒备上的疏忽的是________。

A. 没按规定鸣放声号　　B. 夜间不保持正规瞭望

C. 没想到他船可能背离规则　　D. 在不了解周围的情况下交接班

44. 根据《国际海上避碰规则》责任条款，船舶背离规则采取行动的必要条件是________。

①存在航行危险；②存在碰撞的危险；③存在特殊情况；④存在紧迫危险

A. ①②③　　B. ①②③④

C. ③④　　D. ④

45. 以下关于背离条款的说法错误的是________。

A. 背离的条件有存在紧迫危险且必须背离才能避免紧迫危险

B. “方便”不能成为背离规则的借口

C. “背离”是严谨的，也是遵守《国际海上避碰规则》的体现，因此是规则所期望的，但背离必须是合理的、有效的

D. “协议背离规则”的做法不是违法的

46. 如为避免紧迫危险需要，船舶通常不可以背离________。

①对遇局面条款；②交叉相遇局面条款；③责任条款

A. ①②　　B. ①②③

C. ②③　　D. ③

47. 为避免紧迫危险，船舶可以背离规则，但通常不可以背离________。

①能见度不良条款；②互见中的行动规则；③《规则》第三、第四章；④《规则》第一章

A. ②　　B. ①③④

C. ③④　　D. ②③

48. 关于背离的条件，下列说法错误的是________。

A. 存在紧迫危险且必须背离才能避免紧迫危险

B. 按照《国际海上避碰规则》要求采取行动能够避免紧迫危险时，则不应背离

C. “背离”条款本身就是《国际海上避碰规则》的一项严格规定，在该背离时不背离也可能构成疏忽或过失

D. “背离”是严谨的，也是遵守《国际海上避碰规则》的体现，因此是规则所期望的，背离可以由本船决定

49. 如为避免紧迫危险需要，船舶可以背离________。

①狭水道右行规则；②分道通航制的有关规定；③避免碰撞的行动条款

A. ②③　　B. ①②

C. ①②③　　D. ③

50. 关于“背离”的说法哪些是正确的？________。

①违反《国际海上避碰规则》；②是《国际海上避碰规则》灵活性的体现；③是《国际海上避碰规则》所期望的

A. ①　　B. ①②

C. ③　　D. ①②③

51. 船舶在背离规则采取行动时，应当考虑________。

①运用良好的船艺；②采取的行动应是有效的、合理的；③背离规则的行动是必要的；④积极及早地采取行动

A. ①②③④　　B. ③④

C. ①②　　D. ①②③

52. 为避免紧迫危险，船舶可以背离________。

A.《国际海上避碰规则》所有条款

B. 除号灯、号型、声响和灯光信号外,《国际海上避碰规则》的其他任何各条

C.《国际海上避碰规则》中有关避碰行动的规定

D. 国际避碰规则与地方规则的各条规定

53. 为避免紧迫危险,船舶通常不可以背离________。

①瞭望条款;②有关号灯、号型、声响和灯光信号的规定;③安全航速条款

A. ①② B. ①②③

C. ②③ D. ①③

54. 背离规则采取行动的目的是________。

A. 避免两船行动的不协调 B. 避免紧迫危险

C. 避免紧迫局面的形成 D. 避免碰撞危险的形成

55. 背离行动的时机在紧迫局面形成之后,紧迫危险尚未出现之前,不可过早或过晚。在遵守背离条款时,下列说法正确的是________。

①他船背离或违背规则并不足以构成本船背离的条件;②遵守规则能够避免紧迫危险时,不应背离;③背离规则的行动应该是有效的、合理的,并应根据当时的具体情况确定;④会遇双方利用 VHF 协议背离,属于规则所说的背离

A. ①②③ B. ①②④

C. ①③④ D. ①②③④

56. 背离《国际海上避碰规则》的条件是________。

①危险确实存在;②危险必须是紧迫的;③背离是合理的

A. ①② B. ①②③

C. ②③ D. ①③

57. 船舶需要考虑背离《国际海上避碰规则》采取行动以避免紧迫危险的情况包括________。

①同时有多船会遇并构成碰撞危险;②他船背离规则采取行动;③邻近的碍航物

A. ① B. ②③

C. ①② D. ①②③

58. 船舶需要考虑背离《国际海上避碰规则》采取行动以避免紧迫危险的因素或情况包括________。

①航行的危险;②碰撞的危险;③本船的限制条件

A. ① B. ②③

C. ①② D. ①②③

59. 下列关于背离规则的说法正确的是________。

①背离规则就是采取与规则要求相反的行动;②背离规则的行动应该是有效的、合理的;③只要避免了紧迫危险,任何行动都是合理的

A. ① B. ②

C. ①② D. ②③

60. 下列关于背离规则的说法正确的是________。

①背离规则就是违背原则;②背离规则是有严格的条件限制的;③只要未发生碰撞,所有的背离原则都是合理的

A. ①　　B. ②③

C. ①②　　D. ②

61. 下列哪种情况是构成背离规则的必要条件？________。

①危险时紧迫的；②危险时客观存在的；③背离是合理的；④方便船舶避让

A. ①②④　　B. ①②③④

C. ②③④　　D. ①②③

62. 为避免紧迫危险，船舶通常不可以背离________。

①碰撞危险条款；②互见中的行动规则；③有关号灯、号型、声响和灯光信号的规定

A. ①②　　B. ①②③

C. ②③　　D. ①③

63. 根据"责任"条款，关于船舶应当考虑的可能导致背离规则采取行动的危险和特殊情况，下列哪项说法是正确的？________。

A. 包括当事船舶的条件限制在内　　B. 指同时存在特殊情况和紧迫危险

C. 仅限于紧迫危险　　D. 不包括碰撞的危险

64. 根据"责任"条款，关于船舶应当考虑的可能导致背离规则采取行动的危险和特殊情况，下列哪项说法是正确的？________。

A. 包括航行的危险和碰撞的危险

B. 不包括船舶的主机故障等导致失控的条件

C. 指的是特殊情况并存在紧迫危险

D. 指的是任何紧迫危险

65. 根据"责任"条款，船舶应当考虑可能导致背离规则采取行动的危险包括________。

①搁浅的危险；②触礁的危险；③倾覆的危险；④碰撞的危险

A. ①②　　B. ①②③

C. ①②③④　　D. ④

66. 根据"责任"条款，船舶应当考虑可能导致背离规则采取行动的特殊情况包括________。

①当事船舶条件限制；②他船违背规则要求采取行动；③多船会遇导致碰撞的危险；④当事船舶突然舵机故障

A. ①②③④　　B. ③④

C. ①　　D. ②③

67. 根据"责任"条款，船舶应当考虑可能导致背离规则采取行动的危险和特殊情况包括________。

①当事船舶条件限制；②触礁的危险；③倾覆的危险；④碰撞的危险

A. ②③　　B. ①②③④

C. ①④　　D. ①

68. 下列关于"背离"的说法中正确的是________。

A. 只要存在碰撞危险，就可以背离《国际海上避碰规则》

B. 只要未发生碰撞，任何背离《国际海上避碰规则》都是合理的

C. 背离《国际海上避碰规则》是有严格的条件限制的

D. 背离《国际海上避碰规则》实际就是可以不遵守《国际海上避碰规则》的规定

69. 船舶可以背离《国际海上避碰规则》以避免的危险包括________。

①航行中的紧迫危险;②与他船碰撞的紧迫危险;③与他船的碰撞危险

A. ① B. ②③

C. ①② D. ①②③

70. 关于“背离”,下列说法正确的是________。

A. 形成碰撞危险之前,船舶可以背离规则采取行动

B. 形成紧迫局面之后,船舶应当背离规则采取行动

C. 为避免紧迫危险,必要时应当背离规则采取行动

D. 为避免航行危险,船舶可以背离规则采取行动

71. 船舶为避免紧迫危险,必要时可以背离的条款包括________。

①对遇局面;②交叉相遇局面;③直航船的行动;④避免碰撞的行动

A. ① B. ①②

C. ①②③ D. ①②③④

任务三　熟悉《国际海上避碰规则》中的一般定义

知识储备

一、船舶分类定义

(1)船舶:指用作或能够用作水上运输工具的各类水上船筏,包括非排水船筏、地效船和水上飞机。不包括长久固连在陆地、码头或海底的设施。

(2)机动船:用机器推进的任何船舶,不论机器是否正在使用及性能如何。帆船若装有推进器但不在使用,也视为机动船。

(3)帆船:驶帆的船舶,若装有推进器但不在使用。若船舶既装帆又装推进器且均不用,在航不对水移动时,视为帆船。

(4)从事捕鱼的船舶:使用使操纵性能受限制的渔具捕鱼的船舶,不包括使用不影响操纵性能的渔具捕鱼的船舶。

(5)水上飞机:能在水面操纵而设计的航空器,离开水面后不再属于《国际海上避碰规则》定义的船舶。

(6)失去控制的船舶:因异常情况不能按《国际海上避碰规则》要求操纵、不能给他船让路的船舶,仅存在于在航中。

(7)操纵能力受限制的船舶:因工作性质使操纵能力受限制、不能给他船让路的船舶,如从事助航标志作业、疏浚等特定工作的船舶。

(8)限于吃水的船舶:因吃水与可航水域水深、宽度关系,驶离航向能力严重受限的机动船。

(9)地效船:利用表面效应贴近水面飞行的船艇,操作状态包括起飞、降落、飞行及水面操

作,均属机动船范畴。

各类船舶操纵避让能力排序:机动船(水上飞机、地效船、限于吃水的船舶)>帆船>从事捕鱼的船舶>失去控制的船舶和操纵能力受限制的船舶。

二、与《国际海上避碰规则》适用有关的定义

(1)在航:船舶不在锚泊、系岸或搁浅。分为对水移动和不对水移动。

①锚泊:利用锚设备抓牢海底限制船舶在一定范围内。

②系岸:借助缆绳系靠在岸壁或码头。

③搁浅:搁置在浅滩上,丧失浮力,无法漂浮航行。

(2)船舶的长度和宽度:指总长度和最大宽度。

(3)互见:一船能自他船以视觉看到时,两船处于互见中。互见效果是看清他船外形、号灯与号型及确定动态、会遇局面。

(4)能见度不良:因雾、霾、雪、暴风雨、沙暴等原因使能见度受限的情况,与光线明暗、地形遮挡无关。

相关习题

1. 在《国际海上避碰规则》第三条“一般定义”中,“船舶”一词包括________。
   ①政府公务船;②军舰;③非排水船舶;④地效船
   A. ①②　　B. ①②③
   C. ①②③④　　D. ①
2. 在《国际海上避碰规则》第三条“一般定义”中,“船舶”一词是指________。
   A. 用作或能够用作水上运输工具的各类水上船筏
   B. 用作或能够用作水上运输工具的各类排水船筏
   C. 用作或能够用作水上运输工具的各类水上、水下船筏
   D. 具有适航能力的、能够用作水上运输工具的各类水上船筏
3. 根据《国际海上避碰规则》2001 年修正案的规定,“船舶”一词系指用作或者能够用作水上运输工具的各类水上船筏,包括________。
   A. 非排水船舶和水上飞机　　B. 非排水船舶、地效船和水上飞机
   C. 地效船和水上飞机　　D. 非排水船舶、水上飞机和潜艇
4. 在《国际海上避碰规则》第三条“一般定义”中,“船舶”一词包括________。
   ①海船;②内河船;③非机动船;④非商业用途的私人游艇
   A. ①　　B. ①②
   C. ①②③　　D. ①②③④
5. 下列哪种船不属于“一般定义”上的船舶?________。
   A. 离开水面一段距离飞行的地效船　　B. 离开水面飞行的水上飞机
   C. 处于排水状态的气垫船　　D. 排筏
6.《国际海上避碰规则》第三条“一般定义”中提及的“机动船”一词应是指________。

A. 用机器推进的任何船舶　　B. 任何正在用机器推进的船舶

C. 任何可用机器推进的船舶　　D. 任何装有推进器的船舶

7. “一般定义”中的“机动船”一词应包括________。

①机帆并用推进的机帆船；②在航并靠过驳作业的机动船舶；③正在从事拖带和顶推作业的机动船舶；④主机故障正在被拖带航行的机动船舶

A. ①　　B. ①②

C. ①②③　　D. ①②③④

8. 关于帆船，下列说法正确的是________。

①是指所有驶帆的船舶；②是指任何可以驶帆的船舶，如果装有推进器但不在使用；③如果一在航帆船未装有推进器，即使该船不在驶帆，也应视其为帆船

A. ①　　B. ①②

C. ①②③　　D. ③

9. 帆船是指________。

A. 所有驶帆的船舶

B. 任何驶帆的船舶，包括正在用机器推进的船舶

C. 任何驶帆的船舶，如果装有推进器但不在使用

D. 任何可以驶帆的船舶，如果装有推进器但不在使用

10. 根据《国际海上避碰规则》“一般定义”，从事捕鱼的船舶使用的渔具包括________。

A. 妨碍他船的渔具　　B. 网具、曳绳钓

C. 任何渔具　　D. 网具、绳钓

11. “从事捕鱼的船舶”是指使用________从事捕鱼的船舶。

A. 网具、绳钓、拖网或其他使其操纵性能受到限制的渔具

B. 任何渔具

C. 网具、曳绳钓、拖网或其他渔具

D. 任何妨碍其他船舶的渔具

12. “从事捕鱼的船舶”是指使用网具、绳钓、拖网或其他________的渔具从事捕鱼的船舶。

A. 使其驶离其航向的能力严重受到限制

B. 使其操纵性能受到限制

C. 使其不能按照本规则条款的要求进行操纵

D. 使其不能按照本规则条款的要求进行操纵，因而不能给他船让路

13. “从事捕鱼的船舶”包括________。

①正在从事围网作业的渔船；②正在从事拖网作业的渔船；③正在使用绳钓捕鱼的渔船

A. ①③　　B. ②

C. ①②③　　D. ②③

14. 某船用帆行驶，同时用机器推进，并使用曳绳钓捕鱼，该船属于《国际海上避碰规则》所指的________。

A. 在航帆船　　B. 在航机帆船

C. 在航机动船　　D. 从事捕鱼的船

15. 一艘正在用机器慢速推进且在用曳绳钓捕鱼的船,属于________。
A. 操纵能力受到限制的船　B. 从事捕鱼的船
C. 在航机动船　D. 从事捕鱼的船或机动船

16. 根据“一般定义”,使渔船构成“从事捕鱼的船舶”的渔具包括________。
①网具、绳钓、拖网;②任何妨碍其操纵的渔具;③任何妨碍其他船舶的渔具;④任何渔具
A. ①　B. ①②
C. ①②④　D. ①②③④

17. “水上飞机”一词________。
A. 包括在水面上操纵的飞机
B. 是指在水面上操纵的任何航空器
C. 包括为能在水面操纵而设计的任何航空器
D. 是指在水面上的为能在水面操纵而设计的任何航空器

18. “水上飞机”包括________。
①为能在水面操纵而设计的任何航空器;②气垫船;③地效船
A. ①　B. ①③
C. ②③　D. ①②③

19. 下列哪项不属于“失控船”? ________。
A. 主机发生故障
B. 舵叶严重损坏
C. 锚泊船走锚后,但主机尚未备妥之前
D. 自动舵故障

20. 下列属于“失去控制的船舶”的是________。
A. 起锚时锚机发生故障的船舶
B. 自动操舵系统发生故障,正在使用“应急舵”操纵的船舶
C. 船上发生火灾,正在按灭火要求进行操纵时的船舶
D. 罗经无法正常使用的船舶

21. 船舶处于下列哪种情况下不能被视作失去控制的船舶? ________。
①搁在礁石上的船舶;②正在走锚的船舶;③船舶遇到大风浪,使其无法变速变向
A. ①②③　B. ①②
C. ②　D. ①

22. 船舶在航中遇到下列哪种情况不能被视作失去控制的船舶? ________。
A. 主机损坏,失去动力　B. 舵机损坏,无法保持航向
C. 船舶遇到大风浪　D. 帆船处于无风遇急流

23. 失去控制的船舶存在于________。
A. 锚泊中　B. 搁浅中
C. 在航中　D. 锚泊或在航中

24. 船舶处于下列哪种情况下属于失去控制的船舶? ________。
A. 自动操舵系统发生故障,而正在使用“应急舵”的船舶

B. 罗经、雷达等导航设备均处于无法正常使用的船舶
C. 船上发生火灾，正在按灭火要求进行操纵时
D. 船舶正在从事疏浚航道

25. 走锚中的船属于________。
A. 锚泊　　B. 在航
C. 操纵能力受到限制的船舶　　D. 搁浅

26. 失去控制的船舶是指由于某种异常情况，________的船舶。
A. 不能按本规则条款的要求进行操纵，因而不能给他船让路
B. 驶离其航向的能力严重受到限制
C. 按照本规则条款的要求进行操纵的能力受到限制，因而不能给他船让路
D. 不能按照本规则条款的要求进行操纵

27. 下列各船中，哪一种是操纵能力受到限制的船舶？________。
A. 正在从事捕鱼的船舶　　B. 失去控制的船舶
C. 正在从事挖泥作业的挖泥船　　D. 限于吃水的船舶

28. 以下不是操纵能力受到限制的船舶的是________。
A. 在航中从事补给或转运人员、食品或货物的船舶
B. 从事拖带作业的船舶，而该项拖带作业使该拖船及其被拖物体驶离其航向的能力严重受到限制者
C. 从事疏浚、测量或水下作业的船舶
D. 正在从事拖网捕鱼的船舶

29. 操纵能力受到限制的船舶包括________。
A. 正在从事拖带作业的船舶　　B. 在航中从事补给的船舶
C. 限于吃水的船舶　　D. 失火中的船舶

30. 下列船舶中可能不属于操纵能力受到限制的船舶的是________。
A. 正在从事拖带作业船　　B. 正在从事清除水雷作业船
C. 正在从事疏浚作业船　　D. 正在从事水下作业船

31. 操纵能力受到限制的船舶是指由于________使其按照规则条款的要求进行操纵的能力受到限制，因而不能给他船让路的船舶。
A. 某种异常情况　　B. 工作性质
C. 操纵性能不良　　D. 任何原因

32. 操纵能力受到限制的船舶是指由于工作性质，使其________的船舶。
A. 驶离其航向的能力严重受到限制
B. 按照规则条款的要求进行操纵的能力受到限制，因而不能给他船让路
C. 按照规则条款的要求进行操纵的能力受到限制
D. 不能按照规则条款的要求进行操纵，因而不能给他船让路

33. 下列各船中，哪一种是操纵能力受到限制的船舶？________。
A. 从事拖带作业的船舶
B. 在航中正在转运人员的船舶

C. 限于吃水的船舶

D. 正在接送联检人员上锚泊船进行联检的船舶

34. 下列哪项是不正确的？________。

①由于水域的宽度太窄，致使一船驶离航向的能力严重受到限制，则该船即为“限于吃水的船舶”；②由于通航密度太大，致使一船驶离航向的能力严重受到限制，则该船即为“限于吃水的船舶”；③由于吃水和可航水域的水深及宽度的关系，致使一船驶离航向的能力严重受到限制，则该船即为“限于吃水的船舶”

A. ①　　B. ①②

C. ②③　　D. ①②③

35. 判断一船是否为限于吃水的船舶应考虑的因素是________。

A. 吃水和水深的关系

B. 吃水和可航水域的宽度、水深的关系，更主要的是可航水域的宽度而不是水深

C. 吃水和可航水域的宽度、水深的关系，更主要的是可航水域的水深而不是宽度

D. 吃水和可航水域的宽度的关系

36. “限于吃水的船舶”是指由于吃水和可航水域的水深及宽度的关系，致使其________的机动船。

A. 操纵性能受到限制

B. 驶离航向的能力严重地受到限制

C. 驶离航向的能力严重地受到限制，因而不能给他船让路

D. 使其不能按照本规则条款的要求进行操纵

37. “限于吃水的船舶”是指由于吃水和可航水域的水深及宽度的关系，致使其驶离航向的能力严重受到限制的________。

A. 船舶　　B. 机动船

C. 深吃水船　　D. 在航船舶

38. 限于吃水的船舶的驶离航向的能力之所以严重受到限制是由于________。

A. 吃水太深

B. 吃水与可航水域的水深的关系

C. 吃水与可航水域的宽度的关系

D. 吃水与可航水域的水深与宽度的关系

39. “在航”一词，指船舶________。

A. 不在系泊中或锚泊中　　B. 正常航行中

C. 不在锚泊、系岸或搁浅中　　D. 对水移动

40. 下列情况中的船舶，不属于在航的是________。

A. 停车并已不对水移动　　B. 与另一锚泊船并靠中的船舶

C. 走锚中的船舶　　D. 起浮后的搁浅船

41. 下列情况中的船舶，属于在航的是________。

A. 锚泊船并靠进行补给作业　　B. 与搁浅船并靠的船舶

C. 锚泊中从事疏浚作业　　D. 大风浪中送出锚链漂滞

42. 下列情况中的船舶,属于在航的是________。

A. 用锚掉头中的船舶　　B. 与另一锚泊船并靠中的船舶

C. 船底部分坐浅海底的船舶　　D. 第一根缆已带上码头的船舶

43. 船舶“长度”是指________。

A. 登记长度　　B. 船舶水线处的长度

C. 满载吃水线处的长度　　D. 总长度

44.《国际海上避碰规则》定义的船舶“宽度”是指________。

A. 船舶重心处的横向宽度　　B. 最大宽度

C. 登记宽度　　D. 船中处水线面宽度

45. 互见存在于________。

A. 仅能见度不良情况下的白天　　B. 仅能见度良好的情况

C. 仅良好的天气条件中的白天　　D. 任何能见度情况

46. 下列情况属于互见的是________。

A. 一船使用 AIS 了解他船动态　　B. 一船通过 VHF 得到他船动态

C. 一船使用雷达得到他船动态　　D. 一船使用望远镜看到他船

47. 互见的定义是________。

A. 两船以视觉相互看到时,应认为两船在互见中

B. 两船能以视觉相互看到时,应认为两船在互见中

C. 两船中一船能自他船以视觉看到时,应认为两船在互见中

D. 两船中一船能自他船以视觉看到模糊轮廓时,应认为两船在互见中

48. 下列哪种情况属于互见?________。

①一船能用望远镜看到他船时;②雾中两船接近到一船能看到另一船;③能见度不良时,两船接近到相互看见时

A. ①②　　B. ①②③

C. ②③　　D. ①③

49. 下列哪种情况不属于互见?________。

A. 一船能用望远镜看到他船时

B. 在雾中一船能看到另一船的前后桅灯、舷灯

C. 能见度不良时,两船接近到相互看见时

D. 一船仅通过 VHF、AIS 得到他船动态

50. 下列说法哪项不正确?________。

A. 当一船能被他船以视觉看到时,通常应认为两船是在互见中

B. 当小船能发现大船的灯光,而大船不能看到小船的灯光时,不能认为是互见

C. 互见并不以相互看见为必备条件

D. 互见也包括用雷达瞭望到他船

51. 夜间来船与本船距离接近至 2 n mile 时,刚好可以看到其舷灯,则________。

A. 当时能见距离为 2 n mile　　B. 来船船长小于 20 m

C. 当时的能见度不良　　D. 本船与来船处于互见

52. 能见度不良是指包括________等原因使能见度受到限制的情况。
①雾;②来自岸上的烟雾;③伸手不见五指的黑夜
A. ①　　B. ①②
C. ①②③　　D. ①③

53. 地效船是指________。
A. 所有贴近水面航行的船舶
B. 所有贴近水面航行的非排水船舶
C. 其主要操作方式是利用表面效应贴近水面飞行的各种船艇
D. 利用表面效应贴近水面飞行的各种船艇

54. 什么情况下地效船应被视为“一般定义”中的船舶? ________。
①在贴近水面起飞;②在贴近水面降落;③在贴近水面掠水飞行
A. ①②　　B. ②③
C. ①②③　　D. ②

任务四　正确识别和使用号灯与号型

知识储备

一、号灯与号型的作用

(1)表明船舶的存在。
(2)表明船舶的动态,如在航、锚泊等。
(3)表明船舶的种类,如机动船、帆船等。
(4)表明船舶的工作性质,如拖带、捕鱼等。
(5)表明船舶的大小,如通过桅灯数量判断船长。

二、号灯与号型的适用范围

(1)《国际海上避碰规则》第三章条款在各种天气中都应遵守。
(2)号灯显示时间:从日没到日出、能见度不良时从日出到日没、其他必要情况。
(3)不应显示的灯光:会被误认为号灯、削弱号灯能见距离或显著特性的灯光、妨碍正规瞭望的灯光。
(4)号型显示时间:在白天都应遵守。
(5)同时显示号灯与号型的时间:能见度不良的白天、日出之前和日没之后的晨昏蒙影期间、其他必要情况。

三、各类船舶的号灯与号型

各类船舶的号灯与号型表如表 9-4-1 所示。

表 9-4-1　各类船舶的号灯与号型表

<table>
<tr><th colspan="3">船舶动态</th><th colspan="3">在航</th><th colspan="2">锚泊</th></tr>
<tr><th colspan="3">信号种类
信号
船舶种类</th><th colspan="2">号灯</th><th>号型</th><th>号灯</th><th>号型</th></tr>
<tr><td rowspan="7">机动船</td><td colspan="2">船长≥50 m</td><td colspan="2">前后桅灯、舷灯、艉灯</td><td rowspan="6"></td><td rowspan="11">前后锚灯，还可使用工作灯或同等的灯照亮甲板，船长≥100 m时必须显示这类灯。船长<50 m时，可以用一盏白灯代替前后锚灯</td><td rowspan="11">在船的最易见处显示一个球体●</td></tr>
<tr><td colspan="2">船长<50 m</td><td colspan="2">前桅灯、舷灯、艉灯，亦可显示后桅灯</td></tr>
<tr><td colspan="2">船长<12 m</td><td colspan="2">同上，亦可显示一环照白灯和舷灯代替</td></tr>
<tr><td colspan="2">船长<7 m
且航速≤7 kn</td><td colspan="2">同上，亦可显示一环照白灯代替，如可行也应显示舷灯</td></tr>
<tr><td colspan="2">气垫船</td><td colspan="2">同上，在非排水状态航行时另加一盏黄色闪光灯</td></tr>
<tr><td colspan="2">地效船</td><td colspan="2">同上，当贴近水面起飞、降落和飞行时显示高密度的环照红色闪光灯</td></tr>
<tr><td colspan="2">机帆并用船</td><td colspan="2">按同等长度机动船显示相应号灯</td><td>▼
尖端朝下圆锥体</td></tr>
<tr><td rowspan="4">帆船和划桨船</td><td colspan="2">船长≥20 m</td><td colspan="2">舷灯、艉灯，还可同时显示上红下绿环照灯</td><td rowspan="2"></td></tr>
<tr><td colspan="2">船长<20 m</td><td colspan="2">同上，或仅显示由舷灯、艉灯合成的一盏三色灯</td></tr>
<tr><td colspan="2">船长<7 m</td><td colspan="2">如可行，显示舷灯和艉灯或其合成的三色灯；或备妥一个电筒或白灯并及早显示</td><td rowspan="2"></td></tr>
<tr><td colspan="2">划桨船</td><td colspan="2">可按同等长度帆船显示，或备妥一个电筒或白灯并及早显示</td></tr>
<tr><td rowspan="5">从事拖带和顶推作业的机动船</td><td rowspan="2">尾拖</td><td>拖带长度>200 m</td><td rowspan="4">除按同等长度机动船显示外</td><td>用垂直三盏桅灯取代一盏桅灯，再加拖带灯</td><td>◆
菱形体</td><td colspan="2" rowspan="5"></td></tr>
<tr><td>拖带长度≤200 m</td><td>用垂直两盏桅灯取代一盏桅灯，再加拖带灯</td><td rowspan="4"></td></tr>
<tr><td colspan="2">顶推或旁拖</td><td>用垂直两盏桅灯取代一盏桅灯</td></tr>
<tr><td colspan="2">非拖船临时从事拖带遇险或需救助的船舶</td><td>不能显示拖船号灯时，应采取招引注意信号，尤其应将拖缆照亮</td></tr>
<tr><td colspan="2">与被顶推船成牢固组合体</td><td colspan="2">整个组合体按同等长度的机动船显示</td></tr>
</table>

续表

船舶动态			在航		锚泊	
信号种类 / 信号 / 船舶种类			号灯	号型	号灯	号型
被拖船或物体	尾拖	拖带长度>200 m	舷灯、艉灯,若不能按规定显示,应在其上面点灯或至少表明其存在	◆ 在最易见处显示一个菱形体		
		拖带长度≤200 m				
	被顶推		舷灯;任何数目的船作为一组时,应作为一艘船来显示			
	被旁拖		舷灯 艉灯;任何数目的船作为一组时,应作为一艘船来显示			
	部分淹没不易察觉	宽度<25 m	前后两端各一盏环照白灯(弹性拖曳体前部不需显示)	末端显示一个菱形体◆ 拖带长度大于200 m时前部最易见处显示一个菱形体◆		
		宽度≥25 m	除同上栏外,在两侧最宽处各加一盏环照白灯			
		长度>100 m	除同上栏外,在号灯之间另加若干环照白灯,使其间距≤100 m			
		不能按规定显示	应在其上面点灯或采取至少表明其存在的措施			
限于吃水的船			同机动船外,还可显示垂直三盏环照红灯	最易见处垂直显示一个圆柱体		
失去控制的船			垂直两盏环照红灯,当对水移动时另加舷灯、艉灯	最易见处垂直显示两个球体 ● ●		
操纵能力受到限制的船	在航从事补给,转运人员、食品或货物的船		桅灯、舷灯、艉灯(不对水移动时都关闭),垂直红、白、红三盏环照灯	最易见处垂直显示球体、菱形体、球体 ● ◆ ●		
	从事拖带偏离航向的、能力严重受到限制的船		除按尾拖拖带长度显示号灯外,垂直红、白、红三盏环照灯	● ◆ ● 拖带长度大于200 m时加◆		
	从事疏浚或水下作业的船(不包括从事潜水作业的小船)		桅灯、舷灯、艉灯(不对水移动时都关闭),垂直红、白、红三盏环照灯;存在障碍物时,还应显示:垂直两盏环照红灯(有障碍物舷);垂直两盏环照绿灯(可通行舷)	● ◆ ● 有障碍物舷 ● ● 可通行舷 ◆ ◆	同在航不对水移动时的号灯	同在航号型
	从事清除水雷作业的船		除同机动船号灯外,在前桅顶和前桅桁的两端各显示一盏环照绿灯	显示三个球体 ● ● ●	保留在航时的三盏环照绿灯,外加锚泊号灯	● ● ● 加●
	从事潜水作业的小船		垂直红、白、红三盏环照灯	国际信号旗"A"硬质复制品	同在航号灯	同在航号型

续表

<table>
<tr><th colspan="3">船舶动态</th><th colspan="2">在航</th><th colspan="2">锚泊</th></tr>
<tr><th colspan="3">信号 信号种类
船舶种类</th><th>号灯</th><th>号型</th><th>号灯</th><th>号型</th></tr>
<tr><td></td><td colspan="2">除以上所列者外</td><td>桅灯、舷灯、艉灯(不对水移动时关闭)
垂直红、白、红三盏环照灯</td><td>最易见处垂直显示球体、菱形体、球体●◆●</td><td>除锚泊号灯外,垂直红、白、红环照灯</td><td>●
◆
●和●</td></tr>
<tr><td colspan="3">搁浅船</td><td></td><td></td><td>除锚泊号灯外,垂直两盏环照红灯</td><td>垂直显示三个球体●
●
●</td></tr>
<tr><td colspan="3">长度<12 m 的小船</td><td colspan="4">不要求显示搁浅、失控、操纵能力受限制(除潜水作业外)的号灯与号型</td></tr>
<tr><td colspan="3">引航船执行引航任务时</td><td>舷灯、艉灯
上白下红两盏环照灯</td><td>无</td><td>除锚泊号灯外,上白下红环照灯</td><td>最易见处显示一个球体●</td></tr>
<tr><td rowspan="6">从事捕鱼作业的船舶</td><td colspan="2">拖网渔船</td><td>上绿下白两盏环照灯。舷灯、艉灯(不对水移动时应关闭),船长≥50 m 应显示一盏后桅灯</td><td rowspan="2">显示一个上下垂直、尖端对接的两个圆锥体所组成的号型
▼
▲</td><td rowspan="3">同在航不对水移动号灯</td><td rowspan="3">同在航号型</td></tr>
<tr><td rowspan="2">非拖网渔船</td><td>渔具水平伸出距离≤150 m</td><td>上红下白两盏环照灯,舷灯、艉灯(不对水移动时应关闭)</td></tr>
<tr><td>渔具水平伸出距离>150 m</td><td>除同上栏外,另在渔具伸出方向加一盏环照白灯</td><td>同上,另在渔具伸出方向加▲</td></tr>
<tr><td colspan="2" rowspan="3">相互邻近处捕鱼的额外信号</td><td rowspan="2">拖网渔船</td><td>非对拖</td><td colspan="2">不论是用底拖还是中层渔具可显示:
放网时,垂直两盏白灯;
起网时,垂直上白下红灯;
网挂住障碍物时;垂直两盏红灯</td></tr>
<tr><td>对拖</td><td colspan="2">同上,应朝前方并向对拖中的另一船方向照射探照灯</td></tr>
<tr><td colspan="2">围网渔船</td><td colspan="2">船的行动为渔具所妨碍时才可显示:
垂直二盏黄色号灯(每秒交替闪光一次,明暗历时相等)</td></tr>
</table>

相关习题

1. 某船显示出了舷灯和艉灯，表明了船舶的________。

A. 种类　　B. 工作性质

C. 动态　　D. 大小

2. 号灯与号型可在一定程度上用来表示________。

①船舶的大小；②船舶的种类；③船舶的动态；④船舶的工作性质

A. ①②③④　　B. ①②③

C. ①②　　D. ①

3. 号灯与号型不能用来表示________。

①船舶的实际吃水大小；②船舶的实际航向、航速；③船舶正在进行的作业

A. ①②　　B. ②③

C. ①②③　　D. ①③

4. 根据《国际海上避碰规则》规定，船舶号型的颜色为________。

A. 红色　　B. 橙色

C. 黑色　　D. 绿色

5. 根据《国际海上避碰规则》规定，船舶号型的基本种类有________。

①球体；②圆锥体；③圆柱体；④两个圆锥体底面连接而成的菱形体

A. ①②③④　　B. ①②③

C. ①②　　D. ①②④

6. 有关"号型的作用"，下列说法错误的是________。

A. 表明船舶的工作性质　　B. 能判明是否存在碰撞危险

C. 判断一船的动态　　D. 判断一船的种类

7. 应同时显示号灯与号型的时机是________。

①晨昏朦影；②能见度不良的白天；③能见度良好的夜间；④月光明亮的夜间

A. ①　　B. ①②

C. ①②③　　D. ①②④

8. 在规则要求显示号灯的时间内，下列说法正确的是________。

①只可以显示规定的号灯；②不应显示可能妨碍瞭望的灯光；③不应显示可能被误认为是规则其他各条款要求的号灯；④不应显示会削弱本船号灯特性的灯光

A. ①④　　B. ②③④

C. ②③　　D. ①③④

9. 在规则要求显示号灯的时间内，下列说法正确的是________。

①不应显示规定号灯以外任何别的灯光；②不应显示可能妨碍瞭望的灯光；③只要不被误认为是规则要求的号灯，船舶可显示任何别的灯光；④可以显示任何额外的灯光

A. ③④　　B. ②

C. ①②④　　D. ①③④

10. 号型应在下列哪一时间内显示？________。

A. 从日出到日没　　B. 白天

C. 06:00—18:00　　D. 从日没到日出

11. 在月光明亮的夜间，船舶________。

A. 不应显示任何号型　　B. 应显示规定的号灯与号型

C. 只要求显示规定的号灯　　D. 可显示规定的号型代替号灯

12. 白天能见度不良时，船舶应________。

A. 只显示规定的号型

B. 显示规定的号灯或号型

C. 显示规定的号型，也可显示规定的号灯

D. 显示规定的号灯与号型

13. 从日没到日出的时间内，关于船舶显示的号灯，下列说法正确的是________。

A. 只可以显示规则要求的号灯

B. 可以显示任何不被误认为是规则要求的号灯

C. 不应显示可能妨碍瞭望的灯光

D. 可以显示任何额外的灯光

14. 在显示号灯时间内，不应显示的灯光，是指________。

①会被误认为是规则规定的灯光；②会削弱号灯能见距离或显著特性的灯光；③会妨碍正规瞭望的灯光

A. ①　　B. ①②

C. ②③　　D. ①②③

15. 白天在能见度不良水域航行时________。

①应打开航行灯；②可视需要开启航行灯；③应显示号型；④可视需要显示号型

A. ①③　　B. ②③

C. ①④　　D. ②④

16. 能见度良好的情况下，应显示号灯的时间是________。

A. 从日没到日出　　B. 白天

C. 从日出到日没　　D. 夜间

17. 显示号灯的时间包括________。

①晨昏朦影；②从日没到日出；③其他认为有必要的情况

A. ①　　B. ①②

C. ①③　　D. ①②③

18. 从日没到日出的时间内________。

A. 所有在航船舶均应显示航行灯

B. 所有在航不对水移动船舶均应关闭航行灯

C. 所有锚泊船均应显示锚灯

D. 所有搁浅船均应显示锚灯

19. 白天，关于船舶应显示的号型，下列说法正确的是________。

A. 所有锚泊船均应显示一个锚球
B. 所有失控船舶均应显示两个黑球
C. 所有搁浅船均应显示三个黑球
D. 所有从事捕鱼的船舶均应显示两个尖端对接的圆锥体号型

20. 关于拖带灯,下列说法正确的是________。
①不要求装设在艏艉线上;②水平光弧的显示范围为船尾到每舷 67. 5°;③应尽可能装设在船尾;④应装设在艉灯上方
A. ①②③④ B. ①②
C. ②③ D. ③④

21. 环照灯的水平光弧显示范围为________。
A. 360° B. 225°
C. 180° D. 135°

22. 舷灯的水平光弧显示范围为________。
A. 360°
B. 正横前
C. 正前方到各自一舷正横前 22. 5°
D. 正前方到各自一舷正横后 22. 5°

23. 桅灯的水平光弧显示范围为________。
A. 360° B. 225°
C. 180° D. 135°

24. 艉灯的水平光弧显示范围为________。
A. 360° B. 225°
C. 180° D. 135°

25. 红舷灯的水平光弧显示范围为________。
A. 112. 5° B. 225°
C. 180° D. 135°

26. 闪光灯是指每分钟频闪多少次的闪光号灯? ________。
A. 100 或以上 B. 110 或以上
C. 30 或以上 D. 120 或以上

27. 关于号灯的颜色,下列说法正确的是________。
①桅灯为白色;②艉灯为白色;③左舷舷灯为红色,右舷舷灯为绿色;④拖带灯颜色与艉灯相同
A. ①④ B. ①②③
C. ①②③④ D. ③

28. 关于号灯的颜色,下列说法正确的是________。
①闪光灯为白色;②艉灯为白色;③环照灯为白色;④拖带灯颜色与艉灯相同
A. ①③④ B. ②
C. ①②③④ D. ③

29. 艉灯是________。
A. 尽可能装设在船尾附近的一盏环照白灯
B. 尽可能装设在船尾附近的一盏白灯，其灯光应从正后方到每一舷正横后 22.5°分别显示
C. 必须装设在艏艉线上在船尾附近的一盏白灯，其灯光应从正后方到每一舷正横后 22.5°分别显示
D. 必须装设在艏艉线上，且尽可能装设在船尾附近的一盏环照白灯
30. 拖带灯是指具有________。
A. 与环照灯相同特性的白灯　B. 与环照灯相同特性的黄灯
C. 与艉灯相同特性的白灯　D. 与艉灯相同特性的黄灯
31. 拖带灯适用于________。
A. 尾拖船　B. 傍拖船
C. 尾拖或傍拖船　D. 顶推船
32. 船长不小于 20 m 而小于 50 m 船舶的桅灯、艉灯的最低标准能见距离分别为________。
A. 4 n mile、3 n mile　B. 5 n mile、3 n mile
C. 3 n mile、2 n mile　D. 5 n mile、2 n mile
33. $L<12$ m 船舶各色环照灯的最小能见距离为________。
A. 2 n mile　B. 1 n mile
C. 3 n mile　D. 4 n mile
34.《国际海上避碰规则》附录Ⅱ为在相互邻近处捕鱼的渔船规定的额外号灯的最低标准能见距离为________。
A. 不得低于舷灯、艉灯及环照灯　B. 与舷灯、艉灯及环照灯相同
C. 1 n mile　D. 3 n mile
35. 长度为 26 m 的船舶其环照灯的最小能见距离应为________。
A. 1 n mile　B. 2 n mile
C. 3 n mile　D. 4 n mile
36. 船长不小于 50 m 船舶的拖带灯最低标准能见距离为________。
A. 3 n mile　B. 2 n mile
C. 1 n mile　D. 5 n mile
37. $L\geqslant 50$ m 船舶的艉灯、环照灯最小能见距离为________。
A. 5 n mile　B. 3 n mile
C. 2 n mile　D. 1 n mile
38. 20 m$\leqslant L<50$ m 船舶的舷灯最小能见距离为________。
A. 5 n mile　B. 3 n mile
C. 2 n mile　D. 1 n mile
39. $L\geqslant 50$ m 船舶的舷灯最小能见距离为________。
A. 5 n mile　B. 3 n mile
C. 2 n mile　D. 1 n mile
40. 12 m$\leqslant L<20$ m 船舶的舷灯最小能见距离为________。

A. 5 n mile　　B. 3 n mile
C. 2 n mile　　D. 1 n mile

41. $L<12$ m 船舶的桅灯最小能见距离为________。
A. 5 n mile　　B. 3 n mile
C. 2 n mile　　D. 1 n mile

42. $L<12$ m 船舶的舷灯最小能见距离为________。
A. 5 n mile　　B. 3 n mile
C. 2 n mile　　D. 1 n mile

43. 对于 $12\leqslant L<20$ m 船舶,下列号灯中哪个最小能见距离是不正确的? ________。
A. 桅灯 5 n mile　　B. 舷灯 2 n mile
C. 艉灯 2 n mile　　D. 拖带灯 2 n mile

44. 12 m$\leqslant L<20$ m 船舶的环照灯最小能见距离为________。
A. 5 n mile　　B. 3 n mile
C. 2 n mile　　D. 1 n mile

45. 关于夜间船舶号灯的实际可见距离,下列说法正确的是________。
①不应低于当时大气能见距离;②不应低于《国际海上避碰规则》要求的最低能见距离;③可能高于《国际海上避碰规则》要求的最低能见距离;④可能低于《国际海上避碰规则》要求的最低能见距离
A. ①　　B. ①②
C. ②③　　D. ③④

46. 机动船在航时,除显示桅灯外,________。
A. 仅在对水移动时,显示舷灯和艉灯
B. 仅在对地移动时,显示舷灯和艉灯
C. 不论是否对水移动,均应显示舷灯和艉灯
D. 在不对水移动时,不需显示舷灯和艉灯

47. 长度为 11 m 的机动船,可以显示的在航号灯是________。
①桅灯、舷灯、艉灯;②环照白灯和舷灯;③环照白灯
A. ①②　　B. ②③
C. ①③　　D. ①②③

48. 关于在航机动船(船长大于 12 m)应显示的号灯,下列说法正确的是________。
①无论是否对水移动,均应显示桅灯、舷灯与艉灯;②在航不对水移动,关闭舷灯与艉灯,但应显示桅灯;③如果不使用推进器,则应关闭桅灯;④在航不对水移动,关闭桅灯、舷灯与艉灯,但应显示两盏环照红灯
A. ①②③　　B. ②③④
C. ①　　D. ②③

49. 船长大于等于 50 m 的在航机动船应显示________。
A. 前后桅灯、舷灯、艉灯,不对水移动时关闭桅灯
B. 舷灯、艉灯、一盏桅灯

C. 前后桅灯、舷灯、艉灯，不对水移动时关闭舷灯、艉灯

D. 舷灯、艉灯、前后桅灯

50. 夜间，某机帆并用的在航船舶（船长大于 50 m）正在使用曳绳钓捕鱼，该船应显示的号灯为________。

A. 舷灯、艉灯

B. 前后桅灯、舷灯、艉灯，不对水移动时关闭

C. 舷灯、艉灯、前后桅灯

D. 上红下白环照灯、舷灯、艉灯，不对水移动时关闭舷灯、艉灯

51. 夜间机动船（船长大于 100 m）在起锚作业过程中，锚离底但尚未进车对水移动，此时应________。

A. 关闭锚灯、甲板灯、显示桅灯，对水移动后显示舷灯、艉灯

B. 关闭甲板灯，显示锚灯，对水移动后显示桅灯、舷灯、艉灯

C. 继续显示锚泊号灯，直至动车对水移动后显示桅灯、舷灯、艉灯

D. 关闭锚灯、甲板灯，显示桅灯、舷灯与艉灯

52. 在航时显示 1 盏红色闪光灯的在航船是________。

A. 气垫船　　B. 地效船

C. 水翼船　　D. 水上飞机

53. 在航机动船应显示________。

A. 当停车后不显示桅灯　　B. 舷灯、艉灯、桅灯

C. 仅在对水移动时显示舷灯、艉灯　　D. 完全不必显示后桅灯

54. 机动船在航不对水移动时应________。

A. 显示舷灯、艉灯、桅灯　　B. 显示舷灯、艉灯

C. 关闭舷灯与艉灯　　D. 不必显示艉灯

55. 排水状态下的气垫船在航时应显示________。

①桅灯、舷灯、艉灯；②黄色闪光灯；③琥珀色闪光灯

A. ①　　B. ②

C. ①③　　D. ①②

56. A 船看见前方 B 船显示如下图所示的号灯，则 B 船为________。

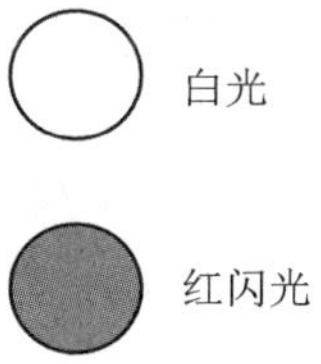

A. 非拖网渔船　　B. 帆船

C. 地效船　　D. 非排水状态下的气垫船

57. 黄色闪光灯通常用于________。

A. 非排水状态下的气垫船　　B. 贴近水面起飞、降落和飞行的地效船

C. 水面航行潜水艇　　D. 执行任务的引航船

58. 对于船长大于 50 m 的机动船,下列关于其桅灯、舷灯、艉灯特性的说法,正确的是________。

A. 前后桅灯应尽可能装设在艏艉线上

B. 艉灯应尽可能装设在艏艉线上

C. 两盏舷灯可以合并装设在艏艉线上

D. 前后桅灯可以垂直并装设在艏艉线上

59. 对于船长小于 50 m 的机动船,下列关于其桅灯、舷灯、艉灯特性的说法,正确的是________。

A. 桅灯应尽可能装设在艏艉线上

B. 艉灯应尽可能装设在艏艉线上

C. 两盏舷灯可以合并装设在艏艉线上

D. 桅灯、艉灯可以合并装设在艏艉线上

60. 船长小于 7 m 的在航机动船,当其________时可用一盏白灯代替其他号灯。

A. 最高船速小于 7 kn　　B. 实际航速小于 7 kn

C. 最高船速不超过 7 kn　　D. 实际航速不超过 7 kn

61. 一艘被顶推船夜间在航时应显示________。

A. 左右舷灯　　B. 白色环照灯一盏

C. 舷灯、艉灯　　D. 不必显示号灯

62. 机帆并用的在航船舶,在夜间应显示________。

A. 上红下绿环照灯　　B. 舷灯、艉灯

C. 桅灯、舷灯、艉灯　　D. 舷灯、艉灯,上红下绿环照灯

63. 机动船当拖带长度超过 200 m 时,应显示________。

A. 在后桅或前桅上另增设三盏桅灯

B. 在后桅或前桅上另增设一盏桅灯

C. 仅能以三盏桅灯取代后桅灯而不得取代前桅灯

D. 以三盏桅灯取代后桅灯或前桅灯

64. 吊拖船队的拖船长 80 m,拖带长度 230 m,在夜间应显示桅灯几盏? ________。

A. 3 盏　　B. 2 盏

C. 1 盏　　D. 4 盏

65. 海上看到显示垂直悬挂两盏白灯的他船可能是________。

①在航机动船的前后桅灯;②机动船当拖带时;③机动船当顶推或傍拖时

A. ①　　B. ①②

C. ②③　　D. ①②③

66. 机动船当拖带时,其拖带长度是指________。

A. 拖船船尾至被拖物体后端的水平距离

B. 拖船船尾至被拖物体前端的水平距离

C. 拖船船首至被拖物体后端的水平距离

D. 拖船船尾水线处至被拖物体后端水线处的水平距离

67. 一艘被拖带的船舶在航不对水移动时应显示________。

A. 左右舷灯　　B. 白色环照灯一盏
C. 舷灯、艉灯　　D. 桅灯、舷灯和艉灯

68. 悬挂一个菱形体号型，应是________。
A. 拖带长度大于 200 m 的拖船　　B. 一船正从事捕鱼作业
C. 水下有潜水员　　D. 拖带长度小于等于 200 m 的被拖船

69. 关于被拖带的船舶应显示的号灯，下列说法正确的是________。
A. 在航对水移动时应显示舷灯与艉灯
B. 在航不对水移动时不应显示舷灯与艉灯
C. 在航对水移动时应显示桅灯、舷灯与艉灯
D. 任何数目的船同时被拖带时按照一条船显示号灯

70. 一艘不易察觉、部分淹没的被拖船，其宽度为 25 m 以上，如在夜间，应在两舷最宽处另加________。
A. 2 盏环照白灯　　B. 2 盏环照黄灯
C. 4 盏环照白灯　　D. 4 盏环照黄灯

71. 不易察觉、部分淹没的被拖船或物体的白色环照灯的最小能见距离为________。
A. 5 n mile　　B. 3 n mile
C. 2 n mile　　D. 1 n mile

72. 一艘不易察觉、部分淹没的被拖船或物体或组合体，当拖带长度超过 200 m 时，则在白天应________。
A. 在最后一艘被拖船舶或物体的前后两端各悬挂一个菱形体
B. 在最前面一艘被拖船舶或物体的前后两端各悬挂一个菱形体
C. 在最前面一艘被拖船舶或物体的末端悬挂一个菱形体
D. 除在最后一艘被拖船舶或物体的末端悬挂一个菱形体外，在最前面一艘被拖船舶前端另外悬挂一个菱形体

73. 夜间，见到前方上黄下白两盏号灯，则该船为________。
A. 处于贴近水面飞行中的地效船　　B. 操纵能力受限船
C. 从事拖带作业的船舶　　D. 非排水状态的气垫船

74. 从事顶推的机动船在航不对水移动时应显示________。
①左右舷灯、艉灯；②用两盏桅灯代替前桅灯或后桅灯；③如果顶推长度超过 200 m 时，用三盏桅灯代替前桅灯或后桅灯；④拖带灯
A. ②　　B. ①②
C. ①②③④　　D. ①②③

75. 从事顶推的机动船在航不对水移动时应显示________。
A. 舷灯、艉灯及拖带灯
B. 舷灯、艉灯及拖带灯，用两盏桅灯代替前桅灯或后桅灯
C. 舷灯、艉灯
D. 舷灯、艉灯，并用两盏桅灯代替前桅灯或后桅灯

76. 一艘“失去控制的船舶”在航处于被拖带时应________。

A. 对水移动时应显示舷灯与艉灯,不对水移动时关闭
B. 应显示舷灯与艉灯
C. 显示两盏环照红灯、桅灯、舷灯与艉灯
D. 显示两盏环照红灯,不对水移动时,关闭桅灯、舷灯、艉灯

77. 在海上看到来船号灯如下图所示,则他船为________。

A. 驶离航向能力严重受到限制的拖带船
B. 长度一定小于 50 m,拖带长度超过 200 m 的拖船
C. 长度大于 200 m 的限于吃水的船舶
D. 长度可能大于等于 50 m,拖带长度超过 200 m 的拖船

78. 你船与一拖带长度大于 200 m 的拖船对遇,你会见到他的垂直白灯最多为________。
A. 1 盏　　B. 2 盏
C. 3 盏　　D. 4 盏

79. 当机动船从事拖带时,且拖带长度小于等于 200 m 时,应________。
A. 用垂直两盏桅灯代替前桅灯
B. 用垂直两盏桅灯代替后桅灯
C. 用垂直两盏桅灯代替前桅灯或后桅灯
D. 用垂直两盏桅灯代替前后桅灯

80. 一艘被傍拖船在航时应显示________。
A. 左右舷灯　　B. 白色环照灯一盏
C. 舷灯、艉灯　　D. 艉灯

81. 长度为 18 m 的帆船,可选择的号灯显示方式是________。
①桅灯、上红下绿环照灯、舷灯、艉灯;②上红下绿环照灯、舷灯、艉灯;③由两盏舷灯和一盏艉灯合成的三色灯
A. ①　　B. ①或②
C. ②或③　　D. ①或③

82. 悬挂尖端向下的圆锥体的船舶是________。
A. 从事捕鱼作业船　　B. 机动船
C. 渔具外伸长度超过 150 m 的船　　D. 挖泥船

83. 夜间看到来船显示上红下绿两盏号灯与红舷灯,下列说法正确的是________。
A. 来船为帆船在航但不对水移动　　B. 来船为在航帆船
C. 来船为帆船并正用机器推进　　D. 来船为在航对水移动的帆船

84. 机帆并用的船舶,在白天应在船的前部最易见处悬挂一个________。
A. 尖端向上的圆锥体　　B. 菱形体

C. 尖端向下的圆锥体　　D. 圆柱体

85. 夜间在海上看到他船垂直显示上红下绿两盏号灯以及下方另一盏红灯，则下列说法正确的是________。

①他船为在航帆船；②他船正在从事捕鱼；③他船失去控制；④他船一定在航且对水移动

A. ③④　　B. ①②③

C. ①　　D. ②③④

86. $L \geqslant 50$ m 的船在锚泊中使用曳绳钓捕鱼时，应显示________。

A. 前、后锚灯，捕鱼信号灯　　B. 前后各一盏环照白灯（锚灯）

C. 上白下红环照灯　　D. 上红下白环照灯

87.《规则》对下列哪一种船有显示桅灯的规定？________。

A. 从事拖网作业的捕鱼船，且船长大于等于 50 m

B. 从事非拖网作业的捕鱼船，且船长大于等于 50 m

C. 失去控制的船舶

D. 执行引航任务的在航机动船

88. 从事拖网作业的渔船应显示的号型是________。

A. 一个黑色圆球体

B. 两个尖端对接的圆锥体

C. 一个篮子

D. 显示政府为其确定的尽可能不致被误认为规则其他各条款要求的特殊号型

89. 在海上，当你看到他船的号灯为上红下白垂直两盏号灯，则他船可能为________。

①在航不对水移动中从事捕鱼的非拖网渔船；②在锚泊中从事捕鱼的非拖网渔船；③在航对水移动中从事捕鱼的非拖网渔船

A. ①②　　B. ①③

C. ①②③　　D. ①

90. 从事拖网作业的船锚泊时，不应显示________。

①桅灯；②舷灯和艉灯；③上绿下白环照灯

A. ①②　　B. ①②③

C. ②　　D. ②③

91. 在相互邻近处从事围网捕鱼的船舶，为表明其行动为其渔具所妨碍的两盏黄色号灯交替闪光的频率为________。

A. 每分钟 120 次以上　　B. 每秒 120 次以上

C. 每秒一次　　D. 每分钟一次

92. 关于使用拖网从事捕鱼的船舶的桅灯，下列说法正确的是________。

①在航时应当显示；②锚泊时不应显示；③船长小于 50 m 时也可以显示；④船长大于 50 m 时应当显示

A. ①③④　　B. ②④

C. ①②　　D. ③④

93. 下列说法中正确的是________。

A. 从事非拖网作业的捕鱼船在有流水域锚泊时与在航一样显示号灯
B. 从事非拖网作业捕鱼的船舶，处于在航之时，应显示作业信号灯，以及舷灯与艉灯
C. 从事非拖网作业的捕鱼船在有流水域锚泊时与在航对水移动时一样显示号灯
D. 从事非拖网作业的捕鱼船只有当处于在航对水移动时，才应显示舷灯与艉灯

94. 下列有关规则附录Ⅱ为在相互邻近处捕鱼的渔船规定的额外号灯的说法正确的是________。
①最低标准能见距离与舷灯、艉灯及环照灯相同；②安装位置应低于舷灯与艉灯；③安装位置应低于绿白或红白环照灯；④最低标准能见距离为 1 n mile
A. ③④　　B. ①②
C. ①②③④　　D. ①②③

95. 从事拖带作业的船舶处于锚泊时，应显示________。
A. 如果该拖带作业使其与被拖物体驶离其航向的能力严重受到限制，则除锚灯/锚球外，显示操纵能力受到限制的船舶的号灯与号型
B. 除按有关锚泊船的规定显示号灯与号型之外另应显示拖带船的号灯或号型
C. 按在航不对水移动时规定，显示号灯与号型
D. 按有关锚泊船的规定，显示号灯与号型

96. 某船垂直悬挂的两盏灯正在交替显示着黄光，则该船一定是________。
A. 拖船船队　　B. 从事围网捕鱼的渔船
C. 从事非拖网作业的渔船　　D. 气垫船

97. 白天，看到两个尖顶对接的圆锥体号型时，则________。
①该船可能为从事拖网作业的渔船；②该船可能为从事非拖网作业的渔船；③该船一定为从事捕鱼的非机动船
A. ①　　B. ②
C. ①②　　D. ②③

98. 从事非拖网作业的捕鱼船在白天当有外伸渔具，且从船边伸出的水平距离大于 150 m 时，应朝渔具的方向悬挂________。
A. 两个尖端对接的圆锥体号型
B. 一个尖端向上的圆锥体号型
C. 一个尖端向下的圆锥体号型
D. 一个锚球

99. 夜间，你在海上看到号灯中有一组上红下白两盏灯，则该船为________。
A. 操纵能力受到限制的船舶
B. 执行引航任务的船舶
C. 从事拖网作业的船舶
D. 从事非拖网作业捕鱼的船舶

100. 夜间看到来船显示上红下白两盏号灯与红、绿舷灯，下列说法正确的是________。
A. 来船为从事捕鱼的船舶在航不对水移动
B. 来船为在航中从事围网捕鱼的船舶
C. 来船为在航对水移动的从事捕鱼的船舶

D. 来船为从事捕鱼的船舶并正用机器推进

101. 在海上,当你看到他船的号灯为绿、白、白垂直三盏号灯时,他船为________。

A. 船长大于等于 50 m 的非拖网渔船

B. 在航对水移动的拖网渔船,船长可能大于等于 50 m

C. 锚泊中的拖网渔船

D. 在航对水移动的拖网渔船,船长一定小于 50 m

102. 如下图所示,则该船属于下列哪种船舶? ________。

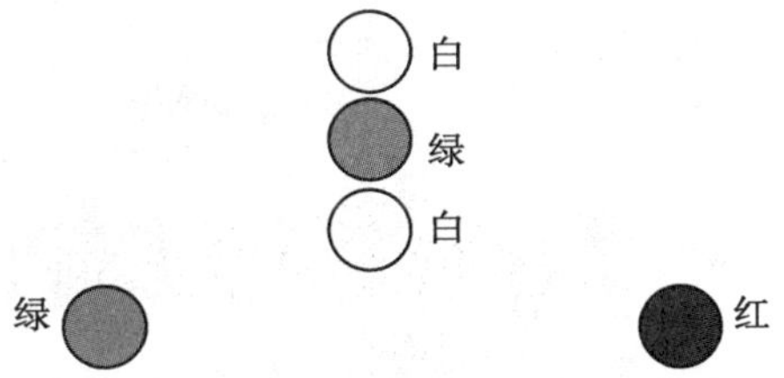

A. 操限船　　B. 非拖网渔船

C. 拖网渔船　　D. 失控船

103. 夜间在海上看到他船显示如下图所示的号灯,则下列说法正确的是________。

①他船为在航对水移动中从事捕鱼的船舶;②他船为拖网渔船;③他船船长一定小于 50 m;④他船可能在航不对水移动

A. ④　　B. ②③④

C. ①　　D. ②③

104. 夜间在海上看见如下图所示船舶,则该船舶可能是________。

A. 失去控制的船舶不对水移动

B. 从事潜水作业的小船

C. 从事拖网作业的渔船

D. 从事清除水雷作业的船舶不对水移动

105. 白天在海上看到他船的状态和号型如下图所示，则下列判断正确的是________。

①他船正在从事捕鱼；②他船在航对水移动；③他船在锚泊；④无法从号型判断其在航或锚泊，但从其船首兴波可看出其在航对水移动

A. ③　　B. ②④

C. ①②④　　D. ①③④

106. 在海上，当你看到他船的号灯为白、绿、白垂直三盏号灯和红、绿舷灯时，他船一定为________。

A. 船长大于等于 50 m 的非拖网渔船在航对水移动

B. 在航对水移动的拖网渔船

C. 在航对水移动的非拖网渔船

D. 在有流水域锚泊中作业的拖网渔船

107. 夜间看到来船显示垂直两盏红灯与绿舷灯，下列说法正确的是________。

A. 来船正在从事拖网捕鱼并失去控制

B. 来船正在从事拖网捕鱼且网被障碍物挂住

C. 来船为失去控制的船舶在航对水移动

D. 来船为搁浅的船舶并正在用车脱浅操纵

108. 在锚泊中从事清除水雷作业的船舶，白天应显示________。

A. 垂直球、菱形、球号型

B. 在桅顶或接近桅顶处显示三个品字形黑球

C. 锚球、垂直球、菱形、球号型

D. 锚球，并在桅顶或接近桅顶处显示三个品字形黑球

109. 在航不对水移动中从事疏浚作业的船舶，操纵能力受到限制时，在夜间应显示________。

A. 红、白、红垂直三盏环照灯

B. 可通过的舷，垂直两盏环照红灯

C. 存在障碍物一舷，垂直两盏环照绿灯

D. 红、白、红垂直三盏环照灯，桅灯、舷灯与艉灯

110. 从事疏浚作业的船舶，操纵能力受到限制时，在白天应显示________。

A. 球、菱形、球垂直三个号型

B. 可通行舷，垂直两个球体

C. 有障碍物舷，垂直两个菱形体

D. A 旗的硬质复制品

111. 从事清除水雷作业的船舶在航不对水移动时，夜间应显示________。

A. 桅灯、舷灯、艉灯，红、白、红信号灯

B. 桅灯、舷灯、艉灯

C. 三盏品字形环照绿灯

D. 桅灯、舷灯、艉灯，三盏品字形环照绿灯

112. 在海上，当你看到来船的号灯仅为垂直两盏红灯，则来船为________。

A. 搁浅船舶

B. 操纵能力受到限制的船舶在航对水移动

C. 失去控制的船舶不对水移动

D. 失去控制的船舶对水移动

113. 下列哪种船锚泊时，不应显示锚灯？________。

A. 帆船

B. 操纵能力受到限制的从事水下作业船在锚泊中工作时

C. 从事清除水雷船在锚泊中作业时

D. 从事补给船在锚泊中作业时

114. 关于对水移动和不移动时在号灯方面的要求：将桅、舷、艉作为对水移动标志的船是________。

A. 疏浚和水下作业/铺设电缆和管道/收发航空器/补给转运船

B. 铺设电缆和管道/收发航空器/补给转运船

C. 收发航空器/补给转运船

D. 疏浚和水下作业/铺设电缆和管道/收发航空器

115. 你船夜间航行时，主机失控，应采取的措施是________。

A. 立即关闭舷灯和艉灯

B. 立即关闭桅灯，并显示两盏红灯，船舶停止对水移动时，关闭舷灯和艉灯

C. 立即关闭舷灯和艉灯，并显示两盏环照红灯

D. 立即显示两盏环照红灯，关闭航行灯

116. 失去控制的船夜间在航不对水移动时，应显示的号灯是________。

A. 除两盏垂直环照红灯外，不应再显示其他号灯

B. 两盏垂直环照红灯，舷灯和艉灯

C. 三盏垂直环照红灯，桅灯、舷灯和艉灯

D. 三盏垂直环照红灯

117. 失去控制的船舶在白天应悬挂的号型是________。

A. 垂直两个圆锥体

B. 一个黑球加上锚球

C. 垂直两个黑球

D. 垂直三个黑球

118. 夜间在海上，你船看到他船的号灯为品字形三盏绿灯，且在中间这盏绿灯下方还有一盏白灯，则说明驶近该船________ m 以内是危险的。

A. 10 000　　B. 5 000

C. 1 000　　D. 500

119. 夜间在海上，你船看到他船的号灯为品字形三盏绿灯，且在中间这盏绿灯下方还有一盏白灯，则来船可能为________。

①在航对水移动的从事清除水雷作业的船舶；②在航不对水移动的从事清除水雷作业的船舶；③在锚泊中从事清除水雷作业的船舶

A. ①　　B. ①②

C. ③　　D. ①②③

120. 夜间机动船（船长大于 100 m）在锚泊中受大风或急流影响而走锚，有关号灯的显示，下列正确的是________。

A. 关闭锚灯、甲板灯，显示两盏环照红灯

B. 继续显示锚泊号灯，直至动车对水移动后显示桅灯、舷灯、艉灯

C. 关闭甲板灯，显示锚灯，备好车后显示桅灯、舷灯、艉灯

D. 关闭锚灯、甲板灯，显示两盏环照红灯、舷灯与艉灯

121. 从事潜水作业的小船，在白天可以用国际信号________旗的硬质复制品代替球、菱形、球号型。

A. Y　　B. B

C. A　　D. O

122. 操纵能力受到限制的疏浚船不对水移动时，不应显示________。

A. 桅灯、舷灯、艉灯　　B. 舷灯、艉灯

C. 桅灯　　D. 红白红三盏环照红灯

123. 失去控制的船舶，夜间除显示两盏垂直环照红灯外________。

A. 不应再显示其他号灯

B. 应显示舷灯和艉灯

C. 对水移动时，还应显示舷灯和艉灯，不对水移动时关闭

D. 对水移动时，还应显示桅灯、舷灯和艉灯，不对水移动时关闭

124. 你船夜间全速前进时，发现舵叶丢失，船仍有余速，应________。

A. 立即关闭舷灯、艉灯

B. 立即关闭桅灯，并显示垂直两盏环照红灯

C. 立即关闭桅灯、舷灯、艉灯，并显示垂直两盏环照红灯

D. 立即显示垂直两盏环照红灯

125. 你船夜间全速前进时，主机突然失控，船仍有余速，应________。

A. 立即关闭舷灯、艉灯

B. 立即关闭桅灯，并显示两盏红灯

C. 立即关闭桅灯、舷灯和艉灯，并显示两盏环照红灯

D. 立即显示两盏环照红灯

126. 白天看见垂直两个球体，说明该船可能是________。

①对水移动失去控制；②在航不对水移动失去控制；③搁浅；④停泊中失去控制

A. ③　　B. ④

C. ①或②或④　　D. ①或②

127. 白天看到他船状态及号型如下图所示，则下列说法正确的是________。

①他船正从事潜水作业；②他船可能处于锚泊；③他船可能在航；④他船正从事引航任务

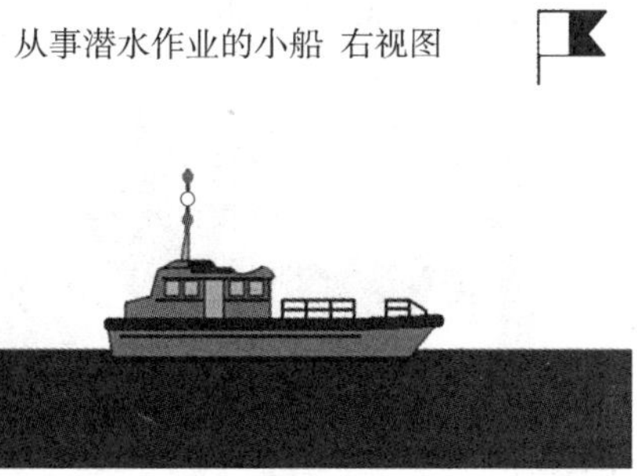

A. ③④　　B. ②③

C. ①②③　　D. ①②④

128. 白天在海上看见下图所示船舶，则该船舶可能是________。

A. 在航从事疏浚作业的船舶　　B. 在航从事清除水雷作业的船舶

C. 限于吃水的船舶　　D. 失去控制的船舶

129. 在海上，看到来船号灯如下图所示，则下列判断不正确的是________。

①他船左舷存在障碍物；②他船为顶推组合体；③从号灯可判断出他船一定在航；④他船转向能力严重受到限制

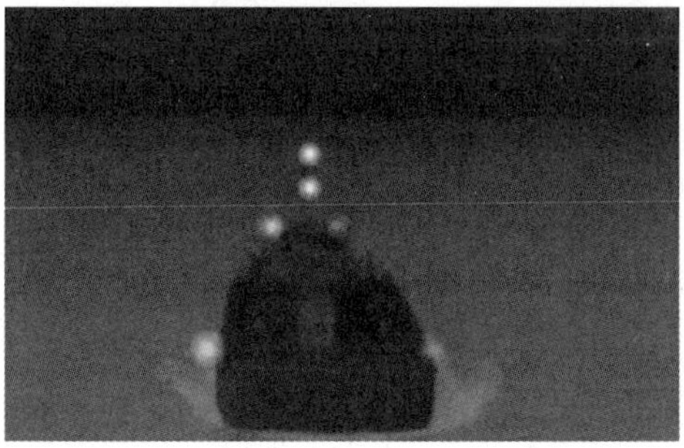

A. ③④　　B. ①②④
C. ②③　　D. ①③④

130. 下列说法不正确的是________。
①应从他船左舷通过；②应从他船右舷通过；③从号型可判断出他船一定在航；④他船右舷存在外伸渔具

A. ①③④　　B. ②③④
C. ①④　　D. ②③

131. 白天在海上看到下图所示的船舶，则该船舶是________。

A. 正在从事拖带的船舶　　B. 失去控制的船舶
C. 吃水受到限制的船舶　　D. 操纵能力受到限制的船舶

132. 看到下图所示的号灯，则该船________。

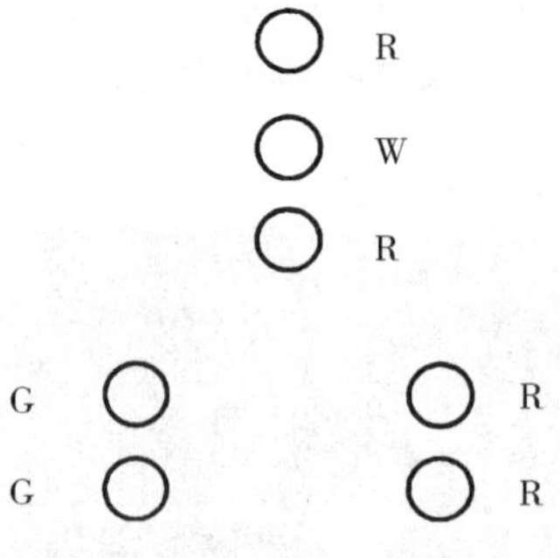

A. 可能为正在收放航空器的船舶
B. 可能为在航对水移动的挖泥船

C. 可能为从事清除水雷作业的船舶
D. 可能为锚泊中从事水下作业的工程船

133. 夜间在海上看见下图所示的船舶,则该船舶可能是________。

A. 在航从事清除水雷作业的船舶
B. 在航从事拖带且偏离航线的能力严重受限的船舶
C. 在航从事补给作业的船舶
D. 失去控制的船舶对水移动

134. 夜间看到他船状态及号型如下图所示,则下列判断不正确的是________。
①他船船长一定大于 50 m;②他船可能处于锚泊;③他船为限于吃水的船舶;④他船转向能力严重受到限制

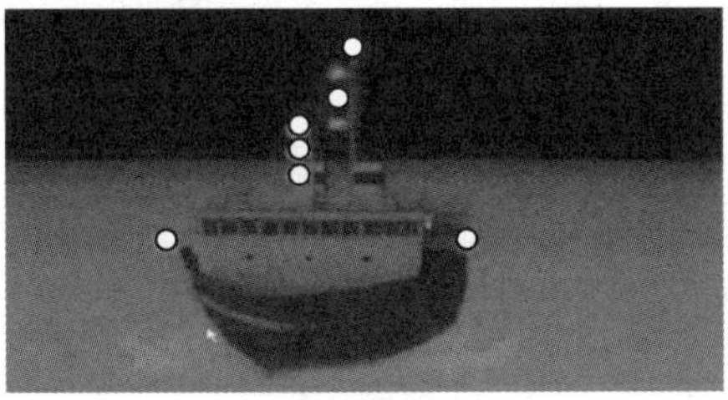

A. ①④　　B. ①②③
C. ③④　　D. ①②

135. 在海上,当你看到来船的号灯仅为红、红垂直两盏灯和红、绿舷灯,则来船为________。
A. 从事捕鱼的船舶当渔具被障碍物挂住时
B. 失去控制的船舶对水移动
C. 失去控制的船舶不对水移动
D. 失去控制的船舶在航

136. 在海上,当你看到来船的号灯仅为红、红、白垂直三盏灯,则该船最可能为________。
A. 从事捕鱼的船舶　　B. 失去控制的船舶对水移动
C. 失去控制的船舶不对水移动　　D. 失去控制的船舶在锚泊中

137. 下列在航船舶(L>50 m)中,在规定时间内应当显示桅灯的情况是________。
①主机故障停车漂航;②主机故障正在被拖带航行;③正在从事拖网捕鱼作业;④在航对水移动中并靠进行货物过驳作业
A. ①　　B. ②③

C. ③　　D. ③④

138. 白天，看到来船显示一个菱形体号型及另外球、菱形体、球垂直三个号型时，下列说法正确的是________。

①该船可能在航对水移动；②该船可能在锚泊；③该船一定在航；④该船转向能力严重受到限制

A. ④　　B. ①③

C. ①②　　D. ①③④

139. 限于吃水船锚泊时应该显示________。

A. 一般机动船锚泊号灯加三盏垂直环照红灯

B. 显示机动船号灯加两盏垂直环照红灯

C. 一般机动船锚泊号灯

D. 与搁浅船相同

140. 限于吃水的船舶夜间在航不对水移动时，应显示________。

A. 垂直三盏环照红灯，关闭舷灯与艉灯

B. 桅灯、舷灯与艉灯

C. 垂直三盏红灯代替机动船的桅灯、舷灯与艉灯

D. 桅灯、舷灯与艉灯，另可显示垂直环照红灯三盏

141. 夜间垂直悬挂两盏红光环照灯的船舶不可能是下列哪种？________。

A. 失控船　　B. 疏浚工程船

C. 限于吃水的船　　D. 从事捕鱼的船

142. 关于限于吃水的船舶的号灯与号型，下列说法不正确的是________。

①夜间应显示桅灯、舷灯与艉灯以及三盏环照红灯；②夜间在航不对水移动时应关闭桅灯、舷灯与艉灯，只显示垂直三盏环照红灯；③白天应显示一个圆柱体号型；④白天可以显示一个圆柱体号型

A. ①③　　B. ①②

C. ②③④　　D. ①②③

143. 白天在狭水道看到他船显示一个圆柱体号型，则下列判断正确的是________。

①他船驶离航向的能力受到限制；②他船可能在航不对水移动；③他船可能处于锚泊；④无法从号型判断其在航或锚泊

A. ①②　　B. ①②③④

C. ①③　　D. ③④

144. 夜间机动船（船长大于 100 m），在人工疏浚的进港航道中因候潮需要停车不对水移动，航道两侧水深不足，关于号灯，正确的是________。

A. 应关闭舷灯、艉灯，并应显示垂直三盏环照红灯

B. 应关闭舷灯、艉灯，可以显示垂直三盏环照红灯

C. 应显示前后桅灯、舷灯、艉灯，可以显示垂直三盏环照红灯

D. 应显示前后桅灯、舷灯、艉灯，并应显示垂直三盏环照红灯

145. 限于吃水的船舶在航时应显示________。

A. 同长度机动船规定的号灯，另应显示垂直环照红灯三盏
B. 同长度机动船规定的号灯，垂直环照红灯两盏
C. 同长度机动船规定的号灯，另可显示垂直环照红灯三盏
D. 同长度机动船规定的号灯，另可显示垂直环照红灯三盏，不对水移动时，关闭舷灯与艉灯

146. 限于吃水的船舶在航时显示的号型为________。
A. 一个圆锥体尖端向下　　B. 一个圆锥体尖端向上
C. 两个圆锥体尖端对接　　D. 一个圆柱体

147. 夜间看到垂直显示的三盏环照红灯，表明该船是________。
A. 失控船　　B. 搁浅船
C. 限于吃水船　　D. 操限船

148. 白天在看到他船状态和号型如下图所示，则下列判断正确的是________。
①他船驶离航向的能力受到限制；②他船一定在航；③他船可能处于锚泊；④无法从号型判断在航或锚泊

A. ①②③④　　B. ②③
C. ①③　　D. ①②

149. 如看到一艘在航道内悬挂下图所示③号型的船舶，则该船可能是________。

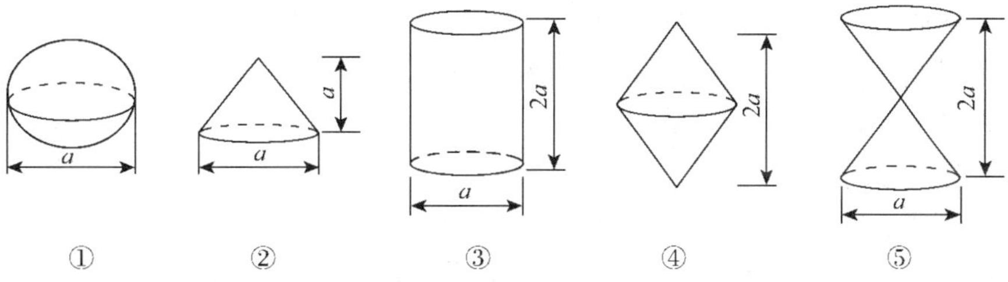

A. 限于吃水的机动船　　B. 操纵能力受到限制的机动船
C. 失去控制船　　D. 搁浅船

150. 夜间看到他船显示的号灯如下图所示，则下列判断正确的是________。
①他船一定在航；②他船驶离航向的能力受到限制；③他船船长一定大于 50 m；④他船如果停止对水移动应当关闭桅灯、舷灯与艉灯

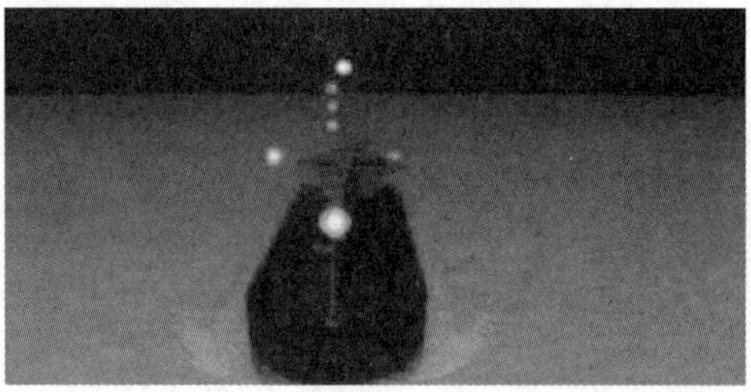

A. ①③　　B. ①②

C. ②③　　D. ②④

151. 关于在航中执行引航任务的船舶应显示的号灯,下列说法不正确的是________。

①在航时应显示桅灯;②在航不对水移动时不应显示舷灯与艉灯;③无论是否对水移动,均应显示桅灯、舷灯与艉灯;④无论是否对水移动,舷灯与艉灯均应显示

A. ③④　　B. ②③④

C. ①②　　D. ①②③

152. 夜间,你看到他船显示垂直白、红两盏环照灯与红绿舷灯,则他船是________。

A. 从事拖网作业的渔船

B. 机帆船机帆并用时

C. 执行引航任务的引航船在航

D. 执行引航任务的引航船在航且对水移动

153. 机动船不对水移动执行引航任务时应显示________。

A. 垂直环照上白下红灯

B. 垂直环照上白下红灯、桅灯

C. 垂直环照上白下红灯、艉灯

D. 垂直环照上白下红灯、舷灯、艉灯

154. 在航中执行引航任务的船舶应显示的号灯是________。

A. 垂直环照上绿下白灯,桅灯、舷灯、艉灯

B. 垂直环照上红下绿灯,舷灯、艉灯

C. 垂直环照上白下红灯,桅灯、舷灯、艉灯

D. 垂直环照上白下红灯,舷灯、艉灯

155. 执行引航任务的船舶应显示的两盏环照灯是________。

A. 垂直环照上绿下白灯　　B. 垂直环照上红下绿灯

C. 垂直环照上白下红灯　　D. 垂直环照上红下白灯

156. 执行任务的引航船在航对水移动时显示的号灯为________。

A. 桅灯、左右舷灯、艉灯、上白下红环照灯

B. 上白下红环照灯

C. 舷灯、艉灯、上白下红环照灯

D. 舷灯、上白下红环照灯

157. 一船因主机故障进行锚泊修理,若 $L=160$ m,在夜间应显示________。

A. 前、后锚灯与垂直两盏环照红灯
B. 前、后锚灯
C. 前、后锚灯，甲板工作灯
D. 前、后锚灯，甲板灯与垂直两盏环照红灯

158. $L=110$ m 的机动船在锚泊时，在夜间应显示________。
A. 前锚灯
B. 前、后锚灯，还应显示甲板照明灯
C. 前、后锚灯，还可显示甲板照明灯
D. 后锚灯

159. $L=90$ m 的机动船在锚泊时，在夜间应显示________。
A. 前锚灯
B. 后锚灯
C. 前、后锚灯，还可显示甲板工作灯
D. 前、后锚灯，还应显示甲板工作灯

160. 长度小于 7 m 的船舶，在哪些水域锚泊时应显示锚泊的号灯与号型？________。
①狭水道；②航道；③锚地；④船舶通常航行的水域中
A. ①④ B. ①②③④
C. ②③ D. ②

161. 关于锚泊的船舶应显示的号灯，下列说法正确的是________。
①任何锚泊船均应显示锚灯；②如果在锚泊中从事捕鱼，则不显示锚灯与锚球；③除了从事捕鱼的船舶外，任何锚泊船均应显示锚灯；④任何数目的船舶并靠在一起时按照一条船显示号灯
A. ② B. ①③④
C. ②④ D. ②③

162. 下列哪些船舶应显示锚灯？________。
①失去控制的船舶抛锚后；②限于吃水的船舶抛锚后；③搁浅的船舶；④锚泊中的帆船
A. ①②③④ B. ①④
C. ② D. ②③

163. 船长 10 m 的船舶搁浅时，夜间应显示的号灯为________。
A. 锚灯、两盏垂直环照红灯
B. 锚灯
C. 锚灯、甲板灯，两盏垂直环照红灯
D. 锚灯、甲板灯

164. 失去控制的船舶锚泊后在白天应悬挂的号型是________。
A. 垂直两个圆锥体 B. 垂直两个黑球
C. 垂直两个黑球加上锚球 D. 一个锚球

165. 锚泊中执行引航任务的船舶($L<100$ m)应显示的号灯是________。
A. 垂直环照上白下红灯、锚灯

B. 垂直环照上红下白灯

C. 垂直环照上白下红灯、锚灯、甲板灯

D. 锚灯

166. 执行任务的长度为 56 m 的引航船锚泊时，应显示________。

A. 前后锚灯
B. 上红下白灯
C. 前后锚灯，上红下白环照灯
D. 前后锚灯，上白下红环照灯

167. 长度大于等于________ m 的锚泊船，应当用工作灯或同等的灯照明甲板。

A. 50
B. 100
C. 150
D. 200

168. 你船抛锚后，在船头应悬挂一个________。

1　2　3　4　5

A. 1
B. 2
C. 5
D. 3

169. 长度为 120 m 的锚泊船在白天应显示________。

A. 前后锚球

B. 除前后锚球外，每隔 100 m 另加若干锚球

C. 一个锚球

D. 可显示也可不显示锚球

170. 夜间机动船(L>100 m)航行中搁浅，关于号灯，正确的是________。

A. 应关闭舷灯、艉灯，显示前后锚灯，垂直两环照灯并开启甲板灯

B. 应关闭前后桅灯、舷灯、艉灯，显示前后锚灯以及垂直两盏环照红灯

C. 应关闭舷灯、艉灯，显示前后锚灯以及垂直两盏环照红灯

D. 应关闭前后桅灯、舷灯、艉灯，显示前后锚灯，垂直两盏红灯，可以开启甲板灯

171. 夜间航行，当你看到一船显示红、红、白垂直三盏灯，则该船为________。

A. 失控船在航对水移动
B. 从事捕鱼作业的船舶
C. 失控船在航不对水移动
D. 搁浅船

172. 白天在海上看到来船的一个圆柱体号型和垂直两个球体号型，则来船为________。

A. 限于吃水的船舶锚泊

B. 限于吃水的船舶失控

C. 限于吃水的船舶搁浅

D. 限于吃水的船舶在从事疏浚作业，操纵能力未受到限制，但存在障碍物

173. 关于搁浅的船舶应显示的号灯，下列说法正确的是________。

A. 不显示甲板工作灯

B. 船长大于 100 m 的搁浅船应用工作灯照明甲板

C. 除了同等长度的锚泊船的号灯外,船长大于 12 m 的搁浅船应垂直显示两盏环照红灯

D. 任何搁浅船均应垂直显示两盏环照红灯

174. 搁浅船($L \geq 12$ m)________。

A. 除应显示前后锚灯、甲板灯之外,另应显示两盏垂直环照红灯

B. 除按同等长度船舶显示锚灯之外,另应显示两盏垂直环照红灯

C. 除按同等长度船舶显示号型之外,另应外加挂垂直三个球体

D. 除按同等长度船舶显示号型之外,另应悬挂一面 A 字旗

175. 白天在海上看到一船垂直显示三个黑球,表示该船为________。

A. 限于吃水的船舶　　B. 搁浅的船舶

C. 拖带长度超过 200 m　　D. 失去控制的船舶

176. 当你看到一船显示三个垂直黑球,它表示该船________。

A. 试图通信联络　　B. 正在从事疏浚作业

C. 失控　　D. 搁浅

177. 搁浅船($L \geq 12$ m)在白天应显示的号型是________。

A. 一个锚球和最易见处垂直三个黑球

B. 最易见处垂直三个黑球

C. 一个锚球和最易见处垂直两个黑球

D. 最易见处垂直两个黑球

178. 夜间在海上看到一船垂直显示两盏红灯和下方另一盏白灯,则该船可能为________。

A. 搁浅的船舶　　B. 限于吃水的船舶在航不对水移动

C. 从事疏浚作业的船舶　　D. 失去控制的船舶不对水移动

179. 夜间在海上看到一船垂直显示两盏红灯和前后各一盏白灯,表示该船为________。

A. 失去控制的船舶在航对水移动　　B. 搁浅的船舶

C. 网被障碍物挂住的拖网渔船　　D. 限于吃水的船舶在航不对水移动

180. 搁浅船($L \geq 12$ m)应显示的号灯为________。

A. 前后锚灯、甲板灯,两盏垂直环照红灯

B. 锚灯,两盏垂直环照红灯

C. 甲板灯,两盏垂直环照红灯

D. 两盏垂直环照红灯

181. 船舶搁浅时(船长≥ 12 m),哪项号灯显示符合《规则》要求?________。

A. 锚灯

B. 锚灯、甲板工作灯

C. 锚灯、垂直两盏环照红灯

D. 锚灯、甲板工作灯、垂直两盏环照红灯

182. 在海上看到他船显示如下图所示的号型,则表示该船为________。

A. 限于吃水的船舶　　B. 失去控制的船舶

C. 搁浅的船舶　　D. 拖带长度超过 200 m 的船舶

183. 白天在海上看见如下图所示的船舶,则该船舶属于________。

A. 操纵能力受到限制的船舶　　B. 限于吃水的船舶

C. 搁浅的船舶　　D. 失去控制的船舶

184. 长度为 110 m 的船舶夜间搁浅,夜间应显示________。

①垂直两盏环照红灯;②锚灯;③甲板灯

A. ②　　B. ①②

C. ①③　　D. ②③

任务五　正确识别和使用声响与灯光信号

知识储备

一、定义

(1)号笛:依附录三规格,能发规定笛声的声响信号器具。

(2)短声:历时约 1 s 的笛声。

(3)长声:历时 4~6 s 的笛声。

二、声号设备配备要求

依船长 L 分四个等级：

(1)$L \geq 100$ m：配号笛、号钟、号锣，三者声音不能混淆，且要符合附录三规格，可用相同声音特性的其他设备替代，但需能手动鸣放。

(2)20 m $\leq L <$ 100 m：配号笛、号钟。

(3)12 m $\leq L <$ 20 m：配号笛。

(4)$L <$ 12 m：不要求配上述声响设备，若不配，需备能鸣放有效声号的其他设备。

三、操纵和警告信号

操纵和警告信号使避碰行动协调，互见船舶了解动态和意图，分操纵信号、追越声号、怀疑与警告信号、过弯道声号，如表 9-5-1 所示。

表 9-5-1 操纵和警告信号

信号类别	适用船舶	信号	信号含义	适用条件
操纵声号	在航机动船	·(Λ) ··(ΛΛ) ···(ΛΛΛ)	我船正在向右转向 我船正在向左转向 我船正在向后推进	◆ 互见中 ◆ 在航机动船 ◆ 按照本规则准许或要求进行操纵时
操纵灯光信号	任何在航船舶	Λ ΛΛ ΛΛΛ	我船正在向右转向 我船正在向左转向 我船正在向后推进	◆ 互见中 ◆ 在航的任何船舶 ◆ 按照本规则准许或要求进行操纵时
追越声号	狭水道或航道内的任何在航船舶	——· ——·· —·—·	我船企图从你船右舷追越 我船企图从你船左舷追越 同意追越	◆ 互见中 ◆ 在狭水道或航道内追越 ◆ 只有在被追越船必须采取行动以允许安全通过时
怀疑与警告信号	任何船舶	至少五短闪 (ΛΛΛΛΛ)	正在互相驶近，一船无法了解他船的意图或行动，或者怀疑他船是否正在采取足够的行动以避免碰撞时	◆ 互见中 ◆ 任何船舶 ◆ 一船无法了解他船的意图、行动或者怀疑他船是否正在采取足够的行动以避免碰撞
过弯道声号	任何在航船舶	—	在驶近可能被居间障碍物遮蔽他船的水道或航道的弯头或地段时	◆ 能见度良好 ◆ 任何在航船舶在驶近可能被居间障碍物遮蔽他船的水道或航道的弯头或地段时，或者弯头另一面或居间障碍物后的来船听到声号时
		—	弯头另一面或居间障碍物后的来船听到声号时	

注：· 表示一短声；— 表示一长声；Λ 表示一短闪。

1. 操纵信号

依第三十四条1、2款,机动船在互见中按规则操纵时,用号笛或操纵号灯(环照白灯,至少5 n mile能见)发出声号或灯光信号。

(1)声号:一短声(右转)、二短声(左转)、三短声(后退)。

(2)灯光信号:每闪约1 s,间隔约1 s,前后信号间隔不少于10 s。

(3)适用范围:任何能见度下互见中的在航机动船,包括失控船、操限船、捕鱼船、限于吃水船等,用于表示规则准许或要求的操纵行动,不表示操纵意图,避碰操纵进行时发出。

(4)目的:告知他船操纵行动,预测本船动向,协调行动,无需他船回答。

2. 追越声号

依第三十四条3款,在狭水道或航道互见时,追越船用号笛发出声号表示意图。

(1)声号:二长声加一短声(右舷追越)、二长声加二短声(左舷追越)。

(2)被追越船同意时,依次鸣放一长、一短、一长、一短声。

(3)适用范围:任何能见度下互见中的狭水道或航道,被追越船需采取行动时。

(4)目的:表示追越意图,需在实施前鸣放,不得在行动开始后鸣放。

3. 怀疑与警告信号

依第三十四条4款,互见中船舶对彼此意图或行动有怀疑时,用号笛或灯光信号警告。

(1)声号:至少五短声短而急的笛声或灯光信号。

(2)适用范围:互见中的任何船舶,对另一船意图或行动有怀疑时。

(3)使用:必须鸣放,可提醒他船注意,表明本船将独自采取操纵行动。

4. 过弯道声号

依第三十四条5款,船舶驶近可能有他船被居间障碍物遮蔽的水道或航道弯头或地段时鸣放。

(1)声号:一长声,弯头另一面或障碍物后方来船听到后应回答一长声。

(2)适用范围:能见度良好时,任何驶近弯头盲区的船舶。

(3)目的:提醒他船注意,警告会遇即将形成。

四、使用操纵和警告信号的注意事项

(1)操纵声号适用于在航机动船;追越声号、怀疑与警告信号、过弯道声号适用于任何船舶。

(2)操纵灯号可有效补充笛号,应积极使用。

(3)操纵信号用于表明正在进行的操纵行动,不表示操纵意图。

(4)追越声号表示企图,应提前鸣放。

(5)狭水道或航道内,被追越船需采取行动时,追越船才鸣放追越声号。

五、能见度不良时各种船舶应鸣放的声号(表9-5-2)

(1)在航机动船:对水移动时,每次不超过2 min的间隔鸣放一长声;已停车且不对水移动时,每次不超过2 min的间隔连续鸣放二长声,间隔约2 s。

(2)失去控制的船舶、操纵能力受到限制的船舶、限于吃水的船舶、帆船、从事捕鱼的船舶,以及从事拖带或顶推他船的船舶:每次不超过2 min的间隔连续鸣放三声,即一长声继以二短声。

(3)被拖船或多艘被拖船的最后一艘，如配有船员：每次不超过 2 min 的间隔连续鸣放四声，即一长声继以三短声，应在拖船鸣放声号之后立即鸣放。

(4)锚泊船或搁浅船：

①$L<100$ m 的锚泊船：每次不超过 1 min 的间隔急敲号钟约 5 s；还可鸣放一短一长一短声警告驶近船舶。

②$L\geq 100$ m 的锚泊船：在船的前部急敲号钟约 5 s，紧接钟声之后在船的后部急敲号锣约 5 s。

③搁浅船：除按同等长度的锚泊船鸣放声号外，还应在紧接急敲号钟之前和之后，各分隔而清楚地敲打号钟 3 下；还可鸣放二短一长的笛号。

(5)小型船舶：

①长度为 12 m 或 12 m 以上但小于 20 m 的船舶：如不鸣放锚泊、搁浅的声号，应以每次不超过 2 min 的间隔鸣放他种有效的声号。

②长度小于 12 m 的船舶：不要求鸣放锚泊、搁浅和在航的声号，但如不鸣放上述声号，应以每次不超过 2 min 的间隔鸣放他种有效的声号。

(6)执行引航任务的船舶：除规定声号外，还可鸣放由四短声组成的识别声号。

表 9-5-2　能见度不良时使用的声号

<table>
<tr><th colspan="3">船舶类别和动态</th><th>声号形式</th><th>备注</th></tr>
<tr><td rowspan="9">在航机动船</td><td rowspan="2">机动船（包括牢固组合体）</td><td>对水移动</td><td>—</td><td>不同信号组之间的时间间隔 2 min</td></tr>
<tr><td>已停车且不对水移动</td><td>— —</td><td>不同信号组之间的时间间隔 2 min</td></tr>
<tr><td colspan="2">失去控制的船舶</td><td rowspan="6">— • •</td><td rowspan="6">不同信号组之间的时间间隔 2 min</td></tr>
<tr><td colspan="2">操纵能力受到限制的船舶</td></tr>
<tr><td colspan="2">限于吃水船</td></tr>
<tr><td colspan="2">帆船</td></tr>
<tr><td colspan="2">从事捕鱼的船舶</td></tr>
<tr><td colspan="2">从事拖带或顶推他船的船舶</td></tr>
<tr><td colspan="2">被拖船或多艘被拖船的最后一艘</td><td>— • • •</td><td>如可行，应在拖船鸣放后立即鸣放</td></tr>
<tr><td rowspan="4">锚泊船</td><td colspan="2">从事捕鱼的船舶在锚泊中作业
操限船在锚泊中执行任务时</td><td>— • •</td><td>不同信号组之间的时间间隔 2 min</td></tr>
<tr><td colspan="2">船长<100 m 的锚泊船</td><td>急敲号钟 5 s</td><td>不同信号组之间的时间间隔 1 min；12 m$\leq L<20$ m 的船舶如不鸣放该信号，应当以不超过 2 min 的间隔鸣放其他有效声号</td></tr>
<tr><td colspan="2">船长≥ 100 m 的锚泊船</td><td>急敲号钟（前）、锣（后）各 5 s</td><td>不同信号组之间的时间间隔 1 min</td></tr>
<tr><td colspan="2">锚泊中发现他船使近时</td><td>• — •</td><td>连续鸣放</td></tr>
<tr><td colspan="3">搁浅船</td><td colspan="2">除按同等长度的锚泊船鸣放声号外，还应在紧接急敲号钟之前和之后，各分隔而清楚地敲打号钟 3 下，搁浅的船舶还可以鸣放合适的笛号（如单字母信号码语 U • • —）。12 m$\leq L<20$ m 的船舶如不鸣放上述信号，应当以不超过 2 min 的间隔鸣放其他有效声号</td></tr>
<tr><td colspan="3">船长小于12 m 的船舶</td><td>如不鸣放上述有关的声号，应发出其他有效的声号</td><td>2 min</td></tr>
<tr><td>在航或锚泊</td><td colspan="2">引航船执行引航任务时</td><td>除鸣放机动船在航或锚泊的声号外，还可鸣放 • • • • 的识别声号</td><td>适时鸣放</td></tr>
</table>

七、招引注意信号

(1)意义:弥补规则其他条款未覆盖的情况,避免碰撞或航海危险。

(2)种类:灯光信号(环照灯、探照灯、莫尔斯信号灯或突耀的火焰等)和声响信号(号笛、号钟、号锣等),也可用 VHF、莫尔斯旗号或灯号。

(3)使用时机:

①适用任何能见度和任何船舶。

②使用具有选择性和主观性,必要时使用,如拖带遇险船、锚泊不解脱拖缆、被拖船无法显示规定号灯、走锚、号灯故障、捕鱼船或操限船遇危险、指引驶向危险水域的船、人员落水、特殊使命船希望协助等。

(4)注意事项:

①不被误认为规则其他条款准许的信号。

②不被误认为助航标志灯光。

③不妨碍他船瞭望。

④禁止使用频闪光等高亮度间歇灯或旋转灯。

八、遇险信号

(1)适用条件:船舶遇险需要救助时使用,禁止在其他情况下使用。

(2)使用方式:可单独或同时使用多种信号。

(3)种类:包括鸣枪、连续发声、抛射红星火箭、SOS 信号、MAYDAY 信号、N. C. 信号、方旗与球体组合、火焰、红色突耀火光、橙色烟雾、两臂侧伸上下摆动、数字选择性呼叫、船舶地球站遇险警戒、紧急无线电示位标信号、救生艇筏雷达应答器信号、橙色帆布、海水染色标志等。

相关习题

1. 根据《1972 年国际海上避碰规则》关于“短声”与“长声”的规定,下列说法正确的是________。
①短声历时约 1 s,长声指历时 4~6 s;②短声、长声均为笛声;③短声可以使用号笛、号锣;④长声可以使用任何声响信号器具连续鸣放
A. ①②　　B. ①②③④
C. ①②③　　D. ①

2. “长声”是指________。
A. 历时 2~3 s 的笛声　　B. 历时 7~8 s 的笛声
C. 历时 4~6 s 的笛声　　D. 不少于 10 s 的笛声

3. 关于“长声”和“短声”,下列说法正确的是________。
①长声历时 4~6 s;②短声历时约 1 s;③短声只能鸣放一次;④长声指连续鸣放的任何声号
A. ②③　　B. ③④
C. ①③④　　D. ①②

4. “短声”指历时________。

A. 约 1 s 的笛声　　B. 1~2 s 的笛声

C. 2~3 s 的笛声　　D. 4~6 s 的笛声

5. $L \geqslant 100$ m 的船舶,应配备________。

A. 一个号钟,一个号笛

B. 一面号锣,一个号笛

C. 一面号锣,一个号钟,以及至少一个号笛

D. 一面号锣,一个号钟

6. 关于《1972 年国际海上避碰规则》要求配备的声号设备,下列说法正确的是________。

A. 要求随时能以手动鸣放

B. 不可用其他设备代替

C. 如果音调相同,可以配备其中的一种

D. 号锣可以用声音特性相同的其他设备代替,号钟不可以

7. 关于声响设备的配备,下列说法正确的是________。

A. 20 m>$L \geqslant 12$ m 的船舶均应配备一个号笛和一个号锣

B. 100 m>$L \geqslant 20$ m 的船舶均应配备一个号笛和一个号钟

C. 20 m>$L \geqslant 12$ m 的船舶均应配备一个号笛和一个号钟

D. 100 m>$L \geqslant 12$ m 的船舶均应配备一个号笛和一个号钟

8. 根据《1972 年国际海上避碰规则》2001 年修正案的规定,有关船舶声号设备的配备,下列说法正确的是________。

A. 长度大于等于 20 m 但小于 100 m 的船舶应配备一个号笛和一个号钟

B. 长度大于等于 20 m 但小于 100 m 的船舶应配备一个号笛和一面号锣

C. 长度大于等于 20 m 但小于 100 m 的船舶应配备一面号锣和一个号钟

D. 长度大于等于 20 m 但小于 100 m 的船舶应配备一个号笛

9. 在互见中,一船重复显示"一闪"的灯光信号,则表示________。

A. 他船正在向左转向　　B. 他船正在向右转向

C. 他船将要向左转向　　D. 他船将要向右转向

10. 在互见中,一船重复显示"三闪"的灯光信号,则表示________。

A. 他船已停车不对水移动　　B. 他船将向右转向

C. 他船正向后推进　　D. 他船警告附近的船舶

11. 行动声号仅适用于在航机动船________。

A. 能见度良好时按本规则准许或要求进行操纵时

B. 在非互见中按本规则准许或要求进行操纵时

C. 在互见中按本规则准许或要求进行操纵时

D. 能见度不良时按本规则准许或要求进行操纵时

12. 你船使用主机向后推进时,在下述什么条件下可用声号表示?________。

①能用视觉观察到他船时;②听到他船的雾号时;③按照规则准许或要求采取行动时

A. ①③　　B. ②③

C. ③　　D. ①②③

13. 用机器推进的操纵能力受限制的船舶在互见中按规则准许或要求进行向左转向时应________。

A. 鸣放一短声　　B. 鸣放三短声

C. 鸣放二短声　　D. 不鸣放任何声号

14. 根据规则规定，船舶操纵信号的含义是________。

①表示“本规则准许或要求”的操纵行动；②表示本船将要采取的操纵行动；③表示本船正在采取的操纵行动；④表示本船已经采取的操纵行动

A. ①③　　B. ①②③

C. ①②③④　　D. ①③④

15. 在航机动船在按规则要求或准许采取行动时是否应鸣放操纵声号，应取决于________。

A. 两船的距离　　B. 当时的能见度

C. 是否处于互见中　　D. 是否存在碰撞危险

16. 关于操纵灯光信号，下列说法正确的是________。

①不应重复使用，以免被误解；②可以重复使用，前后信号的间隔时间应不少于 10 s；③只有机动船可以使用；④任何船舶均可以使用

A. ②④　　B. ②③④

C. ①③　　D. ②

17. 关于互见中的操纵声号，下列说法正确的是________。

A. 任何驶帆的船不要求鸣放

B. 限于吃水的船不要求鸣放

C. 从事引航任务的船不要求鸣放

D. 在航机动船按规则条款准许或要求操纵时鸣放

18. 下列说法正确的是________。

A. 行动声号适用于互见中在航机动船当按规则准许或要求进行操纵时

B. 行动声号仅适用于能见度良好，相遇两船为避免碰撞而采取行动时

C. 任何在航船舶，只要处于互见中，为避免碰撞而采取操纵行动时，就必须按规定鸣放操纵声号

D. 行动声号仅适用于任何能见度，相遇两船为避免碰撞而采取行动时

19. 作为操纵号灯的最小能见距离为________。

A. 5 n mile　　B. 6 n mile

C. 3 n mile　　D. 2 n mile

20. 补充操纵声号的灯号是环照白灯，它的能见距离应至少为________。

A. 6 n mile　　B. 5 n mile

C. 3 n mile　　D. 2 n mile

21. 补充操纵声号的灯号，前后信号的间隔时间应不少于________。

A. 5 s　　B. 10 s

C. 15 s　　D. 20 s

22. 使用操纵声号的时机是________。

A. 任何能见度　　B. 能见度良好时

C. 能见度良好时的互见中　　D. 任何能见度情况下的互见中

23. 操纵声号表示________。

A. 正在操纵的行动　　B. 准备操纵的行动

C. 已经操纵的行动　　D. 要求他船采取的行动

24. 互见中一机动船鸣放三短声，表示________。

A. 他船已停车不对水移动　　B. 他船将向右转向

C. 他船正向后推进　　D. 他船警告附近的船舶

25. 在互见中，听到一机动船鸣一短声，则表示________。

A. 他船正在向左转向　　B. 他船正在向右转向

C. 他船将要向左转向　　D. 他船将要向右转向

26. 操纵能力受到限制的船舶在互见中按规则准许或要求进行向右转向时应________。

A. 鸣放一短声　　B. 鸣放二短声

C. 鸣放三短声　　D. 不鸣放任何声号

27. 下列说法中正确的是________。

A. 行动声号表示本船即将可能采取的操纵行动

B. 行动声号表示本船即将采取的操纵行动的意图

C. 行动声号意味着将要求他船也采取同样的行动

D. 行动声号表示本船正在进行的操纵行动

28. 操纵声号适用于________。

A. 任何能见度中的任何船舶　　B. 处于互见中的任何机动船舶

C. 处于互见中的任何船舶　　D. 处于互见中的任何在航机动船舶

29. 船舶在互见中，听到他船二短声，则表示________。

A. 他船正在向左转向　　B. 他船正在向右转向

C. 他船将要向左转向　　D. 他船将要向右转向

30. 船舶在互见中，听到他船三短声，则表示________。

A. 他船已经停车，并已经不对水移动

B. 他船正在向后推进

C. 他船将要向后推进

D. 他船已经具有后退速度

31.《1972 年国际海上避碰规则》第 34 条 1 款要求“在航机动船按本规则准许或要求进行操纵时”应当鸣放操纵声号的“机动船”应包括________。

①水上飞机；②限于吃水的船舶；③地效船；④从事拖带作业的机动船

A. ①②③④　　B. ①②③

C. ①　　D. ①②

32. 关于操纵声号与操纵灯光信号，下列说法正确的是________。

A. 操纵声号与灯光信号均可以重复使用

B. 操纵声号与灯光信号均不可重复使用

C. 操纵声号可以重复使用
D. 操纵灯光信号可以重复使用

33. 关于“操纵声号”，下列说法正确的是________。
A. 应该使用号笛鸣放　　B. 可以使用号钟鸣放
C. 可以使用号锣鸣放　　D. 可以使用任何声响信号器具鸣放

34. 关于行动声号，下列说法正确的是________。
A. 行动声号表示本船即将采取操纵行动，同时要求他船也准备采取行动
B. 行动声号表示本船即将采取操纵行动
C. 行动声号表示本船正在采取操纵行动，同时要求他船也采取行动
D. 行动声号表示本船正在采取操纵行动

35. 下列说法正确的是________。
A. 追越声号适用于任何能见度
B. 追越声号表示一船追越的企图
C. 追越声号表示追越船正在追越
D. 在规则所适用的水域内，任何追越船均应鸣放追越声号以表明本船的追越企图

36. 追越船发出追越声号，表示________。
A. 企图采取追越行动　　B. 正在采取追越行动
C. 已采取追越行动　　D. 已经采取避让行动

37. 被追越船同意追越时，应鸣放________。
A. 一长声　　B. 二长声
C. 一长声一短声一长声一短声　　D. 二长声一短声

38. 企图追越的船舶鸣放追越声号后，如被追越的船舶未鸣放声号，则________。
A. 后船应假定前船默许追越　　B. 后船即可实施追越
C. 后船应认为前船不同意追越　　D. 免除追越船让路责任

39. 下列说法正确的是________。
A. 互见中在《规则》所适用的水域中，追越船在企图追越时，应鸣放追越声号
B. 在狭水道或航道内互见时，任何追越船均应鸣放相应的追越声号
C. 在狭水道或航道内互见时，只有在需要被追越船采取行动才能安全追越时，企图追越的船才须鸣放追越声号
D. 在狭水道或航道内，只有在需要被追越船采取行动才能安全追越时，追越船才须鸣放追越声号

40. 当船舶处于互见中，狭水道内企图追越他船的船舶，下列哪种情况应鸣放追越声号？________。
A. 任何情况
B. 大船追小船
C. 小船追大船
D. 只有在被追越船必须采取行动以允许安全通过时

41. 在狭水道互见中，一艘操纵能力受限的船企图从左舷追越一艘机动船，如需被追越船采取行动，则操纵能力受限的船________。

A. 不必鸣放任何声号　　B. 应鸣放一长声
C. 应鸣放二长一短声　　D. 应鸣放二长二短声

42. 下列说法正确的是________。
A. 追越声号应在追越中鸣放
B. 追越声号应在追越前鸣放
C. 当一船鸣放完追越声号后,即可独自采取行动
D. 当一船鸣放完追越声号后,避免碰撞的行动由被追越船采取

43. 船舶鸣放五短声的适用条件是________。
①互见;②任何船舶;③在狭水道航行;④一船无法了解他船的意图或行动,以及怀疑他船是否在采取足够的行动
A. ②④　　B. ①③④
C. ③④　　D. ①②④

44. 有关《规则》第 34 条 4 款的怀疑警告信号的说法,下列正确的是________。
A. 该信号不适用于非互见中
B. 该信号也适用于船舶在驶近可能被居间障碍物遮蔽他船的水道或航道的弯头或地段
C. 该信号适用于互见中的船舶相互驶近时,任何一船对他船的行动或意图持有怀疑时
D. 该信号仅适用于互见中的机动船相互驶近时,任何一船对他船的行动或意图持有怀疑时

45. 关于警告声号的适用范围,下列说法正确的是________。
①只适用于互见;②适用于任何水域;③适用于任何船舶;④只适用于在航机动船
A. ②③　　B. ①②③
C. ②④　　D. ④

46. 互见中相互驶近的船舶,无法了解对方的意图时,应鸣放________。
A. 至少五短声　　B. 四短声
C. 三短声　　D. 二短声

47. 互见中的船舶相互驶近,一船无法了解他船的意图时,则应立即鸣放________表示这种怀疑。
A. 至少五声短而急的声号　　B. 不应超过五声短而急的声号
C. 四声短而急的声号　　D. 三声短而急的声号

48. 关于警告声号,下列说法正确的是________。
①大于五次的短声声号急促鸣放表示警告声号;②可用号笛、号钟或号锣鸣放;③警告声号应该用灯光信号代替;④不可用灯光代替警告声号
A. ①　　B. ①②
C. ①②③　　D. ①②③④

49. 下列哪些声号可用灯光信号作为补充? ________。
①操纵声号;②警告声号;③追越声号
A. ①　　B. ①②
C. ①②③　　D. ②③

50.《规则》第 34 条 4 款规定的怀疑信号________。
A. 该信号仅适用于互见中的在航机动船

B. 该信号也可用于船舶在驶近可能被居间障碍物遮蔽他船的水道或航道的弯头或地段
C. 该信号仅适用于互见中的直航船发现让路船显然没有按本规则要求采取行动时
D. 该信号适用于互见中的船舶相互驶近时,任何一船对他船的行动或意图持有怀疑时

51. 警告声号适用的船舶为________。
A. 任何能见度中的任何船舶　　B. 互见中的在航机动船
C. 互见中的任何船舶　　D. 互见中的任何机动船

52. 下列哪些情况下应鸣放警告声号? ________。
①互见中任何一船无法了解驶近他船的行动;②互见中任何一船无法了解驶近他船的意图;③互见中怀疑驶近他船的行动是否足够
A. ①　　B. ①②
C. ②③　　D. ①②③

53. 互见中看到来船使用至少五次短而急的闪光,表示________。
A. 来船正在招引他船注意　　B. 来船正在向后推进
C. 来船正在警告附近的船舶　　D. 来船遇险需要救助

54. 下列哪些声号可以用灯光信号作为补充? ________。
①一长声;②三短声;③四短声;④至少五声短而急的声号
A. ①②③　　B. ②③④
C. ②④　　D. ①③

55. 下列哪些声号可以用灯光信号作为补充? ________。
①怀疑警告声号;②操纵声号;③后船发出的征求前船意见的追越声号
A. ①②　　B. ①②③
C. ②③　　D. ①③

56. 关于"至少五声短而急"声号的说法,下列错误的是________。
A. 适用于任何能见度
B. 提醒他船注意其行动的正确性
C. 表示对他船的行动及意图有怀疑
D. 提醒他船"是遵守规则采取行动的时候了"

57.《规则》第三十四条(操纵和警告信号)5 款规定的一长声的信号,除其他条文另有规定外________。
A. 表示一船发现在航道或水道的弯头另一侧水域的船舶情况
B. 表示在驶近可能被居间障碍物遮蔽他船的水道或航道的弯头或地段的一船所发出的一种警告他船的声号
C. 适用于互见中
D. 适用于任何能见度

58. 船舶过弯道使用一长声警告信号适用于________。
A. 能见度良好的情况下　　B. 互见中
C. 能见度不良时　　D. 任何能见度

59. 关于"狭水道或航道的弯头或地段"的一长声声号,下列说法正确的是________。

①适用于互见;②如果看不到对面来船,不要求鸣放;③适用于障碍物遮蔽不能看到对面是否存在他船;④适用于任何原因看不到对面他船时

A. ③④　　B. ④

C. ③　　D. ①②

60. 船舶在驶近可能被居间障碍物遮蔽他船的狭水道的弯头或地段时,听到对面传来一长声声号,下列说法正确的是________。

①来船一定是机动船在航对水移动;②来船正在向右转向;③来船应回答一长声;④本船应向右转向

A. ③　　B. ④

C. ①③　　D. ②④

61. 在因为障碍遮蔽而无法看到对面是否存在他船的弯道航行,在听到对面传来一长声声号后,下列说法不正确的是________。

①来船不可能是帆船;②来船不可能是从事捕鱼的船舶;③来船一定是机动船在航对水移动;④来船可能是限于吃水的船舶

A. ①③④　　B. ①②

C. ①②③　　D. ④

62. 在因为障碍遮蔽而无法看到对面是否存在他船的弯道航行,在听到对面传来一长声声号后,下列说法不正确的是________。

①来船可能是机动船在航对水移动;②来船一定是机动船在航对水移动;③来船不可能是操纵能力受到限制的船舶;④来船可能是从事引航任务的船舶

A. ①③④　　B. ①②

C. ②③　　D. ②③④

63. 能见度良好条件下,一船全速倒车,由船坞退到航道,由于码头建筑物遮蔽无法发现航道中来船时,该船应鸣放什么声号? ________。

A. 三短声　　B. 四短声

C. 五短声　　D. 一长声

64. 能见度良好时,一船正在倒车退离码头进入航道,由于码头建筑物遮蔽无法发现航道中来船时,该船应鸣放________。

A. 三短声　　B. 一长声

C. 至少五声短而急　　D. 二长声

65.《国际海上避碰规则》第 34 条 5 款规定的过弯道信号(一长声),适用于________。

A. 互见中　　B. 能见度良好

C. 任何能见度　　D. 能见度不良

66. 某大船上装有间距为 106 m 的两个号笛,正确的使用方法是________。

A. 两个同时使用

B. 互见时用一个,非互见时用两个

C. 只用其中一个

D. 能见度良好时用一个,能见度不良时用两个

67. 在能见度不良的水域中或其附近,________船舶应按要求鸣放能见度不良时使用的声号。
①机动船在航对水移动;②机动船在航停车不对水移动;③失去控制的船舶在航不对水移动;④从事捕鱼的船舶在锚泊中作业
A. ①②③　　B. ①②③④
C. ①②　　D. ①

68. 在能见度不良的水域中或其附近,应按要求鸣放能见度不良时使用的声号的船舶有________。
①锚泊中过驳装卸货物的船舶;②锚泊中从事挖泥作业的船舶;③锚泊中从事加油作业的船舶;④搁浅的船舶
A. ①　　B. ①②
C. ①②③　　D. ①②③④

69. 在能见度不良的水域中或其附近,________应当按规定鸣放能见度不良的声号。
A. 航行时不在互见中的船舶　　B. 在航、锚泊或搁浅的船舶
C. 任何船舶　　D. 只有在航的任何船舶

70. 关于雾号的鸣放,下列说法正确的是________。
①在能见度不良的水域附近看见他船时应停止鸣放;②在能见度良好的水域中看不见他船时也应鸣放;③在能见度不良的水域或其附近航行、锚泊、搁浅均应鸣放
A. ①②　　B. ②③
C. ①③　　D. ③

71. "能见度不良时使用的声号"适用于________。
A. 在能见度不良的水域中
B. 在能见度不良的水域中或其附近航行、锚泊或搁浅时
C. 在能见度不良的水域中或其附近相互看不见时
D. 在能见度不良的水域中或其附近航行时

72. 在能见度不良的水域中或其附近,下列说法正确的是________。
A. 任何船舶在航对水移动应以不超过 2 min 的间隔鸣放一长声
B. 任何船长不小于 20 m 的船舶锚泊时均应鸣放钟号
C. 在航、锚泊或搁浅的船舶均应按要求鸣放能见度不良时的声号
D. 如果没有确定周围存在他船,可以不鸣放声号

73. 船舶在能见度不良的水域中或其附近航行时,关于"能见度不良时使用的声号"的鸣放,下列说法正确的是________。
A. 能见距离小于声号可听距离时应当鸣放
B. 能见距离大于声号可听距离时不需要鸣放
C. 如果已用视觉发现他船,则不需要鸣放
D. 如果确定附近水域不存在他船,可不鸣放

74. 雾中用曳绳钓捕鱼的机动渔船,对水移动时,每 2 min 应鸣放________。
A. 一长二短声　　B. 二长声
C. 一长声　　D. 一长三短声

75. 你船在能见度不良水域航行，显示两盏桅灯、两盏舷灯和一盏艉灯，对水移动时，应鸣放________。

A. 一长声　　B. 二长声

C. 三短声　　D. 四短声

76. 在能见度不良的水域中航行时，应以每次不超过 2 min 的间歇鸣放一长声声号的“机动船”应包括________。

①水上飞机；②地效船；③限于吃水的船舶；④从事拖带作业的机动船

A. ①②③④　　B. ①②

C. ①　　D. ①②③

77. 你船在能见度不良水域航行，听到他船鸣放一长声声号，则他船可能是________。

A. 机动船　　B. 限于吃水船

C. 帆船　　D. 失控船

78. 能见度不良时，在航的机动船对水移动时应当________。

A. 每隔约 1 min 鸣放一长声　　B. 每隔约 2 min 鸣放一长声

C. 每隔约 1 min 鸣放二长声　　D. 每隔约 2 min 鸣放二长声

79. 能见度不良的水域中，在航船舶并靠进行货物过驳作业并且停车不对水移动，应以每次不超过 2 min 的间隔鸣放二长声声号的机动船包括________。

①水上飞机；②地效船；③限于吃水的船舶；④从事拖带作业的船舶

A. ①②③④　　B. ①②

C. ①　　D. ①②③

80. 在能见度不良的水域中及其附近的在航机动船，应以不超过 2 min 的间隔鸣放________。

A. 不使用机器推进时鸣放一长声声号

B. 对水移动时鸣放一长声声号，不对水移动时鸣放二长声声号

C. 向右或向左转时分别鸣放一长声声号或二长声声号

D. 使用机器推进时鸣放二长声声号

81. 关于能见度不良时应按要求鸣放一长声或二长声声号的机动船，下列说法正确的是________。

①包括从事顶推作业的拖船；②包括从事旁拖作业的拖船；③包括从事拖带作业的拖船；④包括牢固连接的顶推组合体

A. ③④　　B. ①③

C. ②④　　D. ②

82. 能见度不良的水域中，一驶帆同时使用机器推进的船舶在航，应以不超过 2 min 的间隔鸣放________。

①对水移动时一长声；②不对水移动时二长声；③对水移动时一长声接二短声；④不对水移动时二长声接二短声

A. ①②　　B. ③④

C. ②③④　　D. ①③

83. 你船在能见度不良水域航行，显示两盏桅灯、两盏舷灯和一盏艉灯，不对水移动时，应鸣

放________。

A. 一长声　　B. 二长声

C. 三短声　　D. 四短声

84. 你在驾驶台值班，能见度不良，听到附近一艘船舶每 2 min 鸣放二长声，每长声之间间隔约 2 s，该船的状态为________。

A. 机动船，在航且对水移动

B. 失去控制或限于吃水的船

C. 锚泊中的船舶

D. 机动船，在航但已停车，并且不对水移动时

85. 你船在能见度不良水域航行，听到他船鸣放二长声声号，则他船可能是________。

A. 机动船在航不对水移动　　B. 限于吃水船在航不对水移动

C. 帆船在航不对水移动　　D. 失控船在航不对水移动

86. 能见度不良的水域中，机动船在航行中主机故障停车，在停止对水移动之前，应以每次不超过 2 min 的间隔，鸣放________。

A. 一长声接二短声　　B. 一长声接三短声

C. 一长声　　D. 二长声

87. 雾中听到一长二短的声号，该船一定不是________。

A. 在航帆船　　B. 被拖船

C. 失去控制的船舶　　D. 限于吃水的船舶

88. 雾中主机故障的失控船，不对水移动时应鸣放________。

A. 一长声　　B. 一长二短声

C. 二长声　　D. 一短一长一短声

89. 试判断哪一种说法是正确的（能见度不良）？________。

A. 任何形式的顶推船锚泊时应鸣放一长二短声

B. 正在从事捕鱼作业的船舶，不管在航还是锚泊，均应鸣放一长二短声

C. “失去控制的船舶”只有当处于在行不对水移动时才应鸣放一长二短声

D. 在航机动船应以每次不超过 2 min 的间隔鸣放一长声

90. 在能见度不良时，按要求应鸣放一长声接二短声的在航船舶包括________。

①从事顶推作业的拖船；②从事旁拖作业的拖船；③从事拖带作业的拖船；④包括牢固连接的顶推组合体

A. ①③　　B. ②

C. ③④　　D. ②④

91. 关于被顶推的在航船舶在能见度不良的水域应鸣放的声号，下列说法正确的是________。

A. 如果配有船员，第一艘或最后一艘应鸣放声号

B. 规定的声号为一长声接三短声

C. 规定的声号为应尽可能紧接拖船声号鸣放

D. 规则没有鸣放声号的要求

92. 限于吃水船在雾中在航不对水移动应鸣放的声号是________。

A. 一长声　　B. 二长声

C. 五短声　　D. 一长二短声

93. 帆船在航不对水移动在雾中应鸣放的声号是________。

A. 一长二短声　　B. 一长声

C. 二长声　　D. 五短声

94. 下述哪种船在雾中不使用一长二短声雾号？________。

A. 失去控制的船舶　　B. 搁浅船

C. 锚泊中从事捕鱼的船舶　　D. 限于吃水的船舶

95. 从事非拖网作业捕鱼的船舶在航不对水移动,在雾中应鸣放的声号是________。

A. 一长声　　B. 二长声

C. 一长二短声　　D. 五短声

96. 限于吃水的船舶在航对水移动,在雾中应鸣放的声号是________。

A. 一长声　　B. 二长声

C. 一长二短声　　D. 五短声

97. 对发出一长二短声声号的来船,下列判断正确的是________。

A. 来船可能在锚泊中　　B. 你船应给他船让路

C. 来船是一艘在航船舶　　D. 来船是一艘直航船

98. 下列哪种船舶在雾中锚泊时可鸣放一长二短声代替锚泊雾号？________。

①失去控制的船舶;②拖带船;③从事捕鱼的船舶

A. ①　　B. ①②

C. ①②③　　D. ③

99. 操纵能力受到限制的船舶,锚泊中执行任务,能见度不良时,应鸣放________。

A. 以 1 min 间隔急敲钟 5 s　　B. 以 1 min 间隔前钟后锣各 5 s

C. 以 2 min 间隔前钟后锣各 5 s　　D. 一长二短声的笛号

100. 锚泊中从事疏浚作业的船舶在雾中应鸣放的雾号是________。

A. 一长声　　B. 二长声

C. 一长二短声　　D. 五短声

101. 锚泊中从事捕鱼的船舶雾中应鸣放的声号是________。

A. 一长声　　B. 二长声

C. 一长二短声　　D. 五短声

102. 锚泊中从事清除水雷作业的船舶在雾中应鸣放的声号是________。

A. 一长声　　B. 二长声

C. 一长二短声　　D. 五短声

103. 能见度不良,长度 120 m 的操纵能力受到限制的船舶在锚泊中作业时应鸣放________。

A. 一长声继以二短声　　B. 急敲号钟

C. 二长声　　D. 先急敲号钟后急敲号锣各约 5 s

104. 能见度不良,长度 80 m 的捕鱼船在锚泊中作业时应鸣放________。

A. 一长声二短声　　B. 急敲号钟

C. 急敲号钟与急敲号锣各 5 s　　　　D. 二长声

105. 能见度不良的水域中,一机动船主机故障申请拖带救助,在拖航对水移动过程时,被拖船应以每次不超过 2 min 的间隔鸣放________。

A. 二长声　　　　B. 一长声接三短声

C. 一长声接二短声　　　　D. 一长声

106. 能见度不良的水域多艘船舶同时被拖带时,如配有船员,哪船应紧接拖船声号鸣放一长声接三短声? ________。

A. 最前一艘　　　　B. 最后一艘

C. 最前一艘与最后一艘　　　　D. 每一艘

107. 从事拖带作业的机动船在航时雾中应鸣放的声号是________。

A. 一长声　　　　B. 二长声

C. 一长二短　　　　D. 五短声

108. 在能见度不良的水域中,多艘被拖船的最后一艘,如配有船员,应以每次不超过________的间隔连续鸣放________的声号。

A. 2 min;一长二短声　　　　B. 1 min;一长二短声

C. 2 min;一长三短声　　　　D. 1 min;一长三短声

109. 雾中一机动船拖带着三条船,试问最前一条驳船应使用哪种声号? ________。

A. 每次不超过 2 min 的间隔鸣放一长声

B. 不必鸣放声号

C. 每次不超过 2 min 的间隔鸣放一长二短声

D. 每次不超过 2 min 的间隔鸣放一长三短声

110. 能见度不良时,一船尾部拖带有三条被拖船,试问中间一条驳船应使用哪种声号? ________。

A. 不必鸣放声号

B. 每次不超过 2 min 的间隔鸣放一长声

C. 每次不超过 2 min 的间隔鸣放一长二短声

D. 每次不超过 2 min 的间隔鸣放一长三短声

111. 在能见度不良的水域中,应以每次不超过 2 min 的间隔鸣放一长声接三短声的船舶包括________。

①一机动船主机故障被拖航并对水移动;②一机动船主机故障被拖航但拖船已停车且不对水移动;③一机动船主机故障被拖船傍拖航行且对水移动;④一机动船主机故障被拖船傍拖但拖船已停车且不对水移动

A. ①②　　　　B. ①③

C. ①②③④　　　　D. ②④

112. 在雾中听到一长三短声的笛号,则他船为________。

A. 失去控制的船舶　　　　B. 帆船

C. 操纵能力受到限制的船舶　　　　D. 一被拖船

113. 在雾中先听到一长二短声、紧接着又听到一长三短声,下列判断正确的是________。

A. 来船是拖带船队　　　　B. 来船是顶推船队

C. 来船是在航引航船　　D. 来船是操限船

114. 从事拖带的机动船在雾中在航时鸣放的声号是________。

A. 一长声　　B. 一长二短声

C. 一长三短声　　D. 二长声

115. 一牢固组合体(使用机器推进),在能见度不良水域中航行(对水移动),应以不超过 2 min 的间隔连续鸣放________。

A. 二长声　　B. 一长声

C. 一长二短声　　D. 一长三短声

116. 在能见度不良的水域中锚泊时,船长符合规定的船舶从事哪些作业应按要求鸣放规定钟号和锣号?________。

①使用任何渔具捕鱼;②使用任何网具捕鱼;③使用绳钓捕鱼;④使用曳绳钓捕鱼

A. ②③　　B. ①②③

C. ④　　D. ①④

117. 关于在能见度不良水域中的锚泊船(船长不小于 20 m)应鸣放的声号,下列说法正确的是________。

①可以鸣放合适的声号来警告驶近的他船;②可以鸣放合适的声号来代替规定的钟号与锣号;③钟号与锣号适用条件下应该鸣放;④应该鸣放一短一长一短声的笛号

A. ①③　　B. ③④

C. ①②④　　D. ②③

118. 雾中听到每隔约 50 s 急敲号钟约 5 s 的声号,则该船是________。

A. 被拖船　　B. 搁浅船

C. 漂流船　　D. 锚泊船

119. 能见度不良的水域中,一船长 90 m 的机动船主机故障抛锚抢修,锚泊中应当鸣放的声号为________。

A. 应以每次不超过 1 min 的间隔急敲号锣约 5 s

B. 应以每次不超过 2 min 的间隔鸣放二长声

C. 应以每次不超过 2 min 的间隔鸣放一长声接二短声

D. 应以每次不超过 1 min 的间隔急敲号钟约 5 s

120. 锚泊中的船舶,在能见度不良时,如认为必要,可以鸣放________。

A. 二短一长声　　B. 一短一长一短声

C. 四短声　　D. 五短声

121. 你船雾中锚泊于海上,听到他船的雾号越来越响,并构成碰撞危险时,你船除了鸣放规定的钟号、锣号外,还可使用下述哪种信号来表示你船的存在?________。

A. 汽笛发出至少五声短而急的声　　B. 汽笛发出一短一长一短声

C. 汽笛发出一长二短声号　　D. 无其他可鸣放的特殊信号

122. 能见度不良条件下,下列提法正确的是________。

A. 锚泊船可鸣放一短一长一短的声号作为一种警告驶近的他船注意本船的声号

B. 搁浅船应按同等长度的锚泊船鸣放相应的声号

C. 引航船在锚泊执行引航任务时，只能鸣放规定的四短声识别信号

D. 长度小于 7 m 的小船在任何地方锚泊都不必鸣放任何的声响信号

123. 关于在能见度不良的水域中锚泊船应鸣放的声号，下列说法正确的是________。

A. 任何船舶均应鸣放规定或有效的声号

B. 任何船舶均应鸣放规定或有效的钟号

C. 锚泊的声号与在航的声号相同

D. 所有船舶的声号应相同

124. 雾中听到他船鸣放一短一长一短声时，表示该船为________。

A. 被拖船　　B. 失去控制的船舶

C. 锚泊船　　D. 停车不对水移动船

125. 雾中，你听到他船在紧急敲钟之前和之后各分隔而清楚地敲打号钟三下，则该船为________。

A. $L<100$ m 的搁浅船　　B. $L\geqslant 100$ m 的锚泊船

C. $L<100$ m 的锚泊船　　D. $L\geqslant 100$ m 的搁浅船

126. 在能见度不良的水域中锚泊时应按要求鸣放规定钟号或锣号的船舶（船长符合规定）包括________。

①地效船；②水上飞机；③与锚泊船并靠的加油船；④主机故障正在修理的船舶

A. ②③　　B. ①②④

C. ①②③④　　D. ③

127. 在能见度不良的水域中搁浅时应按要求鸣放规定钟号的船舶包括________。

①船长不小于 20 m 的任何船舶；②船长不小于 100 m 的任何船舶；③船长小于 12 m 的船舶；④船长小于 20 m 的船舶

A. ①　　B. ①②

C. ②　　D. ②③④

128. 雾中，听到紧急敲钟前后各有分隔而清晰的号钟三下，则他船为________。

A. 搁浅船　　B. 操纵能力受到限制的船舶

C. 失去控制的船舶　　D. 限于吃水的船舶

129. 下列哪种声号可能被一艘在雾中锚泊执行引航任务的引航船选用？________。

A. 一长声　　B. 二长声

C. 三短声　　D. 四短声

130. 在雾航中，听到一船鸣放一长声后又鸣放四短声，则该船为________。

A. 执行引航任务的船警告本船　　B. 执行引航任务的船不对水移动

C. 执行引航任务的船搁浅　　D. 执行引航任务的船对水移动

131. 在雾航中，听到一船鸣放二长声后又鸣放四短声，则该船为________。

A. 被拖船

B. 失去控制的船舶

C. 执行引航任务的引航船

D. 在航不对水移动的机动船警告本船

132. 能见度不良时,关于锚泊中的执行引航任务的船,下列说法正确的是________。
A. 只应鸣放:船舶的锚泊雾号
B. 应鸣放:船舶的锚泊雾号和四短声声号
C. 应鸣放:船舶的锚泊雾号,还可鸣放四短声
D. 只应鸣放:四短声的识别声号

133. 一艘在能见度不良的水域锚泊中执行引航任务的船舶,________。
A. 应鸣放一长声接二短声声号与四短声声号
B. 如船长符合规定,应按要求鸣放规定的钟号及锣号,并可鸣放四短声声号
C. 应鸣放一长声接二短声声号
D. 应鸣放四短声声号,如船长符合规定,应按要求鸣放规定的钟号及锣号

134. 雾中发放声号的时间间隔每次不超过________。
A. 号笛为 2 min,号钟、号锣均为 1 min
B. 号笛、号钟、号锣均为 2 min
C. 号笛、号钟为 2 min,号锣为 1 min
D. 号笛、号钟、号锣均为 1 min

135. 在能见度不良的水域听到他船重复鸣放一长声接四短声的声号,下列判断正确的是________。
A. 他船为一被拖船或多艘被拖船的最后一艘
B. 他船一定在航对水移动
C. 他船一定在航不对水移动
D. 他船可能处于锚泊

136. 能见度不良水域中,引航船在航执行引航任务时,除鸣放同等长度机动船的信号以外,还可鸣放________。
A. 一长声　　B. 二长声
C. 三短声　　D. 四短声

137. 能见度不良水域中,引航船锚泊中执行引航任务时,除鸣放同等长度机动船的信号以外,还可鸣放________。
A. 一长声　　B. 二长声
C. 三短声　　D. 四短声

138. 关于执行引航任务的船应鸣放的声号,下列说法正确的是________。
A. 无论在航还是锚泊,应鸣放在航机动船和锚泊船的雾号
B. 无论在航还是锚泊,只应鸣放四短声的识别声号
C. 除了鸣放在航机动船和锚泊船的雾号外,还应鸣放四短声的识别声号
D. 除了鸣放在航机动船和锚泊船的雾号外,还可鸣放四短声的识别声号

139. 关于招引他船注意的信号,下列说法不正确的是________。
A. 应尽可能接近规则其他各条所规定的任何信号
B. 应避免使用频闪灯或高亮度的旋转灯、间歇灯
C. 应不致被误认为规则其他各条所准许的任何信号

D. 应不致被误认为是任何助航标志的灯光

140. 使用“招引注意信号”的目的是________。

①用来弥补规则其他各条规定可能无法覆盖的各种特殊情况；②招引他船注意避免碰撞危险；③招引他船注意避免航行危险

A. ①③　　B. ①②

C. ①②③　　D. ②③

141. 下列哪些情况下可以使用规则规定以外的声响和灯光信号？________。

①需要引起他船注意时；②一从事捕鱼的船舶看到他船驶近自己的网具；③发现碍航物；④本船正在进行舷外作业

A. ②③④　　B. ①③

C. ②④　　D. ①②③④

142. 关于招引他船注意的信号，下列说法正确的是________。

①如需招引他船注意，任何船舶均可使用；②一艘通常不从事拖带作业的普通机动船在从事拖带另一艘遇险或需要救助的船时，应采取《规则》第 36 条准许的措施表明拖带船与被拖带船之间的关系；③招引他船注意的信号只应使用探照灯；④只适用于在航船舶

A. ②③④　　B. ①③

C. ②④　　D. ①②

143. 关于招引他船注意的信号，下列说法正确的是________。

①为避免被误认为规则要求的信号，不应使用号笛鸣放任何含长声或短声的声号；②不应使用探照灯；③不应使用会被误认为规则要求的信号；④不应使用任何旋转或间歇灯光信号

A. ②④　　B. ①③

C. ③④　　D. ①②③

144. 下列哪些情况下可以使用《规则》规定以外的声响和灯光信号以引起他船注意？________。

①本船发现遇险的落水者；②本船发现他船驶近渔船网具；③发现碍航物；④本船失去动力和电力

A. ②③④　　B. ①②③④

C. ①③　　D. ②③

145. 下列哪些水域船舶可以使用《规则》规定以外的声响和灯光信号以引起他船注意？________。

①能见度不良的水域；②狭水道；③航行密集区；④分道通航制水域

A. ②③④　　B. ①③

C. ②④　　D. ①②③④

146. 关于招引他船注意的信号，下列说法正确的是________。

①招引信号可以与《规则》条款信号相似，只要有不同之处即可；②招引信号可以与助航标志相似，只要有所不同即可；③应避免使用频闪灯

A. ①②　　B. ②③

C. ①②③　　D. ③

147. 招引他船注意的信号应避免使用的灯是________。

①与航标灯光相类似的灯；②高亮度的间歇灯；③高亮度的旋转灯；④探照灯

A. ①②　　B. ①③④

C. ③④　　D. ①②③

148. 如有必要招引他船注意,任何船舶可以发出灯光或声响信号,《规则》对这种信号的要求是________。

①应不致被误认为《规则》其他各条所准许的任何信号;②可用不致妨碍任何船舶的方式把探照灯的光束朝着危险方向;③应不致被误认为是任何助航标志的灯光;④如能招引他船注意,任何灯光或声响信号均可使用

A. ④　　B. ①②③

C. ①②　　D. ①③

149. 为招引他船注意,船舶可使用下列哪些声响或灯光信号?________。

①探照灯;②频闪灯;③与附近助航标志相区别的高亮旋转灯光;④与附近助航标志相区别的高亮间歇灯光

A. ②③④　　B. ①

C. ②④　　D. ①②③④

150. 关于"使用招引注意信号的要求",下列说法中错误的一项是________。

A. 不致被误认为本规则其他条款所准许的任何信号

B. 不致妨碍任何其他船舶

C. 不致被误认为是任何助航标志的灯光

D. 应尽量使用诸如频闪灯这样高亮度的间歇灯或旋转灯

151. 使用招引他船注意的信号时,应当避免使用________。

①旋转灯光;②频闪灯;③间歇灯光;④探照灯

A. ①　　B. ①②

C. ①②③　　D. ①②③④

152. 下列情况中可使用招引他船注意的信号的是________。

①本船发现他船航行灯熄灭;②本船发现他船驶近危险物;③本船正在寻找落水者

A. ①　　B. ①②③

C. ②③　　D. ①②

153. 关于为招引他船注意的声响或灯光信号,下列说法正确的是________。

①可以以任意的方式使用探照灯;②只要不与附近助航标志相混,可以使用频闪灯;③不应使用高亮的旋转灯光;④不应使用高亮的间歇灯光

A. ③④　　B. ①

C. ②④　　D. ①②③④

154. 关于为招引他船注意的声响或灯光信号,下列说法正确的是________。

①不应被误认是《规则》要求或准许的信号;②不应妨碍他船;③不应被误认为是助航标志;④不应使用高亮的间歇灯光和旋转灯光

A. ③④　　B. ②④

C. ①②③④　　D. ①②

155. 下列信号中属于遇险信号的是________。

①号笛鸣放至少五次短而急的声号;②号笛连续鸣放;③号钟连续鸣放;④号锣连续鸣放

A. ①④　　B. ①②③

C. ②③④　　D. ①②

156. 下列信号中哪些是遇险信号?________。

①连续不断燃放火光;②任何雾号器具连续发声;③每隔 1 min 鸣放爆炸信号一次;④橙色烟雾信号

A. ①②③　　B. ③④

C. ①②③④　　D. ②④

157. 互见中听到他船鸣放五次短声声号,表示________。

A. 他船遇险需要救助　　B. 他船正在进行弃船应急反应

C. 他船正向后推进　　D. 他船警告附近的船舶

158. 机动船在船体严重倾斜需要救助时,可以使用下列哪些信号?________。

①连续不断燃放火光,任何雾号器具连续发声;②任何雾号器具连续发声;③一面方旗放在一个球体的上方或下方;④将衣服张开挂在桅顶

A. ①②③　　B. ③④

C. ①②③④　　D. ②④

159. 以下哪个是遇险信号?________。

A. 红色烟雾信号　　B. 橙色烟雾信号

C. 红色闪光信号　　D. 黄色闪光信号

160. 在规定的遇险信号中,不包括________。

A. 抛射红星的火箭或信号弹

B.《国际信号规则》中表示遇险的信号 N. C.

C. 船上的火焰

D. 雾号

161. 下列信号中哪些不是遇险信号?________。

①五次以上的短声连续鸣放;②号笛连续鸣放;③每隔 1 min 鸣放号钟(5 s)一次;④橙色烟雾信号

A. ③④　　B. ②③④

C. ①②④　　D. ①③

162. 一机动船在大风浪中失去动力需要救助时,可以使用下列哪些信号?________。

①连续不断燃放火光;②任何雾号器具连续发声;③每隔 1 min 鸣放爆炸信号一次;④橙色烟雾信号

A. ①②③④　　B. ②④

C. ①②③　　D. ③④

163. 下列信号中哪些是遇险信号?________。

①号钟连续发声;②任何雾号器具连续发声;③号锣连续发声;④号笛连续发声

A. ①②③④　　B. ②④

C. ①②③　　D. ④

164. 船舶在下列什么情况下可以使用两臂侧伸,缓慢而重复地上下摆动的信号?________。
①主机故障停车漂航;②船体严重倾斜需要救助;③船舶失火需要救助;④船体严重进水需要救助
A. ②③④　　B. ②④
C. ①②③④　　D. ①②

165. 无线电话发出的遇险语音信号是________。
A. SECURE　　B. MAYDAY
C. PANPAN　　D. N. C.

166. 船舶在下列什么情况下可以使用一面方旗放在一个球体的上方或下方所组成的信号?________。
①主机故障停车漂航;②船体严重倾斜需要救助;③进行消防演习;④弃船后需要救助落水者
A. ①②③④　　B. ②④
C. ①②　　D. ③④

167. 遇险时发出莫尔斯信号求救,发出 SOS 求救信号,可以用________信号来表示。
A. 三短、三长、三短　　B. 二短、二长、二短
C. 二短、三长、二短　　D. 三短、四长、三短

168. 关于遇险信号,下列说法正确的是________。
A. 不论是一起或分别使用或显示,均表示遇险需要救助
B. 只有以一定周期重复使用时,才表示遇险需要救助
C. 船舶在演习时可以短时间使用或显示
D. 船舶在演习时可以使用或显示

169. 下列属于遇险信号的是________。
①由无线电示位标发出的信号;②以雾号器具连续发声;③至少五次短而急的闪光;④橙色烟雾信号
A. ①②③　　B. ①②④
C. ②③④　　D. ①②③④

170. 船舶在海上,夜间看到他船用灯光发送的“ · · · ——— · · · ”莫尔斯信号,表示他船________。
A. 遇险,需要救助　　B. 操纵能力受到限制
C. 正在从事水下作业　　D. 正在进行弃船演习

171. 用莫尔斯信号发出的遇险信号是________。
A. 三短三长三短声　　B. 三长声
C. 三短声　　D. 六短一长声

172. 船舶在下列什么情况下不应使用雾号连续发声?________。
①在能见度不良的水域中主机故障失去控制;②走锚;③对驶近他船的行动和意图表示怀疑;④正在进行灭火并按灭火要求操纵船舶
A. ①②③　　B. ①②③④

C. ④　　D. ②④

173. 船舶在下列什么情况下可以使用雾号连续发声？________。

①在能见度不良的水域锚泊；②发现他船驶近航行危险物；③船体严重倾斜需要救助；④船舶火灾需要救助

A. ①②③④　　B. ②④

C. ①②　　D. ③④

174. 你船在海上航行，用望远镜看到前方船显示上面一个球体，下面一面方旗的信号，它表示什么意义？________。

A. 他船失控

B. 从事敷设电缆的船舶正在作业

C. 遇险船需要救助

D. 从事清除水雷作业的船舶警告来船接近是危险的

175. 下列信号中哪个不是遇险信号？________。

A. 至少五次短而急的闪光　　B. 橙色烟雾信号

C. 一面方旗在一个球体上方　　D. 国际简语信号 N. C.

176. 下列信号中属于遇险信号的是________。

①每隔 1 min 鸣放爆炸信号一次；②船上的火焰；③以雾号器具连续发声

A. ①　　B. ①②

C. ②③　　D. ①②③

177. 下列信号中属于遇险信号的是________。

①至少五次短而急的闪光；②船上的火焰；③以雾号器具连续发声

A. ①　　B. ①②

C. ②③　　D. ①②③

178. 下列信号中属于遇险信号的是________。

①由无线电示位标发出的信号；②两臂侧伸，缓慢而重复地上下摆动；③以雾号器具连续发声

A. ①　　B. ①②

C. ②③　　D. ①②③

179. 船舶遇难需要救助时，应________《国际海上避碰规则》附录Ⅸ（遇险信号）1 款规定的信号。

A. 分别使用　　B. 一起使用

C. 分别或一起使用　　D. 同时使用两种以上

180. 关于《国际海上避碰规则》附录Ⅸ（遇险信号）1 款规定的信号，下列做法正确的是________。

①可同时使用多种信号；②船舶演习不能使用；③船舶在演习时可以短时间使用或显示；④船舶在演习时可以使用接近《国际海上避碰规则》附录Ⅸ（遇险信号）1 款规定的信号

A. ①②　　B. ②③

C. ③④　　D. ①③④

181. 下面有关“遇险信号使用方法”的说法，正确的是________。
A. 只能使用诸多遇险信号中的一种
B. 可以同时使用诸多遇险信号中的几种
C. 只能同时使用诸多遇险信号中的两种
D. 当需要他船援助时即可使用

任务六 掌握瞭望的相关规定

知识储备

一、保持正规瞭望的重要性

(1)瞭望的含义：对船舶、水域环境、来往船舶动态、通航条件等进行观察并分析判断，包括探明遇险第三方或碍航物。

(2)瞭望的重要性：确保海上航行安全的首要因素，是避碰行动的基础。

二、瞭望条款的适用范围

(1)每一船舶：适用于所有船舶，不论种类、大小、状态、性质。

(2)任何时候：包括各种时间和空间条件，如白天、夜间、能见度良好或不良、开阔洋面、近岸等。

(3)适用的人员：值班驾驶员、瞭望人员、船长、引航员等。

三、瞭望的手段

(1)视觉瞭望：最基本和主要的手段。

(2)听觉瞭望：能见度不良时的基本手段，通过他船雾号判断方位、动态和种类。

(3)其他手段：嗅觉、望远镜、雷达、ARPA、AIS、VHF、VTS 等。

四、保持正规瞭望应满足的条件

(1)瞭望人员应是称职的：具备健康的身体素质和合格的业务素质。

(2)瞭望人员数量应足够：根据环境和情况确定，通常至少包括值班高级船员和专职瞭望人员。

(3)瞭望人员的位置应保证最佳效果：通常在驾驶台或相关场所，必要时在船首等位置。

(4)瞭望手段应有效且方法正确：合理使用多种手段，确保信息完整、准确。

(5)瞭望人员必须专职且尽责：不分配其他影响瞭望的任务，保持连续不间断瞭望。

五、瞭望的目的

(1)对当时的局面做出充分的估计：包括水域环境、船舶自身状况等。

(2)对当时的碰撞危险做出充分的估计:及早发现来船,掌握其动态,判断碰撞可能性和避让行动。

相关习题

1. 保证船舶海上安全航行的首要做法是________。

A. 保持正规瞭望　　B. 判断碰撞危险

C. 采取避让行动　　D. 使用安全航速

2. 下列哪些船舶应保持正规瞭望?________。

①军舰;②在执行公务时的政府公务船;③被拖船

A. ①　　B. ①③

C. ②③　　D. ①②③

3. 关于保持正规瞭望的目的,下列说法正确的是________。

A. 探明周围他船的动态和数量

B. 对碰撞危险和当时局面做出充分的估计

C. 对他船航线航速做出充分的估计

D. 探明周围他船的动态

4. 关于正规瞭望,下列最佳的说法是________。

A. 保持正规的瞭望,就意味着在任何时候,每一船舶应使用雷达进行不间断的观察

B. 保持正规的瞭望,就意味着在任何时候,每一船舶应采取适合当时环境和情况下一切有效的手段保持系统的观察

C. 保持正规的瞭望,就意味着在任何时候,每一船舶应使用视觉进行不间断的观察

D. 保持正规的瞭望,就意味着在任何时候,每一船舶应使用听觉进行不间断的观察

5. 船舶应当保持正规瞭望,以便对当时的局面做出充分的估计,包括________。

①对当时水域环境的估计;②对当时能见度的估计;③对当时船舶通航密度的估计;④对本船操纵性能的估计

A. ①②③④　　B. ②③④

C. ①②④　　D. ①②③

6. "瞭望"的目的是________。

①对当时的局面做出充分的估计;②对碰撞危险做出充分的估计;③确定不存在碰撞危险的时间,以从事其他的驾驶工作;④及时发现危害航行安全的危险

A. ②③④　　B. ①②③

C. ①②④　　D. ①②③④

7. "瞭望"的目的是________。

A. 对当时的局面及碰撞危险做出充分的估计

B. 及早发现来船,并对其是否与本船构成碰撞危险做出系统的分析

C. 避免紧迫局面

D. 避免紧迫危险

8. 下列说法哪个正确？________。
A. 锚泊船的瞭望可以比在航船的瞭望要求低些
B. 锚泊船只要保持定时的瞭望即可
C. 锚泊船应与在航船一样保持不间断的瞭望
D. 船舶不是在航道、狭水道或其他船舶密集区域锚泊时，可以不保持瞭望

9. 下列哪些船舶应保持正规的瞭望？________。
①独木舟；②锚泊中从事非拖网作业的非机动船；③失去控制的船舶；④搁浅船
A. ①②③
B. ①③④
C. ②③④
D. ①②③④

10. 下列哪些船舶应保持正规的瞭望？________。
①将要离码头的船舶；②开阔水域航行的船舶；③失去控制的船舶；④正在执行公务的船舶
A. ①②③
B. ②③④
C. ①②④
D. ①②③④

11. 下列哪些船舶应保持正规的瞭望？________。
①将要离码头的船舶；②失去控制的船舶；③操纵能力受到限制的船舶
A. ①
B. ①③
C. ②③
D. ①②③

12. 机动船应当保持正规瞭望的情况包括________。
①在锚泊中加油船并靠加油作业；②在锚泊中进行过驳装卸货；③主机故障抛锚抢修；④沿岸航行时搁浅
A. ①
B. ①②③④
C. ①②③
D. ①②

13. 瞭望条款的适用范围是________。
A. 夜间，一切船舶
B. 能见度不良时的一切船舶
C. 能见度良好时的任何船舶
D. 任何能见度情况下的每一艘船舶

14. 船舶应当保持正规瞭望的情况是________。
①主机故障停车漂航；②主机故障抛锚抢修；③锚泊中过驳装卸货物；④搁浅
A. ①
B. ①②
C. ①②③
D. ①②③④

15. 关于常规大型船舶的瞭望人员，下列说法正确的是________。
A. 水手正在操舵时，不应视为瞭望人员
B. 任何时候值班驾驶员均可为唯一瞭望人员
C. 水手正在操舵时，驾驶员是唯一瞭望人员
D. 任何时候值班驾驶员均为瞭望人员

16. 通常情况下船舶瞭望的手段包括________。
①雷达；②AIS；③ECDIS；④VDR
A. ①
B. ①②③
C. ①②③④
D. ①②

17. 船舶在________情况下应安排足够的瞭望人员。

①狭水道航行;②进出港航行;③通航密度很大的水域航行;④白天大洋航行时;⑤锚泊时

A. ①②③④　　B. ②③④

C. ①②③⑤　　D. ①②③④⑤

18. 船舶在能见度不良的水域航行时,瞭望人员的下列哪种做法是错误的?________。

A. 除保持雷达瞭望和听觉瞭望外,还应保持视觉瞭望

B. 应利用一切有效手段保持正规瞭望

C. 应加强听觉瞭望和雷达瞭望

D. 及时用雷达瞭望替代视觉瞭望

19. 白天,值班驾驶员可以单人瞭望应考虑的相关因素包括________。

①天气情况;②能见度;③通航密度;④邻近的航行危险物;⑤在分道通航制内航行时所必须注意的情况

A. ①②③　　B. ①②③④

C. ①②③④⑤　　D. ①②

20. 关于瞭望的人员,下列说法正确的是________。

A. 驾驶员不应是唯一的瞭望人员

B. 舵工是唯一的瞭望人员

C. 舵工不操舵时是唯一的瞭望人员

D. 瞭望人员不得从事影响其瞭望的其他任务

21. 在白天,满足________条件时,值班驾驶员可以作为唯一瞭望人员。

①当环境的任何变化需要时,能立即召唤其他合适人员到驾驶台协助;②充分考虑了一切有关因素;③对环境做了充分估计,确信无疑这样做是安全的

A. ①③　　B. ①②

C. ①②③　　D. ②③

22.《国际海上避碰规则》第五条瞭望的适用对象包括________。

①值班驾驶员;②值班水手;③船头瞭望人员;④负责雷达瞭望的人员

A. ①②③　　B. ②③④

C. ①②④　　D. ①②③④

23. 下列哪个说法正确?________。

A. 在小船上,在操舵位置上能无阻碍地看到周围情况且不存在夜视障碍时,则舵工可以被视为瞭望人员

B. 若船上人员编制受限制,则舵工就被视为瞭望人员是符合《规则》精神的

C. 只要进入开阔水域行驶,值班驾驶员可以被视为唯一的瞭望人员

D. 在能见度不良的水域中航行,只要业已派出"瞭头人员",就无须在驾驶台设置专职的雷达观测人员

24. 船舶在雾中航行,如天气条件许可,则瞭望人员应尽可能增设在下列哪个位置?________。

A. 船舶驾驶台　　B. 驾驶台顶上

C. 船的前部高处　　D. 驾驶台两翼

25. 船舶在浓雾中航行,则船舶的瞭望人员________。
A. 即使到驾驶台两翼,也无法看清海面,因此无须使用视觉瞭望
B. 由于浓雾的原因,保持雷达瞭望和听觉瞭望即可
C. 由于浓雾的原因,应将听觉瞭望作为首要瞭望手段
D. 应使用适合当时环境和情况的一切有效手段保持不间断的瞭望
26. 关于舵工和瞭望人员,下列说法正确的是________。
①瞭望人员和舵工的职责是分开的;②舵工任何时候均不得视为瞭望人员;③通常舵工在操舵时不应视为瞭望人员;④任何情况下,舵工只有不在操舵时才可视为瞭望人员
A. ①②　　B. ②③
C. ①③　　D. ③④
27. 在夜间航行时,为保持正规瞭望,________。
A. 如果需要时能有人立即到驾驶台协助,高级船员可以是唯一的瞭望人员
B. 如果驾驶员在任何情况下保证不离开驾驶台(包括进入海图室),可以是唯一的瞭望人员
C. 负责航行值班的高级船员不可视为瞭望人员
D. 负责航行值班的高级船员不可作为唯一的瞭望人员
28. 正规瞭望应包括________。
①雷达标绘;②对驾驶台设备和仪器的监控;③对海面障碍物的观察
A. ①③　　B. ②③
C. ①②③　　D. ①
29. 关于瞭望的手段,下列说法正确的是________。
A. 如果没有确定存在碰撞危险,就可以使用任何手段
B. 应同时使用所有的手段,不论是否有效
C. 使用的手段应适合当时的环境和情况
D. 只需要使用一种手段,只要是有效的
30. 关于瞭望的手段,下列说法正确的是________。
①应使用适合当时环境情况的手段;②能用视觉看到他船的情况下,不应使用雷达信息;③能见度不良时,不应使用视觉手段;④任何时候均应使用一切手段
A. ①　　B. ①②
C. ①③　　D. ①④
31. 瞭望的手段包括________。
①雷达;②VHF;③船舶与 VHF 的联系;④嗅觉
A. ①　　B. ①②
C. ①②③　　D. ①②③④
32. 瞭望的手段包括________。
①视觉瞭望;②听觉瞭望;③望远镜;④雷达;⑤使用 ARPA 进行观测;⑥通过 AIS 系统获得他船的信息;⑦船舶间 VHF 无线电话通信;⑧船舶与 VTS 中心的通信联系
A. ①~⑧　　B. ②~⑧
C. ③~⑧　　D. ①~④

33. 正规瞭望的最基本手段是________。

A. 视觉　　B. 听觉

C. 雷达　　D. AIS

34. 保持正规瞭望最基本的和最主要的手段是________。

A. 视觉　　B. 听觉

C. 雷达　　D. 无线电通信

35. 正规瞭望的手段包括________。

①听觉瞭望;②雷达观测和雷达标绘;③视觉瞭望;④守听 VHF 信息

A. ①②③　　B. ②③④

C. ①②④　　D. ①②③④

36. 通常认为,保持正规瞭望的手段和内容,除视觉、听觉外,还包括________。

①对船舶现有设备和仪器的有效使用;②守听 VHF;③经常检查本船的号灯与号型是否正常显示

A. ①　　B. ①③

C. ②③　　D. ①②③

37. 船舶在浓雾中航行时,最有效的瞭望手段是________。

A. 视觉瞭望　　B. 听觉瞭望

C. 雷达瞭望　　D. VHF 瞭望

38. 最简易、方便、直观的瞭望手段是________。

A. 听觉瞭望　　B. 雷达瞭望

C. VHF 瞭望　　D. 视觉瞭望

39. 船舶在能见度不良水域航行时,瞭望人员的下列哪种做法是错误的? ________。

A. 应利用一切有效手段保持正规瞭望

B. 除保持雷达瞭望和听觉瞭望外,还应保持视觉瞭望

C. 及时用雷达瞭望替代视觉瞭望

D. 应加强听觉瞭望和雷达瞭望

40. 船舶保持正规瞭望,应当做到________。

①配备足够的瞭望人员;②瞭望人员位置能保证瞭望效果;③瞭望人员恪尽职责;④正确处理瞭望与其他航行工作的关系

A. ①　　B. ①②

C. ①②③④　　D. ①②③

41. 船舶保持正规瞭望,应当做到________。

①瞭望人员位置能保证瞭望效果;②使用适合当时环境和情况的一切可用手段;③瞭望方法适当;④瞭望人员不应从事影响其瞭望的其他任务

A. ①②③④　　B. ①

C. ①②③　　D. ①②

42. 船舶保持正规瞭望,应当做到________。

①瞭望人员恪尽职责;②瞭望方法适当;③正确处理瞭望与其他航行工作的关系;④任何时候

驾驶员不应为唯一瞭望人员

A. ①②③④　　B. ①

C. ①②　　D. ①②③

43. 关于保持正规的瞭望,下列说法正确的是________。

①瞭望人员的位置应尽量保证能获得最佳的瞭望效果;②瞭望应包括对本船的舵设备及助航设备进行观察;③瞭望可因为定位、转向、海图作业等工作受到影响;④瞭望应该是全方位的

A. ①②③　　B. ②③④

C. ①②④　　D. ①②③④

44. 关于保持正规的瞭望,下列说法正确的是________。

①应根据当时的环境和情况配备足够、称职的瞭望人员;②瞭望时使用适合当时环境和情况下的一切可以使用的手段;③瞭望应该是连续的、不间断的;④瞭望应该是全方位的

A. ①②③　　B. ②③④

C. ①②④　　D. ①②③④

任务七　掌握安全航速的相关规定

知识储备

一、安全航速的定义

能采取适当而有效的避碰行动,并能在适合当时环境和情况的距离以内把船停住的速度。

(1)能采取适当而有效的避碰行动:留有足够时间判断会遇局面和采取避碰行动,使两船在安全距离上通过。

(2)能在适合当时环境和情况的距离以内把船停住:船舶停船距离应适合当时环境和情况。

二、安全航速的适用范围

(1)每一船舶:适用于所有在航船舶,不论种类、大小、工作性质等。

(2)任何时候:包括任何能见度、水域、天气、海况等船舶所处的环境和情况。

三、决定安全航速应考虑的因素

1. 所有船舶应考虑的因素

(1)能见度情况:影响安全航速的首要因素。

(2)交通密度:船舶密集水域中,会遇次数增加,碰撞危险度增大,应控制船速。

(3)船舶的操纵性能:船舶冲程和旋回性能影响避碰行动效果,应根据船舶操纵性能调整航速。

(4)夜间背景亮光:背景亮光会干扰瞭望,影响对局面和碰撞危险的判断,应适当控制航速。

(5)风、浪和流的状况以及靠近航海危险物的情况：风、浪、流影响船舶操纵性能，靠近航海危险物时应控制航速。

(6)吃水与可用水深的关系：富余水深不足时，船舶操纵性能变差，应降低航速。

2. 备有可使用的雷达的船舶还应考虑的因素

(1)雷达设备的特性、效率和局限性：熟悉雷达设备特性与效率，注意其局限性，扬长避短。

(2)所选用的雷达距离标尺带来的任何限制：合理选择雷达距离标尺，远、近距离交替使用或双雷达配合。

(3)海况、天气和其他干扰源对雷达探测的影响：正确调试雷达，消除干扰回波，无法消除时应控制船速。

(4)在适当距离内，雷达对小船、浮冰和其他漂浮物有探测不到的可能性：对小物标保持戒备，不能过分依赖雷达。

(5)雷达探测的船舶数目、位置和动态：根据雷达探测结果判断碰撞危险，交通密度大时谨慎驾驶。

(6)当用雷达测定附近的船舶或其他物体距离时，可能对能见度做出更确切的估计：利用雷达与视觉比对判断能见度情况。

相关习题

1. 关于安全航速条款的适用范围，下列说法正确的是________。

A. 不适用于失去控制的船舶

B. 适用于任何在航的船舶

C. 不适用于操纵能力受到限制的船舶

D. 只适用于用机器推进的船舶

2. 安全航速条款适用于________。

A. 每一机动船在能见度不良时

B. 每一船舶在任何时候

C. 每一机动船在任何能见度

D. 每一船舶在互见中

3. 在决定安全航速时，应考虑的首要因素是________。

A. 是否装有雷达　　B. 能见度情况

C. 船舶的操纵性能　　D. 航道条件

4. 下列哪些船舶应以安全航速行驶？________。

①将要靠码头的船舶；②刚起锚欲驶往航道的船舶；③从事使其驶离航向的能力严重受到限制的作业船舶

A. ②③　　B. ①

C. ①②③　　D. ①③

5. 在能见度不良时的安全航速的含义是________。

A. 以能维持舵效的速度航行

B. 能在能见距离一半的距离内把船停住的速度

C. 能采取适当而有效的避碰行动,并能在适合当时环境和情况的距离以内把船停住的速度

D. 当听到雾号显似在本船正横前时,能够维持舵效的最低速度

6. 狭水道内航行采用的安全航速是指________。

A. 备车航速

B. 地方限速

C. 前进三变为前进一

D. 能够采取适当而有效的行动避免碰撞并能在适合当时环境和情况的距离内把船停住的速度

7. 对安全航速的正确解释是________。

A. 允许有时间采取适当而有效的行动避免碰撞并能在适合当时环境和情况的距离内把船停住的速度

B. 能维持舵效的速度

C. 在能见距离一半的距离内能把船停住的速度

D. 保证不出事故的速度

8. 所谓的"安全航速"是指________。

A. 备车并以缓慢的速度行驶

B. 与他船构成碰撞危险时,采用微速前进

C. 允许有充分时间,以便能采取适当而有效的行动(包括把船停住)以避免碰撞的速度

D. 只要来得及采取行动,不至于最后发生碰撞的速度

9. 下列哪种观点正确? ________。

A. 使用安全航速,就意味着每一船舶应坚持缓速行驶

B. 只要来得及避免紧迫危险的形成,则该航速即可认为是安全航速

C. 安全航速的规定,意味着一船当发现与他船构成碰撞危险后应立即采取大幅度的减速行动

D. 能使一船采取适当而有效的避碰行动并能在适合当时环境和情况的距离内把船停住的航速,即为安全航速

10. 下列说法正确的是________。

A. 慢速船比快速船安全

B. 安全航速是主机额定转速下的速度

C. 某种情况下速度太低也会造成事故

D. 所有的碰撞事故均是由速度过高引起的

11. 关于《1972 年国际海上避碰规则》对船舶安全航速行驶的要求,下列说法正确的是________。

A. 能够避免与他船碰撞并能在适合当时环境和情况的距离内把船停住

B. 能够避免形成航行和碰撞的危险并能在适合当时环境和情况的距离内把船停住

C. 能够避免形成碰撞危险并能在适合当时环境和情况的距离内把船停住

D. 能采取适当而有效的避碰行动并能在适合当时环境和情况的距离内把船停住

12. 在下列情况中,船舶应当以安全航速行驶的是________。

①大风浪中航行;②在航中货舱失火正在按灭火要求操纵;③在航中并靠装卸货物;④在航中

进行弃船演习

A. ①　　B. ①②

C. ①②③　　D. ①②③④

13. 每一船舶任何时候应以安全航速行驶,以便________。

①能采取适当而有效的避碰行动;②能在适合当时环境和情况的距离以内把船停住;③能避免形成碰撞危险;④能在安全的距离驶过

A. ①　　B. ①②

C. ①②③　　D. ①②③④

14. 在确定安全航速时,应考虑的因素包括________。

①能见度情况;②风、浪和流的情况以及靠近航海危险物的情况;③通航密度

A. ①②　　B. ①②③

C. ①　　D. ①③

15. 在确定安全航速时,应考虑的因素包括________。

①能见度情况;②吃水与可用水深;③通航密度;④本船操纵性能

A. ①②③　　B. ②③④

C. ①②④　　D. ①②③④

16. 在能见度不良的水域中航行,对装有可使用雷达的船舶在决定安全航速时的首要因素是________。

A. 航道条件　　B. 雷达的特性

C. 能见度情况　　D. 通航密度

17. 在决定安全航速时,下列说法正确的是________。

A. 经济因素是决定性的因素

B. 船长应以船公司的指令为依据

C. 船长首先应考虑航行的区域是否宽敞或为狭窄水道,并将其视为首要因素

D. 不但应全面考虑当时的环境及情况,还应注意本船的操纵性能与可使用的雷达性能

18. 在确定安全航速时,下列说法正确的是________。

A. 应考虑当时影响航行安全的一切相关因素

B. 主要考虑船舶的操纵性能

C. 主要考虑船舶是否装备雷达

D. 在不同的影响因素存在相互矛盾时,应当把船完全停住

19. 根据《规则》的规定,某船所采取的速度是否属于安全航速,应考虑的因素包括________。

①是否属于高速航行;②当发生碰撞危险时能否在安全的距离内把船停住;③能否采取适当有效的行动

A. ①②　　B. ①③

C. ②③　　D. ①②③

20. 对于装有可使用雷达的船舶,在确定安全航速时,应考虑的因素包括________。

①雷达设备的局限性;②所选用的雷达距离标尺;③雷达的生产商;④天气对雷达探测的影响

A. ①②③　　B. ②③④

C. ①②④　　　　D. ①②③④

21. 在确定安全航速时，关于应考虑的因素，下列说法正确的是________。

A. 应考虑影响航行安全的一切相关因素

B. 应考虑影响船速的一切相关因素

C. 应考虑影响操纵性的一切相关因素

D. 应考虑影响船期的一切相关因素

22. 装备可用雷达的船舶，在确定安全航速时考虑的因素应包括________。

①能见度；②雷达特性、效率、局限性；③雷达量程的局限性；④干扰源对雷达的影响

A. ②③④　　　　B. ②③

C. ①②③④　　　　D. ①②④

23. 在确定安全航速时，考虑的因素应包括________。

①天气、海况条件；②船舶装载状况；③船舶横摇情况；④船舶纵摇情况

A. ①　　　　B. ①②

C. ①②③　　　　D. ①②③④

任务八　理解与预防碰撞危险

知识储备

一、碰撞危险的含义

（1）定义：碰撞危险指未来一段时间内船舶发生碰撞的可能性，需考虑最近会遇距离（DCPA）和到达最近会遇距离处的时间（TCPA）。

①DCPA=0：两船保持航向航速不变将发生碰撞。

②DCPA>0：需确定安全会遇距离，若 DCPA 小于安全距离且 TCPA 小，存在碰撞危险。

（2）船舶会遇过程：分为自由行动阶段、碰撞危险阶段、紧迫局面阶段、紧迫危险阶段，各阶段划分取决于多种因素。

二、判断碰撞危险的适用范围

判断碰撞危险适用于每一船舶、任何时候，强调锚泊船、搁浅船也应判断碰撞危险。

三、判断碰撞危险的方法

（1）罗经方位判断法：观测来船罗经方位变化，若方位不变或变化小且距离减小，存在碰撞危险。

（2）舷角判断法：观测来船舷角变化，简单方便但易受船首偏荡影响。

（3）桅灯水平张角判断法：观察来船两盏桅灯水平张角变化，易受船首偏荡影响。

(4)雷达标绘判断法:通过雷达观测信息标绘,求 DCPA 和 TCPA,适用于能见度不良。

(5)AIS 系统判断法:利用 AIS 数据判断碰撞危险,信息精确但存在局限性。

四、正确使用雷达

(1)正确使用雷达:熟悉雷达功能,合理选择距离标尺,结合其他手段验证信息。

(2)远距离扫描:能见度不良或通航密集水域,使用雷达远距离扫描获早期警报。

五、判断碰撞危险的注意事项

(1)如有任何怀疑,应认为存在碰撞危险:遵循“疑险从有”原则,不能确定时假定存在危险。

(2)不应当根据不充分的资料,特别是不充分的雷达资料做出推断:避免因资料不充分导致错误推断。

相关习题

1. 下列哪些船舶应用适合当时环境和情况的一切有效手段判断是否存在碰撞危险?________。
①驶往渔场的渔船;②从事拖网捕鱼的船舶;③正在靠泊的船舶;④锚泊中的船舶
A. ①③　　B. ①②③④
C. ①②　　D. ①②③
2. 通常认为,在大海上,在夜间或风浪天气中,万吨级船会遇时的最小安全距离是________。
A. 1 n mile　　B. 1.5 n mile
C. 3 n mile　　D. 2 n mile
3. 如果两船的 DCPA 等于 0,说明________。
A. 两船保向保速必将导致碰撞　　B. 两船保向保速可能导致碰撞
C. 两船保向保速不会导致碰撞　　D. 两船存在碰撞危险
4. 紧迫局面一般可理解为________。
A. 两船距离已近,避让行动不协调
B. 两船距离接近到两船同时采取行动已难以避免发生碰撞
C. 两船距离接近到单凭一船采取行动已难以避免发生碰撞
D. 两船距离接近到单凭一船采取行动已不能在安全距离上驶过
5. 紧迫危险一般可理解为________。
A. 两船距离已近,碰撞已不可避免
B. 两船距离接近到两船同时采取行动已难以避免发生碰撞
C. 两船距离接近到单凭一船采取行动已难以避免发生碰撞
D. 两船距离接近到单凭一船采取行动已不能在安全距离上驶过
6. 关于碰撞危险,下列说法正确的是________。
①如两船间的 DCPA 小于安全的会遇距离,则说明两船构成碰撞危险;②如两船构成碰撞危险,则两船若保持航向、航速不变就势必发生碰撞;③判断两船是否构成碰撞危险,不仅应当考虑两船间的 DCPA,而且还必须考虑两船的 TCPA

A. ① B. ②

C. ③ D. ②③

7. 判断是否存在碰撞危险的根本性因素是________。

①最近会遇距离;②船舶密度;③能见度;④到达最近会遇距离点的时间

A. ①② B. ②③

C. ①④ D. ②④

8. 紧迫局面的含义是________。

A. 两船接近到单凭一船的行动已经不能保证在安全距离上驶过的局面

B. 两船接近到已小于一船用满舵避让时的进距

C. 雾中使用雷达协助避让时,与正横前的来船的最近会遇距离已小于 2 n mile 的局面

D. 两船距离小于安全距离

9. 下列哪些船舶应用适合当时环境和情况的一切有效手段判断是否存在碰撞危险? ________。

①进行操纵性试验的船舶;②正在进行测速的船舶;③锚泊中的船舶

A. ① B. ①③

C. ①② D. ①②③

10. 下列哪些情况下船舶应用适合当时环境和情况的一切有效手段判断是否存在碰撞危险? ________。

①将要靠码头;②刚起锚欲驶往航道;③从事使其偏离航向的能力严重受到限制的作业

A. ①② B. ②③

C. ①③ D. ①②③

11. 下列哪些情况下船舶应用适合当时环境和情况的一切有效手段判断是否存在碰撞危险? ________。

①正在进行操纵性试验;②正在进行测速;③大风浪中航行

A. ①② B. ②③

C. ①③ D. ①②③

12. 下列属于判断船舶之间是否存在碰撞危险因素的是________。

①DCPA;②TCPA;③船速

A. ①② B. ②③

C. ①③ D. ①②③

13.《规则》第七条"碰撞危险"第 2 款规定"如装有雷达设备并可使用,则应正确予以使用",下列说法错误的是________。

A. 使用电子方位线对物标进行连续的观测和分析,可认为是与雷达标绘相当的系统观察

B. 应对雷达面板各功能键进行正确调节,如大风浪中航行,应将海浪干扰杂波全部抑制掉

C. 应对雷达进行远距离扫描,以便获得碰撞危险的早期预警

D. 能见度不良水域应对探测到的物标进行雷达标绘

14. 能见度良好时,以下判断碰撞危险的方法中最准确的是________。

A. 舷角判断法 B. 距离判断法

C. 桅灯水平张角判断法 D. 罗经方位判断法

15. 进行雷达标绘，应当系统观测来船回波方位、距离，通常情况下为标绘同一个矢量，应当观测至少________。

A. 六次或六次以上　　B. 三次或三次以上

C. 两次或三次以上　　D. 四次或四次以上

16. 雷达最大的优点是________。

A. 简易直观

B. 能够提供海区内船舶的通航及分布情况

C. 准确可靠

D. 能够获得碰撞危险的早期警报

17. 若雷达显示有回波且存在碰撞危险，但视觉观察未发现来船或其目标，则应________。

A. 假设存在碰撞危险　　B. 调整增益和干扰抑制将回波消除

C. 假设不存在碰撞危险　　D. 认为是假回波

18. 下列关于正确使用雷达的说法正确的是________。

①应充分认识到雷达的性能、效率和局限性；②选择合适的量程；③对误差做出充分的估计；④将各种干扰完全抑制掉

A. ①②③④　　B. ②④

C. ④　　D. ①②③

19. 使用雷达观测时，下列哪种情况下转向行动容易从相对运动线上判明？________。

A. 对本船正横前的来船采取大幅度转向措施

B. 对本船首尾附近的来船采取大幅度转向措施

C. 对本船正横附近的来船采取大幅度转向措施

D. 取决于两船的船速和会遇势态

20. 在能见度不良的水域航行时判断是否存在碰撞危险的最佳方法是________。

A. 派人到船首瞭头以便及早发现来船

B. 充分利用船舶望远镜、VHF、AIS 等助航设备与来船及早联系沟通

C. 认真进行雷达标绘或与其相当的系统观测

D. 打开驾驶台门窗，注意收听来船的雾号

21. 雷达是重要的助航设备，使用时，每一名驾驶员必须充分了解________。

①雷达设备的特性、效率和局限性；②使用不同量程带来的任何限制；③必须把海浪、雨雪等干扰完全抑制；④小船、浮冰和其他漂浮物在某一距离上有雷达探测不到的可能性

A. ②③④　　B. ①③④

C. ①②④　　D. ①②③

22. 航行中雷达观测他船回波，连续观测的方位距离不变，他船应与本船________。

A. 对驶　　B. 反向等速

C. 同向同速　　D. 不能判断

23. 在能见度不良的水域中，判断碰撞危险最有效的方法是________。

A. 雷达标绘法　　B. 根据他船鸣放的雾号的方位变化

C. 在雷达上观测来船方位的变化　　D. 利用 VHF 询问他船航向、航速

24. 根据《国际海上避碰规则》规定,正确使用雷达应做到________。

①远距离扫描以获得碰撞危险的早期警报;②采用艏向上显示方式;③进行雷达标绘或与其相当的系统观察

A. ①③　　B. ①②③

C. ②③　　D. ①②

25. 根据《国际海上避碰规则》规定,正确使用雷达应做到________。

①对能见距离做出更确切的估计;②采用合适的显示方式;③进行雷达标绘或与其相当的系统观察;④获得碰撞危险的早期警报

A. ①③④　　B. ①②③

C. ①②③④　　D. ③④

26. 根据《国际海上避碰规则》规定,正确使用雷达应做到________。

①选择适当的量程;②远距离扫描;③进行雷达标绘或与其相当的系统观察

A. ①②　　B. ①②③

C. ①③　　D. ②③

27. 下列做法中,不属于正确使用雷达的是________。

A. 把所有的按钮调整到最佳状态

B. 选择合适的雷达距离标尺和显示方式

C. 定期观测雷达回波方位,不用雷达标绘或与其相当的系统观察

D. 利用雷达观测的物标距离估计当时的能见度

28. 关于使用雷达标绘判断法判断碰撞危险,下列说法正确的是________。

A. 是在能见度良好的情况下判断碰撞危险的最有效方法之一

B. 是多船相遇时判断碰撞危险的最有效方法之一

C. 是在任何情况下判断碰撞危险的最有效方法之一

D. 是在能见度不良的情况下判断碰撞危险的最有效方法之一

29. 下列说法正确的是________。

A. 对 ARPA 雷达保持不间断的观察,应认为是一种与雷达标绘相当的系统观察

B. 在判断是否存在碰撞危险时,只有 ARPA 雷达才是一种可信任的有效手段

C.《国际海上避碰规则》将要求任何装有雷达的船舶均必须进行“雷达标绘”,否则,将被认为是一种不正规的瞭望

D. 在进行雾中避让时,“雷达标绘”是不符合“海员通常做法”的一种做法

30. 在判断是否存在碰撞危险时,关于雷达的“正确使用”,下列说法正确的是________。

①如果环境和情况需要,应当使用;②如果使用雷达,应当正确使用;③应当远距离扫描;④应当进行雷达标绘或与其相当的系统观察

A. ①②③④　　B. ①

C. ①②③　　D. ①②

31. 下列可以认为是与雷达标绘相当的系统观察的是________。

①在 ARPA 上保持连续系统的观察;②利用电子方位线对物标进行连续的跟踪观测和分析;③连续观测他船的回波方位、距离,根据“方位-距离变化率表”来进行判断;④连续观察他船

的 AIS 信息

A. ①②③　　B. ②③④

C. ①②④　　D. ①②③④

32. 下列哪种方法可以认为是与雷达标绘相当的系统观察？________。

A. 根据来船雾号判断　　B. 连续观察他船的 AIS 信息

C. 对 ARPA 雷达保持连续观测　　D. VHF 守听他船动态

33. 下列哪种方法不可以认为是与雷达相当的系统观察？________。

A. 指定专人对雷达提供的信息进行连续观察，并能根据有关辅助方法对碰撞危险做出判断

B. 对 ARPA 雷达保持不间断连续观测

C. 利用两次雷达观测物标的方位距离变化估计 DCPA

D. 利用雷达的机械方位盘的平行线进行系统的连续观察

34. 在判断是否存在碰撞危险时，雷达的"正确使用"包括________。

①适当的显示方式；②远距离扫描，获得碰撞危险的早期警报；③雷达标绘；④雷达标绘或相当的系统观察

A. ①②③④　　B. ①②

C. ①②③　　D. ①

35. 在海上，用雷达来协助避碰时，通常把雷达放在________ n mile 挡进行标绘。

A. 24.0　　B. 12.0

C. 6.0　　D. 3.0

36. 船舶装有可使用的雷达，应正确使用，包括________。

①熟悉雷达的性能、效率与局限性；②根据当时的环境和情况选择合适的雷达显示方式和量程；③由胜任人员对雷达保持系统、连续不间断、有规律的观测

A. ①②　　B. ②③

C. ①③　　D. ①②③

37. 船舶装有可使用的雷达，应正确使用，包括________。

①远距离扫描并对测到的物标进行标绘；②远距离扫描并进行的系统观察；③利用两次回波方位距离进行标绘

A. ①②　　B. ②③

C. ①③　　D. ①②③

38. 船舶装有可使用的雷达，应正确使用，包括________。

①熟悉雷达存在的误差，并掌握消除误差的方法；②熟悉雷达控制面板上各种开关、按钮的功能及作用，并将面板上的旋钮调到最佳位置；③远距离扫描，以便能获得碰撞危险的早期警报

A. ①②　　B. ②③

C. ①③　　D. ①②③

39. 在使用雷达判断碰撞危险时，下列说法正确的是________。

①应正确使用雷达；②应使用远距离扫描以获得碰撞危险的早期警报；③应进行雷达标绘或与其相当的系统观察；④不应根据不充分的雷达观测信息做出推断

A. ①②　　B. ①③

C. ①②③ D. ①②③④

40. 根据《国际海上避碰规则》的规定，正确使用雷达应做到________。

①认识所使用雷达的性能、效率与局限性；②认识到微弱的回波探测不到的可能性；③使用相对运动显示方式；④使用航向向上显示方式

A. ①② B. ①③④

C. ③④ D. ①②③④

41. 如果本船与来船的航向航速保持不变且 DCPA 不为零，则来船罗经方位变化规律为________。

A. 来船距离远且 DCPA 小时，罗经方位变化明显

B. 来船距离远且 DCPA 大时，罗经方位变化明显

C. 来船距离近且 DCPA 小时，罗经方位变化明显

D. 来船距离近且 DCPA 大时，罗经方位变化明显

42. 如果本船与来船的航向航速保持不变，关于来船罗经方位变化率与来船距离及 DCPA 的关系，正确的是________。

A. 罗经方位变化率与来船距离无关；与 DCPA 无关

B. 罗经方位变化率与来船距离有关；与 DCPA 无关

C. 罗经方位变化率与来船距离无关；与 DCPA 有关

D. 罗经方位变化率与来船距离有关；与 DCPA 有关

43. 航行中，负责航行值班的高级船员在良好天气中值班时，下列说法正确的是________。

①罗经方位判断法是及早发现碰撞危险的最好方法；②应频繁地测定来船的精确的罗经方位；③有时方位变化虽明显但依旧可能存在碰撞危险；④在使用罗经方位判断危险时，无须再进行雷达操作

A. ①②③④ B. ①②③

C. ①③ D. ②④

44. 在判断是否存在碰撞危险时，使用罗经方位判断法的优点包括________。

①简单方便；②迅速直观；③不受艏向变化的影响；④不受罗经差的影响

A. ①② B. ①②③④

C. ①②③ D. ①

45. 对于本船右舷的来船，当其罗经方位明显减小时，说明________。

A. 存在碰撞危险 B. 将从本船的船首前方通过

C. 没有碰撞危险 D. 将从本船的船尾后方通过

46. 对于本船左舷的来船，当其罗经方位明显减小时，说明________。

A. 将从本船的船首前方通过 B. 将从本船的船尾后方通过

C. 存在碰撞危险 D. 没有碰撞危险

47. 对于本船右舷的来船，当其罗经方位明显增大时，说明________。

A. 将从本船的船尾后方通过 B. 将从本船的船首前方通过

C. 存在碰撞危险 D. 没有碰撞危险

48. 对于本船左舷的来船，当其罗经方位明显增大时，说明________。

A. 将从本船的船尾后方通过　　B. 将从本船的船首前方通过
C. 存在碰撞危险　　D. 没有碰撞危险

49. 来船的 DCPA 不变(不为零)的情况下,其罗经方位的变化率与来船的距离的关系是________。
①距离较远时变化较快;②距离近时变化快;③与距离变化无关,如果罗经方位改变,只能说明 DCPA 发生了变化
A. ②　　B. ①③
C. ①　　D. ②③

50. 判断是否存在碰撞危险时,考虑的因素是来船方位的变化情况,该方位是指________。
A. 罗经方位　　B. 相对方位
C. 舷角　　D. 真方位

51. 夜间,一船在你船左舷与你船航向交叉,你船看见来船的罗经方位越来越大,这说明来船将________。
A. 横越你船前方
B. 从你船尾通过
C. 从你船左舷通过
D. 横越你船前方,你船可向左转向以增大 DCPA

52. 在《国际海上避碰规则》第七条中,“如果来船的罗经方位没有明显变化,则应认为存在这种危险”,此处的“罗经方位”是指________。
A. 真方位　　B. 相对方位
C. 磁罗经或陀螺罗经方位　　D. 主罗经方位

53. 在判断是否存在碰撞危险时,“如果来船的罗经方位没有明显的变化,则应认为存在这种危险”,其中“来船”是指________。
A. 与本船距离正在减小的船舶　　B. 朝着本船行驶的船舶
C. 与本船构成会遇的船舶　　D. 本船可以观测到的任一船舶

54. 在判断是否存在碰撞危险时,“如果来船的罗经方位没有明显的变化,则应认为存在这种危险”,其中“来船”包括________。
①与本船航向相反驶近的船舶;②与本船航向交叉驶近的船舶;③本船正在追越的船舶;④正在追越本船的船舶
A. ①④　　B. ①②
C. ②③　　D. ①②③④

55. 判断碰撞危险时,如果来船的罗经方位没有明显变化,则应认为存在这种危险,“罗经方位”可以是________。
①磁罗经方位;②陀螺罗经方位;③物标舷角
A. ①　　B. ①③
C. ①②　　D. ①②③

56. 在使用罗经方位法判断碰撞危险时,下列关于罗经差的说法正确的是________。
A. 他船罗经方位变化明显、不存在碰撞危险时,需要修正罗经差

B. 他船罗经方位变化不明显、存在碰撞危险时,需要修正罗经差
C. 无论他船罗经方位变化是否明显,均需要修正罗经差
D. 无论他船罗经方位变化是否明显,均不需要修正罗经差

57. 来船的罗经方位有明显的变化,也可能存在碰撞危险的情况是________。
①驶近一艘很大的船;②来船正在对航向或航速做一连串的小变动;③近距离驶近来船
A. ①②　　B. ②③
C. ①③　　D. ①②③

58. 来船的罗经方位有明显的变化,也可能存在碰撞危险的情况有________。
①驶近一艘很大的船;②驶近拖带船组;③近距离驶近他船;④来船正在做一连串小转向
A. ①　　B. ①③
C. ①②③　　D. ①②③④

59. 在判断是否存在碰撞危险时,如果“远距离来船”的罗经方位“有明显的变化”,则________。
A. 仍应考虑存在碰撞危险的可能　　B. 仍应认为存在碰撞危险
C. 应认为不存在碰撞危险　　D. 不可能存在碰撞危险

60. 如果本船与来船的航向航速保持不变,则来船罗经方位的变化规律为________。
A. 罗经方位变化率与距离无关　　B. 远距离罗经方位变化不明显
C. 近距离罗经方位变化明显　　D. 罗经方位变化率与距离成反比

61. 在判断是否存在碰撞危险时,如果来船的罗经方位有明显的变化,仍应综合考虑________。
①来船大小;②来船距离;③来船动态;④来船种类
A. ①④　　B. ①②
C. ②③　　D. ①②③④

62. 在判断碰撞危险时,正确的说法有________。
①来船雾号有明显的方位变化,说明该船与本船没有碰撞危险;②如果没有充分的观测资料,则不能认为存在碰撞危险;③如果条件受到限制,无法获得充分的观测资料,应认为存在碰撞危险
A. ①②　　B. ②
C. ①③　　D. ③

63. 判断碰撞危险时,与罗经方位判断法相比,舷角判断法明显的缺点是________。
A. 不能测定来船的距离　　B. 易受船首偏荡的影响
C. 不够直观　　D. 操作复杂

64. 关于 AIS 可提供的来船的航向信息,下列说法正确的是________。
A. 只提供对水航向
B. 只提供罗经航向
C. 只提供对地航向(航迹向)
D. 可提供对地航向(航迹向)和罗经航向

65. 关于 AIS 可提供的避碰信息,下列说法正确的是________。
①可提供来船的航向、航速信息;②可提供来船的相对运动速度;③可提供本船的安全避让措施;④可提供试操船信息

A. ①②③　　B. ①②④
C. ①②　　D. ①

66. 运用 AIS 提供的来船动态信息进行避碰时,下列说法正确的是________。
A. 应根据对水航向确定会遇局面
B. 应根据罗经航向确定会遇局面
C. 应根据对地航向(航迹向)确定会遇局面
D. 无法根据 AIS 信息确定会遇局面

67. 下列哪种情况下,不宜使用舷角判断法? ________。
①本船正转向时;②大风浪中,艏摇严重;③船舶罗经存在较大误差时;④舵工操舵水平或自动舵性能不佳
A. ①③④　　B. ①②④
C. ①②③④　　D. ②③④

68. 关于判断碰撞危险的手段,下列说法正确的是________。
A. 使用的手段是否有效,应根据当时的环境和情况确定
B. 如果没有确定存在碰撞危险,不必使用任何手段
C. 应同时使用所有的手段,不论是否有效
D. 只需要使用一种手段,只要是有效的

69. 判断船舶碰撞危险的方法主要有________。
①罗经方位判断法;②舷角判断法;③雷达标绘判断法;④VHF 通信;⑤AIS 系统判断法
A. ①②③④　　B. ①②④⑤
C. ②③④⑤　　D. ①②③④⑤

70. 使用方位与距离变化表来估算来船的 DCPA,观测来船回波方位、距离变化时应当________。
A. 系统观测
B. 观测两次
C. 观测三次
D. 观测距离变化 3 n mile 的方位变化量

71. 在判断碰撞危险时,下列哪种资料是不充分的? ________。
①相对方位的变化;②凭雾号获得的资料;③利用雷达两次测得的数据进行标绘的资料
A. ①②③　　B. ①③
C. ②③　　D. ①②

72. 在判断碰撞危险和采取行动时,下列说法正确的有________。
①如果没有充分的观测资料,则不能认为存在碰撞危险,船舶不必采取任何行动;②如果没有充分的观测资料,船舶不应采取任何行动;③如果条件受到限制,无法获得充分的观测资料来估计当时的局面,船舶应当减速或把船停住
A. ①②③　　B. ③
C. ①　　D. ①②

73. 每一船舶应使用适合当时环境和情况的一切有效手段断定是否存在碰撞危险,如有怀疑,应________。

A. 认为不存在碰撞危险
B. 等一等,视具体情况再定
C. 认为存在碰撞危险
D. 利用所得的资料重新推断

74. 关于碰撞危险,下列说法正确的是________。
A. 如果条件受到限制,只能根据不充分的资料做出推断,是《国际海上避碰规则》所允许的
B. 虽经系统的观测,但所掌握的资料仍不充分,因而只能假定存在碰撞危险,这种做法是符合《国际海上避碰规则》精神的
C. 如果条件受到限制,没有充分的资料,则不能做出任何推断
D. 如果没有充分的资料,则不能做出存在碰撞危险的推断

75. 在判断碰撞危险时,下列哪些资料是不充分的? ________。
①两次雷达回波标绘所获得的资料;②相对方位的估计;③ARPA;④凭雾号获得的资料
A. ①②③
B. ①②④
C. ①③④
D. ①②③④

76. 在判断是否存在碰撞危险时,下列信息属于"不充分的观测信息"的是________。
A. 视觉看到的他船动态
B. 雷达标绘相当的系统观察结果
C. 仅凭雾号做出的判断
D. 来船罗经方位的变化量

77. 如果条件受到限制,所获得的观测资料是不充分的,则________。
A. 应假定不存在碰撞危险
B. 不能做出存在碰撞危险的推断
C. 不能做出任何推断
D. 假定存在碰撞危险,是符合《国际海上避碰规则》的

78. 在判断碰撞危险时,不充分的资料包括________。
①观测数据不准确;②观测次数少;③仅凭雾号来判断来船的位置和动态
A. ①②
B. ②③
C. ①③
D. ①②③

79. 在判断是否存在碰撞危险时,如果观测信息不充分,下列说法正确的是________。
A. 不应做出任何推断
B. 应假定不存在碰撞危险
C. 不应做出存在碰撞危险的推断
D. 应假定存在碰撞危险

任务九　掌握避免碰撞的行动

知识储备

一、为避免碰撞所采取行动的总体要求

(1)应遵循本章各条规定:避碰行动要严格遵照《规则》第二章"驾驶和航行规则"中的各条款进行。

(2)若当时环境许可:船舶在采取避碰行动时,必须对当时的环境和情况做出充分的估计,行动要适合当时的环境和情况。

(3)应是积极地进行:要求操船者果断、毫不犹豫地采取行动,避免犹豫不决导致措施不及。

(4)充分注意运用良好的船艺:运用优良的操船技艺,如熟悉本船操纵性能、了解外界环境因素、采取避碰行动时使用手操舵等。

(5)应是及早地进行:在时间和距离上留有充分的余地。

(6)改向和变速应是大幅度的:行动幅度要大到足以使他船容易察觉,且能导致两船在安全距离上驶过。

(7)应能保证在安全距离上驶过:行动应保证两船在安全距离上驶过,安全距离根据当时环境和情况确定。

(8)查核避让行动的有效性:通过瞭望和各种手段核实避碰行动的效果,直到驶过让清他船为止。

二、《规则》建议转向的有关要求

(1)单用转向避让的条件:有足够的水域;行动是及时的、大幅度的;不致造成另一紧迫局面。

(2)单用转向避让的目的:避免紧迫局面的形成,确保航行安全。

三、《规则》强制减速的有关要求

(1)减速、停止或倒转推进器把船停住的目的:避免碰撞或留有更多时间来估计局面。

(2)调整航速的时机:能见度不良、通航密度大、环境复杂、驶近弯头或地段、背景亮光干扰、浅水区域、雷达故障等情况下。

(3)减速避让应注意的问题:及早准备、果断调整航速,熟悉主机性能,掌握船舶运动规律,注意避碰效果的一致性。

相关习题

1.《国际海上避碰规则》第八条避免碰撞的行动这一条适用于________。

A. 能见度良好时　　B. 任何能见度情况

C. 互见中　　D. 能见度不良的互见中

2. 关于紧迫局面和紧迫危险,下列说法不正确的是________。

①紧迫局面包括紧迫危险;②紧迫危险包括紧迫局面;③紧迫危险是指单凭一船采取行动已经无法避免紧迫局面;④紧迫局面是指单凭一船采取行动已经无法避免紧迫危险

A. ③④　　B. ①④

C. ①②③④　　D. ①②③

3. 为避免碰撞的任何行动,应根据本章(驾驶和航行规则)各条规定采取,如当时环境许可,应是积极地并及早地进行和运用良好船艺,这是对下列哪些船舶所提出的要求?________。

A. 所有的让路船　　B. 所有的让路船和直航船

C. 任何构成碰撞危险的船舶　　D. 任何负有避让责任的船舶

4. 为避免碰撞的任何行动,应根据本章(驾驶和航行规则)各条规定采取,如当时环境许可,应是积极地并及早地进行和运用良好船艺。关于“及早”的规定适用于________。
A. 互见中构成碰撞危险的船舶
B. 能见度不良时任何构成碰撞危险的船舶
C. 任何能见度情况下任何负有避让责任的船舶
D. 任何能见度情况下任何构成碰撞危险的船舶

5. 为避免碰撞的任何行动,如当时环境许可,应是积极地并及早地进行和运用良好船艺,它的先决条件是________。
A. 在互见中
B. 按照驾驶和航行规则各条规定采取
C. 没有任何先决条件
D. 能够导致在安全距离驶过的行动

6. 紧迫危险的含义是________。
A. 两船接近到单凭一船的行动已经不能保证在安全距离上驶过的局面
B. 两船接近到已小于一船紧急停船距离的局面
C. 雾中使用雷达协助避让时,对正横前的来船的最近会遇距离已小于 0.5 n mile 的局面
D. 两船距离接近到单凭一船采取行动已难以避免发生碰撞的局面

7. 为避免碰撞的任何行动,应根据本章(驾驶和航行规则)各条规定采取,如当时环境许可,应是积极地并及早地进行和运用良好船艺。这一规定适用的是________。
A. 互见中　　B. 能见度不良时
C. 能见度良好时　　D. 任何能见度情况

8. 根据《规则》第八条“避免碰撞的行动”的规定,下列关于“及早”的说法错误的是________。
A. 对遇局面中的两船均应及早地采取行动
B. 交叉相遇局面中有他船在本船左舷的船及早地采取行动是错误的
C. 互见中,任何追越他船的船应及早地采取行动
D. 两在航机动船在能见度不良的水域中不互见形成碰撞危险时的行动

9. 下列关于避碰行动的说法正确的是________。
A. 任何避碰行动均应及早地进行
B. 运用良好船艺,直航船也应及早地采取避碰行动
C. 直航船不需要采取任何避碰行动
D. 让路船应及早地采取避碰行动

10. 关于采取避碰行动的时机,下列说法正确的是________。
①不应妨碍的船舶的行动,在碰撞危险之前即应该按《规则》行动;②对遇局面中,两船必须在同一时刻采取行动;③当交叉相遇局面的让路船在构成碰撞危险那一时刻即应按《规则》采取行动;④直航船发觉让路显然未遵照规则采取避碰行动
A. ①②③④　　B. ①②③
C. ①③④　　D. ②④

11. 下列哪种情况不是良好船艺的运用？________。
    A. 对遇局面中采取向左转向，以增大会遇距离
    B. 雾中使用雷达保持警戒并对观测到的物标进行雷达标绘
    C. 失去控制的船舶用炫耀的灯光引起他船的注意
    D. 狭水道航行时备车备锚
12. “为避免碰撞的任何行动，应根据本章（驾驶和航行规则）各条规定采取，如当时环境许可，应是积极地并应及早地进行……”，该款规定（第八条第 1 款）适用于________。
    A. 让路船　　B. 直航船
    C. 任何负有避让责任的船舶　　D. 互见中任何负有避让责任的船舶
13. 互见中存在让路船和直航船的情况下，让路船应及早采取行动，以避免________。
    A. 碰撞危险形成　　B. 紧迫局面形成
    C. 紧迫危险形成　　D. 发生碰撞
14. 下列情况中，本船应及早采取避碰行动的是________。
    ①能见度不良时本船与不在互见中的他船构成碰撞危险；②本船正在追越他船；③本船与他船构成对遇局面；④本船与他船构成交叉相遇局面
    A. ①②　　B. ①
    C. ①②③④　　D. ①②③
15. 下列情况中，本船应积极及早地采取避碰行动的是________。
    ①互见中本船正在追越他船；②互见中他船正追越本船并构成碰撞危险；③能见度不良时本船追越不在互见中的他船并构成碰撞危险；④能见度不良时不在互见中的他船追越本船并构成碰撞危险
    A. ①③　　B. ②③④
    C. ①③④　　D. ①②③④
16. 司法实践中，在碰撞责任认定时，往往考虑是谁导致________，谁对碰撞负有主要责任。
    A. 碰撞　　B. 紧迫局面
    C. 紧迫危险　　D. 碰撞危险
17. 互见中，关于及早地采取避让行动的说法正确的是________。
    ①须给他船让路的船舶应及早地采取让路行动；②有时直航船也应及早地采取行动；③直航船独自采取的避让行动也应积极并及早地进行
    A. ①②③　　B. ②
    C. ①　　D. ③
18. 为避免碰撞而做的航向或（和）航速的任何变动，如当时环境许可，应是________。
    ①积极地并应及早地进行和注意运用良好的船艺；②大得足以使他船用视觉或雷达观测时容易察觉到；③应避免对航速或航向做一连串的小变动
    A. ①　　B. ②③
    C. ①②③　　D. ①③
19. 采取避碰措施中，最忌讳的是________。
    A. 大幅度左转　　B. 大幅度减速

C. 对航向、航速做一连串小变动　　D. 大幅度加速

20. 在确定避碰行动是否满足大幅度的要求时，下列说法正确的是________。

A. 应考虑当时具体的环境和情况　　B. 主要考虑船舶的操纵性能

C. 主要考虑他船是否装备雷达　　D. 主要考虑能否避免碰撞

21. 互见中，最容易被他船用视觉察觉的避让行动通常是________。

A. 大幅度转向　　B. 大幅度减速

C. 小角度转向　　D. 停车，把船停住

22. 在海上用雷达协助避让时，如用降速，应至少降速多少才为宽让？________。

A. 降至原航速的 1/4

B. 降至原航速的 1/3

C. 视原航速的大小而定

D. 与当时的会遇局面、会遇两船的船速等有关，应能导致在安全距离驶过并使他船用雷达观测时容易察觉到

23. 为避免碰撞而做的航向和（或）航速上的任何改变，如当时环境许可，应________。

A. 能避免碰撞即可

B. 大得足以使他船用雷达观测时容易察觉到

C. 大得足以使他船使用视觉或雷达观测时容易察觉到，并能导致两船在安全距离上通过

D. 大得足以使他船使用视觉或雷达观测时容易察觉到，并不致形成紧迫危险

24. 当你在雷达上观测到他船位于本船的船首附近，并与本船航向相反时，来船的哪种动态最易从相对运动线上被发现？________。

A. 大幅度减速　　B. 航速和航向的一系列小变动

C. 大幅度转向　　D. 将速度降为原来的一半

25. 船舶在足够的水域中及时地、大幅度地且不致造成另一紧迫局面的转向，可能是________。

A. 避免碰撞事故发生的最有效的行动

B. 避免紧迫危险最有效的行动

C. 避免紧迫局面最有效的行动

D. 避免碰撞危险最有效的行动

26. 在航海实践中，船舶在能见度不良的开阔水域中航行，在雷达上发现他船并及时地标绘他船的运动态势后，________通常是最有效的避碰行动。

A. 减速　　B. 转向结合变速

C. 单凭转向　　D. 转向结合减速

27. 单凭转向可能是避免紧迫局面的最有效行动，应具有的条件是________。

①有足够的水域；②及时地、大幅度地；③不致造成另一紧迫局面

A. ①　　B. ①③

C. ①②　　D. ①②③

28. 单凭转向可能是避免紧迫局面的最有效行动，应具有的条件是________。

①有足够的水域；②及时地、大幅度地；③不致造成另一紧迫局面；④转向行动应当按照《规则》的要求采取

A. ①②③④　　B. ①②③
C. ①④　　D. ③④

29. 关于避让行动的效果，下列说法不正确的是________。
①避让行动幅度越大，效果越好；②避让行动幅度越大，越符合规则精神；③通常采取避让行动的时间越早，效果越好；④让路船的避让行动，应导致其在直航船的船尾通过
A. ①②　　B. ③④
C. ①②④　　D. ①②③④

30.《国际海上避碰规则》规定，为避免与他船碰撞而采取的行动应能________。
A. 导致紧迫危险的消失　　B. 导致让清他船
C. 导致在安全距离上驶过　　D. 避免碰撞

31. 为避免碰撞所采取的行动应能导致________。
A. 避免紧迫危险的形成　　B. 在安全距离上驶过
C. 各自从他船的左舷驶过　　D. 各自从他船的右舷驶过

32. 转向避让时，为获得相同的避让效果，慢船应比快船________。
A. 转得早、转得大　　B. 转得早、转得小
C. 一样　　D. 转得晚、转得大

33.《规则》第八条要求为避免与他船碰撞而采取的行动，应能导致在安全距离驶过。关于安全距离的理解正确的是________。
①指的是两船不发生碰撞的距离；②与船舶的操纵性能、尺寸大小有关；③通常能见度不良时安全距离的设定应相对大一点；④碰撞危险形成后，直航船应采取和让路船相协调的行动，以保证两船在安全距离上驶过
A. ②③④　　B. ②④
C. ①②③④　　D. ②③

34.《国际海上避碰规则》规定的为避免碰撞所采取的行动，其目的是________。
A. 避免船舶发生碰撞　　B. 最大限度减少碰撞损失
C. 使两船在安全的距离驶过　　D. 避免紧迫危险的形成

35. 对有效的避让行动的说法，下列正确的是________。
①该行动应使他船用视觉或雷达观测时容易察觉到，即大幅度的行动；②行动应能导致两船在安全的距离驶过；③该行动可以不根据本章各条规定进行；④规则准许或要求采取的行动
A. ①②③　　B. ①②④
C. ①③④　　D. ①②③④

36. 在核查避让行动有效性过程中的船舶应认为________。
A. 碰撞危险已经过去　　B. 仍处于碰撞危险的状态中
C. 正在安全通过　　D. 处于紧迫局面

37.《国际海上避碰规则》对为避免碰撞所采取的行动的结果的要求是________。
A. 不致发生碰撞
B. 最大限度减少碰撞损失
C. 避免紧迫局面的形成，能使两船在安全的距离上驶过

D. 避免紧迫危险的形成

38. 下列说法正确的是________。

A. 核查避让行动的有效性,仅适用于让路船

B. 核查避让行动的有效性,仅适用于负有让路责任和义务的船舶

C. 由于直航船具有“保速保向”的权利,因而,查核避让行动的有效性,不适用于直航船

D. 让路船与直航船均负有查核避让行动的有效性的责任和义务

39. 避让行动的有效性是指________。

A. 能导致两船在安全的距离上驶过

B. 能使他船用视觉或雷达观察时容易察觉到

C. 能导致两船在安全的距离上驶过,并能使他船用视觉或雷达观察时容易察觉到

D. 使船舶不发生紧迫危险

40. 避让行动有效性的核查的规定适用于下列哪些船舶?________。

①互见中的追越船;②互见中的被追越船;③互见中构成碰撞危险的两艘操纵能力受到限制的船舶

A. ①② B. ①②③

C. ①③ D. ②③

41. 避让行动有效性的核查的规定适用于下列哪些船舶?________。

A. 让路船 B. 直航船

C. 让路船和直航船 D. 任何构成碰撞危险的船舶

42. 避让行动有效性的核查的规定适用于下列哪些船舶?________。

①交叉相遇局面中的两船;②对遇局面中的两船;③能见度不良时已经构成碰撞危险但尚未互见时的在航两船

A. ①② B. ①③

C. ① D. ①②③

43. 雷达测到他船的相对运动线来自右正横前,本船右转不超过 180°,则来船相对运动线将________。

A. 顺时针转 B. 逆时针转

C. 保持不变 D. 视转向角度大小而定

44. 为避免碰撞而采取的行动,应能使两船在安全的距离上驶过,该规定适用的船舶包括________。

①对遇局面中的两船;②交叉局面中的让路船;③追越局面中的追越船

A. ①② B. ②③

C. ①③ D. ①②③

45. 下列情况中,本船应“查核避让行动的有效性”的是________。

①本船主机故障停车漂航与互见中他船构成碰撞危险;②本船锚泊时与在航他船构成碰撞危险;③互见中本船追越他船;④互见中他船追越本船

A. ①③ B. ①②

C. ①②③ D. ①②③④

46. 下列情况中，本船应“查核避让行动的有效性”的是________。
①本船与他船成交叉相遇局面，本船为让路船；②本船与他船成交叉相遇局面，本船为直航船；③互见中本船追越他船；④互见中他船追越本船
A. ①②③④　　B. ①③
C. ①②③　　D. ①②

47. 下列哪些船舶应核查避让行动的有效性？________。
①让路船；②直航船；③对遇局面中的两船；④任何构成碰撞危险的船舶
A. ①②③④　　B. ①②③
C. ①④　　D. ③④

48. 为避免碰撞而采取的行动，应能导致在安全的距离上驶过，该规定适用的船舶是指________。
A. 让路船　　B. 任何负有避让责任的船舶
C. 直航船　　D. 负有同等避让责任的船舶

49. 下列情况中，本船应采取行动并能使两船在“安全的距离驶过”的是________。
①互见中本船正在追越他船；②互见中本船与他船航向相反驶近并构成碰撞危险；③能见度不良时本船追越不在互见中的他船并构成碰撞危险；④能见度不良时本船与不在互见中的他船航向相反驶近并构成碰撞危险
A. ①③　　B. ②③④
C. ①③④　　D. ①②③④

50. 关于狭水道中的追越声号与问答声号，下列说法正确的是________。
①追越声号表示追越的企图；②前船如果鸣放同意追越的声号，则应采取相应行动；③如果前船未鸣放任何声号，则应认为其不同意追越；④前船如有怀疑应鸣放警告声号
A. ①②③④　　B. ①②③
C. ①②　　D. ①

51. 根据《国际海上避碰规则》以及海上避碰实际，船舶通常应当减速的情况包括________。
①渔区航行；②在通航密度较大的水域中航行；③背景亮光等严重妨碍正规瞭望；④雨雪干扰、海浪干扰等因素影响雷达观测
A. ①②　　B. ①②③④
C. ①　　D. ①②③

52. 如需为避免碰撞或留有更多的时间估计局面，船舶应________。
A. 使用安全航行　　B. 减速、停车或倒车把船停住
C. 采取大幅度转向　　D. 运用良好船艺

53. 根据规则避免碰撞的行动条款规定，船舶应当把船完全停住的时机包括________。
①避免碰撞需要；②估计局面需要；③避免形成碰撞危险；④避免形成紧迫局面
A. ②　　B. ①②
C. ①②④　　D. ③④

54. 根据《国际海上避碰规则》关于避免碰撞的行动的要求，如果本船同时与多船相遇构成碰撞危险且局面判断不清，应当________。
A. 减速或把船停住

B. 将本船当作让路船，及早采取行动

C. 减速并把船停住

D. 必要时减速、停车或倒车把船停住

55. 根据《国际海上避碰规则》避免碰撞的行动条款规定，船舶应采取减速停车、倒车把船停住的时机是________。

①为避免碰撞的需要；②为留有更多的时间来估计局面；③与他船构成紧迫局面时

A. ①② B. ②③

C. ①③ D. ①②③

56. 根据《国际海上避碰规则》关于避免碰撞的行动的要求，如单用转向无法避免紧迫局面，应当________。

A. 减速或把船停住 B. 必要时减速或把船停住

C. 保持航向不变 D. 减速并把船停住

57. 当你驾驶的机动船对两船会遇局面难以断定时，你最好是________。

A. 减速、停车或倒车并把船停住

B. 鸣放警告声号或使用灯光信号警告来船

C. 把自己当作让路船，并及早地采取大幅度的转向

D. 把自己当作直航船，并保向保速

58. 下列情况中，本船"应当减速或者停止或倒转推进器把船停住"的是________。

①为避免碰撞必要；②为留有更多时间估计局面必要；③单用转向已不是避免紧迫局面的最有效行动；④单用转向已不能避免紧迫局面

A. ①② B. ①②③

C. ① D. ①②③④

59. 下列情况中，本船"应当减速或者停止或倒转推进器把船停住"的是________。

①单用转向已不能避免碰撞；②单用转向已不能避免紧迫局面；③互见中与正横前来船不能避免紧迫局面；④能见度不良时与不在互见中的他船不能避免紧迫局面

A. ① B. ①②

C. ①②③ D. ①②③④

60. 由于不应妨碍他船的船舶没有及早履行不应妨碍的责任，导致形成碰撞危险，下列说法正确的是________。

A. 不应被妨碍的船舶，如果构成碰撞危险后，成为让路船，免除其让路责任

B. 不应妨碍他船的船舶，如果构成碰撞危险后，成为让路船，只履行其让路责任即可

C. 免除不应妨碍的船舶的责任

D. 不应妨碍他船的船舶仍应履行其不应妨碍的责任

61. 下列说法正确的是________。

A. 不应被妨碍的船舶有时也须给负有不应妨碍的义务的他船让路

B. 当不应妨碍他船的船舶处于直航船的位置时，就解除了其不应妨碍的义务

C. 不应被妨碍的船舶均是深吃水的船舶

D. 如果构成碰撞危险，不应妨碍他船的船舶须给不应被妨碍的船舶让路

62. 按《国际海上避碰规则》的规定，在互见中不应妨碍他船的船舶，当与不应被妨碍的船舶构成碰撞危险时，________。

A. 既不是让路船也不是直航船　　B. 一定是让路船

C. 一定是直航船　　D. 可能是直航船

63. 下列关于及早采取避碰行动的说法正确的是________。

①不应妨碍他船的行动应以避免形成碰撞危险为标准；②让路船的行动应避免形成紧迫局面；③以避免紧迫危险为标准；④以避免碰撞为标准

A. ①③　　B. ②

C. ①②　　D. ④

64. 互见中，当不应妨碍他船的船舶和不应被其妨碍的船舶构成碰撞危险时，若不应妨碍他船的船舶成为让路船，则________。

A. 不应妨碍的责任解除

B. 不应妨碍他船的船舶的让路责任解除

C. 不应妨碍他船的船舶应根据让路船的行动条款采取行动

D. 不应被妨碍的船舶的保向保速的责任解除

65. 要求不得妨碍另一船通行或安全通行的船舶，应根据当时环境的需要及早地采取行动以留出足够的水域供他船安全通行，关于“及早”，正确的是________。

A. 在构成碰撞危险之前　　B. 在构成紧迫局面之前

C. 在构成会遇局面之前　　D. 在看到他船之前

66.《国际海上避碰规则》中规定不应妨碍他船的船舶可能是________。

①直航船；②让路船；③有同等避让责任的船舶

A. ①　　B. ①②

C. ②③　　D. ①②③

67.《国际海上避碰规则》中规定不应妨碍他船的船舶可能是________。

①直航船；②让路船；③在航不对水移动的船舶

A. ①　　B. ②③

C. ①②　　D. ①②③

68. 不应妨碍他船的船舶应________。

①尽可能采取导致两船在安全的距离上通过的方法航行，即避免两船形成紧迫局面；②尽可能采取避免发生紧迫危险的方法航行；③采取行动以留出足够的水域供他船安全通过

A. ①②　　B. ②③

C. ①　　D. ③

69. 在狭水道中，一船“不应妨碍”另一船，就意味着“不应妨碍他船的船舶”应________。

A. 尽可能采用避免发生紧迫危险的方法航行

B. 尽可能缓慢地航行

C. 尽可能采用避免构成碰撞危险的方法航行

D. 沿航道中心航行，以避免过分接近靠右航行的船舶

70. “不应妨碍”，意味着“不应妨碍他船的船舶”应避免与“不应被妨碍的船舶”之间构

成________。

A. 紧迫危险　　B. 紧迫局面

C. 碰撞危险　　D. 使本船成为直航船的会遇局面

71. “不应妨碍”意味着“不应妨碍他船的船舶”应________。

A. 给“不应被妨碍的船舶”让路

B. 互见中给“不应被妨碍的船舶”让路

C. 避免与“不应被妨碍的船舶”构成碰撞危险

D. 避免与“不应被妨碍的船舶”构成紧迫局面

72. 一艘不应妨碍他船的船舶和一艘不应被其妨碍的船舶相遇,在构成碰撞危险之前________。

A. 不应妨碍的责任尚未产生

B. 不应妨碍他船的船舶应给他船让路

C. 不应被妨碍的船舶没有保向保速的权利或义务

D. 不应被妨碍的船舶应保向保速

73. 当一艘不应妨碍他船的船舶和一艘不应被其妨碍的船舶相遇构成碰撞危险时,下列观点中正确的是________。

A. 不应被妨碍的船舶可能是一艘让路船

B. 不应妨碍他船的船舶可能是一艘直航船

C. A、B 均正确

D. A、B 均不正确

74. 互见中,当一艘不应妨碍他船的船舶和一艘不应被其妨碍的船舶相遇并构成碰撞危险,如果根据互见中的行动规则,不应妨碍他船的船舶成为直航船,则________。

A. 不应妨碍的责任解除

B. 不应妨碍他船的船舶仍须给他船让路

C. 不应妨碍他船的船舶应根据直航船的行动条款采取行动

D. 不应被妨碍的船舶的让路责任解除

75. 一艘不应妨碍他船的船舶和一艘不应被其妨碍的船舶相遇,在构成碰撞危险之前,不应妨碍的责任________产生,不应被妨碍的船舶________保向保速的义务。

A. 已经;没有　　B. 尚未;没有

C. 尚未;应履行　　D. 已经;应履行

76. “不应妨碍”规定适用于________。

A. 能见度不良时　　B. 能见度良好时

C. 互见中　　D. 任何能见度

77. “不应妨碍”规定适用于________。

①两船相遇,尚未构成碰撞危险之前;②两船相遇构成碰撞危险之后;③仅适用于互见中的两船

A. ①　　B. ①③

C. ①②　　D. ①②③

78. 要求不应妨碍他船的船舶与不应被妨碍的船舶构成碰撞危险时,________。

A. 如果后者为让路船,则解除前者不应妨碍的责任
B. 如果后者为让路船,则解除后者的让路责任
C. 如果后者为直航船,则解除后者的保向保速责任
D. 无论何种情况,均不解除其任何责任或义务

79.《国际海上避碰规则》第八条第 6 款关于“不应妨碍”的规定适用于________。
①从事捕鱼的船舶;②帆船与长度小于 20 m 的船舶;③长度小于 20 m 的船舶;④在水面上的水上飞机

A. ①　　B. ①②
C. ①②③　　D. ①②③④

80.《国际海上避碰规则》第八条第 6 款关于“不应妨碍”的规定适用于________。
①狭水道;②航道;③IMO 采纳的分道通航制水域;④能见度不良的开阔海域及附近

A. ①　　B. ①②
C. ①②③　　D. ①②③④

任务十　熟悉狭水道航行规则

知识储备

一、“狭水道”条款的适用条件

(1)适用的能见度:总体适用于任何能见度,但追越声号适用于互见中,弯头地段声号适用于能见度良好。

(2)注意特殊规则的存在:优先适用狭水道或航道内的特殊规则和分道通航制条款。

二、狭水道航行的规定

(1)适用的船舶:所有沿狭水道或航道行驶的船舶。

(2)适用的前提条件:只要安全可行,应尽量靠近右舷外缘行驶,需考虑浅水效应、岸壁效应等。

(3)使用方法:船舶应根据吃水大小调整在狭水道中的航行区域,浅吃水船舶更靠近右舷外缘。

三、履行不应妨碍义务的三类船舶

(1)帆船与 $L<20$ m 的船舶:不应妨碍只能在狭水道内安全航行的船舶,通常不应进入航道。

(2)从事捕鱼的船舶:不应妨碍任何在狭水道内航行的船舶,需及早采取行动让清航道。

(3)穿越狭水道或航道的船舶:不应穿越狭水道或航道,如果穿越会妨碍只能在狭水道内安全航行的船舶。

四、在狭水道或航道内追越

(1)适用范围:互见中,且被追越船必须采取行动才能安全通过时。
(2)追越声号:追越船鸣放声号表示意图,被追越船同意后鸣放相应声号并采取措施。
(3)注意事项:追越船保持平行追越,注意船吸现象;被追越船让出航道或减速。

五、驶近弯头或地段

(1)适用范围:能见度良好的情况下,驶近有居间障碍物遮蔽的狭水道弯头或地段。
(2)特别机警谨慎:保持高度戒备,做好随时操纵的准备,严格控制船速。
(3)弯头地段的声号:驶近时鸣放一长声,听到他船声号后应回答一长声。

相关习题

1. 对《规则》第九条第 1 款"应尽量靠近其右舷的该水道或航道的外缘行驶"的理解,正确的是________。
①船舶的中心线右侧;②不同吃水的船舶应根据其吃水大小与狭水道或航道的水深关系,决定其在狭水道或航道中航行的区域;③浅吃水的船舶应比深吃水的船舶更应靠近其右舷该水道或航道的外缘行驶;④就是靠近狭水道或航道右侧
A. ①③　　B. ①②④
C. ②③　　D. ①②③④
2. 船舶沿狭水道或航道行驶时,只要安全可行,应尽量________行驶。
A. 靠右
B. 靠近本船右舷一边
C. 在航道中心线右侧
D. 靠近本船右舷的该水道或航道的外缘
3. 关于狭水道条款,下列说法正确的是________。
A. 在任何情况下,船舶均应靠近本船右舷的航道外缘行驶
B. 只要安全可行,船舶应尽量靠近本船右舷的航道外缘行驶
C. 由于工作性质,"操纵能力受到限制的船舶"可以背离"右行"规定
D. 由于帆船的操纵特点,所以背离"右行"规定,是无可非议的
4. 狭水道右行条款适用于________。
A. 一切船舶(任何沿狭水道或航道行驶的船舶)
B. 除帆船和长度小于 20 m 的船舶
C. 除捕鱼船以外的船舶
D. 除穿越船以外的任何船舶
5. 关于《1972 年国际海上避碰规则》第九条各项规定的适用范围,下列说法正确的是________。
①"右行"规定仅适用于互见;②"不应妨碍"规定仅适用于互见;③"追越声号"规定仅适用于互见;④"弯头或地段"的声号规定仅适用于互见

A. ③④　　B. ③
C. ①②　　D. ①③

6. 能见度不良时不在互见中,沿狭水道相反方向行驶的两船会遇,下列说法正确的是________。
①如两船严格遵守"尽量靠右"规定,不会构成再碰撞危险;②无论是否存在碰撞危险,两船均应遵守"尽量靠右"规定;③如果存在碰撞危险,两船均应向右转向并从他船左舷驶过;④无论是否存在碰撞危险,均应"左舷对左舷"驶过
A. ③④　　B. ①②
C. ②　　D. ②③④

7. 关于《1972 年国际海上避碰规则》第九条所指的"狭水道"(narrow channel)与"航道"(fairway),下列说法正确的是________。
①可航水域宽度受限;②船舶避碰行动受到水域宽度限制;③可能存在主管机关制定的特殊避碰规定;④主管机关制定的特殊避碰规定不应妨碍第九条规定的实施
A. ①　　B. ①②
C. ①②③④　　D. ①②③

8. 下列沿狭水道或航道行驶的船舶,应遵守"尽量靠近本船右舷的该水道或航道的外缘行驶"规定的是________。
①机动船;②帆船;③长度小于 20 m 的船舶;④从事捕鱼的船舶
A. ①②　　B. ①②③④
C. ①　　D. ①②③

9. 狭水道条款适用于________。
A. 一切船舶　　B. 除帆船和船长小于 20 m 以外的船舶
C. 除从事捕鱼船以外的船舶　　D. 除穿越船以外的任何船舶

10. 狭水道条款中关于"尽量靠近其右舷的该水道或航道的外缘行驶"的要求________。
A. 不适用于只能在狭水道内行驶的船舶
B. 只适用于只能在狭水道内行驶的船舶
C. 适用于任何在狭水道内行驶的船舶
D. 适用于任何沿狭水道行驶的船舶

11. 关于《国际海上避碰规则》第九条狭水道条款的适用范围,以下说法正确的是________。
①适用于一切船舶;②适用于任何能见度;③仅适用于互见
A. ①②　　B. ①③
C. ②③　　D. ②

12. 狭水道条款要求"船舶尽量靠右行驶",应理解为________。
A. 只要求船舶靠右侧行驶即可
B. 浅吃水船应比深吃水船更靠右些
C. 尽量从他船的右舷追越
D. 应保持在水道中央线的右侧行驶即可

13. 下列关于狭水道的说法正确的是________。
①通常指可航水道的宽度狭窄、船舶操纵受到一定限制的通航水域;②狭水道的宽度不是一

个定值,习惯上把宽度为 2 n mile 的水道称为狭水道;③《规则》第九条的右行规定是狭水道航行的基本准则;④狭水道内往往有通航密度大、航道弯曲、流向流速复杂多变等特点

A. ①②　　B. ③④

C. ①②③　　D. ①②③④

14.《国际海上避碰规则》第九条狭水道条款要求沿狭水道或航道行驶的船舶,只要安全可行,应尽量靠近其右舷的该水道或航道的外缘行驶,这意味着________。

A. 小船、帆船如完全可以在航道外的水域行驶,则不应进入航道,而应顺着邻近航道一侧的船舶总流向行驶

B. 应保持在水道中央线的右侧行驶即可

C. 深吃水的船舶不必靠右侧的外缘行驶

D. 追越时应尽可能从他船右舷通过

15.《国际海上避碰规则》第九条狭水道条款要求沿狭水道或航道行驶的船舶,只要安全可行,应尽量靠其右舷的该水道或航道的外缘行驶,这意味着________。

①《国际海上避碰规则》并不希望船舶过分地靠近狭水道或航道右侧的岸边或浅滩行驶,从而把本船置于危险的境地中;②只要安全可行,通常指船舶遵守本款的靠右行驶规定,不致发生航行危险;③安全可行还包括充分地考虑浅水效应、岸壁效应等的影响,而不使船舶陷入航行危险的境地

A. ①②　　B. ①③

C. ②③　　D. ①②③

16. 以下哪个条款适用于能见度不良的情况?________。

A. 追越条款　　B. 对遇局面条款

C. 狭水道条款　　D. 船舶间的责任条款

17. 关于《1972 年国际海上避碰规则》第九条第 1 款"右行"规定,下列说法正确的是________。

①仅适用于互见中的船舶;②无论是否互见均适用;③仅适用在航机动船;④适用于任何种类的船舶

A. ②③　　B. ①③

C. ②④　　D. ①④

18. 关于《1972 年国际海上避碰规则》第九条第 1 款"右行"规定,下列说法正确的是________。

①以安全可行为前提;②应充分考虑环境条件;③应充分考虑船舶操纵性能;④"只能在狭水道或航道以内安全航行的船舶"应沿狭水道或航道中心线行驶

A. ①②③④　　B. ①②③

C. ①②　　D. ①

19.《国际海上避碰规则》第九条狭水道条款的第 1 款要求船舶靠右行驶,是指________。

A. 只要求船舶靠右侧行驶即可

B. 应保持在水道中央线的右侧行驶即可

C. 不同吃水的船舶应根据水道的水深及本船的吃水来决定本船应行驶的区域

D. 尽量从他船右舷追越

20. 沿狭水道相反方向行驶的两船会遇,如果两船严格遵守"应尽量靠近本船右舷的该水道或航

道的外缘行驶”，下列说法正确的是________。

①两船不会构成碰撞危险；②两船应“左舷对左舷”驶过；③解除直航船（如有）保向保速的责任；④两船都应向右转向从他船左舷驶过

A. ②③④　　B. ②

C. ①②　　D. ③④

21. 在狭水道或航道中，下列情况适用“应尽量靠右行驶”规定的是________。

①沿狭水道行驶航向相反的两船；②可能有其他船舶被居间障碍物遮蔽的“弯头或地段”；③企图追越他船的船舶；④正在被后船追越的船舶

A. ①　　B. ①②

C. ①②③　　D. ①②③④

22. 狭水道条款中，“只要安全可行”是船舶尽量靠右行驶的前提条件，对它的理解错误的是________。

A. 不致发生搁浅危险　　B. 不致发生触岸危险

C. 不致发生撞船危险　　D. 不致发生岸壁效应

23. 根据《国际海上避碰规则》第九条第 2 款的规定，________不应妨碍只能在狭水道或航道以内安全航行的船舶通行。

A. 帆船或者长度小于 12 m 的船舶　　B. 帆船或者长度小于 20 m 的船舶

C. 长度小于 20 m 从事捕鱼的船舶　　D. 长度小于 12 m 从事捕鱼的船舶

24. 一艘长度为 29 m、不属于“只能在狭水道内安全航行”的船舶，应该________。

A. 根据《规则》的规定，不应妨碍“只能在狭水道或航道内安全航行的船舶”

B. 根据《规则》的规定，应给“只能在狭水道内安全航行的船舶”让路

C. 根据《规则》的规定，不应妨碍狭水道内帆船的安全通行

D. 运用良好船艺，尽可能在狭水道外航行

25. 在狭水道内，一艘帆船（显示上红下绿环照灯、舷灯）与一艘机动船环照白灯、左右舷灯相遇两船可航宽度均不受限，此时________。

A. 两船之间不存在《规则》第九条规定的不应妨碍关系与不应被妨碍关系

B. 帆船不应妨碍机动船

C. 两船互不妨碍

D. 机动船不应妨碍帆船

26. 帆船和长度小于 20 m 的船舶，不应妨碍________。

A. 在狭水道或航道内航行的机动船通行

B. 在狭水道或航道内从事捕鱼的船舶通行

C. 只能在狭水道或航道内安全航行的船舶通行

D. 其他沿狭水道或航道航行的船舶通行

27. 判断一船是否属于“只能在狭水道或航道内安全航行的船舶”的依据是________。

A. 船舶的吨位　　B. 船舶的长度

C. 船舶的型深　　D. 船舶驶离航向的能力

28. 在狭水道内不应被妨碍的“只能在狭水道或航道内安全航行的船舶”________。

A. 包括从事捕鱼的船舶
B. 包括限于吃水的船舶
C. 指的就是限于吃水的船舶
D. 就是由于水深受限,致使其转向能力严重地受到限制的机动船

29. 在狭水道或航道内,关于"只能在狭水道或航道内安全航行的船舶",下列说法正确的是________。
①应谨慎驾驶;②不适用"靠右行驶"规定,应沿狭水道或航道中心线行驶;③其他船舶应避免妨碍其航行;④互见中,其他向船舶应避免妨碍其航行
A. ①②③④ B. ①
C. ①②③ D. ①②

30. "只能在狭水道或航道内安全航行的船舶"是指________。
A. 船长大于 20 m 的机动船
B. 深吃水船
C. 由于水深受限,致使其转向能力严重地受到限制的机动船
D. 由于可航水域宽度受限,致使其转向能力严重地受到限制的船舶

31. 在狭水道或航道内,关于"只能在狭水道或航道内安全航行的船舶",下列说法正确的是________。
A. 帆船不应妨碍"只能在狭水道或航道内安全航行的船舶"通行
B. "只能在狭水道或航道内安全航行的船舶"不适用"靠右行驶"规定
C. 其他船舶应给"只能在狭水道或航道内安全航行的船舶"让路
D. 其他船舶不应妨碍"只能在狭水道或航道内安全航行的船舶"通行

32. 关于只能在狭水道或航道以内安全航行的船舶,下列说法正确的是________。
A. 只能在狭水道或航道以内安全航行的船舶是指限于吃水的船舶
B. 只能在狭水道或航道以内安全航行的船舶包括限于吃水的船舶
C. 限于吃水的船舶包括只能在狭水道或航道以内安全航行的船舶
D. 限于吃水的船舶不限于只能在狭水道或航道以内安全航行的船舶

33. 在狭水道或航道内,帆船"不应妨碍"________。
①限于吃水的船舶;②沿水道行驶的 $L<20$ m 的船舶;③在水面上沿水道行驶的水上飞机;④穿越航道航行的船舶
A. ① B. ①②
C. ①②③ D. ①②③④

34. 下列哪种船舶不应妨碍任何其他在狭水道或航道以内航行的船舶通行?________。
①帆船;②长度小于 20 m 的船;③从事捕鱼的船
A. ③ B. ①②③
C. ①② D. ①

35. 在狭水道内,从事捕鱼的船舶不应妨碍________。
A. 除穿越狭水道的船舶以外的任何其他船舶的通行
B. 任何在狭水道或航道内安全航行的机动船的通行

C. 除帆船与长度小于 20 m 的船舶以外的任何船舶的通行

D. 任何其他船舶的通行

36. 对《国际海上避碰规则》第九条的规定，理解正确的是________。

A. 从事捕鱼的船舶，不应妨碍只能在狭水道或航道以内航行的船舶通行

B. 从事捕鱼的船舶，不应妨碍任何其他在狭水道或航道以内航行的船舶通行（帆船和长度小于 20 m 的船舶除外）

C. 帆船或者长度小于 20 m 的船舶不应妨碍从事捕鱼的船舶

D. 从事捕鱼的船舶，不应妨碍任何其他在狭水道或航道以内航行的船舶通行

37. 在狭水道内一在航帆船与一从事捕鱼的船舶相互驶近，下列说法正确的是________。

A. 无论是否互见，从事捕鱼的船舶均不应妨碍帆船

B. 只有在互见中，机帆船不应妨碍从事捕鱼的船舶

C. 只有在互见中，从事捕鱼的船舶不应妨碍帆船

D. 无论是否互见，帆船均不应妨碍从事捕鱼的船舶

38. 在狭水道内一在航机动船与一从事捕鱼的船舶相互驶近，下列说法正确的是________。

A. 只有在互见中，从事捕鱼的船舶不应妨碍机动船

B. 只有在互见中，机动船不应妨碍从事捕鱼的船舶

C. 无论是否在互见中，从事捕鱼的船舶均不应妨碍机动船

D. 无论是否互见，机动船均不应妨碍从事捕鱼的船舶

39. 在狭水道或航道内，从事捕鱼的船舶“不应妨碍”________。

①沿水道行驶的帆船；②穿越航道的 $L<20$ m 的船舶；③在水面上的地效船；④穿越航道航行的机动船

A. ①　　　　B. ①②

C. ①②③　　　　D. ①②③④

40. 下列说法正确的是________。

①如限于吃水船对穿越船有怀疑，在任何能见度情况下都应鸣放五短声的声号；②由于五短声仅适用于互见中，所以穿越船在能见度不良时可以随意穿越狭水道或航道；③如限于吃水船对穿越船有怀疑，只有在互见中才需鸣放五短声的声号

A. ①　　　　B. ①③

C. ③　　　　D. ②③

41. 穿越狭水道或航道的船舶不应妨碍________。

A. 任何在狭水道和航道内航行的船舶的通行

B. 只能在狭水道和航道内安全航行的机动船的通行

C. 任何在狭水道和航道内航行的机动船通行

D. 只能在狭水道和航道内安全航行的船舶通行

42. 下列情况中，船舶不应穿越狭水道的是________。

A. 穿越会妨碍沿狭水道航行的机动船通行

B. 穿越会妨碍沿狭水道航行的船舶通行

C. 穿越会妨碍沿狭水道航行的任何船舶通行

D. 穿越会妨碍限于吃水的船舶通行

43. 在狭水道或航道内,按规定"可以"鸣放"警告声号"的情况包括________。

①限于吃水的船舶怀疑他船穿越航道意图;②后船企图追越前船;③前船同意后船追越;④前船不同意(怀疑)后船追越

A. ①④　　B. ②③

C. ①　　D. ④

44. 在狭水道内当前船听到后船企图追越的声号后,如对能否安全追越有怀疑,则下列说法正确的是________。

A. 采取必要的行动以保证安全追越

B. 可鸣放至少五声短而急的声号

C. 鸣放至少五声短而急的声号不符合良好船艺的要求

D. 应鸣放至少五声短而急的声号

45. 在狭水道或航道内,追越船在追越前应当鸣放"追越声号"的情况是________。

A. 任何船舶企图追越他船时

B. 只有在被追越船必须采取行动以允许安全通过才能追越时

C. 互见中,只有在被追越船必须采取行动以允许安全通过才能追越时

D. 互见中,任何船舶企图追越他船时

46. 在狭水道内,如不需要被追越船采取行动就能安全追越,则追越船________。

A. 一边鸣放追越声号一边追越

B. 鸣放追越声号征得被追越船同意后再进行追越

C. 可以直接追越

D. 鸣放警告信号后进行追越

47. 在狭水道或航道中,当你船企图追越他船,根据良好的船艺你船通常应从________。

A. 靠近本船左舷的航道外缘追越　　B. 他船的左舷追越

C. 靠近本船右舷的航道外缘追越　　D. 他船的右舷追越

48. 互见中,在狭水道或航道内企图追越他船的船舶,________。

A. 不必鸣放追越声号,可自行追越

B. 若需要对方协助配合时,应鸣放追越声号

C. 鸣放追越声号之后即可追越

D. 鸣放追越声号以征求被追越船的意见

49. 夜间在狭水道中航行,机动船甲发现本船逐渐赶上右前方垂直显示上绿下白两盏号灯和艉灯的乙船,后来看到乙船垂直显示上绿下白两盏号灯和红舷灯,下列说法正确的是________。

①乙船不应妨碍甲船;②乙船不应妨碍甲船,免除甲船的让路责任和乙船保向保速的责任;③两船构成追越局面,免除乙船不应妨碍的责任

A. ③　　B. ②

C. ①②　　D. ①

50. 本船沿狭水道航行,已经"尽量靠近本船右舷外缘行驶",如果听到互见中的后船鸣放二长声接一短声的声号,下列说法正确的是________。

A. 本船应当鸣放至少五次短而急的声号

B. 本船不应鸣放一长一短一长一短的声号

C. 本船可以鸣放一长一短一长一短的声号

D. 本船应当鸣放一长一短一长一短的声号

51. 符合哪些条件的船舶应鸣放追越声号？________。

①仅适用于在狭水道或航道内，不适用于开阔水域；②若无须将要被追越的船舶采取行动就能安全追越，则无须鸣放追越声号；③仅适用于互见中，即只有两船在互见中构成《规则》第十三条所指的“追越”时，追越声号才适用；④追越声号适用于任何船舶

A. ①②③　　B. ①②④

C. ①③④　　D. ①②③④

52. 狭水道中的关于追越声号的规定被写进船舶在任何能见度情况下的行动规则，狭水道追越声号的规定适用于________。

A. 任何能见度　　B. 仅适用于“互见”

C. 能见度良好时　　D. 能见度良好时，无论是否互见

53. 在狭水道或航道内，一船听到后船鸣放追越声号时应________。

A. 立即鸣放同意声号

B. 可不鸣放任何声号，任其追越

C. 若同意追越，应鸣放同意声号，并采取相应行动

D. 立即采取相应行动，以允许安全通过

54. 互见中在狭水道中后船欲从前船的左舷追越，当前船听到二长二短的声号后，如同意追越，则后船应鸣放________。

A. 二长一短的声号　　B. 二长二短的声号

C. 一长声的声号　　D. 一长一短一长一短的声号

55. 互见中在狭水道中后船欲从前船的左舷追越，在需要鸣放声号时，则应鸣放________。

A. 二长一短的声号　　B. 二长二短的声号

C. 一长二短的声号　　D. 一长一短一长一短的声号

56. 互见中在狭水道中后船欲从前船的右舷追越，在需要鸣放声号时，则应鸣放________。

A. 二长一短的声号　　B. 二长二短的声号

C. 一长二短的声号　　D. 一长一短一长一短的声号

57. 相同尺度的两船沿狭水道同向先后行驶，如果两船严格遵守“尽量靠近本船右舷的该水道或航道的外缘行驶”，下列说法正确的是________。

①后船不应追越前船；②后船无法追越前船；③后船如追越，应从前船左舷追越；④后船如追越，应从前船右舷追越

A. ②　　B. ④

C. ①②　　D. ③

58. 下列说法中正确的是________。

A. 在狭水道或航道内，一艘企图追越他船的船舶应按规定鸣放相应的追越声号

B. 在狭水道或航道内，任何企图追越他船的船舶均应鸣放相应的追越声号

C. 在狭水道或航道内,不论是否互见,追越船是否应鸣放追越声号,仅取决于追越船船长对当时是否能安全通过所做出的判断

D. 互见时,在狭水道或航道内,不管当时情况如何,企图追越前船的船舶,鸣放相应的追越声号,是一种良好船艺的表现

59. 在狭水道内,当将要被追越的船舶对是否能安全追越有怀疑时,可鸣放________。

A. 一长声的声号 B. 至少五声短而急的声号

C. 一长一短一长一短的声号 D. 不可鸣放任何声号

60.《1972 年国际海上避碰规则》第九条各项规定中,不适用于互见情况的是________。

A. 横越狭水道或航道的"不应妨碍"规定

B. 沿狭水道或航道行驶的"尽量靠右行驶"规定

C. 鸣放"追越声号"规定

D. "弯头或地段"的一长声声号规定

61. 当你船听到右艏舷弯道方向传来一长声声号后,你应________。

A. 回答二长声,并向右转向

B. 回答二长声,并继续保持在水道的右侧谨慎行驶

C. 回答一长声,并继续保持在水道的右侧谨慎行驶

D. 回答三短声,倒转推进器把船停住

62. 当你驾驶的机动船在驶近一可能被居间障碍物遮蔽他船的狭水道的弯头时,听到他船的一长声声号,但尚未见到他船,你船应采取的行动是________。

A. 鸣放一长声,立即停车,等来船通过后再继续行驶

B. 鸣放五短声,接着鸣放一短声,大幅度向右转向避让来船

C. 鸣放一长声,继续靠狭水道的右侧行驶,并注意减速,谨慎驾驶

D. 鸣放五短声,继续靠狭水道的右侧行驶,并注意减速,谨慎驾驶

63.《国际海上避碰规则》第九条狭水道过弯头或地段的规定适用于________。

A. 被居间障碍物遮蔽的狭水道或航道的弯头或地段

B. 被居间障碍物遮蔽的狭水道

C. 狭水道或航道的弯头

D. 狭水道或航道的弯头或通航密度较大的地段

64. 船舶在驶近可能被居间障碍物遮蔽他船的狭水道的弯头或地段时,鸣放一长声,居间障碍物后方听到该声号的任何来船应回答________。

A. 一长声 B. 三短声

C. 二长声 D. 五短声

65. 根据《规则》第九条狭水道条款,在狭水道弯头地段航行的船舶应________。

A. 顶流过弯道,应靠近凹岸侧航行

B. 顺流过弯道,应航行在水道中央

C. 只要安全可行,船舶尽量靠近其右舷的该水道或航道外缘行驶

D. 只要鸣放弯头一长声声号后,可以抄近道航行

66. 船舶在驶近可能在其他船舶被居间障碍物遮蔽的狭水道或航道的弯头或地段时,正确的

是________。

①应特别机警和谨慎驾驶;②应鸣放一长声声号;③应尽量靠近本船右舷的该水道或航道的外缘行驶;④顶流航行船舶应靠近凹岸一侧行驶,顺流航行船舶应靠近凸岸一侧行驶

A. ①②　　B. ①②③

C. ①②③④　　D. ①

67. 任何船舶如当时环境许可,都应避免在狭水道内________。

A. 追越　　B. 锚泊

C. 掉头　　D. 穿越

68. 船舶在驶近可能被居间障碍物遮蔽他船的狭水道或航道的弯头时,应特别机警和谨慎地驾驶,这里的"特别机警和谨慎地驾驶"包括________。

A. 在听到弯头另一端有他船的声号时,保持在航道右侧行驶,并尽量避免两船在弯头会遇

B. 在弯头地段,为减少航程缩短过弯的时间,可以抄近路而短暂驶入他船的航道

C. 在任何时候均应以能维持舵效的最小速度过弯

D. 在弯头地段,为减小流对操纵性的影响,可在航道左侧行驶

69. 当你听到从狭窄弯道前方传来的一长声声号,你应________。

A. 回答一长声,并向左转向

B. 回答一长声,船位保持在水道右侧

C. 回答一长声,并向右转向

D. 回答三短声,并倒车

70. 过弯道时,当听到从右舷传来一长声时,你应________。

A. 回答一长声,并向左转向　　B. 回答一长声,保持在水道右侧

C. 回答一长声,并向右转向　　D. 回答三短声,并倒车

71. 当你听到从右艏舷弯道后面传来一长声声号,你应________。

A. 回答一长声,并向左转向

B. 回答一长声,保持在水道右侧行驶

C. 回答一长声,并向右转向

D. 回答三短声,并倒车

72.《国际海上避碰规则》规定,下列________在驶近可能被居间障碍物遮蔽他船的狭水道或航道的弯头或地段时,应特别机警和谨慎地驾驶。

A. 非机动船　　B. 任何船舶

C. 从事捕鱼的船舶　　D. 机动船

73. 根据《国际海上避碰规则》和良好船艺,船舶在驶近可能被居间障碍物遮蔽他船的狭水道或航道的弯头或地段时,应________。

①将主机做好随时操纵的准备;②鸣放过弯道声号;③做好应急抛锚准备

A. ①②　　B. ②③

C. ①③　　D. ①②③

74. 船舶驶近可能被居间障碍物遮蔽他船的狭水道或航道的弯头或地段时,应________。

①特别机警;②谨慎驾驶;③鸣放相应声号

A. ①②　　B. ①②③
C. ②③　　D. ①③

75. 下列说法正确的是________。
A. 穿越狭水道的船舶也有可能不是一艘“不应妨碍的船舶”
B. 任何穿越船在互见中与沿狭水道航行的限于吃水的船舶构成碰撞危险时,肯定是一艘让路船
C. 在有碰撞危险的情况下,穿越船一定是让路船
D. 穿越狭水道的船舶不应妨碍任何在狭水道或航道内航行的机动船的通行

76. 根据良好船艺,船舶在驶近可能被居间障碍物遮蔽他船的狭水道或航道的弯头或地段时,应________。
①充分考虑被居间障碍物遮蔽所带来的环境和情况对船舶操纵避让带来的影响;②充分考虑有其他来船驶近该弯头或地段的可能性;③将主机做好随时操纵的准备
A. ①②　　B. ②③
C. ①③　　D. ①②③

77. 根据《1972 年国际海上避碰规则》,在驶近可能被居间障碍物遮蔽他船的水道或航道的弯头或地段应鸣放一长声信号的船舶包括________。
①帆船;②机动船;③限于吃水的船舶;④机帆船
A. ①②③　　B. ①②④
C. ②③④　　D. ①②③④

78. 根据《国际海上避碰规则》和良好船艺,船舶在驶近可能被居间障碍物遮蔽他船的狭水道或航道的弯头或地段时,应________。
①运用一切有效的手段保持正规瞭望;②鸣放过弯道声号;③应充分意识到可能会出现一些意料之外的事件或特殊情况,并对此保持高度的戒备
A. ①②　　B. ②③
C. ①③　　D. ①②③

79. 狭水道或航道的弯头或地段,鸣放一长声声号规定适用于________。
①限于吃水的船舶;②沿水道行驶的帆船;③在水面上的水上飞机;④长度小于 20 m 的船舶
A. ①　　B. ①②
C. ③　　D. ①②③④

80. 若当时环境许可,应避免在狭水道内锚泊的船舶包括________。
①只能在狭水道安全航行的船舶;②从事拖带作业的机动船;③驶帆同时使用机器推进的船舶;④从事捕鱼的船舶
A. ①　　B. ①②
C. ①③　　D. ①②③④

81. “过弯道规则”(第九条 6 款)适用于________。
A. 狭水道或航道的弯头
B. 被居间障碍物遮蔽的狭水道或航道的弯头或地段
C. 被居间障碍物遮蔽的狭水道

D. 狭水道或航道的弯头或通航密度较大的地段

任务十一　熟悉分道通航制航行规则

知识储备

一、《规则》规定的分道通航制的使用

1. 适用范围

(1)本组织所采纳的分道通航制:在 IMO 采纳的分道通航制中航行的船舶应严格遵守《规则》第十条,未被 IMO 采纳的分道通航制需遵守地方规则。

(2)分道通航制条款与《规则》其他条款的关系:在 IMO 采纳的分道通航制区域内航行的船舶,除遵守《规则》第十条规定外,还需遵守《规则》其他各条规定。

2. 分道通航制的使用

(1)使用分道通航制区域的船舶:在相应通航分道内顺着交通总流向行驶的任何船舶。

(2)使用方法:

①航迹向的设定:航迹向应在相应的通航分道内顺着该分道的交通总流向行驶。

②船位:应尽可能让开分道两侧分隔线或分隔带,保持在分道的中央附近航行。

③驶进或驶出:通常在通航分道的端部驶进或驶出,但从分道的任何一侧驶进或驶出时,应与分道的交通总流向形成尽可能小的角度。

3. 穿越通航分道

(1)穿越通航分道的船舶:包括穿越整个分道通航制区域的船舶和因进入或驶离其中一分道而穿越另一分道的船舶。

(2)应尽可能避免穿越通航分道:船舶应尽可能避免穿越通航分道,以减少碰撞危险和扰乱通航秩序。

(3)应尽可能用直角的船首向穿越:如需穿越,应尽可能用与分道的交通总流向成直角的船首向穿越。

4. 沿岸通航带的使用

(1)沿岸通航带:一种定线制形式,不属于分道通航制的任何一部分,设立目的是分隔沿海航行和过境航行的船舶。

(2)可使用沿岸通航带的船舶:不能安全使用临近分道通航制区域中相应分道的船舶、长度小于 20 m 的船舶、帆船、从事捕鱼的船舶、抵离位于沿岸通航带中的港口等的船舶、为避免紧迫危险的船舶。

5. 分隔带或分隔线

(1)规定:除穿越船或者驶进或驶出通航分道的船舶外,船舶通常不应进入分隔带或穿越分隔线,除非在紧急情况下避免紧迫危险或在分隔带内从事捕鱼。

（2）可进入分隔带或穿越分隔线的船舶：穿越船或者驶进或驶出通航分道的船舶、在紧急情况下避免紧迫危险、在分隔带内从事捕鱼。

6. 端部

（1）规定：船舶在分道通航制区域端部附近区域行驶时，应特别谨慎。

（2）原因：端部是进出分道通航制相应通航分道的通道，会遇局面复杂，船舶密度大。

7. 避免锚泊的区域

（1）规定：船舶应尽可能避免在分道通航制内或其端部附近区域锚泊。

（2）原因：锚泊会妨碍他船通行，阻塞交通，扰乱分道内正常的交通秩序。

8. 不使用分道通航制区域的船舶

（1）规定：不使用分道通航制的船舶，应尽可能远离它。

（2）原因：避免干扰在分道内正常行驶的船舶并可能与其构成碰撞危险。

9. 履行不应妨碍义务的两类船舶

（1）从事捕鱼的船舶：不应妨碍按通航分道行驶的任何船舶的通行。

（2）帆船和长度小于 20 m 的船舶：不应妨碍按通航分道行驶的机动船的安全通行。

10. 免受本条规定约束的船舶

（1）操纵能力受到限制的船舶：在分道通航制内从事维护航行安全的作业或敷设、维修或起捞海底电缆时，在执行该作业所必需的限度内，免受本条规定的约束。

（2）为避免紧迫危险：船舶在构成紧迫危险时，存在背离《规则》采取行动的可能。

二、分道通航制水域航行注意事项

（1）严格遵守船舶报告制度：在某些分道通航制水域，遵守船舶报告制的规定，及时准确地向有关部门报告。

（2）注意对外的有效沟通：保持 VHF 守听和沟通，注意接收“YG”信号，采取避让行动时，船舶必须遵守《规则》其他条款规定。

相关习题

1. 关于某国在其沿海水域制定的分道通航制，下列哪种说法是正确的？________。

A. 如果该水域处于《规则》适用水域范围内，则适用《规则》第十条

B. 如果该国主管机关制定了特殊的避让规定，船舶应当遵守其避让规定

C. 如果 IMO 已采纳该分道通航制，则主管机关不应制定特殊的避让规定

D. 如果该国主管机关制定了特殊的避碰规定，则不适用《规则》第十条

2. 下列哪种说法是正确的？________。

A. 未经 IMO 采纳的分道通航制，对船舶不具有任何的约束力

B. 一船经某主管机关制定的分道通航制区域航行，不管该区域是否业已被 IMO 所采纳，船舶均应严格地执行该区域的有关规定

C. 如果 IMO 未采纳某一分道通航制区域，《国际海上避碰规则》也不适用于该区域

D. 一国政府自行颁布的“分道通航制”规则，仅适用于本国船舶

3. 中国船行驶在日本分道通航制水域,想要穿越其通航分道,应优先执行________。
A.《国际海上避碰规则》
B. 中国的有关分道通航中穿越船的规则
C. 日本的有关分道通航中穿越船的规则
D. 中国的内河避碰规则
4. 分道通航制是用分隔带、分隔线、天然障碍物或地理上的显著物标,以分隔________的交通流,在各自分道内实行________。
A. 相反;双向通航
B. 相反;单向通航
C. 同向;单向通航
D. 同向;双向通航
5. 一个实际采用的船舶定线制由下列哪些成分构成? ________。
①分隔带或分隔线;②通航分道;③交通流方向;④推荐的交通流方向
A. ③④
B. ①②④
C. ①②③④
D. ①②③
6.《国际海上避碰规则》第十条“分道通航制”条款适用于________。
A. 能见度不良
B. 任何能见度
C. 互见中
D. 能见度良好
7. 在某缔约国主管机关指定的分道通航制水域,《1972 年国际海上避碰规则》第十条“分道通航制”是否适用取决于________。
A. 该分道通航制是否位于公海
B. 该分道通航制是否用于国际航行
C. 该分道通航制是否被 IMO 采纳
D. 该分道通航制水域是否位于规则适用水域内
8. 对分道通航制条款总的认识,正确的是________。
A. 规定了遵守分道通航制条款船舶的权利
B. 规定了使用分道通航制水域的准则
C. 规定了在分道通航制水域中航行的船舶间的避让关系
D. 在分道通航制水域内所有的船舶必须按照船舶总流向行驶
9. IMO 采纳的分道通航制区域内:除“分道通航制”条款(第十条)适用外,《国际海上避碰规则》其他条款________。
A. 仍然适用于该区域
B. 不适用于该区域
C. 视情况而定
D. 可以适用该区域
10. 关于定线制的使用,下列说法正确的是________。
①使用定线制的船舶仍有责任和义务遵守《国际海上避碰规则》的各项规定;②违反定线制规定的船舶应给遵守定线制规定的船舶让路;③不使用定线制的船舶不应妨碍沿交通流方向或推荐交通流方向行驶的船舶;④除特殊情况外,使用定线制的船舶应当按指定的航路和规定的航行方法航行
A. ①④
B. ①③④
C. ③
D. ①②③

11. 下列说法正确的是________。

①被 IMO 所采纳的船舶定线制区域内的分隔带或分隔线必须用天然的障碍物或浮标标示；②船舶定线制水域内海图上标明的推荐交通流方向就是船舶应驶的真航向；③对接近会聚点的相邻分道通航制可采用扇形分隔

A. ①②　　B. ①②③

C. ③　　D. ②③

12. 船舶在 IMO 采纳的某分道通航制水域航行，应当遵守________。

①《国际海上避碰规则》分道通航制条款；②主管机关指定的特殊规定；③除分道通航制条款以外，也应遵守《国际海上避碰规则》的其他条款

A. ①②　　B. ①②③

C. ②③　　D. ①③

13. 在《国际海上避碰规则》第十条"分道通航制"规则中所指的分道通航制水域是指________。

A. 在《国际海上避碰规则》适用水域中设置的任何可分道通航制区域

B. IMO 所采纳的任何分道通航制水域

C. IMO 和各国主管机关同时采纳的分道通航制水域

D. 海图或通告上标明的分道通航制水域

14. 使用 IMO 采纳的分道通航制水域的船舶除执行分道通航制条款的规定外，还应遵守________。

①互见中的行动规则；②能见度不良时的行动规则；③任何能见度时的行动规则

A. ①　　B. ①②

C. ③　　D. ①②③

15. 关于《国际海上避碰规则》第十条"分道通航制"条款适用范围，下列说法正确的是________。

①适用于 IMO 所采纳的分道通航制水域；②适用于任何能见度；③适用于各国主管机关指定的分道通航制水域

A. ①③　　B. ②③

C. ①②　　D. ①②③

16. 以下哪个条款在能见度不良时也适用？________。

A. 追越条款　　B. 对遇局面条款

C. 分道通航条款　　D. 船舶间的责任条款

17. 在某国领海内制定的 IMO 未采纳的分道通航制水域内________。

A. 仅适用有关"分道通航制"的地方规定

B.《国际海上避碰规则》所有条款仍然适用于该水域

C.《国际海上避碰规则》不适用于该水域

D. 除"分道通航制条款"外，《国际海上避碰规则》其他条款仍然适用于该水域

18. IMO 采纳的分道通航制水域________。

A. 不适用主管机关特殊避碰规定

B. 不适用《1972 年国际海上避碰规则》第十条规定

C. 适用《1972 年国际海上避碰规则》各条规定

D. 仅适用《1972 年国际海上避碰规则》第十条规定

19. 在 IMO 采纳的分道通航制水域,对于使用分道通航制的船舶,下列说法正确的是________。

A. 只需遵守分道通航制条款

B. 按船舶总流向行驶的是直航船

C. 并不解除任何船舶遵守《国际海上避碰规则》其他各条规定的责任

D. 从事捕鱼的船可以不遵守分道通航条款

20. 某国在其沿海水域制定的分道通航制,如 IMO 未采纳,则下列哪些说法是正确的? ________。

①《规则》第十条不适用该分道通航制;②《规则》各条均不适用该分道通航制;③船舶不必遵守该分道通航制的任何规定;④该分道通航制的管理规定不适用国际航行船舶

A. ①　　B. ①②

C. ②③④　　D. ④

21. 某国在其沿海水域制定的分道通航制,如 IMO 已采纳,则下列哪些说法是正确的? ________。

①《规则》第十条适用该分道通航制;②主管机关不应为该分道通航制制定任何特殊避碰规定;③主管机关为该分道通航制制定任何规定,不应妨碍《规则》第十条的实施;④船舶仍应遵守主管机关为该分道通航制制定的有关规定

A. ①　　B. ①④

C. ①③　　D. ②④

22. 航行在 IMO 采纳的分道通航制水域的船舶,下列做法正确的是________。

A. 在分道内从一侧转移到另一侧过程中应与通航分道船舶总流向尽可能成小角度

B. 在分道内从一侧转移到另一侧过程中应与通航分道船舶总流向尽可能成直角

C. 在不得不穿越时应与通航分道的船舶总流向尽可能成小角度

D. 从分道一侧驶进驶出应与通航分道船舶总流向尽可能成直角

23. 在 IMO 采纳的分道通航制水域,下列说法正确的是________。

①在通航分道内行驶的船舶,不但应尽可能顺着分道的船舶总流向行驶,还应靠本船右舷的航道外缘行驶;②尽可能让开“分隔线”或“分隔带”,意味着船舶应保持在通航分道的中心线或其附近航行;③只要安全可行,船舶可在相应通航分道内任何位置按总流向行驶

A. ①　　B. ②

C. ③　　D. ①②

24. 在 IMO 采纳的分道通航制水域,使用分道通航制的船舶,在通航分道内从一侧转移到另一侧,应与分道船舶的总流向成何角度? ________。

A. 直角　　B. 任意角度

C. 尽可能小的角度　　D. 45°

25. 在 IMO 采纳的分道通航制水域,船舶应尽可能避免在________锚泊。

①通航分道内;②端部附近;③分隔带内;④沿岸通航带

A. ①②③④　　B. ①②③

C. ②③　　D. ①

26. 在 IMO 采纳的分道通航制水域端部附近,________。
   A. 从事捕鱼的船舶不应妨碍其他任何船舶的通行
   B. 帆船不应妨碍任何机动船的航行
   C. 船舶应与通航分道总流向成小角度驶进驶出
   D. 船舶应尽可能避免在分道通航制区域端部附近锚泊
27. 应避免在航道内锚泊的船舶是________。
   A. 任何船舶 B. 除帆船以外的船舶
   C. 从事捕鱼的船舶 D. 机动船
28. 在 IMO 采纳的分道通航制水域,对使用分道通航制水域的船舶的要求是________。
   ①在相应的通航分道内沿船舶的总流向行驶;②在相应的通航分道内以与船舶的总流向相同的航向行驶;③尽可能让开分隔线或分隔带;④通常在通航分道的端部驶进或驶出
   A. ①②③④ B. ①③④
   C. ①② D. ①
29. 船舶在 IMO 采纳的分道通航制端部附近区域行驶时,应________。
   ①特别谨慎驾驶;②避免锚泊;③沿通航分道交通总流向行驶;④驶近或驶出时应与分道船舶总流向形成尽可能小的角度
   A. ①② B. ①②③④
   C. ① D. ①②③
30. 在 IMO 采纳的分道通航制水域,下列说法中正确的是________。
   A. 凡是在分道通航制区域内行驶的船舶,均是"使用分道通航制区域的船舶"
   B. 只要一进入"通航分道",则该船就属于"使用分道通航制区域的船舶"
   C. 任何在通航分道中顺着船舶总流向行驶的船舶,均可以认为是"使用分道通航制区域的船舶"
   D. 除穿越船之外,任何在分道通航制水域中行驶的船舶,均可以认为是"使用分道通航制区域的船舶"
31. 下列哪种船舶应避免在航道内锚泊?________。
   A. 任何船舶 B. 帆船
   C. 从事捕鱼的船舶 D. 机动船
32. 在 IMO 采纳的分道通航制水域的端部附近,下列说法正确的是________。
   ①任何船舶在此水域均应谨慎驾驶;②在此水域,从事捕鱼的船舶不应妨碍驶进驶出通航分道的船舶的通行;③除了免受分道通航制条款约束的操纵能力受到限制的船舶外,其他船舶应当谨慎驾驶
   A. ①③ B. ①②③
   C. ①② D. ①
33. 在 IMO 采纳的分道通航制水域,不使用分道通航制的船舶应________。
   A. 在分道通航制区域的外缘行驶 B. 尽可能远离分隔线
   C. 尽可能远离分道通航制水域 D. 尽可能远离分隔带
34. 在 IMO 采纳的分道通航制水域端部附近,下列说法正确的是________。

①船舶应避免在此区域内抛锚；②船舶应特别谨慎航行；③船舶应保持与通航分道内交通总流向完全一致的航向；④应充分考虑到附近船舶可能进行较大幅度的转向

A. ①②③　　B. ②③④
C. ①③④　　D. ①②④

35. 船舶在分道通航制水域端部附近行驶时应特别谨慎，其原因有________。
①在此水域会遇时，直航船解除保向保速的义务；②端部附近船舶可能进行较大幅度的转向；③航线与通航分道交叉的船舶为避免穿越通航分道，可能在此水域通过

A. ①　　B. ①②
C. ②③　　D. ①②③

36. 船舶在IMO采纳的某分道通航制水域航行，则________。
A. 只应沿着通航分道的总流向行驶
B. 只允许从端部驶进驶出
C. 尽可能让开分隔带与分隔线
D. 保持与通航分道总流向相同的航向行驶

37. 在IMO采纳的分道通航制水域或附近水域，船舶应尽可能避免锚泊的水域包括________。
①通航分道内；②分道通航制端部附近；③分道通航制附近水域；④沿岸通航带内

A. ①②　　B. ①②③④
C. ①　　D. ①②③

38. 在IMO采纳的分道通航制端部附近区域，下列说法正确的是________。
①船舶应特别谨慎驾驶；②船舶应尽可能避免在此区域锚泊；③从事捕鱼的船舶不应妨碍任何船舶的通行；④从事捕鱼的船舶不应妨碍按通航分道总流向行驶的任何船舶的通行

A. ①　　B. ①②④
C. ①②　　D. ①②③

39. 在IMO采纳的分道通航水域端部附近，下列说法正确的是________。
A. 在此区域会遇时，直航船解除保向保速的义务
B. 驶进驶出通航分道时应保持与船舶总流向成直角的航向
C. 船舶航行在通航分道制水域端部附近时应特别谨慎地驾驶
D. 船舶应保持与通航分道总流向完全一致的航向

40. 在IMO采纳的分道通航制水域，下列说法正确的是________。
A. 从事捕鱼的船舶不应妨碍沿通航分道行驶的任何船舶的通行就意味着该船进入分道捕鱼是不符合《国际海上避碰规则》规定的
B. 帆船与从事捕鱼的船舶在通航分道内相互驶近，帆船应严格执行《国际海上避碰规则》有关规定，自始至终均应给从事捕鱼的船舶让路
C. 穿越通航分道的船舶，首先有给他船让路的责任
D. 不使用分道通航制的船舶，应尽可能远离分道通航水域

41. 在IMO采纳的分道通航制水域，下列说法正确的是________。
①船舶应避免在分道通航制水域的端部附近锚泊；②船舶航行在分道通航制水域端部附近时应特别谨慎地驾驶；③在分道通航制水域端部附近航行时应充分地考虑到直航船可能改变

航向

A. ① B. ①②

C. ②③ D. ①②③

42. 在 IMO 采纳的分道通航制水域，下列说法正确的是________。

A. 任何船舶均不应在通航分道内抛锚

B. 维护航行安全作业的船舶免受禁止抛锚规定的约束

C. 沿岸通航带内也禁止船舶抛锚

D. 船舶应尽可能避免锚泊的水域不包括沿岸通航带

43. 在 IMO 采纳的分道通航制水域，关于 A、B、C 船穿越和驶近驶出通航分道的航法（见下图），下列说法正确的是________。

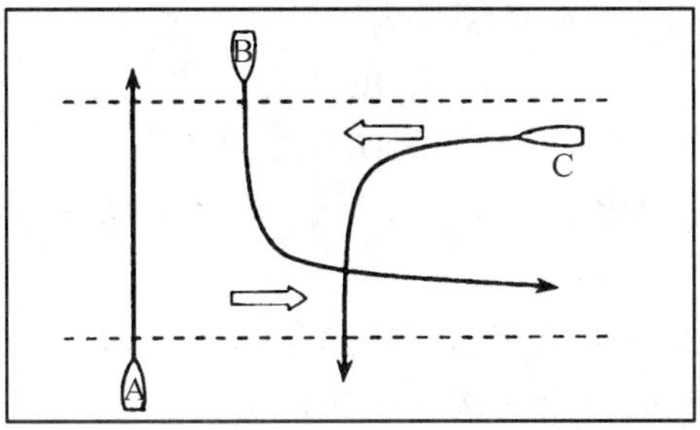

A. A 船航法错误，B 船航法正确 B. B、C 两船航法均正确

C. B 船航法正确，C 船航法错误 D. A、B、C 两船航法均错误

44. 使用分道通航制（IMO 采纳）时，________应当在相应通航分道内顺着交通总流向行驶。

①机动船；②帆船；③长度小于 20 m 的船舶；④只能在航道内安全航行的船舶

A. ① B. ①②

C. ①③ D. ①②③④

45. 在分道通航制（IMO 采纳）区域（或其附近），应当"与船舶总流向成尽可能小的角度"的情况包括________。

①在通航分道的任何一侧驶进或驶出；②在分割带内从事捕鱼；③从通航分道的端部驶进或驶出；④在相邻的沿岸通航带行驶

A. ① B. ③④

C. ①③ D. ①②③④

46. 在分道通航制（IMO 采纳）区域（或其附近），应当"与船舶总流向成尽可能小的角度"的情况包括________。

①从通航分道的外侧（右侧）驶进；②从分道的外侧（右侧）驶出；③从通航分道的内侧（左侧）驶进；④从分道的内侧（左侧）驶出

A. ①② B. ③④

C. ①③ D. ①②③④

47. 在分道通航制（IMO 采纳）区域（或其附近），"尽可能让开通航分隔线或分隔带"的情况包括________。

①沿通航分道行驶；②穿越通航分道；③从通航分道的任何一侧驶进；④从通航分道的任何一

侧驶出

A. ①　　B. ①④

C. ①③　　D. ②③

48. 在分道通航制(IMO 采纳)端部附近,正确的说法是________。

①船舶应特别谨慎行驶;②船舶应尽可能避免在此区域锚泊;③从事捕鱼的船舶不应妨碍任何船舶的通行;④帆船与长度小于 20 m 的船舶不应妨碍按通航分道总流向行驶的机动船的通行

A. ①　　B. ①②

C. ①②③　　D. ①②④

49. 在 IMO 采纳的分道通航制水域,船舶应尽可能避免在下列哪些区域内锚泊? ________。

①沿岸通航带;②端部附近;③在分隔带内

A. ①　　B. ①②

C. ②③　　D. ①②③

50. 在 IMO 采纳的分道通航制水域,船舶应尽量避免穿越通航分道,不得不穿越时,应尽可能________。

A. 以与分道的交通总流向成小角度的航迹向穿越

B. 以与分道的交通总流向成直角的航迹向穿越

C. 以与分道的交通总流向成小角度的船首向穿越

D. 以与分道的交通总流向成直角的船首向穿越

51. 在 IMO 采纳的分道通航制水域,下列说法正确的是________。

A. 船舶应尽可能避免穿越通航分道

B. 穿越通航分道的船舶,首先有让路的责任

C. 穿越通航分道的船舶不应该妨碍沿通航分道行驶的除从事捕鱼的船舶外任何船舶的通行

D. 穿越通航分道的船舶不应该妨碍沿通航分道行驶的任何船舶的通行

52. 在 IMO 采纳的分道通航制水域,下列说法正确的是________。

①船舶应尽可能避免穿越通航分道;②穿越通航分道的船舶不应妨碍沿通航分道行驶的机动船的安全航行;③穿越通航分道的船舶不应妨碍沿通航分道行驶的除从事捕鱼的船舶外任何船舶的安全航行;④穿越通航分道的船舶不应妨碍沿通航分道行驶的除从事捕鱼的船舶、帆船及 $L<20$ m 的船舶外任何船舶的安全航行

A. ①②　　B. ①②③

C. ①　　D. ①②④

53. 在 IMO 采纳的分道通航制水域,船舶如果不得不穿越通航分道,则________。

A. 应给沿通航分道行驶的船舶让路

B. 在有风流的情况下,应保持与通航分道成直角的船首向穿越

C. 不应妨碍沿通航分道行驶的其他船舶

D. 在有风流的情况下,应保持与通航分道成直角的航迹向穿越

54. 在 IMO 采纳的分道通航制水域,规则要求穿越通航分道的船舶应与船舶的总流向成直角穿越,其目的是________。

①缩短穿越的时间;②便于他船发现该船的穿越意图;③便于交通管制中心的监视;④避免形成紧迫局面

A. ①②③④　　B. ①②③

C. ①②　　D. ①

55. 在 IMO 采纳的分道通航制水域,下列说法正确的是________。

①在不得不穿越通航分道时,应与通航分道交通总流向成尽可能小的角度穿越;②在不得不穿越通航分道时,应与通航分道交通总流向成直角的船首向穿越;③从通航分道的任一侧驶进或驶出时,应与通航分道交通总流向成尽可能小的角度;④从通航分道的任一侧驶进或驶出时,应与通航分道交通总流向成尽可能大的角度

A. ①④　　B. ②③

C. ①③　　D. ②④

56. 穿越通航分道的船舶应尽可能与船舶总流向成直角穿越,这里的直角是指________。

A. 船首向与船舶的总流向的夹角

B. 航迹向与船舶的总流向的夹角

C. 船首向与航道内其他船舶的船首向的夹角

D. 船首向与航道内其他船舶的航迹向的夹角

57. “穿越通航分道的船舶应尽可能与分道的交通总流向成直角的航向穿越”,所谓直角是指穿越船的________。

A. 船首向与交通总流向的夹角

B. 计划航向与沿交通总流向行驶的船舶航迹向的夹角

C. 计划航向与交通总流向的夹角

D. 船首向与沿交通总流向行驶的船舶船首向的夹角

58. 在 IMO 采纳的分道通航制水域,关于甲、乙两船穿越和驶进驶出通航分道的航法(见下图,甲船在上),下列说法正确的是________。

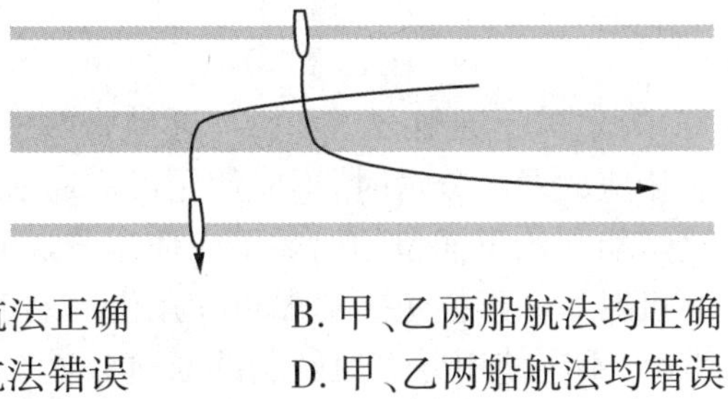

A. 甲船航法错误,乙船航法正确　　B. 甲、乙两船航法均正确

C. 甲船航法正确,乙船航法错误　　D. 甲、乙两船航法均错误

59. 关于“沿岸通航带”,下列说法正确的是________。

①位于分道通航制向岸一侧边界与邻近的海岸之间;②是一种定线措施;③是分道通航制的一部分;④构成成分包括一个指定区域、分隔带、交通流方向

A. ①　　B. ①②③

C. ①②　　D. ①②③④

60. 在 IMO 采纳的分道通航制水域,下列哪些船舶可使用沿岸通航带?________。

①不能安全使用邻近通航分道的船舶;②帆船和长度小于 20 m 的船舶;③从事捕鱼的船舶;

④在紧急情况下避免紧迫危险的船舶

A. ①②③④　　B. ②③④

C. ②④　　D. ①②③

61. 在 IMO 采纳的分道通航制水域,下列说法正确的是________。

A. 所有可安全使用相应邻近通航分道的船舶,不应使用沿岸通航带

B. 所有可安全使用沿岸通航带的船舶,不应使用通航分道

C. 除帆船和长度小于 20 m 的船舶外,其他可安全使用通航分道的船舶,不应使用沿岸通航带

D. 除帆船和长度小于 20 m 的船舶以及从事捕鱼的船舶外,其他可安全使用相应通航分道的船舶,通常不应使用沿岸通航带

62. 下列哪些船舶不可以使用沿岸通航带?________。

A. 长度小于 20 m 的船舶　　B. 帆船和从事捕鱼的船

C. 航道内正常航行的船舶　　D. 为了避免紧迫危险的船舶

63. 在 IMO 采纳的分道通航制水域,船舶在下列哪些情况下可使用沿岸通航带?________。

①接送引航员;②从事捕鱼作业;③为避免紧迫危险;④因风浪太大,不能在通航分道内保持航向

A. ①　　B. ①②

C. ①②③　　D. ①②③④

64. 在可以使用沿岸通航带的船舶中,不包括________。

A. 长度小于 20 m 的船舶　　B. 从事捕鱼的船舶

C. 抵离沿岸通航带中的港口的船舶　　D. 为避免碰撞危险的船舶

65. 在 IMO 采纳的分道通航制水域,下列船舶可使用沿岸通航带的是________。

①帆船和长度小于 20 m 的船舶;②从事捕鱼的船舶;③当船舶抵离位于沿岸通航带的港口、近岸设施、引航站或任何其他地方;④为避免紧迫危险时

A. ①②　　B. ①②④

C. ①②③　　D. ①②③④

66. 在 IMO 采纳的分道通航制水域,关于通航分道和沿岸通航带的使用,正确的是________。

A. 可安全使用分道通航制相应的通航分道时,不应使用沿岸通航带

B. 长度小于 20 m 的船舶、帆船和从事捕鱼的船舶不应使用分道通航制

C. 长度小于 20 m 的船舶、帆船和从事捕鱼的船舶可使用沿岸通航带

D. 可安全使用沿岸通航带时,不应使用分道通航制的通航分道

67. 在 IMO 采纳的分道通航制水域,如可安全使用邻近分道通航制水域中相应通航分道,________。

A. 所有船舶均不应使用沿岸通航带

B. 帆船仍可以使用沿岸通航带

C. 除长度小于 20 m 的船舶外均可使用沿岸通航带

D. 除帆船、长度小于 20 m 的船舶外均不应使用沿岸通航带

68. 在分道通航制(IMO 采纳)区域(或其附近),能够安全使用通航分道的前提下,可以进入邻近

沿岸通航带航行的船舶包括________。

①使用围网捕鱼的船舶；②按规定舷灯合并成一盏的船舶；③驶帆同时使用机器推进的船舶；④转向能力严重受限的拖驳船队

A. ①　　B. ①②

C. ①②③　　D. ①②③④

69. 在 IMO 采纳的分道通航制水域，下列船舶可以进入分隔带的是________。

①从事捕鱼的船舶；②帆船、长度小于 20 m 的船舶；③从事拖带的作业操纵能力受到限制的船舶；④在航中从事船间货物过驳作业的船舶

A. ①②　　B. ①②③

C. ①②③④　　D. ①

70. 在 IMO 采纳的分道通航制水域，通常在采取哪些行动时船舶不应进入分隔带？________。

①为避免紧迫局面的行动；②为避免紧迫危险的行动；③为避免碰撞危险的行动；④不应妨碍他船的船舶根据规则要求采取的行动

A. ①②③　　B. ②③④

C. ①③④　　D. ①②④

71. 在 IMO 采纳的分道通航制水域，下列哪些船舶可进入分隔带？________。

A. 从事拖带作业的船舶并且其驶离航向的能力严重受到限制

B. 在航中从事补给的船舶

C. 从事捕鱼的船舶

D. 所有操纵能力受到限制的船舶

72. 在 IMO 采纳的分道通航制水域，下列哪些船舶可进入分隔带？________。

A. 从事拖带作业的船舶并且驶离航向的能力严重受到限制

B. 在航中从事补给的船舶

C. 驶进或驶出通航分道的船舶

D. 所有操纵能力受到限制的船舶

73. 在 IMO 采纳的分道通航制水域，船长 100 m 的普通机动船在________情况下可以进入分隔带。

①从通航分道的一侧驶出；②穿越通航分道；③为避免紧迫危险；④拖带另一被救助的船舶航行，转向能力严重受到限制

A. ①②　　B. ①②③

C. ①②③④　　D. ①

74. 在 IMO 采纳的分道通航制水域，船舶在以下哪种情况下可以进入通航分隔带和穿越分隔线？________。

①紧急情况下为避免紧迫危险；②穿越分道通航制区域；③驶进驶出分道通航制水域；④为避免碰撞危险

A. ①②③　　B. ②③④

C. ①③④　　D. ①②④

75. 有关在狭水道或航道内追越，下列说法正确的是________。

①船舶在追越中，通常从被追船的左舷追越；②如被追越船同意追越，应采取措施让出航道，并注意减速，以减小会遇的时间；③追越船在追越中应保持足够的横距，以防止船吸现象的发生

A. ①②　　B. ①③

C. ②③　　D. ①②③

76. 在 IMO 采纳的分道通航制水域，下列说法正确的是________。

A. 任何船舶进入分隔带均是违反《国际海上避碰规则》的行为

B. 为避免紧迫危险，让路船或直航船均可进入分隔带

C. 为避免碰撞危险，让路船可进入分隔带

D. 为避免紧迫局面，直航船可进入分隔带

77. 在 IMO 采纳的分道通航制水域，下列说法正确的是________。

A. 任何船舶进入“分隔带”都是一种违规行为

B. 为避免紧迫危险，让路船或直航船均可进入“分隔带”

C. 为避免妨碍沿通航分道行驶的船舶，“操纵能力受到限制的船舶”可以进入“分隔带”行驶

D. 为避免紧迫危险的形成，当事船首先应取得有关主管机关的许可，方可进入“分隔带”

78. 在分道通航制(IMO 采纳)区域，可以进入分隔带或穿越分隔线的情况包括________。

①穿越通航分道；②从通航分道的任何一侧驶进；③从通航分道的任何一侧驶出；④在分隔带内抛锚

A. ①　　B. ①②

C. ①②③　　D. ①②③④

79. 在 IMO 采纳的分道通航水域，下列哪种说法正确？________。

A. 帆船与 $L<20$ m 的船舶任何时候都应使用沿岸通航带

B. 帆船与 $L<20$ m 的船舶任何时候都应进入相应通航分道内行驶

C. 帆船与 $L<20$ m 的船舶任何时候都可使用沿岸通航带，也可进入相应通航分道内行驶

D. 无论帆船与 $L<20$ m 的船舶是否进入相应通航分道内行驶，均不应妨碍机动船的航行

80. 在 IMO 采纳的分道通航制水域，穿越通航分道的长度小于 20 m 的机动船不应妨碍下列哪些船舶的安全航行？________。

①按通航分道行驶的帆船；②按通航分道行驶的长度小于 20 m 的机动船；③未按通航分道行驶的拖网渔船；④按照通航分道行驶的长度大于 50 m 的机动船

A. ④　　B. ①②③④

C. ②④　　D. ①②

81. 在 IMO 采纳的分道通航制水域，从事捕鱼船不应妨碍下列哪些按通航分道行驶的船舶的安全航行？________。

A. 操纵能力受到限制的船舶　　B. 机动船

C. 帆船　　D. 任何船舶

82. 在 IMO 采纳的分道通航制水域，按通航分道行驶的帆船不应妨碍下列哪些船舶的安全航行？________。

①穿越通航分道的长度小于 20 m 的机动船；②按通航分道行驶的长度小于 20 m 的机动船；

③穿越通航分道的长度大于 50 m 的机动船；④按通航分道行驶的长度大于 50 m 的机动船

A. ①② B. ③④

C. ①②③④ D. ④

83. 在 IMO 采纳的分道通航制水域，从事捕鱼的船舶不应妨碍下列哪些船舶的安全航行？________。

①按通航分道行驶的维修海底电缆的操纵能力受到限制的船舶；②穿越通航分道的机动船；③按通航分道行驶的收发航空器的船舶；④按通航分道行驶的从事拖带作业的船舶

A. ①③④ B. ②③④

C. ③④ D. ④

84. 在分道通航制（IMO 采纳）通航分道内，帆船“不应妨碍”的船舶包括________。

①沿通航分道行驶的机动船（$L \geqslant 20$ m）；②沿通航分道行驶的拖网作业船舶；③穿越通航分道航行的机动船（$L \geqslant 20$ m）

A. ① B. ①②

C. ①②③ D. ②③

85. 在分道通航制（IMO 采纳）区域，沿通航分道行驶的拖网作业渔船（船长 50 m）与沿通航分道行驶的帆船相互驶近，下列说法正确的是________。

A. 只有在互见中，帆船不应妨碍拖网渔船

B. 无论是否互见，帆船均不应妨碍拖网渔船

C. 只有在互见中，拖网渔船不应妨碍帆船

D. 无论是否互见，拖网渔船均不应妨碍帆船

86. 在 IMO 采纳的分道通航制水域，下列船舶在作业所必需的限度内免受《国际海上避碰规则》第十条分道通航制条款约束的是________。

A. 在航中从事货物转运的船舶 B. 维护航行安全秩序的船舶

C. 收发航空器的船舶 D. 从事清除水雷作业的船舶

87. 在 IMO 采纳的分道通航制水域，下列说法正确的是________。

①维护助航标志的操纵能力受到限制的船舶在作业所必需的限度内可以锚泊；②从事清除水雷的船舶因作业需要可以锚泊；③从事疏浚作业的船舶因作业需要可以锚泊

A. ① B. ①②

C. ①②③ D. ③

88. 在 IMO 采纳的分道通航制水域内，操纵能力受到限制的船舶在执行某项作业所必需的限度内可免受分道通航制条款的约束，该项作业不包括________。

A. 从事清除水雷作业 B. 从事疏浚作业

C. 在航中从事转运人员 D. 维护海底电缆作业

89. 在 IMO 采纳的分道通航制水域，下列说法错误的是________。

①所有操纵能力受到限制的船舶必须沿相应通航分道的船舶总流向行驶；②为保证正常作业，操纵能力受到限制的船舶可以向任何方向行驶；③操纵能力受到限制的船舶不必遵守沿相应通航分道的船舶总流向行驶的要求

A. ① B. ①③

C. ② D. ①②③

90. 在 IMO 采纳的分道通航制水域,下列说法不正确的是________。

①任何操纵能力受到限制的船舶均免受“分道通航制条款”的约束;②其他船舶应给“免除分道通航制条款的约束的操纵能力受到限制的船舶”让路;③互见中,其他船舶应给“免除分道通航制条款的约束的操纵能力受到限制的船舶”让路

A. ①　　B. ③

C. ①②③　　D. ①②

91. 在 IMO 采纳的分道通航制水域,下列哪项说法不正确? ________。

①“分道通航制规则”不适用于分道内行驶的“操纵能力受到限制的船舶”;②《国际海上避碰规则》有关驾驶和航行规则的各条规定同样也不适用于在分道通航制区域内从事维护航行安全作业的“操纵能力受到限制的船舶”;③“操纵能力受到限制的船舶”在其作业的必需的限度内,免受分道通航条款约束

A. ①　　B. ①②③

C. ①②　　D. ②

92. 在 IMO 采纳的分道通航制水域,下列说法正确的是________。

①在通航分道制区域内从事维修海底电缆的船舶,在执行该作业所必需的限度内,免受《规则》有关驾驶与航行规则的各条的约束;②在通航分道制区域内从事维护航行安全作业的操限船在其作业所必需的限度内免受《规则》第十条的约束;③《规则》第十条适用于在分道内行驶的从事捕鱼的船舶

A. ②③　　B. ①

C. ②　　D. ①③

93. 在 IMO 采纳的分道通航制水域,在作业必须的限度内免受《规则》第十条规定约束的船舶,包括________。

A. 收发航空器的船舶

B. 在航中从事过驳作业的船舶

C. 拖带作业的操纵能力受到限制的船舶

D. 从事敷设海底电缆作业的船舶

94. 在 IMO 采纳的分道通航制水域,下列哪种船舶可免受分道通航制条款的约束? ________。

A. 为避免碰撞危险的船舶

B. 在作业所必需的限度内从事使其驶离其航向的能力严重受到限制的拖带作业的船舶

C. 在执行公务时的海事巡逻艇

D. 在作业所必需的限度内从事清除水雷作业的船舶

95. 在 IMO 采纳的分道通航制水域,下列哪种船舶可免受分道通航制条款的约束? ________。

A. 为避免紧迫局面的船舶

B. 从事疏浚作业的船在作业所必需的限度内

C. 失去控制的船舶

D. 一从事使其驶离其航向的能力严重受到限制的拖带作业的船舶在作业所必需的限度内

96. 在 IMO 采纳的分道通航制水域,关于穿越通航分道,正确的是________。

①尽量避免穿越通航分道;②不得不穿越时,应尽可能以与总流向成直角的船首向穿越;③穿

越通航分道的船舶不应妨碍沿通航分道行驶任何船舶的通行；④穿越通航分道的船舶不应妨碍沿通航分道行驶的机动船的通行

A. ①②③ B. ①②③④

C. ① D. ①②

97. 在 IMO 采纳的分道通航制水域，在执行作业所必需的限度内，可免受“分道通航制”条款规定约束的船舶包括________。

A. 从事拖带作业的船舶

B. 从事发射航空器的船舶

C. 从事疏浚作业的船舶

D. 在航中从事补给的船舶

98. 在 IMO 采纳的分道通航制水域，下列哪种船舶在作业所必需的限度内可免受分道通航制条款的约束？________。

①从事清除水雷作业的船舶；②从事敷设、维修、起捞海底电缆作业的船舶；③在航中从事补给的船舶；④从事清除水下沉船作业的船舶

A. ①②③ B. ②③④

C. ①③④ D. ①②④

99. 在 IMO 采纳的分道通航制水域，关于从事清除水雷作业的船舶，下列说法错误的是________。

A. 在执行其作业所必需的限度内，其航向可以与通航分道总流向相反

B. 可以在分道通航制水域内锚泊进行作业

C. 作业时，与从事疏浚作业的船舶享有同等的免受分道通航制条款的约束的权利

D. 作业时，与从事维护航行安全的船舶享有同等的免受分道通航制条款的约束的权利

100. 在 IMO 采纳的分道通航制水域，下列说法正确的是________。

A. 操纵能力受到限制的船舶不必遵守沿相应通航分道的船舶总流向行驶的要求

B. 帆船和长度小于 20 m 的船舶不必遵守沿相应通航分道的船舶总流向行驶的要求

C. 失去控制的船舶不必遵守沿相应通航分道的船舶总流向行驶的要求

D. 从事清除水雷作业的船舶在作业必需的限度内不必遵守沿相应通航分道的船舶总流向行驶的要求

101. 在 IMO 采纳的分道通航制水域，下列哪种船舶在作业所必需的限度内可免受分道通航制条款的约束？________。

①从事敷设、维修、起捞助航标志的船舶；②从事疏浚作业的船舶；③从事测量作业的船舶；④从事使其驶离其航向的能力严重受到限制的拖带作业的船舶

A. ①②③ B. ②③④

C. ①③④ D. ①②④

任务十二　熟悉帆船条款航行规则

知识储备

一、受风舷的定义

《规则》第十二条2款明确规定:“受风舷侧应认为是主帆被吹向的一舷的对面舷侧;对于方帆船,则应认为是最大纵帆被吹向的一舷的对面舷侧。”

二、帆船局面的适用要件

(1)互见中。

(2)两船均为帆船。

(3)致有构成碰撞危险:仅适用于两船相遇构成碰撞危险之后。

(4)不在追越中:当两艘帆船处于追越态势时,优先适用追越规则。

(5)非我国的帆船:我国的非机动船不适用《规则》,适用我国1957年颁布的《中华人民共和国非机动船舶海上安全航行暂行规则》。

三、帆船局面中船舶责任的确定与避让责任的种类

(1)确定避让责任的原则:几何制,即两船相对于风的受风舷和相对于风的上、下风位置。不同舷受风时,左舷受风的船舶为让路船;同舷受风时,上风船为让路船。

(2)具体的避让关系:

①两船在不同舷受风时,左舷受风的船应给他船让路。

②两船在同舷受风时,上风船应给下风船让路。

③如左舷受风的船看到在上风的船而不能断定究竟该船是左舷受风还是右舷受风,则应给该船让路。

相关习题

1. 以下关于规则中避让责任与行动的说法,错误的是________。

A. 左舷受风且处于上风:本船一定是让路船

B. 右舷受风且处于下风:本船一定是直航船

C. 左舷受风且处于下风:上风来船左舷受风,本船直航;上风来船右舷受风,本船让路;不能断定上风来船何舷受风时,本船让路

D. 右舷受风且处于上风:下风来船左舷受风,本船让路;下风来船右舷受风,本船让路;不能断定下风来船何舷受风时,本船让路

任务十三 掌握追越局面行动规则

知识储备

一、《规则》第十三条与其他条款之间的关系

《规则》第十三条与其他条款之间具有有限性：

(1)“追越”条款优先于《规则》第二章第一节“船舶在任何能见度情况下行动规则”、第二节“船舶在互见中的行动规则”。

(2)《规则》第十三条优先于《规则》第四条到第十八条。例如，第九条第5款有关狭水道追越，适用《规则》第十三条的规定。

(3)追越条款规定的避让关系优先于《规则》第二章第一节、第二节中涉及的同类避让关系的适用。

(4)追越条款的优先适用，并不解除不应妨碍的船舶履行其不应妨碍的义务，也不解除船舶遵守狭水道或分道通航制航行规则的义务。

二、追越的适用条件

(1)互见中：追越属于互见中的会遇局面。

(2)方位：后船位于前船正横后大于22.5°的某一方向，夜间后船只能看见前船的艉灯，看不到其舷灯。

(3)两船距离较近：通常以艉灯的3 n mile标准视距作为追越开始适用的距离界限。

(4)后船航速高于前船：后船正在赶上前船，两船的速度矢量在船首方向汇聚。

三、对其是否在追越他船有怀疑的做法

《规则》第十三条第3款规定：“当一船对其是否在追越他船有任何怀疑时，该船应假定是在追越，并应采取相应行动。”

(1)后船应当假定两船构成了追越，后船为追越船，负有让路义务。

(2)前船对是否构成追越有怀疑时也假定存在追越，就等于前船把自己置于了直航船的位置。当前船对本船是否在被追越有任何怀疑时，应当假定不是追越而是其他局面，如交叉相遇局面，在后续行动上占据主动，避免消极等待，贻误避让时机。

四、追越中船舶责任的确定与避让责任的种类

(1)追越船为让路船：任何追越船舶在追越任何他船时，均应给被追越船让路。

(2)判断避让关系的原则：几何制原则，其避让关系的责任种类是让路与直航关系。

(3)无条件让路：操纵能力差的船舶，即使是一艘失去控制的船舶，作为追越船，也必须给被

追越船无条件让路。

五、追越持续的时间段

(1)追越的起始时间:在任一时刻,同时满足追越的四个条件,即是追越的起始时间点,存在追越,会遇双方即应按照《规则》负有相应的责任与义务。

(2)追越期间方位的变化:追越在最初构成之时,要求后船位于前船正横后大于 22.5°的某一方向上。在追越的过程中,两船的相对方位将发生变化,后船会逐渐超越至前船的正横附近以及正横之前。依据第十三条 1 款的规定,只要追越船仍在追越,就仍然负有让路义务。

(3)追越的结束时间:最后的驶过让清是追越的结束时间点。驶过让清,应当是追越船已经离开被追越船足够的距离以致不再妨碍被追越船的航行,即使追越船采取不适当的突发行动,被追越船也会有足够的时间判断和应对。

六、追越的特点

(1)两船相对速度小,并行或相持的时间长:在追越过程中,由于两船相对速度小,相持时间长,追越船作为让路船完全有时间对当时的碰撞危险和局面做出充分的估计,采取最合适的行动。

(2)容易与大角度交叉相遇局面混淆:当后船从前船右舷正横后 22.5°的某一方向上驶近前船时,后船对本船究竟是追越前船,还是与前船构成大角度交叉相遇局面产生怀疑。在此情况下,前船应假定是大角度交叉相遇局面,而后船应假定是追越局面,以利于积极避让。

相关习题

1. 关于追越条款,下列说法错误的是________。
   A. 互见中,不论追越船和被追越船为何种船舶,追越船就得给被追越船让路
   B. 追越船履行让路船义务,直到驶过让清为止
   C. 追越条款优先于帆船条款和船舶之间的责任条款适用
   D. 追越条款的适用以构成碰撞危险为条件
2. 互见中,下列哪一种说法是正确的? ________。
   A. 不管规则其他条款做何规定,追越船均应给被追越船让路
   B. 不管"操纵能力受到限制的船舶"必须维持其原有速度行驶,故迫使其经常要追越一些慢速船,鉴于"操纵能力受到限制的船舶"这一特定的工作性质,故"追越条款"对其不适用
   C. 任何船舶在追越任何他船并构成碰撞危险时,均应给被追越船让路
   D. 除第二章第一、二节另有规定外,任何船舶在追越任何船舶时,均应给被追越船让路
3. 适用《国际海上避碰规则》追越条款的情况包括________。
   A. 任何能见度情况下通航分道中的追越
   B. 任何情况下的追越
   C. 能见度不良时互见中构成的追越局面
   D. 任何能见度情况下狭水道中的追越

4. 关于“追越”条款的适用范围，下列说法正确的是________。

A. 仅适用于互见中的在航机动船

B. 适用任何情况下的追越

C. 不适用两艘在航帆船驶近构成碰撞危险时

D. 适用于互见中任何船舶追越任何他船

5. 关于“追越”条款的适用船舶，下列说法正确的是________。

A. 适用任何船舶

B. 仅适用机动船

C. 不适用帆船

D. 不适用从事捕鱼的船舶、失去控制的船舶、操纵能力受到限制的船舶

6. 关于《规则》第十三条“追越”与其他条款之间的关系，下列说法正确的是________。

A. 不互见中，确定两船之间责任时，“追越”条款优先于其他条款

B. 狭水道中，确定两船之间不应妨碍与不应被妨碍时，“追越”条款优先于狭水道条款

C. 互见中，确定让路与直航避让关系时，“追越”条款优先于其他条款

D. 分道通航制中，确定两船之间不应妨碍与不应被妨碍时，“追越优先分道通航制”条款

7. 关于追越条款的适用范围，下列说法正确的是________。

①适用于能见度不良；②适用于互见中；③只适用于机动船；④适用于任何船舶

A. ①③　　B. ①④

C. ②③　　D. ②④

8. 互见中，下列说法正确的是________。

A. 除其他条款另有规定外，任何船舶在追越任何他船时，均应给被追越船让路

B. 追越船是否负有让路的责任与义务，将取决于两船在接近过程中是否构成碰撞危险

C. 不管《规则》其他条款做何规定，追越船均应给被追越船让路

D. 若被追越船违背《规则》采取行动，即可免除追越船让路的责任与义务

9. 追越条款(《规则》第十三条)适用于在________内互见中构成追越局面的船舶。

①狭水道；②分道通航制水域；③港外锚地

A. ①　　B. ①②

C. ①③　　D. ①②③

10. 追越条款优先于________。

①帆船条款；②船舶之间责任条款；③交叉相遇条款

A. ①③　　B. ①②

C. ②③　　D. ①②③

11. 追越条款适用的船舶是________。

A. 机动船　　B. 帆船

C. 从事捕鱼的船舶　　D. 任何船舶

12. 追越条款(《规则》第十三条)不适用于________。

A. 互见中的船舶　　B. 能见度不良时在互见中的船舶

C. 狭水道中的船舶　　D. 能见度不良时不在互见中的船舶

13. 下列船舶在互见中追越他船,适用《国际海上避碰规则》追越条款的是________。
A. 机动船
B. 除失去控制的船舶和操纵能力受到限制的船舶外的任何船舶
C. 除失去控制的船舶、操纵能力受到限制的船舶和非机动船外的任何船舶
D. 任何船舶

14. 关于《国际海上避碰规则》追越条款的适用性,下列说法正确的是________。
A. 仅适用于能见度不良时的互见
B. 任何能见度情况下的互见
C. 任何能见度情况
D. 仅适用于能见度良好时的互见

15. 追越条款优先于________。
A. 船舶在任何能见度情况下的行动规则
B. 船舶在互见中的行动规则
C. 船舶在能见度不良时的行动规则
D. 船舶在任何能见度情况下的行动规则与船舶在互见中的行动规则

16. “追越”局面的构成要件为________。
①互见;②追越船位于被追越船正横后 22. 5°之后;③追越船赶上被追越船;④存在碰撞危险
A. ①②③
B. ①②
C. ②③④
D. ①②③④

17. 夜间,机动船甲仅能看到左前方另一船乙的艉灯并逐渐赶上,后来看到乙船显示两盏桅灯和绿舷灯,下列说法正确的是________。
A. 如果不构成碰撞危险,则不是追越局面
B. 无论是否构成碰撞危险,乙船均应给甲船让路
C. 如果构成碰撞危险,乙船应给甲船让路
D. 无论是否构成碰撞危险,甲船均应给乙船让路

18. 下列说法哪项正确? ________。
A. 当前船对位于其右舷正横后的船舶是否正在追越本船持有任何怀疑,应假定是在追越
B. 当前船对位于其左舷正横后的船舶是否正在追越本船持有任何怀疑,应假定是在追越
C. 当后船对本船是否处于追越前船持有任何怀疑时应假定是处于追越之中
D. 当后船对本船是否处于追越前船持有任何怀疑时应假定不是处于追越之中

19. 根据《国际海上避碰规则》第十三条定义的追越条款,下列说法正确的是________。
A. 如后船对本船是否在追越前船有任何怀疑,不论是否存在碰撞危险,均应假定在追越
B. 如后船对本船是否在追越前船有任何怀疑,则根据是否存在碰撞危险来决定是否在追越
C. 追越形成后,如果不存在碰撞危险,其后两船间的方位变化可能使追越船变为直航船
D. 追越形成后,如果不存在碰撞危险,其后被追越船转向造成碰撞危险,则视两船间的方位关系可能使追越船变为直航船

20. 关于处于追越局面的两船,下列说法正确的是________。
A. 追越船是否“给被追越船让路”,将取决于是否构成碰撞危险
B. 不管是否构成碰撞危险,追越船均应给被追越船让路
C. 如果存在碰撞危险,被追越船不应保向保速

D. 如果不存在碰撞危险,被追越船不必保向保速

21. 构成追越局面的条件包括________。

①后船只能看到前船的艉灯;②后船正在赶上前船;③相互驶近构成碰撞危险

A. ① B. ①②

C. ①③ D. ①②③

22. 构成追越局面的条件包括________。

①后船只能看到前船的艉灯;②后船正在赶上前船;③相互驶近构成碰撞危险;④两船都是机动船

A. ①②④ B. ①②

C. ①③ D. ①②③

23. 夜间,你船显示垂直三盏红灯,两盏桅灯、舷灯和艉灯,先看见前方他船显示上红下白和一盏白灯,后来又看见他船显示上红下白和一盏绿灯,下列说法正确的是________。

A. 适用于船舶之间责任条款,你船为让路船

B. 适用于交叉条款,他船为让路船

C. 适用于追越条款,你船为让路船

D. 适用于对遇条款,他船为让路船

24. 构成追越的必要条件是________。

①后船位于前船的艉灯光弧范围内;②后船的速度大于前船;③两船在互见中;④存在碰撞危险

A. ① B. ①②

C. ①②③ D. ①②③④

25. 同时满足以下哪些条件,才构成追越局面?________。

①互见;②两艘机动船相遇;③后船位于前船正横后大于22.5°的艉灯光弧范围内,并赶上前船;④致有构成碰撞危险

A. ①③ B. ①②③

C. ②③④ D. ①②③④

26. 一在航船处于在航他船下列哪个范围内,并赶上他船时,适用追越条款?________。

①夜间,看到他船的艉灯;②白天,位于可看见的他船正横后大于22.5°,且距离小于3 n mile时;③夜间,先看到他船的艉灯,后来又看见他船的绿舷灯和桅灯

A. ① B. ①②

C. ①③ D. ①②③

27. 你船在海上漂航,显示圆柱体,看见船尾附近的他船挂有一个垂直球菱球号型,他船正在赶上本船,下列说法正确的是________。

A. 适用于追越局面,他船是让路船

B. 适用于船舶之间责任条款,他船是让路船

C. 适用于追越局面,本船是让路船

D. 适用于船舶之间责任条款,本船是让路船

28. 互见中,在航帆船甲从在航不对水移动的机动船乙船尾方向驶近,则________。

①适用“追越”条款;②适用“船舶之间的责任”条款;③无论是否构成碰撞危险,甲船为让路船;④如构成碰撞危险,乙船为让路船

A. ①③　　B. ②④

C. ①④　　D. ②③

29. 在分道通航制(IMO 采纳)水域,沿通航分道行驶的机动船在互见中追越通航分道内同向行驶的拖网作业渔船,下列说法正确的是________。

A. 渔船为让路船　　B. 两船适用追越条款

C. 解除机动船让路责任　　D. 解除渔船保向保速责任

30.《规则》第十三条定义的追越局面具有下列哪种特点? ________。

A. 仅适用于相同种类的船舶　　B. 适用于不同种类的船舶

C. 适用于任何能见度　　D. 适用于多船会遇

31. 追越局面具有下列哪种特点? ________。

A. 相对速度小,持续时间长　　B. 相对速度小,持续时间短

C. 相对速度大,持续时间长　　D. 相对速度大,持续时间短

32. 与对遇、交叉相遇局面相比,追越局面独具的特点是________。

A. 适用于互见　　B. 适用于任何船舶

C. 适用于多船会遇　　D. 适用于任何能见度

33. 与对遇、交叉相遇局面相比,追越局面独具的特点是________。

①适用于任何能见度;②适用于任何船舶;③不以碰撞危险为条件

A. ②③　　B. ②

C. ①②　　D. ①②③

34. 关于《规则》第十三条定义的追越局面的特点,下列说法正确的是________。

A. 优先于规则任何其他各条适用　　B. 适用于任何船舶

C. 规定了让路船的行动　　D. 适用于任何能见度情况下的追越

35. 与交叉相遇局面相比,追越局面独具的特点是________。

A. 不以碰撞危险为条件　　B. 适用于两艘机动船

C. 适用于任何能见度　　D. 不以互见为条件

36. 以下容易与追越局面相混淆的局面是________。

A. 对遇局面　　B. 小角度交叉局面

C. 大角度交叉局面　　D. 船舶之间责任条款局面

37. 与对遇、交叉相遇局面相比,《国际海上避碰规则》第十三条定义的追越局面独具的特点是________。

①不以碰撞危险为条件;②适用于互见中;③适用于任何船舶

A. ①③　　B. ①②

C. ②③　　D. ①②③

38. 大风浪中航行,你船见到他船的艉灯,后来又见到他船的绿舷灯和桅灯,这种局面你应如何看待? ________。

A. 交叉局面,本船应为让路船

B. 交叉局面，他船应为让路船

C. 追越，本船应为让路船

D. 如果构成碰撞危险，则应假定为追越，本船应为让路船

39. 大风浪中航行，你船见到他船的艉灯，后来又见到他船的红舷灯和桅灯，这种局面你应如何看待？________。

A. 交叉局面，本船应为让路船

B. 交叉局面，他船应为让路船

C. 追越，本船应为让路船

D. 如果构成碰撞危险，则应假定为追越，本船应为让路船

40. 关于《国际海上避碰规则》第十三条定义的追越，下列说法正确的是________。

A. 不应妨碍他船的船舶被不应被其妨碍的船舶追越时，免除追越船的让路责任

B. 操纵能力差的船舶追越操纵能力好的船舶时，免除追越船的让路责任

C. 不应妨碍他船的船舶被不应被其妨碍的船舶追越时，免除不应妨碍的责任

D. 任何船舶追越任何他船时，均应给被追越船让路

41. 互见中后船从前船正横后大于 22.5°范围内赶上前船，下列说法正确的是________。

①如果不存在碰撞危险，则不构成追越局面；②如果不存在碰撞危险，则免除后船的让路责任；③如果不存在碰撞危险，则免除前船的保向保速的责任；④无论是否存在碰撞危险，后船均应给前船让路

A. ①②④　　B. ④

C. ③④　　D. ①②③

42. 你船在航中看到前方两船的艉灯，该两船之间的距离保持不变，但与本船的距离都逐渐减小，下列说法正确的是________。

①多船之间不适用“追越”条款；②你船与任一他船均构成追越局面，适用“追越”条款；③你船应给他船让路

A. ①②　　B. ①②③

C. ②③　　D. ①③

43. 你船在分道通航制区域的通航分道内遇到另一机动船，且只能见到他船的艉灯并赶上他船，此时从安全角度考虑你船应________。

A. 减速，避免追越他船

B. 根据需要，尽量减小转向的角度，以避免航程的损失

C. 从他船的左舷追越，并让清他船

D. 保速保向

44. 大风浪中航行，你船逐渐赶上他船，并见到他船的艉灯，偶尔也见到他船的绿舷灯，这种情况你如何看待？________。

A. 交叉局面，他船应为让路船

B. 追越局面，本船应为让路船

C. 如果构成碰撞危险，则应假定为追越，本船应为让路船

D. 交叉局面，本船应为让路船

45. A 机动船从 B 机动船右正横后 22.5°方向上接近 B 船,下列说法正确的是________。
①如果 A 船对本船是否在追越前船有任何怀疑,应假定在追越;②如 B 船对 A 船是否在追越本船有任何怀疑,应假定在追越;③如 B 船对 A 船是否在追越本船有怀疑,应将本船作为让路船
A. ①　　B. ①②
C. ①③　　D. ①②③

46. 互见中,机动船甲逐渐赶上前方他船,在下列哪种情况下,应认定为追越?________。
①先看到他船的艉灯,随后又看到他船的绿舷灯;②先看到他船的艉灯,随后又看到他船的红舷灯
A. ①②均是追越　　B. ①②均不是追越
C. ①是追越　　D. ②是追越

47. 互见中,机动船甲逐渐赶上前方他船,在下列哪种情况下,应认定为追越?________。
①由于风浪或他船操舵不稳,一会儿看到他船的艉灯,一会儿看到他船绿的舷灯;②先由于风浪或他船操舵不稳,一会儿看到他船的艉灯,一会儿看到他船的红舷灯
A. ①②均是追越　　B. ①②均不是追越
C. ①是追越　　D. ②是追越

48. 夜间,一帆船仅能看到一艘机动船的艉灯并逐渐赶上,构成碰撞危险,下列行动中错误的是________。
A. 机动船保速保向　　B. 帆船保速保向
C. 帆船采取避让行动　　D. 机动船在航道弯头转向

49. 帆船在航道里从机动船左舷追越并需要机动船采取行动时,帆船应是________。
A. 直航船,追越前应鸣放二短声
B. 直航船,不必鸣放声号
C. 让路船,追越前应鸣放二长二短声征得前船同意
D. 让路船,不必鸣放声号

50. 帆船在航道里从机动船右舷追越并需要机动船采取行动时,帆船应是________。
A. 直航船,追越前应鸣放二短声
B. 直航船,不必鸣放声号
C. 让路船,追越前应鸣放二长一短声征得前船同意
D. 让路船,不必鸣放声号

51. 互见中,船尾受风帆船从一机动船右正横后大于 22.5°的方向驶过并构成碰撞危险,则________。
A. 适用“交叉相遇局面”条款,机动船为让路船
B. 适用“船舶之间的责任”条款,机动船为让路船
C. 适用“追越”条款,帆船为让路船
D. 适用“帆船”条款,上风船为让路船

52. 互见中,船尾受风帆船从一机动船右正横后大于 22.5°的方向驶近并构成碰撞危险,则________。

A. 适用“交叉相遇局面”条款,机动船为让路船
B. 适用“船舶之间的责任”条款,机动船为让路船
C. 适用“追越”条款,帆船为让路船
D. 适用“帆船”条款,上风船为让路船

53. 下列说法正确的是________。
A. 追越仅仅存在于能见度良好时
B. 追越仅仅存在于狭水道和航道中
C. 保持与被追越船有足够的横距是追越船的义务
D. 无论当时能见度如何,任何追越船均应给被追越船让路

54. 你船从他船右舷追越,当船尾追过他船首不久即采取左转,导致两船碰撞,其责任主要是由于________。
A. 你船违反追越条款
B. 你船违反交叉条款
C. 你船违反第十八条(船舶之间的责任条款)
D. 他船违反追越条款

55. 你在他船右舷驶近时,有时看到他船的艉灯而有时又看到舷灯,这时________。
A. 他船须给你船让路　　B. 两船都必须采取行动
C. 你有义务给他船让路　　D. 应按特殊情况条款行事

56. 下列各项中,甲船应当让路的是________。
①互见中下风帆船甲追越上风同舷受风帆船乙;②互见中右舷受风帆船甲追越左舷受风帆船乙;③互见中失去控制的船舶甲从在航不对水移动的机动船乙船尾驶近;④能见度不良时在航机动船甲追越不在互见中的在航机动船乙
A. ①　　B. ①②
C. ①②③　　D. ①②③④

57.《国际海上避碰规则》追越条款适用于________。
A. 互见中　　B. 能见度不良
C. 任何能见度　　D. 能见度良好

任务十四　掌握对遇局面行动规则

知识储备

一、对遇局面的适用要件

(1)互见中:两船相互可见。
(2)两船均为机动船:《规则》第十四条所指的机动船是指除从事捕鱼的船舶、操纵能力受到

限制的船舶和失去控制的船舶外的用机器推进的船舶。

(3)航向相反或接近相反：

①航向是指艏向，而不是航迹向。

②航向相反是指两船的航向相差180°。

③航向接近相反通常是指两船艏向的夹角为6°左右或半个罗经点。

(4)致有构成碰撞危险：根据两船间的最小会遇距离DCPA和到最近会遇点的时间TCPA判断。

二、对遇局面中船舶责任的确定与避让责任的种类

在对遇局面中，两船均为机动船，且各自位于对方的前方或接近正前方，两船应各自采取行动。因此，本条确定避让关系的原则是几何制原则，其避让关系的种类是两船负有同等避让责任。对遇局面中的两船的避让责任是对等的，无让路船和直航船之分，两船均应采取避碰行动。

三、对遇局面中船舶的避碰行动

1. 避碰行动的要求

(1)各应向右转向，从而各从他船左舷驶过。

(2)两船行动均应及早地、大幅度地采取行动。

(3)两船的行动不分先后，在一船采取了右转的避让行动后，另一船仍然负有右转的避让责任。

(4)单船的行动即应保证其在安全距离驶过。

2. 避碰行动的效果

两船应当各自向右转向，从对方的左舷通过，能够迅速地增大DCPA，导致两船在安全距离之外驶过。

四、对遇局面的特点

(1)相对速度大，相持时间短。

(2)容易与小角度交叉相混淆。

(3)对遇局面中，两船负有同等的避让责任。

(4)明确规定了避碰行动以及通过的方式。

相关习题

1. 关于“对遇局面”条款的适用范围，下列说法正确的是________。

A. 仅适用于互见中的在航机动船航向相反或接近相反相互驶近构成碰撞危险

B. 适用于互见中任何两船航向相反或接近相反相互驶近构成碰撞危险

C. 适用任何情况下两船航向相反或接近相反相互驶近构成碰撞危险

D. 适用狭水道中任何两船航向相反或接近相反相互驶近构成碰撞危险

2. 关于“对遇局面”条款的适用船舶，下列说法正确的是________。

①仅适用在航机动船；②不适用任何驶帆的船舶；③包括限于吃水的船舶；④包括从事顶推作业的机动船

A. ①　　B. ①②

C. ①③④　　D. ①②③④

3. 构成对遇局面的船舶是指________。

A. 必须其中一船为机动船　　B. 必须两船均为机动船

C. 任何船舶　　D. 任何装有推进器的船舶

4. 对遇局面适用于________。

A. 互见中的船舶　　B. 任何能见度

C. 互见中的两机动船　　D. 任何能见度两机动船

5. 关于“对遇”条款的适用船舶，下列说法正确的是________。

A. 不适用任何驶帆的船舶　　B. 适用任何在航船舶

C. 仅适用在航机动船　　D. 不适用限于吃水的船舶

6. 对遇局面适用的船舶是________。

A. 机动船　　B. 操作能力相同的船舶

C. 同种类型的船舶　　D. 任何船舶

7. 互见中，两船避让责任完全相等的局面是________。

A. 追越局面　　B. 对遇局面

C. 交叉相遇局面　　D. 船舶之间责任条款确定的局面

8. 在 IMO 采纳的分道通航制水域，机动船在相应分道船总流向行驶进港，看到正前方出港渔船(未悬挂任何号型)逆行，与本船航向相反，构成碰撞危险，对此下列说法正确的是________。

A. 适用《规则》第十八条“船舶之间责任”，机动船应给渔船让路

B. 渔船违反《规则》，应给机动船让路

C. 适用《规则》，第十四条“对遇局面”

D. 适用《规则》，第十条“分道通航制”，渔船不应妨碍机动船

9. 一艘机动船在航并显示两盏桅灯、舷灯与艉灯，下列情况应执行对遇局面条款的是________。

①看到正前方来船显示一盏白灯和红绿合色灯，并构成碰撞危险；②看到正前方来船显示红绿合色灯，并构成碰撞危险；③看到正前方来船垂直显示四盏白灯和两盏舷灯，并构成碰撞危险

A. ①②　　B. ②③

C. ①③　　D. ③

10. 根据对遇局面的构成条件，互见中下述局面适用对遇局面的是________。

A. 两限于吃水的船舶航向相反相互驶近构成碰撞危险

B. 两拖网渔船航向相反相互驶近构成碰撞危险

C. 两机动船航向相反相互驶近

D. 两船航向相反相互驶近构成碰撞危险

11. 对遇局面中所指的“在相反或接近相反的航向上相遇”是指________。

①一船能见到另一船的两盏舷灯；②一船能见到另一船的两盏桅灯成一直线或接近一直线；③一船在船首左右各 6°范围内见到他船的桅灯成一直线或接近一直线

A. ①②③　　B. ①②
C. ③　　D. ②③

12. 对《规则》第十四条1款中的"两艘机动船在相反或接近相反的航向上相遇致有构成碰撞危险"的正确理解是________。
①互见中;②两艘同为机动船;③两船航向相反或接近相反;④一船位于另一船的正前方或接近正前方;⑤致有构成碰撞危险
A. ①②③④　　B. ①②③⑤
C. ②③④⑤　　D. ①②③④⑤

13. 互见中,关于对遇局面,下列说法正确的是________。
A. 两艘机动船互相处于对方的前方,且两船间距正不断缩小
B. 两艘限于吃水的船舶航向相反,并处于各自的正前方或接近正前方且构成碰撞危险
C. 两艘操纵能力受到限制的船舶航向相反且处于各自的正前方且构成碰撞危险
D. 两艘机动船航向相反,且位于他船前方

14. 两艘机动船在下列哪种情况时,才符合对遇局面?________。
A. 夜间,一船能看到他船前后桅灯成一直线和两盏舷灯时
B. 夜间,一船能同时看到他船的两盏舷灯时
C. 互见中,在相反或接近相反的航向上,致有构成碰撞危险
D. 夜间,一船在前方能看到他船前后桅灯成一直线和两盏舷灯时

15. 互见中两在航机动船相遇且航向接近相反时,一般认为构成对遇局面的条件是一船处于另一船________。
A. 船首左右一个罗经点以内　　B. 船首一个罗经点范围以内
C. 船首左右各半个罗经点以内　　D. 正船首方向

16. 互见中,以下属于对遇局面的是________。
A. 当一船位于另一船的正前方,两船间距正不断缩小
B. 两艘限于吃水的船舶航向相反,处于各自的正前方且构成碰撞危险
C. 两艘操纵能力受到限制的船舶航向相反,处于各自的正前方且构成碰撞危险
D. 两艘机动船航向相反,且位于他船前方

17. 对遇局面中的机动船是指________。
A. 所有用机器推进的船舶
B. 所有装有推进器的船舶
C. 除失去控制的船舶外的所有用机器推进的船舶
D. 除失去控制的船舶、操纵能力受到限制的船舶、从事捕鱼的船舶外的任何用机器推进的船舶

18. "对遇局面"中"在相反的或接近相反的航向上相遇"中的"航向"指的是________。
A. 艏向　　B. 船首对水运动方向
C. 船首对地运动方向　　D. 航迹向

19. 构成"对遇局面"中的两机动船,下列避让行动正确的是________。
①两船均向右转向;②两船均向左转向;③一船向右转向,另一船保向保速;④一船向左转向,

另一船保向保速

A. ①　　B. ①②

C. ①③　　D. ①③④

20. 与追越、交叉相遇局面相比,对遇局面的特点是________。

A. 明确规定了两船避让行动和通过方式

B. 存在让路船和直航船

C. 只适用于机动船

D. 不以碰撞危险为前提条件

21. 与其他相遇局面相比,对遇局面独具的特点是________。

A. 适用于互见　　B. 适用于两机动船

C. 不存在让路船与直航船　　D. 以碰撞危险为条件

22. 与追越、交叉会遇局面相比,对遇局面独具的特点是________。

A. 明确规定了两船避让行动和通过的方式

B. 存在让路船和直航船

C. 只适用于机动船

D. 不以碰撞危险为前提条件

23. 在其他条件相同时,与其他相遇局面相比,对遇局面独具的特点是________。

A. 相对速度小　　B. 方位变化大

C. 接近速度最快　　D. 局面持续时间最长

24. 以下容易与对遇局面相混淆的局面是________。

A. 追越局面　　B. 小角度交叉局面

C. 大角度交叉局面　　D. 船舶之间责任条款局面

25. 互见中,与其他局面相比,《国际海上避碰规则》第十四条定义的对遇局面独具的特点是________。

①两船同为机动船;②两船接近速度快;③两船避让责任相同

A. ①②　　B. ①③

C. ①②③　　D. ②③

26. 关于对遇局面,下列说法正确的是________。

①既规定了让路船与直航船,也规定了避碰行动或两船通过的方式;②不存在让路船和直航船;③对避碰的具体行动未做任何限制或规定

A. ②③　　B. ③

C. ①③　　D. ②

27. 白天在海上航行,你驾驶的机动船发现前方偏右驶来显示尖端向下圆锥体号型的驶帆船舶,航向与你船相反,方位逐渐变大,但 DCPA 偏小,则你船应采取的行动为________。

A. 保向保速　　B. 左转以增大 DCPA

C. 大幅度右转,并鸣放一短声　　D. 鸣放五短声

28. 你驾驶的机动船与另一机动船航向相反,构成碰撞危险,当你对会遇局面是否属于对遇有怀疑时,你应________。

A. 右转并鸣放一短声　　B. 保向保速
C. 鸣放五短声，等待　　D. 左转并鸣放二短声

29. 互见中，当你船在海上航行时看到左前方有一船舶的前后桅杆接近一直线，但你对当时两船是形成对遇局面还是小角度交叉还有怀疑，此时，你船应________。
A. 向右转向，鸣放一短声　　B. 向左转向，鸣放二短声
C. 减速、倒车，鸣放三短声　　D. 保向保速

30. 你驾驶的机动船在宽阔水域航行，在正前方看见来船的两桅灯接近成一直线，并见两盏舷灯，并存在碰撞危险，由于风浪，偶尔看不见红舷灯，你船应________。
A. 右转并鸣放一短声　　B. 左转并鸣放二短声
C. 保向保速　　D. 等待

31. 在航机动船发现来船的两盏桅灯和两盏舷灯，则________。
A. 如果对是否存在碰撞危险感到怀疑，则应假定为对遇局面
B. 如果看不到来船其他号灯，则应认定为对遇局面
C. 如果存在碰撞危险，则应认定为对遇局面
D. 如果对是否为对遇局面感到怀疑，应假定为对遇局面

32. 一在航机动船看到右前方另一机动船与本船航向相反相互驶近，下列说法正确的是________。
A. 如果构成碰撞危险，可以向左转向
B. 如果构成碰撞危险，应各自向右转向
C. 如果一船向左转向，另一船应保向保速
D. 如果一船向右转向，另一船应保向保速

33. 互见中，两在航机动船航向接近相反相互驶近构成碰撞危险，下列说法正确的是________。
A. 任何一船对是否构成对遇局面有怀疑，应假定为对遇局面
B. 任何一船对是否构成对遇局面有怀疑，应假定为交叉相遇局面
C. 有他船在本船右舷的船舶对是否构成对遇局面有怀疑，应假定为交叉相遇局面
D. 有他船在本船左舷的船舶对是否构成对遇局面有怀疑，应假定为交叉相遇局面

34. 机动船在与他船构成对遇局面时，关于避碰行动，下列说法正确的是________。
A. 无论他船是否行动，减速没有避碰效果
B. 对船首来船，小角度转向他船即可察觉
C. 相对速度高，应及早采取避碰行动
D. 转向避让效果好，应小角度转向驶过让清

35. 互见中，两艘在航机动船航向接近相反时，存在碰撞危险时，下列属于危险对驶局面的是________。
①夜间相互看到对方绿舷灯；②夜间相互看到对方红舷灯；③左舷对左舷，且横距不宽裕；④右舷对右舷，且横距不宽裕
A. ②③　　B. ②④
C. ①③　　D. ①④

36. 夜间在海上航行，两机动船航向接近相反时，最易造成行动不协调而发生碰撞的情况

是________。

A. 当头对遇

B. 左对左，且横距不宽裕

C. 右对右，且横距不宽裕

D. 两船航向成半个罗经点左右的较小交角

37. 你船显示圆柱体，看见正前方挂有一尖端向下圆锥体号型的他船距离接近，方位不变，则你船应该________。

A. 认为是追越局面，本船右转避让

B. 认为是对遇局面，本船右转避让

C. 认为是追越局面，本船左转避让

D. 认为是对遇局面，本船左转避让

38. 海上在航机动船正前方发现一盏白灯，应首先假定与来船构成________。

A. 交叉相遇局面　　B. 对遇局面

C. 前船为锚泊船　　D. 追越局面

39. 你船显示垂直三盏红灯，两盏桅灯、舷灯和艉灯，看见正前方驶来的他船前后桅灯成一直线，同时可见他船红、绿舷灯，则你船应该________。

A. 认为是追越局面，本船右转避让

B. 认为是对遇局面，本船右转避让

C. 认为是追越局面，本船左转避让

D. 认为是对遇局面，本船左转避让

40. 你船显示垂直三盏红灯，两盏桅灯、舷灯和艉灯，看见右前方驶来的他船显示垂直三盏红灯，前后桅灯和红舷灯，两船致有构成碰撞危险，则你船应采取的行动是________。

A. 保向保速　　B. 左转以增大 DCPA

C. 大幅度右转　　D. 鸣放五短声

41. 夜间在海上航行，你驾驶的机动船发现前方偏右驶来另一机动船与本船航向相反，可见他船两盏桅灯和绿舷灯，方位逐渐变大，但 DCPA 偏小，则你船应采取的行动为________。

A. 保向保速　　B. 左转以增大 DCPA

C. 大幅度右转，并鸣放一短声笛号　　D. 鸣放五短声

42. 夜间在海上航行，你驾驶的机动船发现前方偏右驶来另一机动船与本船航向相反，可见他船两盏桅灯和绿舷灯，方位逐渐变大，但 DCPA 偏小，则当时会遇局面为________。

A. 小角度交叉　　B. 交叉相遇局面

C. 对遇局面　　D. 追越局面

43. 构成对遇局面的两船原 DCPA 等于 0，按《规则》要求采取避让行动后，两船间的 DCPA 和 TCPA 将如何变化？________。

A. 会遇时间提前，会遇距离增加

B. 会遇时间提前，会遇距离减小

C. 会遇时间推迟，会遇距离增加

D. 会遇时间推迟，会遇距离减小

44. 关于“对遇局面”中两船的避让责任与行动，下列说法正确的是________。
A. 没有让路船与直航船，两船均应向右转向
B. 如果一船向右转向，另一船可以保向保速
C. 如果一船向左转向，另一船应保向保速
D. 两船均为让路船，都应采取避碰行动

45. 关于“对遇局面”中两船的避让责任与行动，下列说法错误的是________。
A. 当环境不允许一船采取向右转向时，应尽量与他船建立 VHF 通信，协调他船的行动
B. 一艘操纵能力受到限制的船舶与一艘失去控制的船舶形成对遇态势各自向右转向，被认为是良好船艺的表现
C. 限于吃水的船舶与其他船舶构成对遇局面时，应充分注意到本船偏离所驶航向的能力受到限制，把机器做好随时操纵的准备
D. 两船各自向右转向从他船左舷通过，意味着两船所采取的行动的综合效果能导致两船在安全距离上通过

46. 夜间，在航甲船按规定显示前后桅灯、舷灯和艉灯，另垂直显示三盏红灯，看到正前方来船乙垂直显示两盏桅灯、红绿舷灯并构成碰撞危险，下列说法正确的是________。
A. 甲船不应妨碍乙船　　B. 甲船应给乙船让路
C. 乙船应给甲船让路　　D. 两者负有同等避让责任

47. 你船显示两盏桅灯、舷灯和艉灯，看见前方偏右驶来的他船显示两盏桅灯和绿舷灯，方位逐渐变大，但 DCPA 偏小，则你船应采取的行动为________。
A. 保向保速　　B. 左转以增大 DCPA
C. 大幅度右转　　D. 鸣放五短声

任务十五　掌握交叉相遇局面行动规则

知识储备

一、交叉相遇局面的适用要件

(1)互见中：两船相互可见。

(2)两船均为机动船：包括除操纵能力受限制、失去控制、从事捕鱼外的用机器推进的船舶。

(3)航向交叉：指两船艏向交叉，范围为左右舷 6°~112.5°。

(4)致有构成碰撞危险：根据两船间的最小会遇距离(DCPA)和到最近会遇点的时间(TCPA)判断。

二、正确区分追越、对遇、交叉相遇三种局面：

(1)追越：来船方位在左右舷 112.5°~180°。

(2)对遇：来船方位在左右舷0°~6°。

(3)交叉相遇：来船方位在左右舷6°~112.5°。

三、交叉相遇局面中船舶责任的确定与避让责任的种类

交叉相遇局面中，根据两船的不对称位置关系确定避让责任，即几何制。有他船在本船右舷的船舶为让路船，有他船在本船左舷的船舶为直航船。让路船负有让路责任，直航船负有保持航向和航速的责任。

四、交叉相遇局面中船舶的避碰行动

1. 让路船的避碰行动

(1)避免横越直航船的前方：如当时环境许可，应避免横越他船的前方。

(2)具体的避让措施：

①小角度交叉：让路船宜采取向右转向避让，从直航船的左舷和船尾驶过，也可采取足够大的左转角度。

②垂直交叉：让路船可以大幅度向右转向过直航船的船尾，或者减速让直航船驶过。

③大角度交叉：让路船宜大幅度减速让直航船横过本船船首，或者根据两船横距采取向左或右转向避让。

(3)避碰行动的效果：让路船采取正确行动后，应能导致在安全距离驶过，并使他船容易觉察，增大最近会遇距离(DCPA)。

(4)让路船行动的注意事项：

①行动应满足《规则》第八条、第十六条的要求，做到早、大、宽、清。

②为便于他船察觉，对着他船转向应一次将船首转向他船船尾以上角度；背着他船转向时，也应使本船船尾正对着他船。

③避让近距离大角度交叉相遇局面的船舶时，不宜采取右转行动。

④在当时环境许可时，避免横越直航船前方，谨慎采取转向和变速结合的避碰行动。

2. 直航船的行动

直航船应遵守《规则》第八条、第十七条。在初期，应当保持航向和航速，注意局面的变化。在可独自行动时，避免采取向左转向的避碰行动；除非确信让路船明显违反《规则》将横越本船船首，不宜采取减速措施。在构成紧迫危险后，应采取最有助于避碰的行动。

相关习题

1. 根据《国际海上避碰规则》，交叉相遇局面构成要件不包括________。

A. 两船操作能力相同　　B. 两船处于互见

C. 两船构成碰撞危险　　D. 两船均为机动船

2. 根据《国际海上避碰规则》，交叉相遇局面构成要件不包括________。

A. 两船构成碰撞危险

B. 从一船能用视觉看到另一船

C. 两船艏向交叉

D. 能见度不良时,两船都在雷达上发现对方

3. 根据《国际海上避碰规则》,交叉相遇局面构成要件为________。

①互见;②两艘在航机动船;③艏向交叉;④构成碰撞危险

A. ①②③④　　B. ②

C. ②③④　　D. ①③④

4. 构成交叉相遇局面的条件是________。

①互见中;②两船在航,艏向交叉,且一船位于另一船的左舷或右舷半个罗经点到 112.5°范围内;③构成碰撞危险;④两船同为机动船

A. ①②③④　　B. ①②③

C. ①②④　　D. ②③④

5. 构成交叉相遇局面的条件是________。

①互见中;②在航且艏向交叉,且一船位于另一船的左舷或右舷半个罗经点到 112.5°范围内;③构成碰撞危险;④两船同为机动船;⑤能见度良好

A. ①②③④　　B. ①②③

C. ①②④　　D. ②③④⑤

6. “交叉相遇局面”中的航向交叉是指________。

A. 两艘机动船航迹交叉　　B. 两艘机动船艏向交叉

C. 两艘任何船舶航迹向交叉　　D. 两艘任何船舶艏向交叉

7. 互见中,关于交叉相遇局面的构成要件,下列说法正确的是________。

A. 两拖带作业机动船航向交叉相互驶近构成碰撞危险

B. 两顶推作业机动船航向交叉相互驶近

C. 两限于吃水的船舶相互驶近构成碰撞危险

D. 两船航向交叉相互驶近构成碰撞危险

8. 根据《国际海上避碰规则》,交叉相遇局面的构成条件包括________。

①互见中;②两船同为机动船;③两船航向交叉;④致有构成碰撞危险;⑤两船操纵能力相同

A. ①②③④⑤　　B. ①③④

C. ②③④⑤　　D. ①②③④

9. 关于“交叉相遇局面”条款的适用船舶,下列说法正确的是________。

A. 不适用任何驶帆的船舶　　B. 仅适用在航机动船

C. 适用任何在航船舶　　D. 不适用限于吃水的船舶

10.《规则》第十五条“交叉相遇局面”规定,当两船航向交叉相互驶近致有构成碰撞危险时,符合此处的两机动船的要求是________。

A. 一艘水面操作的地效船和一艘正在起飞的地效船

B. 一艘水面操作的水上飞机和一艘脱离水面的水上飞机

C. 一艘从事捕鱼的机动船和一艘操纵能力受限的机动船

D. 两艘操纵能力受限的机动船

11. “交叉相遇局面”中当两艘机动船交叉相遇致有构成碰撞危险的“交叉相遇”指的

是________。

A. 重心运动方向交叉相互驶近　　B. 航迹向交叉相互驶近

C. 艏向交叉相互驶近　　D. 船首运动方向交叉相互驶近

12. 互见中,一艘显示圆柱体号型的甲船,看见左舷 30°驶来一艘显示一菱形体号型的乙船,航向交叉相互驶近致有构成碰撞危险,下列说法正确的是________。

A. 根据“船舶之间的责任”条款,甲船为让路船

B. 根据“船舶之间的责任”条款,乙船为让路船

C. 根据“交叉相遇局面”条款,乙船为让路船

D. 根据“交叉相遇局面”条款,甲船为让路船

13. 关于“交叉相遇局面”中“当两艘机动船交叉相遇致有构成碰撞危险”的“交叉相遇”,下列说法正确的是________。

①艏向交叉相互驶近;②两船航迹向交叉相互驶近;③两船均在航对水移动;④两船相互只能看到对方的一盏舷灯看不到另一盏舷灯

A. ②③　　B. ②④

C. ①　　D. ①③④

14. 关于“交叉相遇局面”特点,下列说法正确的是________。

A. 相对速度低,不易驶过让清　　B. 相对速度高,持续时间短

C. 对让路船的行动有具体要求　　D. 两船的避让责任相等

15. 根据《国际海上避碰规则》,小角度交叉易与对遇局面相混,如有怀疑,则________;大角度交叉易与追越局面相混,如有怀疑,则________。

A. 应假定为对遇局面;后船应假定为追越局面

B. 应假定为对遇局面;前船应假定为被追越局面

C. 有他船在本船左舷的船应假定为交叉相遇局面;后船应假定为追越局面

D. 有他船在本船右舷的船应假定为交叉相遇局面;前船应假定为被追越局面

16. 根据《国际海上避碰规则》的规定,________。

A. 穿越航道的船就是一艘让路船

B. 穿越航道的船舶,不应妨碍任何在狭水道或航道内航行的机动船的通行

C. 穿越航道的船舶,首先负有“让清他船”的责任与义务

D. 穿越航道的船可能适用于“交叉相遇局面”条款而成为一艘直航船

17. 交叉相遇局面条款适用于________。

A. 互见中的两机动船　　B. 互见中的一切船舶

C. 任何能见度时的机动船　　D. 任何能见度的一切船舶

18. 互见中,下列船舶航向交叉相互驶近构成碰撞危险时,属于交叉相遇局面的是________。

A. 长度小于 20 m 的机动船与帆船

B. 显示两个球体号型的船舶与显示菱形体号型的船舶

C. 显示两尖端对接圆锥体号型的船舶与显示圆柱体号型的船舶

D. 显示尖端向下圆锥体号型的驶帆船舶与显示圆柱体号型的船舶

19. 互见中,下列船舶之间航向交叉相互驶近且存在碰撞危险,适用于交叉相遇局面条款的

是________。

A. 显示一个圆柱体号型的船舶与显示两个尖端对接圆锥体号型的船舶

B. 显示一个圆柱体号型的船舶与显示一个菱形体号型的船舶

C. 显示两个尖端对接圆锥体号型的船舶与显示一个菱形体号型的船舶

D. 显示一个菱形体号型的船舶与显示两个垂直黑球的船舶

20. 互见中,下列船舶之间航向交叉相互驶近且存在碰撞危险,适用于交叉相遇局面条款的是________。

①机动船与机动船;②失控船与限于吃水的船舶;③限于吃水的船舶与机动船;④操纵能力受到限制的船舶与机动船

A. ①②③　　B. ①③

C. ②④　　D. ①②④

21. 下列哪种交叉相遇态势易与对遇局面相混?________。

A. 大角度交叉　　B. 小角度交叉

C. 正横前交叉　　D. 两船在较大横流水域交叉相遇

22. 在有流的狭水道水域中,一艘在航不对水移动的机动船在互见中与一艘横穿狭水道航行的机动船艏向交叉相互驶近且存在碰撞危险,________。

A. 适用追越条款

B. 这是一种特殊情况,不适用“交叉相遇局面”条款

C. 适用“交叉相遇局面”条款

D. 适用责任条款

23. 关于交叉相遇局面,下列说法正确的是________。

①适用于任何用机器推进的船舶;②适用于失去控制的船舶、从事捕鱼的船舶和操纵能力受到限制的船舶;③适用于限于吃水的船舶

A. ②③　　B. ①②

C. ③　　D. ①③

24. 关于交叉相遇局面,下列说法正确的是________。

①适用于除失去控制的船舶、从事捕鱼的船舶和操纵能力受到限制的船舶以外任何用机器推进的船舶;②不适用于失去控制的船舶、从事捕鱼的船舶和操纵能力受到限制的船舶,即使相同种类的这些船舶会遇;③适用于限于吃水的船舶

A. ②③　　B. ①②③

C. ③　　D. ①③

25. 下列说法哪个正确?________。

A. 互见中,除帆船外的任何船舶航向交叉相互驶近构成碰撞危险,适用交叉相遇局面条款

B. 互见中两艘限于吃水的船舶航向交叉相互驶近构成碰撞危险,适用交叉相遇局面条款

C. 三艘机动船同时航向交叉相互驶近构成碰撞危险,适用交叉相遇局面条款

D. 互见中三艘机动船同时航向交叉相互驶近构成碰撞危险,其中任何两船之间适用交叉局面条款

26. 互见中,甲机动船沿通航分道行驶,乙机动船从甲船右舷穿越通航分道,且构成碰撞危险,

则________。

A. 甲船应保向保速　　B. 甲船应给乙船让路

C. 乙船让甲船　　D. 甲、乙都是让路船

27. 在有流的水域中，一艘在航不对水移动的机动船在互见中与一艘横流航行的机动船艏向交叉相互驶近且存在碰撞危险________。

A. 适用“交叉相遇局面”条款

B. 这是一种特殊情况，不适用“交叉相遇局面”条款

C. 适用责任条款

D. 适用追越条款

28. 互见中，一艘在狭水道中靠右行驶的机动船与另一穿越该狭水道的机动船航向交叉相互驶近并构成碰撞危险，则________。

A. 穿越船为让路船　　B. 穿越船为直航船

C. 适用交叉相遇局面条款　　D. 两船均应采取避让行动

29. 互见中，沿航道行驶的限于吃水的船舶与横穿航道的机动船交叉相遇构成碰撞危险，则________。

A. 不适用“交叉相遇局面”，限于吃水的船舶为让路船

B. 不适用“交叉相遇局面”，横穿航道的机动船为让路船

C. 适用“交叉相遇局面”，有他船在本船右舷的船舶应给他船让路

D. 适用“交叉相遇局面”，限于吃水的船舶为让路船

30. 关于交叉相遇局面的判断，下列说法错误的是________。

A. 直航船的航向是相对持久的、稳定的并能被他船理解

B. 在港口的进出口处、江河的交叉口处等地方交叉相遇构成碰撞危险，地方特殊规则优先适用

C. 顺着狭水道或航道的弯曲地段行驶，两船船首交叉，虽然航向不断地改变，但交叉条款仍然适用

D. 当三艘或以上的机动船同时交叉相遇时，不适用于交叉相遇局面条款规定

31. 互见中，一艘机动船与一艘显示一菱形号型的船舶航向交叉，相互驶近致有构成碰撞危险，应遵守________。

A. 交叉相遇局面条款　　B. 不应妨碍条款

C. 对遇局面条款　　D. 船舶之间责任条款

32. 在弯曲水道中，循相反方向沿狭水道行驶的两机动船航向交叉相互驶近并构成碰撞危险，则________。

A. 互见中应遵守交叉相遇条款

B. 无论是否互见均应遵守狭水道条款

C. 无论是否互见均应遵守船舶之间的责任条款

D. 应遵守直航船行动条款

33. 互见中，一机动船与________航向交叉相互驶近，致有构成碰撞危险，适用交叉相遇局面条款。

A. 显示两个尖端对接圆锥体号型的船舶
B. 显示一个尖端向下圆锥体号型的帆船
C. 显示球菱球号型的船舶
D. 显示垂直两个黑球号型的船舶

34. 互见中,一机动船与________航向交叉相互驶近,致有构成碰撞危险,适用交叉相遇局面条款。
A. 显示上红下白号灯的船舶　　B. 显示上红下绿号灯的船舶
C. 显示垂直两盏红灯的船舶　　D. 显示两盏桅灯和一盏舷灯的船舶

35. 互见中,一机动船与________航向交叉相互驶近,致有构成碰撞危险,适用交叉相遇局面条款。
A. 失去控制的船舶　　B. 操纵能力受到限制的船舶
C. 限于吃水的船舶　　D. 用机器推进使用绳钓捕鱼的船舶

36. 互见中,在航道弯头地段,沿相反方向行驶的两机动船交叉相遇构成碰撞危险,则________。
A. 适用“交叉相遇局面”,有他船在本船右舷的船舶应给他船让路
B. 不适用“交叉相遇局面”,两船均为让路船
C. 不适用“交叉相遇局面”,两船均应尽量靠近航道右侧外缘行驶
D. 不适用“交叉相遇局面”,向左转向的船舶为让路船

37. 你船沿通航分道航行,显示两盏桅灯、舷灯和艉灯,与左前方驶来的显示前后桅灯、绿舷灯的他船相遇,致有构成碰撞危险,下列说法正确的是________。
①他船应给你船让路;②你船应给他船让路;③他船应避免妨碍你船
A. ①　　B. ②③
C. ②　　D. ①③

38. 下列说法正确的是________。
A. 互见中两艘在航操纵能力受到限制的船舶航向交叉相互驶近,且存在碰撞危险,适用交叉相遇局面条款
B. 互见中两艘在航从事捕鱼的船舶航向交叉相互驶近,且存在碰撞危险,适用交叉相遇局面条款
C. 互见中两艘在航帆船航向交叉相互驶近,且存在碰撞危险,适用交叉相遇局面条款
D. 互见中两艘在航限于吃水的船舶航向交叉相互驶近,且存在碰撞危险,适用交叉相遇局面条款

39. 在航道弯头地段,沿相反方向行驶的两机动船互见中航向交叉相互驶近构成碰撞危险,下列说法正确的是________。
①适用“交叉相遇局面”;②不适用“交叉相遇局面”;③两船均应尽量靠近航道右侧外缘行驶;④有他船在本船右舷的船舶应给他船让路
A. ①④　　B. ②③
C. ①③④　　D. ③

40. 互见中,在水面上的地效船与另一机动船航向交叉相遇构成碰撞危险,则________。
A. 地效船应给机动船让路　　B. 适用“交叉相遇局面”

C. 机动船应给地效船让路　　　　D. 不解除地效船不应妨碍的责任

41. 互见中,甲机动船在通航分道内顺航道行驶,乙机动船从甲船左舷穿越分道,且构成碰撞危险,则________。

A. 甲船应给乙船让路

B. 乙船一直负有不应妨碍的责任

C. 甲、乙都是具有同等避让责任的船

D. 乙船给甲船让路

42. 你船在开阔水域航行,显示两盏桅灯、两盏舷灯和艉灯,看见左舷来船显示两盏桅灯和绿舷灯,两船方位不变,距离接近,下列说法正确的是________。

A. 你船应及早避让来船　　　　B. 来船应保向保速

C. 两船同等避让责任　　　　D. 来船应及早避让你船

43. 你船在开阔水域航行,显示两盏桅灯、两盏舷灯和艉灯,看见右舷来船显示两盏桅灯和红舷灯,两船方位不变,距离接近,下列说法正确的是________。

A. 你船应及早避让来船　　　　B. 来船应及早避让你船

C. 两船同等避让责任　　　　D. 你船应保向保速

44. 在弯曲狭水道中,沿水道相反方向行驶的两艘机动船在互见中航向交叉相互驶近构成碰撞危险,应遵守________。

A. 交叉相遇局面条款　　　　B. 狭水道条款

C. 直航船的行动条款　　　　D. 船舶之间的责任条款

45. 一艘机动船甲(显示两盏桅灯、舷灯与艉灯)看到右舷 20°来船乙垂直显示两盏桅灯和一盏红舷灯,并构成碰撞危险,下列说法错误的是________。

①甲船应假定为对遇局面;②甲船应保向保速;③甲船应给乙船让路

A. ①②　　　　B. ①②③

C. ②③　　　　D. ①

46. 甲船显示两盏桅灯、舷灯和艉灯,看见左前方乙船显示两盏桅灯和一盏绿舷灯,两船方位不变,距离接近,下列说法正确的是________。

①甲船应给乙船让路;②乙船应给甲船让路;③两船适用于交叉相遇局面;④两船适用于对遇局面

A. ①④　　　　B. ②④

C. ①③　　　　D. ②③

47. 甲船显示垂直三盏红灯、两盏桅灯、舷灯和艉灯,看见左前方乙船显示两盏桅灯和一盏绿舷灯,两船致有构成碰撞危险,下列说法正确的是________。

①甲船应给乙船让路;②乙船应给甲船让路;③两船适用于交叉相遇局面;④两船适用于对遇局面

A. ②③　　　　B. ①③

C. ①④　　　　D. ②④

48. 互见中,一艘机动船甲与一艘显示一菱形体号型的船舶乙航向交叉相互驶近构成碰撞危险,应遵守________。

A. 船舶之间的责任条款,甲船为让路船
B. 不应妨碍条款
C. 交叉相遇局面条款
D. 船舶之间的责任条款,乙船为让路船

49. 互见中,一艘机动船甲与一组拖船船队乙航向交叉相互驶近致有构成碰撞危险,应遵守________。
A. 船舶之间的责任条款,甲船为让路船
B. 不应妨碍条款
C. 交叉相遇局面条款
D. 船舶之间的责任条款,乙船为让路船

50. 下列情况中,不易区分让路责任的是________。
A. 一机动船从一帆船的左舷正横后驶近并形成碰撞危险
B. 一机动船从另一机动船的左舷正横后驶近并形成碰撞危险
C. 一机动船从一帆船的右舷正横后驶近并形成碰撞危险
D. 一机动船从另一机动船的右舷正横后驶近并形成碰撞危险

51. 你船(机动船)看见一机帆并用的船舶从左舷正横驶近,并构成碰撞危险,你船应________。
A. 右转并让路
B. 保向保速
C. 停车
D. 左转从他船尾通过

52. 显示垂直三盏环照红灯和航行灯的甲船,在狭水道中航行,看到显示在航机动船号灯的乙船从其右舷向左穿越水道,构成碰撞危险,谁是让路船?________。
A. 甲船
B. 乙船
C. 甲船和乙船互为让路船
D. 甲船和乙船负有同等避让责任

53. 你船显示两盏桅灯、舷灯和艉灯,看到左舷船首附近驶来的他船显示两盏桅灯和绿舷灯,两船航向交叉,他船已鸣放一短声,下列说法正确的是________。
①适用于交叉局面;②你船应保向保速;③适用于对遇局面;④你船应避让他船
A. ①④
B. ②③
C. ①②
D. ③④

54. 互见中,一在航对水移动机动船从另一在航不对水移动机动船的正横方向驶近构成碰撞危险,则________。
①适用“交叉相遇局面”;②不适用“交叉相遇局面”;③有他船在本船右舷的船舶应给他船让路;④在航对水移动的机动船为让路船
A. ②③
B. ①④
C. ①③
D. ②④

55. 互见中,两在航机动船构成“小角度”“交叉相遇局面”,下列行动正确的是________。
①有他船在本船右舷的船舶向右转向,另一船保向保速;②有他船在本船右舷的船舶向左转向,另一船保向保速;③对是否构成“对遇局面”存在怀疑,两船均向右转向;④对是否构成“对遇局面”存在怀疑,两船均向左转向
A. ①
B. ①②

C. ①③ D. ①③④

56. 大角度交叉相遇局面中，让路船为避让右正横后驶来的直航船，下列说法正确的是________。
①向右转向不会横越他船前方；②向右转向符合规则要求和良好船艺；③向左转向不会横越他船前方；④向左转向符合规则要求和良好船艺

A. ①② B. ③④

C. ①③ D. ②④

57. 以下关于交叉相遇局面中，下列叙述错误的是________。

A. 本条规定不适用于两机动船在沿航道弯曲地段航行时所构成的交叉态势，此时，两船仍应遵守狭水道右行规则

B. 从事拖带作业的机动船，当不属于操纵能力受到限制的船舶时，与另一机动船交叉相遇致有构成碰撞危险，应遵守本条的规定

C. 采取行动时应鸣放相应的操纵声号或者显示操纵号灯以避免两船相对不协调

D. 只要遵守"如当时环境许可，可以横越他船前方"的规定

58. 白天在航机动船甲发现右正横后 20°另一机动船乙航向交叉驶近，且罗经方位不变，存在碰撞危险，甲船的下列行动不符合交叉相遇局面规定的是________。
①甲船向右转向 30°航速不变；②甲船向左转向 30°，航速不变；③甲船保持航向不变，采取减速行动

A. ① B. ①③

C. ②③ D. ②

59. 交叉相遇局面中直航船独自采取行动避免碰撞，考虑让路船可能根据《规则》第十五条要求采取的行动，直航船最合适的行动是________。

A. 向左转向将他船置于本船船首 B. 向左转向将他船置于本船右正横

C. 向右转向将他船置于本船船尾 D. 向右转向将他船置于本船左正横

60. 白天在航机动船甲发现右舷角 60°另一机动船乙航向交叉驶近，罗经方位不变，存在碰撞危险，乙船航速高于甲船，甲船的下列行动不符合规则要求的是________。
①甲船向右转向 60°，航速不变；②甲船向左转向 60°，并保持航速不变；③甲船向左转向 30°，并采取加速行动

A. ② B. ①③

C. ① D. ②③

61. 在小角度交叉相遇局面中，原 DCPA = 0，让路船采取减速措施后，两船间的________。

A. DCPA 减小，TCPA 增大 B. DCPA 增大，TCPA 增大

C. DCPA 增大，TCPA 减小 D. DCPA 减小，TCPA 减小

62. 两机动船（显示两盏桅灯、左右舷灯和艉灯），夜间，在狭水道内沿弯曲的航段靠本船右舷行驶，若继续保持其航向，存在碰撞危险，下列说法正确的是________。

A. 无论是否互见，狭水道条款均不适用

B. 若两船在互见中，适用于交叉相遇局面

C. 无论是否互见，均适用狭水道条款

D. 若两船不互见，适用于能见度不良的条款

63. 互见中，在狭水道弯曲航段循相反方向行驶的两艘机动船航向交叉相互驶近，致有构成碰撞危险，应遵守________。

A. 交叉相遇局面条款　　B. 直航船的行动条款

C. 狭水道条款　　D. 船舶之间责任条款

64. 你船是机动船在试航，看到从左舷 60°驶来一艘挂有尖端向下圆锥体的帆船与本船航向交叉，构成碰撞危险，你船应________。

A. 保向保速

B. 右转给他船让路

C. 左转给他船让路

D. 视情况可右转、左转或减速、倒车、停船给他船让路

65. 在交叉局面下，让路船避让大角度交叉船时，采取________的措施是危险的。

A. 远距离右转　　B. 左转一圈从他船船尾驶过

C. 减速让他船先通过　　D. 在较近距离内右转

66. 在交叉相遇局面下，让路船避让大角度交叉船时，可采取________的措施。

①在较近距离内右转；②可适当左转；③左转一圈从他船船尾驶过；④减速让他船先通过

A. ①　　B. ①②③

C. ②③④　　D. ①④

67. 你船显示两盏桅灯、舷灯和艉灯，看到右舷船首附近驶来的他船显示两盏桅灯和红舷灯，两船航向交叉，致有构成碰撞危险，下列说法正确的是________。

①适用于交叉局面；②你船应保向保速；③适用于对遇局面；④你船应避让他船

A. ①②　　B. ②③

C. ③④　　D. ①④

68. 你船显示两盏桅灯、舷灯和艉灯，看到右舷正横附近驶来的他船显示两盏桅灯和红舷灯，两船航向交叉，致有构成碰撞危险，下列说法正确的是________。

①适用于交叉局面；②你船应保向保速；③适用于追越局面；④你船应避让他船

A. ③④　　B. ②③

C. ①②　　D. ①④

69. 交叉相遇局面中，让路船为避让其右舷角 50°的来船采取转向措施，最容易被直航船用视觉察觉的行动是________。

A. 向右转向 10°　　B. 向右转向 20°

C. 向左转向 20°　　D. 向右转向使船头对准他船船尾

70. 交叉相遇局面中，让路船为避让其右舷角 105°的来船采取转向措施，最容易被直航船用视觉察觉的行动是________。

A. 向右转向 10°　　B. 向右转向 20°

C. 向左转向 20°　　D. 向左转向使船尾对准他船

71. 交叉相遇局面中，让路船为避让右舷 60°方位驶来的航向与本船航向成直角交叉的直航船，下列行动符合“避免横越他船前方”的是________。

①向左转向 30°，航速不变；②向左转向 50°，航速不变；③向左转向 80°，航速不变；④保持航

向,把船停住

A. ①②③④　　B. ④

C. ②③④　　D. ③④

72. 交叉相遇局面条款要求让路船如环境许可应避免横越他船前方,这意味着________。

①让路船应尽量向右转向过他船船尾;②让路船应尽量向左转向过他船船头;③让路船可左转一圈过他船船尾

A. ①②　　B. ①③

C. ②③　　D. ①②③

73. 交叉相遇局面条款要求让路船如环境许可应避免横越他船前方,这意味着________。

①让路船应避免向左转向;②让路船应尽量向右转向过他船船尾;③让路船可减速过他船船尾

A. ①②　　B. ①③

C. ②③　　D. ①②③

74. 在交叉相遇的局面下,直航船在独自采取行动时,如当时环境许可,不应对在本船左舷的船采取向左转向,下列理由中错误的是________。

A. 考虑到交叉相遇局面中的让路船按照海员通常习惯所采取的避让行动多数为向右转向的情况

B. 通常情况下,直航船采取背着他船转向,是良好船艺的表现

C. 如果让路船位于直航船正横附近,则直航船转向至两船成平行或接近平行的航向,属于良好船艺

D. 采取避让行动的船都是右转的

75. 在交叉相遇的局面下,直航船在独自采取行动时,如当时环境许可,不应________。

A. 对在本船左舷的船采取向左转向　　B. 向右转向

C. 减速　　D. 对在本船右舷的船采取向右转向

76. 要求让路船如环境许可应避免横越他船前方的规定适用于________。

A. 任何局面中的让路船　　B. 交叉相遇局面中的让路船

C. 追越局面中的让路船　　D. 船舶之间责任条款中的让路船

77. 你船显示两盏桅灯、舷灯和艉灯,看到右舷 30°驶来的他船显示两盏桅灯和红舷灯,两船方位不变,距离接近,下列说法正确的是________。

①你船应给他船让路;②你船应保向保速;③他船应给你船让路;④他船应保向保速

A. ①④　　B. ②③

C. ①③　　D. ②④

78. 你船显示两盏桅灯、舷灯和艉灯,看到左舷 30°驶来的他船显示两盏桅灯和绿舷灯,两船方位不变,距离接近,下列说法正确的是________。

①你船应给他船让路;②你船应保向保速;③他船应给你船让路;④他船应保向保速

A. ①④　　B. ②③

C. ①③　　D. ②④

79. 当两船处于交叉局面时,为避让右舷小角度方向来船,本船采取________的措施是安全的。

①向右转向从他船船尾驶过；②向左转向从他船船首驶过；③若本船右舷有其他碍航物的存在，则可减速或停车；④若本船右舷有其他碍航物的存在，向左转向从他船船首通过

A. ①③　　B. ②④

C. ①③④　　D. ①②③④

80. 当两船处于交叉局面时，为避让右舷小角度方向来船，本船采取________的措施是危险的。

①向右转向从他船船尾驶过；②向左转向从他船船首驶过；③若本船右舷有其他碍航物的存在，则可减速或停车；④若本船右舷有其他碍航物的存在，向左转向从他船船首通过

A. ①③　　B. ②④

C. ①③④　　D. ①②③④

81. 白天，机动船甲看到从其右正横后驶来另一机动船乙，形成大角度交叉，存在碰撞危险，机动船甲采取的行动不合理的是________。

A. 左转一圈从他船船尾驶过　　B. 减速让他船先通过

C. 保向加速过来船船首　　D. 在较远距离上右转，过来船船尾

82. 机动船甲看到从其左正横后驶来另一机动船乙，形成大角度交叉，存在碰撞危险，机动船甲采取的行动中不合理的是________。

①减速让给他船先通过；②左转一圈从他船船尾驶过；③在较远距离上右转，过来船船尾；④保持其航向

A. ①②　　B. ②③④

C. ①③④　　D. ①②③

83. 你船沿通航分道航行，显示两盏桅灯、舷灯和艉灯，与右前方驶来的显示前后桅灯、红舷灯的他船相遇，致有构成碰撞危险，下列说法正确的是________。

①他船应给你船让路；②你船应给他船让路；③他船应避免妨碍你船

A. ①　　B. ②③

C. ②　　D. ①③

84. 交叉相遇条款要求让路船如环境许可应避免横越他船前方，这意味着________。

A. 让路船不要向左转向

B. 要求直航船减速以便增大两船的 DCPA

C. 让路船尽量从直航船船尾通过

D. 要求直航船增速以便增大两船的 DCPA

85. 你船显示两盏桅灯、舷灯和艉灯，看到左正横附近驶来的他船显示两盏桅灯和绿舷灯，两船航向交叉，他船已鸣放一短声，下列说法正确的是________。

①适用于交叉局面；②你船应保向保速；③适用于追越局面；④你船应避让他船

A. ①④　　B. ②③

C. ①②　　D. ③④

86. 你船是一艘机动船在开阔水域航行，看见右舷来船挂有一菱形体号型，两船方位不变，距离接近，下列说法正确的是________。

A. 你船应及早避让来船　　B. 来船应及早避让你船

C. 两船同等避让责任　　D. 你船应保向保速

任务十六　掌握让路船的行动规则

知识储备

一、让路船与直航船的含义

1. 让路船

让路船指在特定会遇局面中须给他船让路的船舶,包括以下情况:

(1)帆船中不同舷受风时的左舷受风船、同舷受风时的上风船等。

(2)追越中的追越船。

(3)交叉相遇局面中在右舷有另一船的船舶。

(4)船舶之间的责任条款中操纵能力较好的船舶。

2. 直航船

当两船中的一船应给另一船让路时,另一船即为直航船,应保持航向和航速。直航船存在于以下情况:

(1)帆船中不同舷受风时的右舷受风船、同舷受风时的下风船等。

(2)追越中的被追越船。

(3)交叉相遇局面中在左舷有另一船的船舶。

(4)船舶之间的责任条款中操纵能力较差的船舶。

二、让路船的行动

(1)行动要求:让路船应尽可能及早的地采取大幅度的行动,宽裕地让清他船,具体要求为“早、大、宽、清”。

(2)不同局面的特殊要求:交叉相遇局面中的让路船,若环境许可,应避免横越另一船的前方。

相关习题

1. 下列各项中________局面或条款规定了让路船与直航船。

①“追越”;②“对遇局面”;③“交叉相遇局面”;④“船舶之间的责任”

A. ①②　　B. ①

C. ①②③④　　D. ①③④

2.《国际海上避碰规则》关于让路船的叙述,下列说法正确的是________。

A. 让路船在采取行动时,如环境许可,应避免横越他船前方

B. 对遇局面中的两船没有直航船和让路船之分,但可以称之为"互为让路船"
C. "不应妨碍他船的船舶"不一定是让路船
D. 避免形成碰撞危险是让路船的法定责任

3. 下列说法正确的是________。
A. 让路船的责任是应及早采取行动,以避免紧迫局面的形成
B. 若让路船拒不履行让路的责任与义务,则直航船就负有避免紧迫局面形成的责任和义务
C. 让路船与直航船的共同责任是应及早采取行动,以保证两船能在安全的距离上驶过
D. 若直航船违背《国际海上避碰规则》规定采取行动,则让路船就可免除其应让路的责任与义务

4. 让路船的行动中,本条对让路船的行动要求说法不确切的是________。
A. 本条对让路船的行动要求可归纳为"早、大、宽、清"四个字
B. "大"是对采取避让行动的幅度提出的要求
C. "宽"是对采取避让行动所应达到的安全距离的要求
D. "早"是指尽早采取避让行动

5. 关于让路船的行动,下列说法正确的是________。
①应符合"让路船舶的行动"条款规定;②应符合"避免碰撞的行动"条款规定;③应避免横越他船前方;④应避免对本船左舷的船舶采取向左转向行动
A. ①　　B. ①②
C. ①②③　　D. ①②③④

6. 让路船行动条款适用于________。
A. 互见中的所有让路船
B. 能见度不良时不在互见中的追越船
C. 狭水道中航行的所有机动船
D. 对遇局面中的两船

7. 当一船追越另一船时,在何时才能免除追越船的让路责任? ________。
A. 看到被追越船的舷灯　　B. 最后驶过让清
C. 已过被追越船的船首　　D. 已过被追越船的正横

8. 让路船的行动是________。
A. 应避免向左转向
B. 避免横越他船前方
C. 给在本船右舷的船舶让路
D. 应尽可能及早地采取大幅度行动,宽裕地让清他船

9.《规则》中"应避免横越他船前方"的规定,适用于________。
A. 任何局面中的让路船
B. 仅适用于交叉相遇局面中的让路船
C. 除第十八条船舶之间责任条款中规定的让路船外的一切让路船
D. 除追越局面外的一切让路船

10. 下列说法哪项正确? ________。

A. 当直航船独自采取避让行动时,让路船的让路义务开始被解除

B. 当直航船应采取最有助于避碰的行动时,说明从此刻起,两船的义务完全相等

C. 避免紧迫局面的形成是让路船的法定责任

D. 避免紧迫局面的形成是让路船与直航船的法定责任

11. 除第八条避免碰撞的行动以及第十六条让路船的行动以外,《国际海上避碰规则》对让路船的行动有具体要求的局面的是________。

A. 追越局面　　B. 对遇局面

C. 交叉相遇局面　　D. 船舶之间的责任条款

12. 根据《国际海上避碰规则》,关于让路船和直航船的义务,下列说法正确的是________。

A. 让路船的义务,是应及早采取行动,以避免紧迫局面的形成

B. 让路船与直航船的共同责任,是应及早采取行动,以保证两船能在安全距离上驶过

C. 若让路船未履行让路的义务,则直航船就负有相关的义务

D. 若直航船违背《国际海上避碰规则》规定采取行动,则让路船就可免除其让路的义务

13. 根据《国际海上避碰规则》第八条避免碰撞的行动和第十六条让路船的行动的相关规定,下列关于让路船的行动的描述错误的是________。

A. 能导致在安全距离上驶过

B. 如当时环境许可,应能避免横越直航船前方

C. 如当时环境许可,应及早地进行

D. 行动应能被直航船通过视觉容易察觉到

14. 下列局面中存在让路船和直航船的是________。

①互见中的对遇局面;②能见度不良相互看不见时的追越;③互见中的追越局面;④互见中的交叉局面

A. ①④　　B. ②③

C. ①②　　D. ③④

15. 下列哪种局面中存在让路船和直航船?________。

A. 互见中的对遇局面

B. 能见度不良相互看不见时的追越

C. 互见中的追越局面

D. 航向交叉相互驶近的构成碰撞危险的两操纵能力受到限制的船舶

16. 下列哪些局面中存在让路船和直航船?________。

①能见度不良相互看不见时的追越;②对遇局面;③追越局面;④交叉相遇局面;⑤能见度不良时一机动船听到来船的一长二短的声号

A. ①②③④⑤　　B. ②③④⑤

C. ③④⑤　　D. ③④

17. 互见中存在让路船和直航船的情况下,应及早采取行动,以避免紧迫局面的形成是________。

A. 让路船和直航船共同的责任

B. 让路船的责任

C. 当让路船不履行时,由直航船履行

D. 直航船的责任

18. 根据《国际海上避碰规则》,让路船采取行动应遵循的原则是________。

①及早地采取行动;②行动是大幅度的;③能宽裕地让清他船;④如果当时环境情况允许,避免横越他船前方

A. ②③④　　B. ①③④

C. ①②③　　D. ①②④

19. 让路船的行动必须符合________。

①及早地采取行动;②行动是大幅度的;③能宽裕地让清他船;④如果当时环境情况允许,可以横越他船前方

A. ①　　B. ①②

C. ①②③　　D. ①②③④

20. 根据《规则》,下列哪些情况存在让路船?________。

A. 互见中,两艘从事拖网捕鱼的船舶航向交叉构成碰撞危险

B. 互见中,沿狭水道航行的限于吃水的船舶与穿越狭水道的从事捕鱼的船舶相遇构成碰撞危险

C. 雾中,在分道通航制水域航行的船舶仅凭雷达发现与穿越通航分道的从事捕鱼的船舶相遇构成碰撞危险

D. 能见度不良水域,一船仅凭雷达,发现与正横前的他船构成追越态势,且形成紧迫局面

21. 互见中的一艘在航机动船,当与下列哪一船舶相遇时,应给他船让路?________。

A. 右舷 125°方向驶近的大油船

B. 左舷 60°方向驶近的水面上的水上飞机

C. 正前方驶近的帆船

D. 左舷 60°驶近的潜水艇

22. 互见中本船(在航机动船)应给他船让路的是________。

①本船追越另一在航机动船;②本船与一失控船航向交叉构成碰撞危险;③本船与从事捕鱼的船舶航向相反构成碰撞危险;④本船与操纵能力受到限制的船舶构成碰撞危险

A. ①　　B. ①②

C. ①②③　　D. ①②③④

任务十七　掌握直航船的行动规则

知识储备

一、保持航向与航速

1. 含义

直航船应保持初始的航向和航速,但允许因操舵误差、大风浪、外部阻力变化等因素引起的

航向或航速改变，以及为满足航海操纵需要而主动改变航向与航速，但改变应能被让路船理解。

2. 适用时间

(1)开始时间：根据具体条款，通常为两船构成碰撞危险时。

(2)终止时间：两船驶过让清后，或直航船发觉让路船未按规定行动时，或两船逼近到单凭让路船行动已不能避免碰撞时。

二、可独自采取操纵行动时机

当直航船发觉让路船显然没有遵照《规则》条款采取适当行动时，包括让路船未采取行动、采取不当行动或行动效果不足等。

三、应采取最有助于避碰的行动时机

当直航船发觉不论由于何种原因，两船逼近到单凭让路船的行动已不能避免碰撞时。

四、不解除让路船的让路义务

直航船按照《规则》采取的行动是对让路船未按规定行动的弥补，不能解除或减轻让路船的让路义务。让路船应始终勤勉履行让路义务，直到最终驶过让清。

相关习题

1. 直航船应包括________。

①帆船条款中规定的直航船；②追越条款中的被追越船；③船舶之间的责任条款中规定的直航船；④交叉局面中有他船在本船左舷的船舶

A. ②③ B. ③

C. ①②③ D. ①②③④

2. 直航船应包括________。

①帆船条款中规定的直航船；②对遇局面中的两船；③交叉相遇局面中的直航船；④不应被妨碍的船舶

A. ②③ B. ①③

C. ①④ D. ②④

3. 直航船应包括________。

①帆船条款中规定的直航船；②对遇局面中的两船；③交叉相遇局面中的直航船；④追越条款中的被追越船

A. ①②③ B. ①②④

C. ①③④ D. ②③④

4. 直航船的行动条款适用于________。

A. 互见中的任何直航船

B. 任何能见度情况下的机动船

C. 互见中的机动船

D. 除了不存在碰撞危险以外，两船中应被让路的船舶

5. 两船中的一船按照《国际海上避碰规则》采取行动给另一船让路时，另一船应________。

A. 保速保向
B. 同时采取行动
C. 采取最有助于避碰的行动
D. 可以保速保向，也可以采取行动

6. 直航船行动条款适用于________。

A. 互见中
B. 互见，机动船
C. 任何能见度
D. 任何能见度，机动船

7. 下列说法不正确的是________。

①一艘直航船在驶往锚地的过程中准备抛锚而采取减速措施是违背保速保向的要求的；②一帆船因风力太小而无法保速保向就不应视为直航船；③一艘直航船若未履行保速保向的义务，则其采取的行动应能导致与让路船在安全的距离驶过

A. ②③
B. ①②③
C. ①③
D. ①

8. 下列哪种说法正确？________。

①两船中的一船应给另一船让路时，另一船即为直航船；②只有两船相遇构成碰撞危险时，当一船为让路船时，另一船才为直航船；③两船相遇不存在碰撞危险，一船应给另一船让路时，另一船不必保向保速；④只有在互见中，才可能存在直航船

A. ①④
B. ②③④
C. ①
D. ②③

9. 追越中，被追越船鸣一短声向右转向避让前方来船，该行动属于________。

A. 未背离规则，追越船回一短声
B. 背离规则，追越船鸣五短声
C. 背离规则，追越船回一短声
D. 未背离规则，追越船无须回答

10. 下列________是直航船。

①"追越局面"中的被追越船；②互见中航向相反驶近构成碰撞危险的两帆船中右舷受风的帆船；③"交叉相遇局面"中有他船在本船左舷的船舶；④互见中与机动船航向相反驶近构成碰撞危险的在航帆船

A. ①③④
B. ①
C. ①③
D. ①②③④

11. 关于《国际海上避碰规则》中的直航船，下列说法正确的是________。

A. 两船中的一船应给另一船让路时，另一船即为直航船
B. 两船相遇致有构成碰撞危险时，当一船为他船让路时，另一船才成为直航船
C. 一船无法保持航向航速，则不应视该船为直航船
D. 船舶具备保向保速能力，才是规则所规定的直航船

12. 直航船应包括________。

A. 帆船条款中规定的直航船
B. 对遇局面中的两船
C. 狭水道条款中的任何沿狭水道航行的右行船舶
D. 能见度不良水域中不互见的两船

13. 直航船应包括________。
①追越条款中的追越船;②追越条款中的被追越船;③船舶之间的责任条款中规定的直航船;④交叉局面中有他船在本船左舷的船舶
A. ③ B. ②③
C. ①②③ D. ①②③④
14. “直航船的行动”条款允许直航船独自采取避让行动以避免碰撞的阶段是________。
A. 碰撞危险阶段 B. 碰撞危险之前
C. 紧迫局面阶段 D. 紧迫危险阶段
15. 直航船发现让路船与本船之间正在形成紧迫局面,则________。
A. 应采取最有助于避碰的行动 B. 应鸣放警告声号
C. 不必采取任何行动 D. 应独自采取避碰行动
16. 两艘机动船处于交叉相遇局面,在形成碰撞危险后的初始阶段,直航船应________。
A. 采取任何行动 B. 避免向左转向
C. 保速保向 D. 采取最有助于避碰的行动
17. 关于直航船的行动,下列说法正确的是________。
A. 会遇两船构成碰撞危险,一船根据规则采取行动,另一船则应保向保速
B. 会遇两船构成碰撞危险,不应妨碍他船的船舶如果成为直航船,则解除其保向保速的义务
C. 不应被妨碍的船舶应保向保速
D. 会遇两船中,让路船根据规则采取行动时,直航船则应保向保速
18. 直航船必须终止“保向保速”义务的时机为________。
A. 当发现让路船显然未遵照《规则》采取适当行动时
B. 当发现仅凭让路船的行动已难以保证在安全的距离上通过时
C. 当发现仅凭让路船的行动已不能避免碰撞时
D. 当两船业已接近到任凭两船共同采取行动仍难以避免碰撞时
19. 根据“直航船的行动”条款,直航船应保向保速的时机是________。
A. 从让路船采取行动至驶过让路船
B. 从会遇局面开始至让路船采取行动
C. 从会遇局面开始至形成紧迫危险
D. 从会遇局面开始至形成紧迫局面
20. 下列哪种情况下,直航船的行动是不恰当的? ________。
A. 直航船到达转向点附近改向,且与让路船的避让行动相互协调
B. 为校对罗经而做航向的改变,且与让路船的避让行动不协调
C. 到达港口前为了安全进港而减速
D. 沿弯曲水道的转向
21. 下列关于让路船与直航船的责任的说法正确的是________。
A. 直航船如独自采取避碰行动,则解除让路船的责任
B. 如果让路船未及早采取行动并导致紧迫局面,则直航船可终止保速保向
C. 如果让路船无法采取行动并导致紧迫危险,直航船应当采取避碰行动,此时解除让路船的

责任

D. 直航船如果未保向保速,则解除让路船的责任

22. 所谓的“保速保向”意指________。

①保持初始的航向航速;②并不一定非得保持同一罗经航向或同一主机转速;③保持原来的相对他船的速度

A. ①　　B. ②

C. ①②　　D. ①②③

23. 关于直航船的保向保速,下列说法错误的是________。

A. 因风流条件的变化和调整风流压差的需要而做的改向

B. 到达港口前为了安全进港而减速

C. 船舶为进行操纵性试验而做的航向、航速的改变

D. 大风浪条件下采取的降速措施

24. 直航船应保持航向和航速,就意味着________。

①只要当时环境许可,直航船应保持原来的罗经航向和主机转速;②如果是当时航海操作所需要的,且能够被他船所理解的情况下,直航船可改变航向或航速;③直航船如果改变航向和航速,则应当保证他船能在安全的距离上驶过

A. ①②③　　B. ①②

C. ①③　　D. ②③

25. 直航船应保持航向和航速,就意味着________。

A. 任何改变航向与航速的行为,都是严重违背《国际海上避碰规则》的行为

B. 只要当时环境许可,则应保持原来的航向与航速

C. 如果改变航向与航速,则必须保证他船能在安全的距离驶过

D. 如果不履行保向保速的义务,则应承担让路的义务

26. 实践中允许直航船在要求“保向保速”时采取操纵行动的情况包括________。

①驶近锚地为抛锚而减速;②抵港时为安全进港而减速;③为接送引航员而调整航向航速;④进行操纵性试验

A. ①②③④　　B. ①

C. ①②　　D. ①②③

27. 根据“直航船的行动”,下列说法正确的是________。

A. 让路船按规定采取让路行动前,直航船可独自采取行动

B. 让路船按规定采取让路行动时,直航船应保向保速

C. 单凭让路船的行动不能避免碰撞时,直航船应采取行动避免碰撞

D. 单凭让路船的行动不能避免碰撞时,直航船可采取避碰行动

28. 根据《国际海上避碰规则》的要求保向保速时,下列情况可被认为直航船的行动是不恰当的是________。

A. 被追越船为留出水域和缩短两船的并航时间所做出的改向和减速

B. 执行引航任务的船舶由于工作需要而做的航速和航向的改变

C. 正在试航的船舶所做的航速和航向的改变

D. 因风流条件的变化和调整风流压差的需要而做的改向

29. 实践中,直航船的下列操纵行动不违反“保向保速”规定的是________。

①按照航道限速要求减速;②抵泊时为安全靠泊而停船;③按照灭火要求进行操纵;④进行旋回试验

A. ① B. ①②

C. ①②③ D. ①②③④

30. 根据“直航船的行动”条款,直航船独自采取避让行动不应向左转向的规定适用于________。

①“追越局面”中的被追越船;②互见中航向相反驶近构成碰撞危险的两帆船中右舷受风的帆船;③“交叉相遇局面”中有他船在本船左舷的船舶;④互见中与机动船航向相反驶近构成碰撞危险的在航船舶

A. ②④ B. ③④

C. ③ D. ①

31. 根据“直航船的行动”条款要求,形成紧迫局面而直航船可独自采取操纵行动以避免碰撞时,下列说法正确的是________。

A. 由直航船承担让路义务 B. 由直航船分担让路义务

C. 解除让路船的让路义务 D. 不解除让路船的让路义务

32. 你船是机动船在海上航行,互见中与左舷的另一机动船构成交叉相遇局面,此时听到他船鸣一短声,你船应________。

A. 保向保速 B. 保向保速,鸣一短声

C. 右转,鸣一短声 D. 鸣五短声,减速

33.《国际海上避碰规则》要求直航船采取最有助于避碰行动的条件是________。

A. 两船逼近到单凭让路船的行动已经不能避免碰撞时

B. 当直航船发觉让路船显然未按规则采取避让行动时

C. 只要有助于避碰的任何时候

D. 两船构成碰撞危险时

34. 交叉相遇局面中的直航船发觉让路船显然没有遵照《国际海上避碰规则》采取适当行动时,不可独自采取哪一行动?________。

A. 右转至与来船航向平行 B. 鸣放五短声,并大幅度右转

C. 向左转向过他船船尾 D. 减速让他船过船首

35. 直航船可独自采取操纵行动以避免碰撞的时机为________。

A. 当发觉两船业已接近到单凭让路船的行动已经不能避免碰撞时

B. 当发觉两船业已构成紧迫危险之时

C. 当发觉两船业已构成碰撞危险之时

D. 当发觉让路船显然未遵照规则约定采取让路行动时

36. 根据《国际海上避碰规则》,直航船可以独自采取操纵行动的时机包括________。

①让路船明显违反《国际海上避碰规则》规定采取行动;②让路船采取了一连串的小变动,其行动的效果难以保证两船在安全距离上通过;③让路船未采取行动,而两船逐步逼近,正在形成紧迫局面

A. ②③　　B. ①③

C. ①②　　D. ①②③

37. 交叉相遇局面中,让路船没有遵照规则条款采取适当行动时,关于直航船,下列说法正确的是________。

①应当鸣放警告声号;②可以独自采取避碰行动;③独自采取操纵行动过程中应鸣放操纵声号;④不应向左转向

A. ①②③④　　B. ②④

C. ①③　　D. ①③④

38. 交叉相遇局面中的直航船发觉让路船显然没有遵照《国际海上避碰规则》采取行动时,如当时环境许可,应避免采取哪一行动?________。

A. 大幅度减速、停船　　B. 右转至与来船航向平行

C. 向左转向　　D. 鸣放五短声,并大幅度右转

39. 根据《国际海上避碰规则》,直航船独自采取行动避免碰撞之前,应________。

①鸣放警告声号;②征得让路船同意;③保向保速;④查核让路船避让行动的有效性

A. ①②④　　B. ②③④

C. ①③④　　D. ①②③④

40. 根据《国际海上避碰规则》,允许直航船独自采取行动的前提是________。

A. 让路船无法根据规则采取行动

B. 直航船征得让路船同意

C. 让路船显然未按照规则要求采取适当行动

D. 直航船行动可以避免紧迫局面

41.《国际海上避碰规则》允许直航船独自采取操纵行动的时机是________。

A. 当发现另一船构成碰撞危险时

B. 两船已接近至单凭让路船操纵行动已不能保证两船在安全距离上驶过时

C. 当发觉两船已接近到单凭让路船的行动已不能避免碰撞时

D. 只要有助于避碰,在任何时候均可独自采取行动

42. 根据《国际海上避碰规则》,直航船可以独自采取操纵行动的时机是________。

A. 当发现另一船致有构成碰撞危险时

B. 当发现与让路船已构成碰撞危险时

C. 当发现让路船显然未遵照规则规定采取让路行动时避免碰撞时

D. 当发现让路船显然未遵照规则规定采取让路行动时

43. 处于交叉相遇局面中的直航船独自采取避碰行动时,应避免对在本船左舷的船采取________。

A. 向右转向　　B. 向左转向

C. 减速　　D. 加速

44. 准许直航船可以独自采取避碰行动的时机主要取决于________。

A. 两船航向的交角

B. 两船间的方位

C. 让路船是否按《规则》采取避让行动

D. 直航船的操纵性能

45. 根据“直航船的行动规则”规定“不应对在本船左舷的船采取向左转向”适用于________。

A. 任何直航船　　B. 交叉相遇局面中的直航船

C. 除被追越船外的任何直航船　　D. 除交叉相遇局面外的任何直航船

46. 根据“直航船的行动”，直航船可独自采取避让行动以避免碰撞的时机是________。

A. 从形成紧迫危险至驶过让清

B. 从会遇局面开始至形成紧迫局面

C. 从形成紧迫局面开始至形成紧迫危险

D. 从会遇局面开始至让路船采取行动

47. 直航船可独自采取行动的时机是________。

①碰撞危险出现以前；②在交叉局面中的让路船采取增速、左转的措施，企图强行横越直航船的前方；③让路船做一连串的小改向；④让路船拒不采取让路行动，两船逐步逼近

A. ①②　　B. ③④

C. ①②③　　D. ②③④

48. 在单凭让路船行动已不能保证安全距离驶过时，直航船________。

①可以保向保速；②可独自采取避碰行动；③应独自采取避碰行动；④应采取最有助于避碰的行动

A. ①　　B. ①②

C. ③　　D. ③④

49. 交叉相遇局面中直航船独自采取行动避免碰撞，直航船较合适的行动是________。

A. 向左转向将他船置于本船船首　　B. 向右转向将他船置于本船左正横

C. 向右转向将他船置于本船船尾　　D. 向左转向将他船置于本船右正横

50. 当直航船发觉两船不论由于何种原因逼近到单凭让路船的行动已经不能避免碰撞时，都应采取最有助于避碰的行动，这意味着________。

A. 直航船可以背离规则采取行动，但只要当时环境许可，仍应执行规则有关规定

B. 让路船的避让义务已经移交给直航船

C. 两船已经构成碰撞危险，正在形成紧迫局面

D. 让路船的义务已经解除

51. 当保向保速的船发觉本船不论由于何种原因逼近到单凭让路船的行动不能避免碰撞时，应采取的行动是________。

A. 最为可靠的行动　　B. 最有助于避碰的行动

C. 任何可避免碰撞的行动　　D. 最有助于安全距离上通过的行动

52. 当直航船发觉本船不论由于何种原因逼近到单凭让路船的行动不能避免碰撞时，应采取的行动是________。

A. 任意可避免碰撞的行动　　B. 最有助于避碰的行动

C. 最为可靠的行动　　D. 最有助于安全距离上通过的行动

53. 直航船的义务有________。

①保速保向;②当发觉让路船显然未按规则要求采取避让行动时,应当立即采取避让紧迫局面的行动;③当两船不论由于何种原因逼近到单凭让路船的行动已经不能避免碰撞时,应当采取最有助于避碰的行动;④核查避让船避让行动的有效性

A. ①　　B. ①②③

C. ①②③④　　D. ①③④

54. 下列说法不正确的是________。

①直航船在独自采取避让行动时,如当时环境许可,不应对本船左舷的船舶采取向左转向;②当一艘失去控制的船舶处于直航船位置时,由于无法采取行动,故不受《规则》第十七条的约束;③直航船的义务就是保向保速;④除《规则》第十八条规定的直航船以外,任何直航船都有遵守《规则》第十七条的责任

A. ④　　B. ③④

C. ①②③④　　D. ②③④

55. 有关直航船的义务应包括________。

①保速保向;②当发觉让路船显然未按规则要求采取避让行动时,必须独自采取避让行动;③当两船不论由于何种原因逼近到单凭让路船的行动已经不能避免碰撞时,方可独自采取避让行动

A. ②③　　B. ①②③

C. ①③　　D. ①

56. 当直航船必须采取最有助于避碰的行动时,________。

A. 让路船的义务解除,直航船的义务未解除

B. 让路船的义务未解除,直航船的义务解除

C. 让路船和直航船的义务都解除

D. 让路船和直航船的义务都未解除

57. 不论由于何种原因,当两船逼近到单凭让路船的行动已不能避免碰撞时,直航船采取行动时应注意________。

①如果遵守《国际海上避碰规则》能避免碰撞,则应该遵守《国际海上避碰规则》采取行动;②如果遵守《国际海上避碰规则》不能避免碰撞,则应背离《国际海上避碰规则》采取行动;③即使碰撞已不能避免,也应采取最有助于避碰的行动,将碰撞的损失减小到最低限度

A. ②③　　B. ①③

C. ①②③　　D. ①②

58. 根据“直航船的行动”条款要求,单凭让路船行动已不能避免碰撞采取最有助于避碰的行为时,下列说法正确的是________。

A. 由直航船承担让路义务

B. 解除让路船的让路义务

C. 由直航船分担让路义务

D. 不解除让路船的让路义务

59. 下列关于直航船的行动的说法正确的是________。

A. 直航船如采取任何避碰行动均应及早地进行

B. 如果让路船未及早采取行动并导致紧迫局面,直航船应当采取避碰行动
C. 如果让路船未及早采取行动并导致紧迫危险,直航船应当采取避碰行动
D. 直航船如采取避碰行动不应向左转向

60. 下列关于让路船和直航船的责任说法正确的是________。
A. 让路船是否负有让路责任,取决于直航船是否履行了保向保速的义务
B. 如直航船未履行保向保速的义务,则让路船的义务被解除
C. 两船处于碰撞危险阶段,直航船未履行保向保速义务,但其采取的行动导致两船在安全距离驶过,是规则所准许的行动
D. 当两船形成紧迫局面时,此时直航船并未独自采取行动,让路船的让路责任并不解除

61. 关于直航船,下列说法正确的是________。
A. 会遇两船中不能按照规则要求采取行动的一定为直航船
B. 会遇两船中,不应被妨碍的一船为直航船,应该保向保速
C. 会遇两船中操纵避让能力差的为直航船
D. 直航船在两船相遇过程中不仅仅是负有保向保速的责任和义务

62. 关于《国际海上避碰规则》中的直航船的义务,下列说法正确的是________。
①保向保速;②当发觉让路船显然未能按规则要求采取避让行动时,应当立即采取避免紧迫局面的行动;③当两船不论由于任何原因逼近到单凭让路船的行动已经不能避免碰撞时,应采取最有助于避碰的行动;④核查让路船避让行动的有效性
A. ①②③　　B. ①②④
C. ①③④　　D. ②③④

63. 关于《国际海上避碰规则》中的直航船的义务,下列说法正确的是________。
①保向保速;②当发觉让路船显然未能按规则要求采取避让行动时,可独自采取行动;③当两船不论由于任何原因逼近到单凭让路船的行动已经不能避免碰撞时,应采取最有助于避碰的行动;④核查让路船避让行动的有效性
A. ①②③　　B. ①②③④
C. ①③④　　D. ②③④

64. 直航船采取最有助于避碰的行动,这意味着两船________。
A. 已经构成紧迫局面,紧迫危险正在形成
B. 已经不能避免碰撞
C. 已经构成碰撞危险
D. 已经不能避免紧迫局面

65. 下列说法正确的是________。
A. 若让路船违背《国际海上避碰规则》规定采取行动,则可免除直航船的责任和义务
B. 任何时候,任何船舶均负有避免碰撞危险的责任和义务
C. 如果让路船未及早采取行动,以避免紧迫局面的形成,则直航船就负有避免紧迫局面形成的责任和义务
D. 如果让路船未及早采取行动,导致紧迫危险的形成,则直航船也负有采取最有助于避碰的行动的责任和义务

66. 根据《国际海上避碰规则》，当直航船已采取最有助于避碰的行动时，关于让路船和直航船的义务，下列说法正确的是________。

①让路船的义务解除；②让路船的义务未解除；③直航船的义务解除；④直航船的义务未解除

A. ①④　　B. ①③

C. ②③　　D. ②④

67. 在单凭让路船行动已不能避免碰撞的情况下，直航船________。

①应采取最有助于避碰的行动；②采取行动时，应鸣放相应操纵声号；③采取避碰行动时不应向左转向；④采取避碰行动时，不应对本船左舷的船舶采取向左转向

A. ①　　B. ①②

C. ①②③　　D. ①②④

任务十八　理解船舶之间的责任

知识储备

一、《规则》第十八条与其他条款之间的关系

（1）第九、十条规定的不应妨碍的规定优先于第十八条适用：在狭水道或分道通航制内，若两船会遇同时满足第九、十条和第十八条规定的不应妨碍适用条件，应优先适用第九、十条。

（2）第十三条规定让路与直航的责任优先于第十八条适用：一旦两船构成追越，应遵守第十三条，第十八条不再适用。

二、"船舶之间的责任"的适用条件

（1）适用于互见中：船舶之间的责任划分以能够区分船舶种类为条件，仅在互见中适用。

（2）适用于操纵能力不在同一等级的不同种类船舶之间：依据两船之间操纵能力的优劣来分配避碰义务，船舶种类的识别依赖于所显示的号灯与号型。

三、不同种类船舶间的让路与直航关系

（1）在航机动船与其他船舶之间的避让责任：机动船在航时应给失去控制的船舶、操纵能力受到限制的船舶、从事捕鱼的船舶和帆船让路。

（2）在航帆船与其他船舶之间的避让责任：帆船在航时应给失去控制的船舶、操纵能力受到限制的船舶和从事捕鱼的船舶让路。

（3）在航从事捕鱼的船舶与其他船舶之间的避让责任：从事捕鱼的船舶在航时，应尽可能给失去控制的船舶和操纵能力受到限制的船舶让路。

四、不同种类船舶间的避免妨碍

1. 限于吃水的船舶与其他船舶之间的责任

(1)除失去控制的船舶或操纵能力受到限制的船舶外,任何船舶如当时环境许可,应避免妨碍显示第二十八条信号的限于吃水的船舶的安全通行。

(2)限于吃水的船舶应全面考虑其特殊条件,特别谨慎地驾驶。

2. 水上飞机与其他船舶之间的责任

在水面上的水上飞机通常应宽裕地让清所有船舶并避免妨碍其航行,但在有碰撞危险的情况下,则应遵守《规则》第二章各条规定。

3. 地效船与其他船舶之间的责任

(1)地效船在起飞、降落和贴近水面飞行时应宽裕地让清所有其他船舶并避免妨碍他船的航行。

(2)在水面上操作的地效船应作为机动船遵守本章各条。

相关习题

1. 下列哪种情况船舶应遵守在互见中的行动规则?________。

①能见度不良时,两船驶近至相互以视觉看见时;②一船以视觉看到另一船时;③能见度良好的白天,由于岛礁遮蔽而相互看不到的两船

A. ①②③　　B. ①②

C. ③　　D. ②③

2. 关于不应妨碍的适用,下列说法正确的是________。

①《规则》第九条狭水道规定的不应妨碍,适用于任何能见度;②《规则》第十条分道通航制规定的不应妨碍,适用于任何能见度;③《规则》第十八条规定不应妨碍仅适用于互见中

A. ①③　　B. ②③

C. ①②　　D. ①②③

3. 关于互见中船舶避碰责任的确定,下列说法正确的是________。

A. 相同种类的两船,按照会遇局面确定避碰责任

B. 不同操纵能力的两船,按照操纵能力确定避碰责任

C. 不同种类的两船,按照操纵能力确定避碰责任

D. 操纵能力相同的两船,按照会遇局面确定避碰责任

4. 关于船舶之间的责任条款确定让路的原则,下列说法正确的是________。

A. 不同种类的两船,操纵能力好的给差的让路

B. 相同种类的两船,操纵能力好的给差的让路

C. 操纵能力相对好的船舶尽可能给操纵能力相对差的船舶让路

D. 操纵能力相对好的船舶给操纵能力相对差的船舶让路

5. 船舶在互见中的行动规则适用于________。

A. 能见度良好时的互见

B. 能见度不良时的互见
C. 不论当时的能见度如何，只要两船处于互见中
D. 不论当时的能见度如何，只要在雷达上相互发现

6. 船舶之间的责任条款规定的船舶之间的责任是________。
A. 相同种类船舶之间的责任
B. 操纵不便的船舶的责任
C. 不同操纵能力船舶之间的责任
D. 避让操纵行为能力相同的船舶之间的责任

7. 船舶之间的责任条款未做规定的船舶之间的责任是________。
A. 不同操纵能力船舶之间的责任
B. 操纵不便的船舶的责任
C. 相同种类船舶之间的责任
D. 避让操纵行为能力相同的船舶之间的责任

8. 根据船舶之间的责任条款，下列说法正确的是________。
A. 无论其他条款如何规定，其他船舶应给操纵能力受到限制的船舶让路
B. 无论其他条款如何规定，其他船舶应给失去控制的船舶让路
C. 操纵能力差的船舶为直航船
D. 避让责任划分的基本原则为避让操纵能力相对较好的船舶承担让路责任

9. 下列关于船舶之间的责任条款的说法正确的是________。
A. 优先于狭水道和分道通航制条款
B. 不适用于狭水道和 IMO 采纳的分道通航制水域
C. 如果与《规则》第九或第十条规定冲突，应执行本条规定
D. 如果与《规则》第九或第十条规定冲突，应执行第九或第十条规定

10. 关于船舶在互见中的行动规则各条适用关系，下列说法正确的是________。
①追越条款最优先适用；②船舶之间的责任条款最优先适用；③追越条款优先于帆船条款适用；④船舶之间的责任条款优先于对遇局面、交叉相遇局面条款适用
A. ①③　　B. ③④
C. ①③④　　D. ②④

11. 关于船舶在互见中的行动规则各条在确定船舶避碰责任适用关系的是________。
①追越条款最优先适用；②船舶之间的责任条款优先于狭水道条款；③追越条款优先于帆船条款适用；④船舶之间的责任条款优先于对遇局面、交叉相遇局面条款适用
A. ②④　　B. ①③④
C. ③④　　D. ②③④

12. 适用船舶间责任条款的船舶应具备的条件是________。
A. 符合第三条定义的规定
B. 显示规定的号灯与号型
C. 符合第三条定义的规定并显示规定的号灯与号型
D. 符合第三条定义的规定或显示规定的号灯与号型

13. 适用船舶间责任条款的船舶应具备的条件是________。
①符合第三条定义的规定;②显示规定的号灯与号型;③互见中
A. ①②③ B. ①②
C. ①③ D. ②③

14. 船舶间责任条款适用于________。
A. 任何能见度 B. 互见中
C. 交叉相遇 D. 对遇局面

15.《国际海上避碰规则》第十八条船舶之间的责任条款的基本原则是________。
A. 机动船让非机动船
B. 操纵不便的船不负让路责任
C. 按船舶操纵能力划分船舶之间的责任
D. 操纵不便的船舶不应被妨碍

16. 关于船舶之间的责任条款确定让路船责任的原则,下列说法正确的是________。
A. 不同种类的两船,操纵能力好的给差的让路
B. 相同种类的两船,操纵能力好的给差的让路
C. 操纵能力相对好的船舶种类给操纵能力相对差的船舶种类让路
D. 操纵能力相对好的船舶给操纵能力相对差的船舶让路

17. 关于船舶在互见中的行动规则各条适用关系,下列说法正确的是________。
①船舶之间的责任条款优先于追越条款;②船舶之间的责任条款优先于帆船条款;③船舶之间的责任条款优先于对遇局面条款;④船舶之间的责任条款优先于交叉相遇局面条款
A. ① B. ①②
C. ②③④ D. ①②③④

18. 关于船舶间责任条款与其他条款之间的关系,下列说法正确的是________。
A. 船舶间责任条款优先于互见中的行动规则其他条款
B. 除追越条款外,船舶间责任条款优先于规则其他条款
C. 除狭水道条款外,船舶间责任条款优先于任何能见度时的行动规则其他条款
D. 船舶间责任条款与狭水道条款冲突时,应执行狭水道条款

19. 关于船舶间责任条款与其他条款之间的关系,下列说法正确的是________。
①船舶间责任条款与追越条款冲突时,应执行追越条款;②船舶间责任条款与分道通航制条款冲突时,应执行分道通航制条款;③船舶间责任条款与狭水道条款冲突时,应执行狭水道条款
A. ①②③ B. ①②
C. ①③ D. ②③

20. 本船为在航机动船沿狭水道航行,下列情况中本船应给他船让路的是________。
①互见中本船追越从事捕鱼的船舶;②互见中本船与从事捕鱼的船舶航向相反构成碰撞危险;③互见中本船追越他船;④互见中本船与穿越船交叉相遇构成碰撞危险
A. ① B. ①②③④
C. ①② D. ①②③

21. 夜间在航机动船甲在渔区航行，用望远镜看到前方有多艘船舶垂直显示上红下白两盏号灯在相互邻近处活动，并看到最近一船显示上绿下白两盏号灯、两盏舷灯以及另外垂直两盏黄灯上下明暗交替显示并与本船构成碰撞危险，下列说法正确的是________。

①甲船应给他船让路，并不应向左转向；②甲船应给他船让路，视当时情况可以向左转向，也可向右转向；③甲船应给他船让路，视当时情况可以向左转向，但应注意避免从他船中间穿越

A. ①②　　B. ①③

C. ②③　　D. ①

22. 夜间机动船甲在航并按规定显示两盏桅灯、两盏舷灯与一盏艉灯，根据船舶之间责任条款（《规则》第十八条），甲船应给下列哪些船舶让路？________。

①正前方来船乙垂直显示红白红三盏号灯，以及接近垂直三盏白灯与两盏舷灯；②正前方来船乙显示接近垂直四盏白灯与两盏舷灯；③正前方来船乙垂直显示三盏红灯，以及两盏桅灯和两盏舷灯

A. ①②③　　B. ①②

C. ②③　　D. ①

23. 互见中，一使用绳钓从事捕鱼的渔船与一在航中上下人员的机动船航向交叉相互驶近构成碰撞危险，则________。

A. 渔船应给机动船让路

B. 机动船应给渔船让路

C. 两船均采取避让行动，因为该两船负有同等的避让责任和义务

D. 适用交叉局面条款

24. 根据《规则》第十八条，从事捕鱼的船舶应给哪些船舶让路？________。

①帆船；②失去控制的船舶；③操纵能力受到限制的船舶；④限于吃水的船舶；⑤从事一般拖带的船舶

A. ②③④⑤　　B. ①②③④⑤

C. ①②③　　D. ②③

25. 甲机动船在左正横前看见一操纵能力受限制的乙船，构成碰撞危险，其让路船责任是________。

A. 遵守《国际海上避碰规则》第十八条乙船让路

B. 遵守《国际海上避碰规则》第十五条乙船让路

C. 遵守《国际海上避碰规则》第十五条甲船让路

D. 遵守《国际海上避碰规则》第十八条甲船让路

26. 下列哪些局面适用船舶之间责任条款（《规则》第十八条）？________。

①一艘机动船（显示两盏桅灯、舷灯与艉灯）看到正前方来船垂直显示三盏红灯、两盏桅灯和两盏舷灯；②一艘机动船（显示两盏桅灯、舷灯与艉灯）看到正前方来船垂直显示一盏桅灯和两盏舷灯以及一盏红色闪光灯；③机动船甲（显示两盏桅灯、舷灯与艉灯）看到左舷 30°来船乙显示一盏桅灯、一盏绿舷灯以及一盏黄色闪光灯，并构成碰撞危险

A. ①②　　B. ①②③

C. ②　　D. ②③

27. 互见中,一艘机动船甲与一艘显示两个尖端对接的圆锥体号型的乙船航向交叉相互驶近,存在碰撞危险,应遵守________。

A. 交叉相遇局面条款

B. 船舶之间的责任条款,甲船为让路船

C. 不应妨碍条款

D. 船舶之间的责任条款,乙船为让路船

28. 在互见中存在碰撞危险时,从事一般拖带的机动船舶应给下列哪些船舶让路?________。

①帆船;②操纵能力受到限制的船舶;③限于吃水的船舶;④从事捕鱼的船舶

A. ①②③　　B. ②③④

C. ①②④　　D. ①②③④

29. 甲是机动船在航看到从左舷60°驶来一艘显示一尖端对接的两个圆锥体号型的乙船与本船航向交叉,存在碰撞危险,按规定________。

A. 遵守《规则》第十八条,甲船让路

B. 遵守《规则》第十五条,甲船让路

C. 遵守《规则》第十八条,乙船让路

D. 遵守《规则》第十五条,乙船让路

30. 当一艘操纵能力受到限制的船舶与一艘机动船航向相反相互驶近,并构成碰撞危险时________。

A. 两船互见时,适用对遇局面条款

B. 两船互见时,适用船舶之间责任条款

C. 不论是否在互见中,机动船均应给"操纵能力受到限制的船舶"让路

D. 不论是否在互见中,两船均应各自向右转向

31. 互见中,一使用拖网从事捕鱼的渔船与一失去控制的船舶航向相反相互驶近构成碰撞危险,则________。

A. 渔船应给失去控制的船舶让路

B. 失去控制的船舶应给渔船让路

C. 适用对遇局面条款

D. 两船均应采取避让行动,因为该两船负有同等的避让责任和义务

32. 互见中,根据《国际海上避碰规则》,一艘使用拖网从事捕鱼的船舶与一艘操纵能力受到限制的船舶航向交叉相互驶近致有构成碰撞危险,下列说法正确的是________。

A. 从事捕鱼的船舶应给操纵能力受到限制的船舶让路

B. 适用交叉局面条款

C. 两船均应采取避让行动

D. 操纵能力受到限制的船舶应给从事捕鱼的船舶让路

33. 根据船舶之间的责任条款规定,互见中在航帆船应给下列哪些船舶让路?________。

①在航中从事船间货物过驳作业的船舶;②从事引航任务的船舶;③限于吃水的船舶;④从事顶推作业的船队

A. ①　　B. ①②

C. ③④　　　　D. ①②④

34. 你船显示两盏桅灯、舷灯和艉灯，看到右舷船首附近驶来的他船显示垂直两盏红灯和红舷灯，两船航向交叉，致有构成碰撞危险，下列说法正确的是________。
①适用于交叉局面；②你船应保向保速；③适用于船舶之间责任条款；④你船应避让他船
A. ①④　　　　B. ②③
C. ①②　　　　D. ③④

35. 互见中，一使用拖网从事捕鱼的渔船与一操纵能力受到限制的船舶航向交叉相互驶近构成碰撞危险，则________。
A. 适用交叉局面条款
B. 从事捕鱼的渔船应给操纵能力受到限制的船舶让路
C. 操纵能力受到限制的船舶应给从事捕鱼的渔船让路
D. 两船均应采取避让行动，因为该两船负有同等的避让责任和义务

36. 互见中，一艘从事疏浚作业操纵能力受到限制的船舶与另一艘清除水雷作业的操纵能力受到限制的船舶航向相反，构成碰撞危险，则________。
A. 清除水雷作业的操纵能力受到限制的船舶为让路船
B. 从事疏浚作业的操纵能力受到限制的船舶为让路船
C. 两船均应运用良好的船艺采取行动以避免碰撞
D. 两船均无须采取行动

37. 互见中，一艘操纵能力受到限制的船舶与一艘失去控制的船舶航向交叉，构成碰撞危险，则________。
A. 操纵能力受到限制的船舶为让路船
B. 失去控制的船舶为让路船
C. 两船均应运用良好的船艺采取行动以避免碰撞
D. 两船均无须采取行动

38. 悬挂菱形体号型的甲船，在左舷25°方向看到挂有球体、菱形体、球体号型的乙船驶来，存在碰撞危险，此时________。
A. 甲船不应妨碍乙船　　　　B. 乙船不应妨碍甲船
C. 乙船应给甲船让路　　　　D. 甲船应给乙船让路

39. 根据船舶之间的责任条款，在航帆船应给下列哪类船舶让路？________。
A. 显示菱形体号型的船舶
B. 显示尖端向下圆锥体号型的驶帆船舶
C. 显示圆柱体号型的船舶
D. 显示两个球体号型的船舶

40. 在海上，你是十万吨级机动船，与左舷30°驶来挂有一尖端对接的两个圆锥体号型的他船交叉相遇，构成碰撞危险，下列说法错误的是________。
①他船应右转让你船；②他船应减速、停车；③他船不应妨碍你船
A. ①②　　　　B. ①③
C. ①②③　　　　D. ②③

41. 互见中,一机动船与一帆船在相反航向上相互驶近,构成碰撞危险,此时________。
A. 遵守对遇条款　　B. 帆船给机动船让路
C. 机动船给帆船让路　　D. 各自向右转向

42. 互见中,机动船和帆船相遇,构成碰撞危险,下列说法正确的是________。
A. 帆船从机动船正横后22°5赶上机动船,适用《规则》第十八条,根据其几何原则确定避让关系
B. 帆船从机动船船首右舷30°驶来,艏向交叉,适用《规则》第十五条,根据几何原则确定避让关系
C. 帆船从机动船船首右舷30°驶来,艏向交叉,适用《规则》第十八条,根据船舶操纵避碰性能的优劣确定避让关系
D. 帆船从机动船正横后22°5赶上机动船,适用《规则》第十五条,根据船舶操纵避碰性能的优劣确定避让关系

43. 在航帆船,互见中应给下列________让路。
①航向相反驶近的从事捕鱼的船舶;②航向相反驶近的失去控制的船舶;③航向交叉相遇的失去控制的船舶;④航向交叉相遇的限于吃水的船舶
A. ①②③④　　B. ①②
C. ①②③　　D. ①

44. 在航机动船,互见中应给下列________让路。
①航向相反驶近的帆船;②航向相反驶近的从事捕鱼的船舶;③航向交叉相遇的失去控制的船舶;④航向交叉相遇的限于吃水的船舶
A. ①②③　　B. ①②③④
C. ①②　　D. ①

45. 在航中从事捕鱼的船舶,互见中应给下列________让路。
A. 航向相反驶近的显示菱形体号型的船舶
B. 航向相反驶近的显示两个球体号型的船舶
C. 航向交叉相遇的显示圆柱体号型的船舶
D. 航向交叉相遇的显示尖端向下圆锥体号型的船舶

46. 你船是机动船在海上航行,看到左舷船首附近驶来的他船显示垂直两个黑球,两船航向交叉,致有构成碰撞危险,下列说法正确的是________。
①适用于交叉局面;②你船应保向保速;③适用于船舶之间责任条款;④你船应避让他船
A. ①④　　B. ②③
C. ①②　　D. ③④

47. 你船是机动船在海上航行,看到左舷正横附近驶来的他船显示垂直两个黑球,两船航向交叉,致有构成碰撞危险,下列说法正确的是________。
①适用于交叉局面;②你船应保向保速;③适用于船舶之间责任条款;④你船应避让他船
A. ①④　　B. ②③
C. ①②　　D. ③④

48. 在航帆船甲看到前方另一帆船乙悬挂两个球体号型,两船航向相反相互驶近构成碰撞危险,

根据《国际海上避碰规则》________。

A. 左舷受风的船舶应给右舷受风的船舶让路

B. 两船应各自向右转向从他船左舷驶过

C. 甲船应给乙船让路

D. 乙船应给甲船让路

49. 在航帆船，互见中应给________让路。

①船首方向航向相反驶近的操纵能力受到限制的船舶；②船首方向航向相反驶近的拖网作业渔船；③船尾方向驶近的失去控制的船舶；④从右舷航向交叉驶近的限于吃水的船舶

A. ①　　B. ①②

C. ①②③　　D. ①②③④

50. 在航中从事捕鱼的船舶，互见中应给________让路。

①船首方向航向相反驶近的失去控制的船舶；②右舷航向交叉驶近的操纵能力受到限制的船舶；③船尾方向驶近的失去控制的船舶；④从右舷航向交叉驶近的限于吃水的船舶

A. ①　　B. ①②

C. ①②③　　D. ①②③④

51. 夜间一渔船甲在航并按规定显示一盏桅灯、上绿下白两盏环照灯、两盏舷灯与一盏艉灯，根据船舶之间责任条款(《规则》第十八条)，甲船应给下列哪些船舶让路？________。

①正前方来船乙垂直显示红白红三盏号灯，以及接近垂直三盏白灯与两盏舷灯；②正前方来船乙接近垂直显示四盏白灯与两盏舷灯；③正前方来船乙垂直显示三盏红灯，以及两盏桅灯和两盏舷灯

A. ①②③　　B. ③

C. ②③　　D. ①

52. 你船沿狭水道航行，显示圆柱体，看见左前方正在穿越狭水道的帆船方位不变，距离接近，下列说法正确的是________。

①帆船应避让你船；②你船应避让帆船；③帆船不应妨碍你船

A. ②③　　B. ②

C. ①②③　　D. ①③

53. 夜间，在航甲船按规定显示两盏桅灯、两盏舷灯、一盏艉灯以及垂直三盏环照红灯，看到正前方来船乙垂直显示上红下白两盏号灯，以及两盏舷灯，两船构成碰撞危险，下列说法正确的是________。

①乙船不应妨碍甲船；②甲船应给乙船让路；③乙船应给甲船让路

A. ①②③　　B. ②

C. ②③　　D. ①②

54. 互见中，机动船甲与左舷显示一个尖端向下圆锥体号型的乙船航向交叉相互驶近，构成碰撞危险，下列关于避碰行动的说法正确的是________。

①构成碰撞危险前，甲船应及早地采取行动，留出足够的水域让乙船安全通过；②构成碰撞危险后，甲船应及早地采取行动给乙船让路；③乙船应避免横越甲船前方；④两船形成紧迫局面后，甲船如果独自采取避碰行动，不应向左转向

A. ④　　B. ②③

C. ③④　　D. ①③

55. 在 IMO 采纳的分道通航制水域，在航机动船甲沿通航分道总流向行驶并按规定显示两盏桅灯、舷灯与艉灯，看到左前方来船乙向右穿通航分道，乙船垂直显示三盏桅灯、一盏绿舷灯外加红白红垂直三盏号灯，且存在碰撞危险，则下列说法正确的是________。

A. 甲船不应妨碍乙船　　B. 乙船应给甲船让路

C. 甲船应给乙船让路　　D. 乙船不应妨碍甲船

56. 白天在航甲船按规定显示一个圆柱体号型，看到前方来船乙显示球体、菱形体和球体三个号型以及另外一个菱形体号型，两船航向相反并构成碰撞危险，下列说法正确的是________。

①乙船不应妨碍甲船；②甲船应给乙船让路；③乙船应给甲船让路

A. ②③　　B. ①②

C. ①②③　　D. ②

57. 白天在航机动船甲发现前方偏右驶来另一船乙航向与甲船相反，并看到乙船显示一个圆柱体号型，两船 DCPA 偏小，下列说法正确的是________。

①两船构成对遇局面，应各自向右转向；②甲船应给乙船让路，视当时情况可以向左转向；③甲船不应妨碍乙船

A. ②③　　B. ①

C. ②　　D. ①③

58. 机动船甲（显示两盏桅灯、舷灯与艉灯）看到左前方来船乙显示两盏桅灯、绿舷灯以及垂直三盏红灯，下列说法正确的是________。

①如构成碰撞危险，甲船应给乙船让路，视当时情况可以向左转向；②如果构成碰撞危险后乙船未采取行动并导致紧迫局面，甲船可以独自采取行动；③甲船应及早采取行动，避免构成碰撞危险；④乙船应保向保速

A. ②③　　B. ②

C. ①④　　D. ①③④

59. 互见中，下列哪些局面适用船舶之间责任条款（《规则》第十八条）？________。

①垂直显示两个球体号型的甲船与显示一个圆柱体的乙船航向相反相互驶近并构成碰撞危险；②显示一个菱形体号型的甲船与垂直显示两个球体的乙船互见中航向相反相互驶近并构成碰撞危险；③垂直显示球、菱形体和球三个号型以及一个菱形体号型的甲船与垂直显示两个球体的乙船互见中航向交叉相互驶近并构成碰撞危险

A. ①②　　B. ②

C. ①②③　　D. ②③

60. 白天在航甲船按规定显示一个圆柱体号型，根据船舶之间责任条款（《规则》第十八条），甲船应给下列哪些船舶让路？________。

①前方来船乙航向与甲船相反，并看到乙船显示一个菱形体号型；②前方来船乙航向与甲船相反，并看到乙船显示两个球体号型；③右正横来船乙显示一个尖端向下圆锥体号型，两船构成碰撞危险

A. ①②　　B. ①②③

C. ②③　　　　D. ②

61. 互见中,机动船甲与右舷显示一个圆柱体号型的乙船航向交叉相互驶近构成碰撞危险,下列关于避让行动的说法正确的是________。

①构成碰撞危险前,甲船应及早采取行动,留出足够的水域让乙船安全通过;②构成碰撞危险后,乙船应及早地采取行动给甲船让路;③甲船应避免横越乙船前方;④让路船不应向左转向

A. ②④　　　　B. ①②

C. ①③　　　　D. ③④

62. 在狭水道内一限于吃水的船舶与一穿越狭水道的船舶相互驶近,下列说法正确的是________。

①穿越船舶应当避免与限于吃水的船舶构成碰撞危险;②如穿越船舶与限于吃水的船舶构成碰撞危险,穿越船舶不应穿越;③穿越船舶应给限于吃水的船舶让路;④互见中,穿越船舶应给限于吃水的船舶让路

A. ①②③　　　　B. ①②

C. ①　　　　D. ①②④

63. 互见中,根据船舶之间责任条款规定,除失去控制的船舶和操纵能力受到限制的船舶外,下列哪些船舶如当时环境许可应避免妨碍限于吃水的船舶的安全通行?________。

A. 从事捕鱼的船舶　　　　B. 帆船和长度小于 20 m 的船舶

C. 任何船舶　　　　D. 任何机动船

64. 你船是一艘限于吃水的船舶,与左舷驶近的一艘悬挂有球体、菱形体、球体号型的来船航向交叉,并构成碰撞危险的,则________。

A. 你船应给他船让路

B. 他船应给你船让路

C. 他船不应妨碍你船的航行,但你船仍应给他船让路

D. 他船不应妨碍你船的航行,你船应等待他船采取行动为你船留出足够的水域安全通过

65. 甲机动船在左舷 45°看见一显示红白红垂直三盏号灯的乙船,已构成碰撞危险,其让路责任是________。

A. 乙船应给甲船让路　　　　B. 甲船应给乙船让路

C. 甲乙互让　　　　D. 甲乙避让责任相同

66. 互见中,根据船舶之间责任条款规定,除失去控制的船舶和操纵能力受到限制的船舶之外,任何船舶应避免妨碍限于吃水的船舶的通行,就意味着________。

A. 任何船舶均负有让路的责任与义务

B. 只有当构成碰撞危险之后,任何船舶均负有让路的责任与义务

C. 在碰撞危险形成以前,任何船舶均应采取行动留出足够的水域供限于吃水的船舶通过

D. 任何船舶应避免与他船形成紧迫局面

67. 互见中,根据船舶之间责任条款规定,除________外,如当时环境许可,所有的船舶应避免妨碍限于吃水的船舶的安全通行。

①失去控制的船舶;②操纵能力受到限制的船舶;③从事捕鱼的船舶

A. ③　　　　B. ①②

C. ①②③　　D. ①③

68. 根据船舶之间的责任条款,下列哪些船舶应避免妨碍限于吃水的船舶的安全通行? ________。
A. 显示尖端向下圆锥体号型的驶帆船舶
B. 显示两个球体号型的船舶与显示菱形体号型的船舶
C. 显示圆柱体号型的船舶
D. 显示球体、菱形体、球体号型的船舶

69. 互见中,两艘限于吃水的船舶相遇构成碰撞危险,则________。
A. 两船互为让路船
B. 两船负有同等的避让责任和义务
C. 根据两船的会遇局面确定两船间的避让责任和义务
D. 两船互不应妨碍

70. 互见中,下列在航船舶在相反的航向上会遇,根据船舶之间的责任条款,甲船应给乙船让路的是________。
A. 显示菱形体号型的机动船甲与显示尖端向下圆锥体号型的驶帆船舶乙
B. 显示尖端向下圆锥体号型的驶帆船舶甲与显示圆柱体号型的船舶乙
C. 显示圆柱体号型的船舶甲与显示两尖端对接圆锥体号型的船舶乙
D. 显示两尖端对接圆锥体号型的船舶甲与显示菱形体号型的船舶乙

71. 你船沿通航分道航行,显示垂直三盏红灯,两盏桅灯、舷灯和艉灯,看见右前方驶来的他船显示上红下白和红舷灯,两船致有构成碰撞危险,下列说法正确的是________。
①他船应给你船让路;②你船应给他船让路;③他船不应妨碍你船
A. ①②　　B. ②③
C. ①③　　D. ③

72. 你船沿狭水道航行,显示垂直三盏红灯,两盏桅灯、舷灯和艉灯,看见左前方驶来的他船显示前后桅灯和绿舷灯,两船致有构成碰撞危险,下列说法正确的是________。
①他船应给你船让路;②你船应给他船让路;③他船不应妨碍你船
A. ①②　　B. ①③
C. ②③　　D. ①②③

73. 你船沿通航分道航行,显示垂直三盏红灯,两盏桅灯、舷灯和艉灯,看见左前方驶来的他船显示上绿下白和绿舷灯,两船致有构成碰撞危险,下列说法正确的是________。
①他船应给你船让路;②你船应给他船让路;③他船不应妨碍你船
A. ①②　　B. ③
C. ②③　　D. ①③

74. 你船沿狭水道航行,显示垂直三盏红灯,两盏桅灯、舷灯和艉灯,看见右前方他船显示上绿下白和红舷灯,两船致有构成碰撞危险,下列说法正确的是________。
①他船应给你船让路;②你船应给他船让路;③他船不应妨碍你船
A. ①②　　B. ①③
C. ②③　　D. ①②③

75. 你船沿狭水道航行,显示垂直三盏红灯,两盏桅灯、舷灯和艉灯,看见左前方他船显示上红下白和绿舷灯,两船致有构成碰撞危险,下列说法正确的是________。

①他船应给你船让路;②你船应给他船让路;③他船不应妨碍你船

A. ①② B. ①③

C. ②③ D. ①②③

76. 你船沿狭水道航行,显示圆柱体,看见左前方正在穿越狭水道的他船挂有一尖端向下的圆锥体号型,两船距离接近,方位不变,下列说法正确的是________。

①他船应给你船让路;②你船应给他船让路;③他船不应妨碍你船

A. ①② B. ①③

C. ②③ D. ①②③

77. 你船沿通航分道航行,显示圆柱体,看见右前方正在穿越分道通航的挂有一尖端对接的两个圆锥体号型的他船方位不变,距离不断减小,下列说法正确的是________。

①他船应给你船让路;②你船应给他船让路;③他船不应妨碍你船

A. ①② B. ②③

C. ①③ D. ③

78. 互见中,限于吃水的船舶与一艘失去控制的船舶相遇,并构成碰撞危险,则________。

A. 限于吃水的船舶为让路船 B. 限于吃水的船舶不应被妨碍

C. 两船负有同等的避让责任和义务 D. 失去控制的船舶不应被妨碍

79. 根据船舶之间的责任条款,________互见中不应妨碍限于吃水的船舶航行。

①在航机动船;②在水面操纵的水上飞机;③在航从事捕鱼的船舶;④失去控制的船舶

A. ①② B. ③④

C. ①②③ D. ①②③④

80. 根据船舶之间的责任条款,互见中,限于吃水的船舶应________。

①显示《国际海上避碰规则》第二十八条规定的号灯或号型;②充分注意到其特殊条件,特别谨慎地驾驶;③不应妨碍其他船舶航行;④构成碰撞危险的情况下,给其他船舶让路

A. ① B. ②

C. ①② D. ②③④

81. 根据《规则》第十八条规定,除失去控制的船舶与操纵能力受限船外,任何船舶与限于吃水的船舶相遇,后者的责任是________。

A. 避免妨碍他船的航行

B. 不负任何避让责任

C. 充分注意其特殊条件,特别谨慎驾驶

D. 保向保速

82. 夜间,地效船甲按规定显示一盏桅灯、两盏舷灯、一盏艉灯以及一盏红色闪光灯,根据船舶之间责任条款(《规则》第十八条),地效船甲应给下列哪些船舶让路?________。

①正前方来船乙垂直显示红白红三盏号灯,以及接近垂直三盏白灯与两盏舷灯;②正前方来船乙显示接近垂直四盏白灯与两盏舷灯;③正前方来船乙垂直显示三盏红灯,以及两盏桅灯和两盏舷灯

A. ① B. ②

C. ①②③　　D. ②③

83. 互见中，在水面上的水上飞机通常应宽裕地让清所有船，并避免妨碍其航行，然而在有碰撞危险的情况下，则________。

A. 按照责任条款确定让路船

B. 等待他船让路

C. 按《国际海上避碰规则》第二章各条规定采取行动

D. 按照让路船条款采取行动

84. 在水面上航行的水上飞机与一在航机动船互见中会遇，且存在碰撞危险，此时________。

A. 水上飞机让机动船

B. 机动船让水上飞机

C. 按互见中行动规则确定避让责任

D. 水上飞机不应妨碍机动船，但机动船仍需给水上飞机让路

85. 在水面操纵的地效船和非排水状态的气垫船在互见中相遇（不在狭水道或 IMO 采纳的分道通航制水域），则下列说法不正确的是________。

①地效船不应妨碍气垫船；②地效船给气垫船让路；③气垫船给地效船让路

A. ③　　B. ②③

C. ①②③　　D. ①②

86. 在 IMO 采纳的分道通航制水域，关于沿通航分道总流向行驶（在水面上）的地效船，下列说法错误的是________。

①仍负有不应妨碍所有其他船舶的责任；②互见中仍负有不应妨碍所有其他船舶的责任；③免除其互见中不应妨碍所有其他船舶的责任；④互见中仍负有不应妨碍除从事捕鱼的船舶外所有其他船舶的责任

A. ①　　B. ①②③④

C. ③　　D. ①②③

87. 地效船在水面上操作时，在与他船有碰撞危险的情况下，则________。

A. 按照船舶之间的责任条款确定让路责任

B. 按《国际海上避碰规则》第二章驾驶和航行规则各条规定确定让路责任

C. 宽裕地让清他船

D. 保持直航

88. 你是限于吃水的船舶，在受限水域中航行，看到从左正横驶来的挂有圆柱体号型的他船驶近，构成碰撞危险，此时两船间的责任是________。

A. 你船为让路船　　B. 他船为让路船

C. 他船不应妨碍你船　　D. 你船不应妨碍他船

89. 对于不在狭水道或 IMO 采纳的分道通航制水域航行的船舶，下列说法正确的是________。

A. 在任何时候，地效船均应宽裕地让清所有的船舶并避免妨碍其航行

B. 在地效船与其他船舶构成碰撞危险时，地效船均应宽裕地让清所有的船舶并避免妨碍其航行

C. 地效船在贴近水面起飞、降落和飞行时，应宽裕地让清所有的船舶并避免妨碍其航行

D. 在互见中，地效船在贴近水面起飞、降落和飞行时，应宽裕地让清所有的船舶并避免妨碍其航行

90. 根据船舶之间的责任条款，在水面上操纵的地效船应给下列哪些船舶让路？________。

A. 显示圆柱体号型的船舶

B. 显示尖端向下圆锥体号型的驶帆船舶

C. 显示两个球体号型的船舶

D. 任何其他船舶

91. 根据船舶之间的责任条款，在水面上的地效船在互见中与另一艘机动船航向相反构成碰撞危险，则________。

A. 地效船应给机动船让路　　B. 适用对遇局面

C. 不解除地效船不应妨碍的责任　　D. 机动船应给地效船让路

92. 下列关于地效船避让责任的说法正确的是________。

A. 在地效船与其他船舶构成碰撞危险时，地效船均应宽裕地让清所有其他船舶并避免妨碍其航行

B. 在任何时候，地效船均应宽裕地让清所有其他船舶并避免妨碍其航行

C. 互见中，地效船在贴近水面起飞、降落和飞行时，应宽裕地让清所有其他船舶并避免妨碍其航行

D. 地效船在贴近水面起飞、降落和飞行时，应宽裕地让清所有其他船舶并避免妨碍其航行

93. 根据船舶之间的责任条款，在水面上的水上飞机在与下列哪些船舶相遇构成碰撞危险时应当让路？________。

A. 显示圆柱体号型的船舶

B. 显示尖端向下圆锥体号型的驶帆船舶

C. 显示两个球体号型的船舶

D. 任何其他船舶

94. 根据船舶之间的责任条款，互见中，在水面上操纵的地效船应________。

①宽裕地让清所有船舶，避免妨碍其航行；②在有碰撞危险的情况下，遵守规则各条规定；③在有碰撞危险的情况下，保持航向和航速；④在有碰撞危险的情况下，给他船让路

A. ①　　B. ②

C. ①③　　D. ①④

任务十九　掌握船舶在能见度不良时的行动规则

知识储备

一、适用条件

（1）适用水域：能见度不良的水域中或其附近，包括已进入能见度受限水域及距离能见度不

良区域2 n mile左右的水域。

(2)适用船舶:在上述水域航行的任何船舶,包括在航对水移动和在航不对水移动的船舶,不适用于锚泊、搁浅、系岸的船舶。

(3)不在互见中:会遇的船舶不在互见中。

二、能见度不良时的戒备

(1)安全航速、机动船备车:船舶应以适合当时能见度不良的环境和情况的安全航速行驶,机动船应将机器做好随时操纵的准备。

(2)执行任何能见度情况下的行动规则的戒备:

①瞭望及判断碰撞危险。

②避免碰撞的行动。

三、能见度不良时船舶的避碰责任

在能见度不良的水域中或其附近与不在互见中的来船会遇时,两船负有同等的避让责任和义务,每一船舶均应果断地采取避碰措施。

四、仅凭雷达测到他船时的避碰行动

1. 避碰行动的前提

一船仅凭雷达测到他船并判定正在形成紧迫局面和(或)存在碰撞危险时,应及早采取避让行动。

2. 避碰行动的方式

(1)转向避碰:对正横前的来船,除对被追越船外,应向右转向避让;对正横或正横后的来船,应背着他船转向。

(2)变速避让:根据当时环境和情况决定是否采取变速避让及变速幅度,通常为减速措施。

(3)转向结合变速避让:在转向结合变速时,转向方向仍应遵守对转向避让的要求。

五、能见度不良时的强制减速

1. 减速行动的意义

在满足规定条件时,减速是必须的,且其幅度有明确限定。减速甚至停船是谨慎做法的首要选项。

2. 应减速的时机

(1)断定存在碰撞危险,且听到他船的雾号显似在本船正横以前。

(2)不能断定存在碰撞危险,听到他船的雾号显似在本船正横以前。

(3)与正横以前的来船不能避免紧迫局面。

3. 减速的幅度

(1)将航速减到能维持其航向的最小速度,对于万吨级船舶而言,一般为2 kn左右。

(2)必要时把船完全停住,通常指不备有可使用雷达的船舶或备有可使用雷达的船舶在外界干扰下无法准确判断局面等情况。

4. 谨慎驾驶

直到碰撞危险过去为止,船舶应极其谨慎地驾驶,包括保持正规瞭望、及时备车并以安全航速行驶、以适合当时环境和情况的一切可用手段判断碰撞危险、避免盲目转向、及时将航速减小到能维持其航向的速度必要时把船完全停住等。

相关习题

1. 在能见度不良水域航行的船舶,当两船接近到互见时,应当________。
   A. 根据海员的通常做法,应继续执行“能见度不良时的行动规则”
   B. 通常执行“互见中的行动规则”,并停止鸣放雾中声号
   C. 通常执行“互见中的行动规则”,除非能见度不良时的行动规则已经适用但雾中声号仍应鸣放
   D. 通常执行“互见中的行动规则”,除非能见度很差,雾中声号应停止鸣放
2. 在能见度不良的水域中航行,两在航机动船航向相反驶近到互见时,ARPA 显示存在碰撞危险,下列说法不正确的是________。
   A. 应按规定,鸣放能见度不良的声号
   B. 在采取行动的同时,应鸣放相应的操纵声号
   C. 应按照《规则》第十九条采取行动
   D. 应按照《规则》第十四条采取行动
3. 当两船在能见度不良的水域中相互看见时,应________。
   A. 中断鸣放“能见度不良时使用的声号”
   B. 如采取避让行动,应停止雾号的鸣放,而按章鸣放“互见中的行动声号”
   C. 继续鸣放雾号的同时,如采取避让行动,则应正确地鸣放“互见中的行动声号”
   D. 不应鸣放任何声号,而显示“操纵信号灯”表明行动意图
4. 某船雾中在一通航密集的水域航行,当发现有一来船已接近到互见,此时该船应________。
   A. 继续执行“能见度不良时的行动规则”但可以停止鸣放雾号
   B. 继续执行“能见度不良时的行动规则”直到最后驶过让清为止
   C. 一般执行“互见中的行动规则”,并继续鸣放雾号
   D. 立即执行“互见中的行动规则”,并停止鸣放雾号
5. 船舶在能见度不良时的行动规则的适用范围是________。
   A. 在能见度不良水域中互相看不见的船舶
   B. 在能见度不良水域中或其附近航行时不在互见中的船舶
   C. 在能见度不良水域中航行的船舶
   D. 在能见度不良水域中或其附近在航、锚泊和搁浅的船舶
6. 两船在能见度不良的水域中航行非互见时相遇,致有构成碰撞危险,________。
   A. 两船均是让路船　　B. 两船负有同等的避让责任和义务
   C. 两船均是直航船　　D. 操纵能力好的船让路
7. 两船在能见度不良的水域中航行相遇构成碰撞危险时,________。

A. 只要两船仍然无法用视觉相互看见时,两船均是让路船
B. 只有两船用视觉相互看见时,才存在让路船和直航船
C. 不论当时情况如何,两船负有同等的避让责任和义务
D. 即使两船用视觉相互看见时,也不一定存在让路船和直航船

8. 你驾驶的机动船在雾中航行,当听到来船的一长二短的声号后,在可用视觉发现来船之后可认定________。
A. 来船是一艘直航船
B. 你船是一艘让路船
C. 双方一定负有同等的避让责任和义务
D. 双方可能不负有同等的避让责任和义务

9.《国际海上避碰规则》第十九条能见度不良时的避碰行动中适用的船舶为________。
A. 在任何能见度不良的水域中的船舶
B. 在任何能见度不良的水域中的机动船舶
C. 在能见度不良的水域中或在其附近航行时不在互见中的船舶
D. 在任何能见度不良的水域中或在其附近的船舶

10. 船舶在能见度不良的水域中,你驾驶的机动船与一操纵能力受到限制的船舶相遇(不在追越)构成碰撞危险,且已经看到他船时,此时________。
A. 你船为让路船　　B. 他船为让路船
C. 两船负有同等的避让责任和义务　　D. 根据良好船艺确定让路船

11. 雾中两船接近到互见时,则________。
A. 继续遵守能见度不良时的行动规则
B. 一般应执行互见时的行动规则
C. 是否执行互见中的行动规则取决于当时的能见距离
D. 是否执行互见中的行动规则取决于两船互相看见时的距离

12. 雾航中,机动船甲听到左前方一长二短的声号,接着又听到一长三短的声号,在看到他船之前________。
A. 甲船应按《国际海上避碰规则》第十八条责任避让
B. 甲船应按《国际海上避碰规则》第十五条规定让路
C. 如果存在碰撞危险,甲船与来船都有避让责任
D. 如果存在碰撞危险,甲船应避免向左转向

13. 能见度不良不在互见中,限于吃水的甲船与左正横前驶来的操纵能力受限制的乙船相遇,存在碰撞危险,________。
A. 甲船应按《国际海上避碰规则》第十八条责任避让
B. 甲船应按《国际海上避碰规则》第十五条规定让路
C. 两船都有避让责任
D. 乙船让路

14. 下列说法正确的是________。
A. 能见度不良时,所有船舶必须减速行驶

B. 船舶采取的航速与能见度没有关系

C. 能见度不良时也可全速行驶

D. 只要能见度良好,船舶就可以全速行驶

15. 船舶在能见度不良的水域中航行,不在互见中的两船构成碰撞危险,下列关于避碰行动的说法正确的是________。

①每一船舶都应及早地采取避碰行动;②每一船舶的避碰行动都应能导致在安全距离驶过;③船舶采取避碰行动的幅度应使他船使用雷达观察时容易察觉到

A. ①　　B. ①②

C. ①②③　　D. ③

16. 船舶在能见度不良的水域中航行,下列说法错误的是________。

①应注意守听他船的雾号;②只应使用雷达观测资料判断碰撞危险;③如果判断碰撞危险的观测资料是不充分的,船舶应继续保持系统观察,而不应采取任何行动

A. ①②　　B. ①

C. ②③　　D. ③

17. 根据能见度不良时的行动规则,对不在互见中的船舶采取避碰行动的幅度应满足________。

A. 大得足以使他船用视觉观察时容易察觉到

B. 大得足以使他船用雷达观察时容易察觉到

C. 大得足以使他船用视觉或雷达观察时容易察觉到

D. 大得足以使他船用视觉和雷达观察时容易察觉到

18. 关于能见度不良时的安全航速,下列哪项说法正确?________。

A. 能见度不良时的安全航速即为缓速

B. 能见度不良时的安全航速即为备车航行的速度

C. 只要船舶可用视觉看到来船,船舶就可以全速行驶

D. 能见度不良时船舶采取的低航速未必是安全航速

19. 不能根据雾号确定来船的方位和距离的原因是________。

①声波在雾中传播会发生异常折射;②声波会受风向风力的影响;③雾号不能作为判断碰撞危险的观测资料

A. ①②③　　B. ①②

C. ②　　D. ②③

20. 在能见度不良的天气条件下,下列哪项做法错误?________。

A. 能见距离太小,看雷达值班就行　　B. 保持驾驶台两侧的门为开启状态

C. 确保航行灯开启　　D. 按规定鸣放声号

21. 船舶在能见度不良的水域中航行,下列________事项“应充分考虑到当时能见度不良的环境和情况”。

①瞭望手段;②判断碰撞危险的标准;③避免碰撞的行动幅度;④船舶通过的安全距离

A. ①　　B. ①②③④

C. ①②　　D. ①②③

22. 在能见度不良的水域航行,下列做法正确的是________。

①指派专人进行雷达瞭望;②将手操舵改成自动舵;③船首增派人员瞭望;④鸣放雾号

A. ①②③　　B. ①②④

C. ①②③④　　D. ①③④

23. 在能见度不良的水域航行,下列做法正确的是________。

①打开驾驶台门窗,守听雾号;②通知机舱备车;③开启航行灯;④鸣放雾号

A. ①②④　　B. ①②③④

C. ①③④　　D. ②③④

24. 在能见度不良的水域航行,下列做法正确的是________。

①用中英文交替简要发布雾航通报;②通知机舱备车;③通知船长;④鸣放雾号

A. ①②③　　B. ①②④

C. ①②③④　　D. ①③④

25. 在能见度良好时,________均应使用安全航速。

A. 每一机动船在任何时候

B. 每一船舶在任何时候

C. 通航密集水域中的任何船舶

D. 除操纵能力受到限制的船舶外的任何船舶在任何时候

26. 对于一艘雷达因故障而不能正常使用的船舶在能见度不良时其最佳的做法是________。

A. 立即就近找合适的安全水域锚泊

B. 继续谨慎航行

C. 以能维持航向的最低航速继续航行

D. 只要车、舵能正常使用,可以继续航行

27. 一机动船于能见度不良的水域中航行,下列说法哪些不正确?________。

①如果能看到附近他船时不必备车航行;②如果能看到附近他船时不必鸣放能见度不良时的声号;③无论是否看到他船,均应将机器做好随时操纵的准备

A. ①②　　B. ①③

C. ②③　　D. ①②③

28. 能见度不良时要求机动船做好随时操纵的准备,此要求适用于下述哪种水域?________。

A. 受限水域　　B. 沿海水域

C. 通航密集水域　　D. 任何水域

29. 在能见度不良的水域中航行,下列哪种情况不能作为判断不存在碰撞危险的依据?________。

A. 通过雷达标绘确信可在安全距离上通过

B. ARPA 显示他船能在安全距离上通过

C. 他船的雾号的方位有明显的变化

D. 系统的雷达观测表明他船能在安全距离上通过

30. 机动船在能见度不良的水域航行,无论是否能用视觉看到他船,均应________。

①以适合当时能见度不良的环境和情况的安全航速行驶;②将机器做好随时操纵的准备;③避免对正横前的船舶采取左转向;④除对被追越船外,避免对正横前的船舶采取向左转向

A. ①②　　B. ①

C. ①②③　　D. ①②④

31. 在能见度不良的水域中，每一艘船应以适合当时能见度不良的环境的安全航速行驶，机动船应将机器做好随时操纵的准备，下列说法哪项正确？________。

A. 安全航速是指维持舵效的最小速度
B. 此处的机动船包括从事捕鱼的船舶
C. 此处的机动船不包括失控的机动船
D. 安全航速是指在能见距离以内停住的速度

32. 在能见度不良的水域中，关于"机动船应将机器做好随时操纵的准备"的"机动船"，下列说法正确的是________。

A. 指用机器推进的任何船舶，不能按规则要求操纵的除外
B. 指用机器推进的任何船舶，不再使用者除外
C. 指用机器推进的任何船舶，没有除外
D. 指用机器推进的任何船舶，失去控制的船舶除外

33. "每一船舶应以适合当时能见度不良的环境和情况的安全航速行驶，机动船应将机器做好随时操纵的准备"，此时的"机动船"是指________。

A. 用机器推进的任何船舶
B. 仅为操纵能力不受限制的普通机动船
C. 用机器推进的任何船舶，不包括操纵能力受限制的机动船
D. 用机器推进的任何船舶，不包括操纵能力受限制的从事捕鱼的船舶

34. 机动船航行中遇雾，应________。

①备车；②以安全航速航行；③避让互见中来船，应遵守"船舶在互见中的行动规则"；④避让不在互见中的来船，应遵守"船舶在能见度不良时的行动规则"

A. ①　　B. ①②
C. ①②③　　D. ①②③④

35. 在能见度不良的水域中或其附近航行时，应"备车"的"机动船"指的是________。

①用机器推进的任何船舶；②正在用机器推进的任何船舶；③装有推进器但不在使用者除外；④不能按规则要求操纵的失控船除外

A. ①　　B. ①②
C. ①②③　　D. ①②③④

36. 船舶在能见度不良的水域中航行，下列事项中"应充分考虑到当时能见度不良的环境和情况"的是________。

①保持正规瞭望；②确定安全航速；③判断是否存在碰撞危险；④停车或减速碰撞

A. ①　　B. ①②
C. ①②③　　D. ①②③④

37. 雾中，仅凭雷达观测到他船处于本船左舷 30°，航向正交叉，断定存在碰撞危险，若下列行动均可以导致在安全距离驶过，《规则》允许的避碰行动包括________。

①减速；②右转；③左转；④加速

A. ①②③　　B. ①②③④

C. ①②④　　D. ③④

38. 在能见度不良水域中航行，及早采取避让行动的首要条件是________。

A. 用望远镜看到他船时　　B. 在 VHF 中听到他船呼叫

C. 判明存在碰撞危险　　D. 听到他船雾号

39. 在能见度不良的开阔水域中航行时，你船仅凭雷达探测到他船在本船正横或正横后，并已判定正在形成紧迫局面，其避让行动应尽可能________。

A. 大幅度向左转向　　B. 大幅度向右转向

C. 转向，但避免朝着他船转向　　D. 停车，让他船通过

40. 在能见度不良的水域中航行，在雷达上发现前方有一物标与本船构成碰撞危险，经观测已经确定他船为一艘被追越船，你采取避让措施时，应________。

A. 避免向左转向　　B. 避免向右转向

C. 避免横越他船前方　　D. 视具体情况向左或向右转向

41. 你船在浓雾中航行，听到他船的雾号显似在本船的正前方附近，而在雷达上对其回波因海浪干扰而不能确定时，下列措施可取的是________。

A. 立即将航速减小到能维持其航向的最小速度，必要时把船完全停住

B. 保速保向继续航行，并鸣放相应的雾号

C. 大幅度向右转向

D. 鸣放五短声警告他船

42. 根据《国际海上避碰规则》规定，在能见度不良的水域中航行，一船仅凭雷达测得他船时，应________。

A. 判定是否正在形成紧迫局面和/或存在碰撞危险

B. 断定是否正在形成紧迫局面

C. 断定是否存在碰撞危险

D. 立即采取大幅度避让行动

43. 根据雷达避碰转向示意图（英国航海学会 1970 年推荐）对本船左舷 30°～67.5°来船推荐的转向避碰行动，下列说法正确的是________。

①本船右转通过来船船首；②本船右转通过来船船尾；③考虑来船会左转通过本船船首；④考虑来船会右转通过本船船尾

A. ①③　　B. ①④

C. ②③　　D. ②④

44. 本船雾中航行，仅凭雷达观测他船与本船已不能避免紧迫局面，下列做法符合规则要求的是________。

A. 对正横后的船舶采取停船措施

B. 对正横前的船舶采取停船措施

C. 对正横前的船舶向右转向

D. 对正横后的船舶向右转向

45. 在能见度不良的开阔水域中航行与他船构成碰撞危险，从及早的要求考虑，采取避让行动的时机应比在能见度良好时要________；对正横后的来船宜在两船相距________以外采取大幅

度的避让行动。

A. 早些;3 n mile　　B. 晚些;3 n mile

C. 早些;1 n mile　　D. 晚些;1 n mile

46. 在能见度不良时,及早采取避让行动的先决条件是________。

A. 听见他船雾号时

B. 在仅凭雷达测到他船且判明存在碰撞危险时

C. 看到他船时

D. 无任何先决条件

47. 在能见度不良时当你船听到他船的雾号显似在本船正横以前,除已断定不存在碰撞危险外,你船应当________。

A. 立即停车,倒车把船停住

B. 将船速减到能维持其航向的最低速度

C. 立即抛锚等雾消散后再继续航行

D. 无须减速,只要备车航行

48. 你船在能见度不良水域中航行,雷达发现正前方有一目标,经观测确认来船正朝本船对驶,且DCPA 为 0.1 n mile,你船应采取________。

A. 根据雷达观测结果及早采取避让措施

B. 保向保速直到听清来船雾号

C. 保向保速直到看清来船再采取合适的避让行动

D. 立即把船速减到能维持其舵效的最低速度

49. 雾航中,本船仅凭雷达测到左前方来船航向与本船航向交叉驶近构成碰撞危险,按《国际海上避碰规则》第十九条的要求,应尽可能避免________。

①向右转向;②向左转向;③减速

A. ①　　B. ①②

C. ②　　D. ②③

50. 在能见度不良的水域中航行时,船舶为避免紧迫局面,下列哪一行动应予避免? ________。

A. 对左正横前来船采取向右转向

B. 对左正横后来船采取向右转向

C. 对右正横后来船采取向右转向

D. 对右正横前来船采取向右转向

51. 本船在能见度不良的水域中航行,仅凭雷达测到正横前来船,下列说法正确的是________。

①如正在形成紧迫局面,应避免向左转向;②如正在形成紧迫局面,除对被追越船外,应避免向左转向;③如不能避免紧迫局面,应将航速减到能维持其航向的最小速度;④如不能避免紧迫局面,必要时,应把船完全停住

A. ②③④　　B. ①③

C. ②③　　D. ①③④

52. 雾航中,雷达测到他船在左舷 35°方位不变,正在形成紧迫局面,你船如转向应________。

A. 左转避让　　B. 使他船在本船船首通过

C. 使他船在本船船尾通过　　　　　　D. 右转避让

53. 本船在能见度不良的水域航行，本船雷达发现船首方向来船航向与本船航向接近相反构成碰撞危险，下列说法正确的是________。

①本船不应向左转向；②考虑来船会向右转向，本船向右转向是协调的行动；③如果来船向右转向，本船减速也会增大 DCPA；④如果来船向右转向，本船减速会减小 DCPA

A. ①③　　　　　　B. ①④

C. ①②③　　　　　　D. ②③④

54. 根据《国际海上避碰规则》第十九条的规定，在能见度不良的情况下，一船仅凭雷达测得与船尾偏右的他船存在碰撞危险，如采取转向措施，下列说法正确的是________。

A. 尽可能向右转向

B. 尽可能向左转向

C. 视他船的速度决定向左还是向右转向

D. 视他船的距离决定向左还是向右转向

55. 根据《国际海上避碰规则》第十九条的规定，在能见度不良的情况下，一船仅凭雷达测得与正横后的他船存在碰撞危险，如采取转向措施，下列说法正确的是________。

A. 尽可能背着他船转向

B. 尽可能朝着他船转向

C. 视他船的速度决定向左还是向右转向

D. 视他船的距离决定向左还是向右转向

56. 根据《国际海上避碰规则》第十九条的规定，在能见度不良的情况下，一船仅凭雷达测得与右正横附近的他船存在碰撞危险，如采取转向措施，下列说法正确的是________。

A. 视他船的距离决定向左还是向右转向

B. 尽可能向右转向

C. 视他船的速度决定向左还是向右转向

D. 尽可能向左转向

57. 在能见度不良的开阔水域中航行，你船在雷达上测得与来船构成碰撞危险，如来船位于本船的正前方附近，你应采取何种避让措施比较有利？________。

A. 大幅度向左转向　　　　　　B. 大幅度向右转向

C. 大幅度减速　　　　　　D. 大幅度增速

58. 在能见度不良水域中航行时，为避免碰撞，下列做法正确的是________。

A. 对右正横的来船采取向右转向

B. 对左正横的来船采取向右转向

C. 对右正横前的来船采取向左转向

D. 对左正横后的来船采取向左转向

59. 能见度不良不互见时，采取避碰行动，根据雷达转向避碰示意图（如下图）对于船尾附近的来船，一般在________。

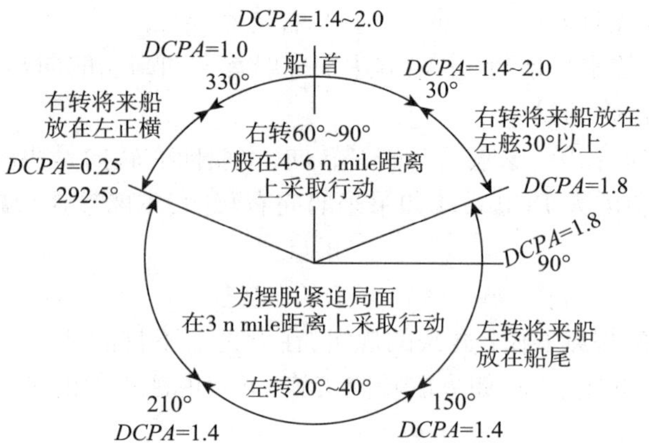

A. 向右转向 60°~90°　　B. 向左转向 60°~90°

C. 向右转向 20°~40°　　D. 向左转向 20°~40°

60. 机动船雾航，应________。

①备车；②以安全航速航行；③除对被追越船外，避免对正横前的船舶采取向左转向；④避免对正横或正横后的船舶采取朝着它转向

A. ①　　B. ①②

C. ①②③　　D. ①②③④

61. 本船在能见度不良的水域中航行，仅凭雷达测到来船形成碰撞危险并采取避碰行动时，应避免朝着来船转向的是________。

①避让右后方追越船；②避让左前方被追越船；③避让大角度交叉来船；④避让小角度交叉来船

A. ①　　B. ②④

C. ①③　　D. ①②③

62. 本船在能见度不良的水域中航行，仅凭雷达测到来船形成碰撞危险并采取避碰行动时，应避免向左转向的是________。

①避让小角度交叉来船；②避让大角度交叉来船；③避让追越船；④避让左前方被追越船

A. ①　　B. ②④

C. ①③　　D. ①②③

63. 根据雷达避碰转向示意图（英国航海学会 1970 年推荐），对本船右舷 60°的来船，本船的避碰行动应是________。

A. 向右转向 60°~90°　　B. 向左转向将来船置于右正横

C. 向右转向 90°以上　　D. 向左转向将来船置于船尾

64. 本船在能见度不良的水域中航行，仅凭雷达测到正横前来船，应将船速减到能维持其航向的最小速度，必要时把船完全停住的情况是________。

A. 不能避免紧迫局面时，除对被追追越船外

B. 不能避免紧迫局面时

C. 正在形成紧迫局面，除对被追越船外

D. 正在形成紧迫局面

65. 当一船听到“一短一长一短”的雾号显似在本船的右前方，且对该船在事先未用雷达探测到，则应________。

A. 立即向左转向

B. 应保向保速谨慎驾驶

C. 立即将船速减到可维持舵效的最小船速，必要时应把船完全停住

D. 立即向右转向

66. 当一船听到他船的雾号显似在本船的正横以前，下列说法正确的是________。

①不论是否存在碰撞危险，均应将航速减到能维持航向的最小速度；②不论是否存在碰撞危险，均应立即停车，倒车，把船停住；③除非断定不存在碰撞危险，应将航速减到能维持航向的最小速度，或停车，倒车，把船停住

A. ③ B. ①②③

C. ①② D. ①

67. 船舶在能见度不良的水域航行，对不在互见中的他船，下列说法正确的是________。

①如果有足够的水域，单用转向是避免紧迫局面的最有效的手段，只要是及时的、大幅度的，且不导致另一紧迫局面；②在不能避免紧迫局面时，应当减速或把船停住；③在不能避免紧迫危险时，应当减速或把船停住

A. ① B. ①②

C. ①②③ D. ③

68. 在能见度不良的水域中航行时，当你船与左前方的他船不能避免紧迫局面时，你船应________。

A. 大幅度向左转向

B. 大幅度向右转向

C. 立即将船速降低到可维持舵效的最小船速，必要时应把船完全停住

D. 保向保速，派人瞭头，谨慎驾驶

69. 雾航中在雷达上发现与左前方的他船不能避免紧迫局面时，你船应________。

A. 左转

B. 右转

C. 将航速减到维持航向的最小速度

D. 保向保速

70. 在能见度不良的情况下，你船在雷达上发现与左前方的他船不能避免紧迫局面时，下列说法正确的是________。

A. 你船应左转避让

B. 你船应右转避让

C. 你船应将航速减到维持航向的最小速度

D. 你船应保向保速

71. 在能见度不良的水域中，你船听到他船雾号显似在本船右正横以前，当对他船船位尚未确定时，你应如何行动？________。

A. 减到能维持其航向的最小速度后，谨慎驾驶

B. 立即采取大幅度右转行动从他船船尾通过

C. 立即采取大幅度左转行动从他船船头通过

D. 保向保速并鸣放雾号,谨慎驾驶

72. 在能见度不良的开阔水域中航行,你船在雷达上测得与来船构成碰撞危险,如来船位于本船的右正横附近,且本船正横前有多艘其他船舶时,你应采取何种避让措施比较有利?________。

A. 大幅度向左转向　　B. 大幅度向右转向

C. 大幅度减速　　D. 大幅度增速

73. 本船在能见度不良的水域中航行,下列情况中应当将航速减到能维持其航向的最小速度或把船停住的是________。

①仅凭雷达测到与左正横前来船不能避免紧迫局面;②仅凭雷达测到与右正横前来船不能避免紧迫局面;③仅凭雷达测到与左正横后来船不能避免紧迫局面;④仅凭雷达测到与右正横后来船不能避免紧迫局面

A. ③　　B. ①②

C. ③④　　D. ①②③④

74. 在能见度不良的情况下,你船仅在雷达上发现他船,下列说法正确的是________。

①用雷达确定是否存在碰撞危险;②你船应立即倒车,并鸣放三短声;③将航速减到能维持其航向的最小速度;④使用雷达测得来船的 DCPA 和 TCPA

A. ①②④　　B. ①②

C. ②③　　D. ①④

75. 在能见度不良的情况下,你船仅在雷达上发现他船,下列说法正确的是________。

①用雷达确定是否存在碰撞危险;②保持正规瞭望;③将航速减到能维持其航向的最小速度;④如果该船位于木船的正横以前,则立即大幅度向右转向

A. ①②③　　B. ①②

C. ①③　　D. ②③④

76. 在能见度不良的水域中,一船在雷达上发现与正前方或接近正前方的来船不能避免紧迫局面时,应________。

A. 将航速减到能维持其航向的最小速度　B. 立即倒车,鸣三短声

C. 立即操满舵使船舶进入旋回　　D. 立即大幅度右转

77. 本船在能见度不良的水域中航行,仅凭雷达测到来船并且不能避免紧迫局面,应将航速降低到能维持其航向的最小速度或把船停住的是________。

①避让正横前来船;②被追越船除外;③避让正横附近来船;④避让正横后来船

A. ①　　B. ①②

C. ①③　　D. ①③④

78. 你船在雾中航行,听到正前方有锚泊船的雾号而在雷达上尚未确认该船时,你船应________。

A. 避免向左转向

B. 保向保速并判断是否存在碰撞危险

C. 大幅度向右转向

D. 立即把航速减到能维持航向的最小速度,以利于确认该船

任务二十　了解渔区航行与避让的特殊规定

知识储备

一、瞭望与沟通

保持正规瞭望,充分利用视觉、听觉以及雷达、AIS 等设备,及时发现渔区内的渔船和其他障碍物。

使用甚高频无线电话(VHF)等设备与渔船进行沟通,明确彼此的意图和行动。

二、航速控制

在渔区航行时,应适当降低航速,以便有足够的时间采取避让措施。特别是在渔船密集的区域,要避免高速行驶引发危险。

三、航线选择

尽量避开渔船密集的区域,如果无法避开,应选择渔船较少的通道通过,并保持足够的安全距离。

注意渔区内的渔网、浮标等渔具,避免船舶与之缠绕,造成船舶损坏或失去动力。

四、应急准备

制定应急预案,一旦发生碰撞或其他紧急情况,能够迅速采取有效的应急措施,如停车、倒车、释放救生设备等,以保障船舶和人员的安全。

相关习题

1. 大型商船避让从事捕鱼的船舶应注意的事项,下列说法错误的是________。
   A. 我国沿海一带经常有渔船蓄意抢过大船船头的习俗,避让中予以注意
   B. 与不在从事捕鱼作业的机动渔船相遇,应完全遵守避碰规则各条的要求
   C. 误入渔网区的商船,为安全起见,应立即加速驶离
   D. 除避让从事捕鱼的船舶本身外,还要避让其渔具
2. 在航机动船避让双拖网的渔船,下列说法正确的是________。
   ①从其船首方向安全距离通过;②从两船外舷安全距离通过;③从两船内舷驶过;④两船背向行驶放网,应从上风流侧驶过
   A. ①②④　　　　B. ①②

C. ①　　　　D. ①②③④

3. 在渔区航行和避让渔船时，下列说法正确的是________。

①应仔细观察渔船显示的信号和海面上渔具的标志，了解渔具的伸出方向和长度；②应密切注意渔船采取的行动；③渔船突然采取的行动通常可能是为保护其渔具的安全；④避让渔船的安全通过距离应考虑其渔具

A. ①③④　　　　B. ①②

C. ②③　　　　D. ①②③④

4. 下列避让拖网渔船的要点，正确的是________。

A. 当发现两船相背行驶进行放网时，应从其下风侧经过

B. 避让单船拖网渔船时，应从其船首 1 n mile 外通过

C. 尽可能远离渔区

D. 避让双拖网渔船应在其船尾或两船外舷不少于 0.5 n mile 外驶过，不得从两船中间穿过

5. 流网作业渔船放完流网后，在风的作用下，网具一般在________。

A. 船尾方向　　　　B. 船的左舷

C. 船的右舷　　　　D. 船首方向

6. 下列避让渔船的方法正确的是________。

①在避让流网渔船时，应从其船尾绕过，切不可从渔船和渔网之间驶过；②避让灯诱围网渔船时应从其上风侧不少于 0.5 n mile 外驶过；③避让围缯网渔船时离渔船应不小于 0.5 n mile 通过；④避让单船拖网渔船时应从其船尾 1 n mile 之外通过；⑤当发现两船相背行驶放网时，应从其下风侧绕过

A. ①②③④⑤　　　　B. ①②④⑤

C. ①②③④　　　　D. ①③⑤

7. 灯诱围网作业的渔船编队方式一般为________。

A. 一艘网船与两艘灯船为一组　　　　B. 双船作业

C. 单船作业　　　　D. 两艘网船与一艘灯船为一组

8. 关于渔区的特点，下列哪些说法是正确的？________。

①渔场具有一定的固定性；②鱼汛期间常有大量渔船聚集捕鱼；③渔区内所有的渔船都是从事捕鱼的船舶

A. ③　　　　B. ①②

C. ①②③　　　　D. ①③

9. 关于渔区以及渔船捕鱼作业特点，下列哪些说法是正确的？________。

①渔场具有一定固定性；②渔场内的渔船具有聚集性和季节性；③渔区内所有的渔船都按照从事捕鱼的船舶显示号灯与号型；④同一渔区内所有的渔船都采用相同的捕鱼方式

A. ①②③　　　　B. ①④

C. ①②　　　　D. ②③④

10. 关于渔场内渔船的作业与避让特点，下列哪些说法是正确的？________。

①因捕鱼作业的需要，渔场内的渔船航向和航速缺少定常性；②为了保护渔具，渔船可能会冲向驶近的商船；③在商船驶近时，渔场内的渔船可能会指示渔具的方向；④在商船驶近时，渔

场内的渔船均会保持航向和航速

A. ①② B. ③④

C. ①②③ D. ④

11. 在进入渔区航行前，船舶应了解哪些情况？________。

①渔区内渔船的密集程度；②航行危险物的分布；③渔船的作业方式；④水文气象情况

A. ③④ B. ①②③④

C. ①②③ D. ①②

12. 关于中国沿海渔区受渔船作业特点，下列说法正确的是________。

①渔场内渔船群集，范围较大；②鱼汛期内渔船通常根据渔汛潮汐捕鱼；③等候潮汐时，渔船往往关闭动力和电源聚集锚泊或漂流；④返港休息成群结队航行

A. ① B. ①②

C. ①②③④ D. ①②③

13. 船舶在渔区内航行时，________。

A. 按照避碰规则要求，机动船应避让渔区内所有的网具

B. 按照海员通常做法和良好船艺要求，机动船应避让渔区内所有的网具

C. 任何时候，渔船所设置的网具不应妨碍船舶的安全通行

D. 只要不危及渔船或自身安全，机动船不必避让渔区内的网具

14. 在渔区航行和避让渔船时，下列说法正确的是________。

①应避开渔船的渔具；②误入渔网或穿过渔网时，应立即停车淌航，以免渔网缠入螺旋桨；③应密切注意渔船的动向和意图；④应仔细观察渔船显示的信号和海面上渔具的标志

A. ①③④ B. ②③

C. ①② D. ①②③④

15. 关于船舶在渔区航行和避让，下列说法正确的是________。

A. 船舶在驶入渔区前，应了解渔区周围的情况，避免驶入渔区密集的水域

B. 一旦进入渔船密集的水域，应备车减速行驶

C. 在渔区行驶应特别注意渔船的动态和其网具伸出的方向，避让渔船的同时应让过渔具

D. A、B、C 均正确

16. 常见的渔具种类包括________。

①拖网；②流网；③围网；④张网

A. ②④ B. ①②

C. ①②③④ D. ①③

17. 关于渔船捕鱼作业的特点，下列说法正确的是________。

①渔船的动态容易根据其显示的号灯与号型进行判断；②渔船捕鱼时航向、航速是固定不变的；③因捕鱼作业的需要，渔船的航向、航速缺少定常性；④因捕鱼作业的需要或保护网具的目的，渔船可能做出不利于避碰的行动

A. ③④ B. ①②

C. ①②③ D. ①②④

18. 互见中，机动船在航时避让从事拖网作业捕鱼的船舶，下列说法正确的是________。

A. 避让双船对拖网的渔船,应避免从两船中间通过
B. 避让单船拖网渔船时,从其船首通过的距离应大于从其船尾通过的距离
C. 避让单船拖网渔船时应避免从其船尾通过
D. 避让单船拖网渔船时应避免横越其前方

19. 在不得不穿越渔区时,船舶应当________。
①选择渔船密度较小的水域穿越;②备车航行;③以安全航速行驶;④按规定使用声响灯光信号
A. ③④　　B. ①②③
C. ①②③④　　D. ①②

20. 驶入渔区前,船舶应做好下列哪些避碰准备?________。
①了解渔区周围渔船的密集程度、作业方式和分布情况;②避免驶入渔船密集的地方;③合理安排值班;④备好声响和灯光信号设备
A. ①②③　　B. ②③④
C. ①②　　D. ①②③④

21. 关于船舶在渔区的航行和避让,下列说法正确的是________。
①船舶在驶入渔区前,应了解渔区周围的情况,避免驶入渔船密集的水域;②一旦进入渔船密集的水域,应备车减速行驶;③在渔区行驶应特别注意渔船的动态和其网具伸出的方向,避让渔船的同时应让过渔具
A. ①②　　B. ①
C. ②③　　D. ①②③

22. 关于船舶在渔区的航行和避让,下列哪些说法是正确的?________。
①在渔船密集的水域,应以安全航速行驶;②按照海员通常做法和良好船艺要求,机动船应备车航行;③在渔区行驶应特别注意渔船的动态和其网具伸出的方向,在航机动船不仅应给从事捕鱼的渔船让路,而且还应当给没有在从事捕鱼的其他渔船让路
A. ①　　B. ①②
C. ②③　　D. ①②③

23. 在渔船密集区航行,船舶应采取下列哪些避碰措施?________。
①应备车、减速行驶;②应加强瞭望,必要时加派瞭头;③改用手操舵;④按规定使用声响和灯光信号
A. ①②③　　B. ②③④
C. ①②③④　　D. ①②

24. 关于船舶在渔区的航行和避让,下列哪些说法是正确的?________。
①应特别注意渔船为保护网具所采取的行动;②按照海员通常做法和良好船艺要求,机动船应避让渔区内所有的网具;③机动船在渔区行驶应给所有的渔船让路,包括不在从事捕鱼者
A. ①　　B. ①②
C. ②③　　D. ①②③

25. 在航机动船避让流网捕鱼作业的渔船,下列说法正确的是________。
A. 渔船带网漂流时应从其船尾通过　　B. 渔船带网漂流时应从其船首通过

C. 渔船放网时应从其船尾通过　　D. 渔船放网时应从其船首通过

26. 放网结束后网具在船首方向的捕鱼方式是________。

①流网捕鱼;②双船拖网捕鱼;③单船拖网捕鱼;④围网捕鱼

A. ①　　B. ①②③

C. ③④　　D. ①④

27. 放网结束后网具在船尾方向的捕鱼方式是________。

①拖网捕鱼;②围网捕鱼;③流网捕鱼;④张网捕鱼

A. ①　　B. ②③

C. ③　　D. ③④

28. 流网捕鱼船放网结束后,网绳固定在________端,网在________方向。

A. 船首;船首　　B. 船尾;船尾

C. 船中;左正横　　D. 船中;右正横

29. 在驶近渔区时,船舶应做好哪些准备?________。

①合理安排值班,加强瞭望;②了解渔区的环境特点;③渔船密度很大时,尽可能绕过渔区;④必要时备车航行

A. ③④　　B. ①②

C. ①②③　　D. ①②③④

30. 当发现两拖网渔船航向相反行驶进行放网作业时,宜________。

A. 从两船中间通过　　B. 从其下风流侧绕过

C. 从其上风流侧绕过　　D. 从下风船的船首通过

任务二十一　理解《中华人民共和国非机动船舶海上安全航行暂行规则》

一、适用范围

《中华人民共和国非机动船舶海上安全航行暂行规则》适用于使用人力、风力、拖力的非机动船,在海上从事运输、捕鱼或者其他工作。但在港区内航行时,需遵守各该港港章的规定。

二、号灯与号型规定

(1)夜间航行与锚泊:应在容易被看见的地方,悬挂明亮的白光环照灯一盏。若因天气恶劣或设备限制,不能固定悬挂,需将灯点好放在手边,与他船接近时,及早显示灯光或手电筒的白色闪光或火光。已设置红绿舷灯、艉灯或使用合色灯的,仍应继续使用。

(2)非机动渔船白昼捕鱼:应在易被看见处悬挂竹篮一只,发现他船驶近,用适当信号指示渔具延伸方向;使用流网的渔船,要在流网延伸末端的浮子上系小红旗一面。

(3)非机动渔船夜间捕鱼:在容易被看见的地方,悬挂明亮的白光环照灯一盏,发现他船驶

近时,向渔具延伸方向,显示另一白光灯。

三、雾天及视线不清时的规定

(1)航行时:每隔约 1 min,连续发放雾号响声(如敲锣、敲梆等)约 5 s。

(2)锚泊时:听到来船雾号响声,应当有间隔地、急促地发放响声,引起来船注意,直到驶过为止。

(3)捕鱼时:依照前两项规定执行。

四、避让规则

(1)帆船相遇:顺风船让逆风打抢、掉抢的船;左舷受风打抢的船让右舷受风打抢的船;两船顺风且不同船舷受风,左舷受风船让右舷受风船;两船顺风且同一船舷受风,上风船让下风船;船尾受风的船让其他船舷受风的船。

(2)非机动船与非机动渔船:航行中的非机动船避让用网、曳绳钓或者拖网进行捕鱼作业的非机动渔船。

(3)非机动船与机动船:非机动船避让从事起捞、安放海底电线或航行标志的机动船,从事测量或水下工作的机动船,操纵失灵的机动船,用拖网捕鱼的机动船以及被追越的机动船。不过,非机动船与机动船相互驶近有碰撞危险时,机动船也应避让非机动船。

五、遇难信号

非机动船在海上遇难需要救援时,应显示下列信号:用任何雾号器具连续不断发放声响;连续不断燃放火光;将衣服张开,挂上桅顶。

相关习题

1.《中华人民共和国非机动船舶海上安全航行暂行规则》规定,非机动船在海上遇险时,应显示的信号是________。

①用任何雾号器具不断发放响声;②连续不断燃放火光;③将衣服张开挂在桅顶

A. ②③　　B. ①②③

C. ①②　　D. ①③

2. 按《中华人民共和国非机动船舶海上安全航行暂行规则》,非机动船在航应给下列哪类船舶让路?________。

A. 捕鱼船,包括用拖网、围网、绳钩捕鱼的机动船

B. 所有操纵能力受限制的船舶

C. 操纵失灵的机动船

D. 除机动船之外的被追越船

3. 在能见度不良的水域中,锚泊的(我国)非机动船________。

A. 在锚泊期间,连续发放有效的响声

B. 在听到来船雾号时,立即有间隔地急促地发放响声,直到他船驶过为止
C. 在锚泊期间,在易被看见的地方,悬挂一盏明亮的白色环照灯,而无须发放声响信号
D. 在看到来船时,立即有间隔地、急促地发放响声,到来船在视线中消失为止

4. 我国的非机动船在我国管辖海上水域航行时,应遵守________。
A.《国际海上避碰规则》
B. 享有航行的自由,无须遵守任何规则
C.《中华人民共和国非机动船舶海上安全航行暂行规则》
D. 根据海员通常做法航行即可

5. 属于《中华人民共和国非机动船舶海上安全航行暂行规则》所指的非机动船是________。
A. 划桨船　　B. 机帆并用船舶
C. 一船主机故障处于被拖航中　　D. 一船主机故障后停车漂航

6.《中华人民共和国非机动船舶海上安全航行暂行规则》中的非机动船是指________。
A. 使用人力的船舶　　B. 使用人力、风力的船舶
C. 使用人力、拖力的船舶　　D. 使用人力、风力、拖力的船舶

7. 根据我国加入避碰规则公约时的保留,我国非机动船在我国海上水域航行时________。
①免受《国际海上避碰规则》约束;②不应妨碍机动船舶;③应给机动船舶让路;④免受任何规则约束
A. ①②③④　　B. ②③④
C. ①　　D. ②③

8. 属于《中华人民共和国非机动船舶海上安全航行暂行规则》所指的非机动船的是________。
①不在捕鱼的非机动渔船;②正在从事捕鱼的非机动渔船;③在航不对水移动中从事捕鱼的机动渔船
A. ①　　B. ①②
C. ②③　　D. ①②③

9. 根据我国加入避碰规则公约时的保留,免受《国际海上避碰规则》约束的我国船舶是________。
①摇橹船;②政府公务船;③军用船;④主机故障后漂航的船舶
A. ①　　B. ②③④
C. ①②③④　　D. ②③

参考答案

任务一　理解《国际海上避碰规则》的适用范围

1. C　2. B　3. C　4. C　5. D　6. D　7. B　8. A　9. C　10. C
11. D　12. B　13. D　14. C　15. C　16. C　17. B　18. D　19. B　20. B

21. C	22. A	23. D	24. C	25. B	26. B	27. B	28. C	29. D	30. C
31. D	32. C	33. D	34. A	35. A	36. B	37. A	38. C	39. A	40. C
41. A	42. B	43. B	44. A	45. C	46. A	47. B			

任务二　明确《国际海上避碰规则》在不同情境下各方的责任

1. C	2. D	3. C	4. D	5. D	6. D	7. D	8. D	9. B	10. C
11. C	12. D	13. D	14. A	15. C	16. C	17. A	18. A	19. A	20. A
21. A	22. A	23. A	24. A	25. C	26. B	27. B	28. B	29. B	30. B
31. B	32. B	33. B	34. B	35. B	36. B	37. A	38. C	39. C	40. C
41. C	42. C	43. C	44. D	45. D	46. D	47. C	48. D	49. C	50. C
51. D	52. C	53. B	54. B	55. A	56. B	57. D	58. D	59. B	60. D
61. D	62. D	63. A	64. A	65. C	66. A	67. B	68. C	69. C	70. C
71. D									

任务三　熟悉《国际海上避碰规则》中的一般定义

1. C	2. A	3. B	4. D	5. B	6. A	7. C	8. D	9. C	10. D
11. A	12. B	13. C	14. C	15. C	16. B	17. C	18. A	19. D	20. C
21. D	22. C	23. C	24. C	25. B	26. A	27. C	28. D	29. B	30. A
31. B	32. B	33. B	34. D	35. B	36. B	37. B	38. D	39. C	40. B
41. D	42. A	43. D	44. B	45. D	46. D	47. C	48. B	49. D	50. D
51. D	52. B	53. C	54. C						

任务四　正确识别和使用号灯与号型

1. C	2. A	3. A	4. C	5. A	6. B	7. B	8. B	9. B	10. B
11. C	12. D	13. C	14. D	15. A	16. A	17. D	18. D	19. D	20. A
21. A	22. D	23. B	24. D	25. A	26. D	27. B	28. B	29. B	30. D
31. A	32. D	33. A	34. C	35. B	36. A	37. B	38. C	39. B	40. C
41. C	42. D	43. A	44. C	45. D	46. C	47. A	48. C	49. D	50. C
51. D	52. B	53. B	54. A	55. A	56. C	57. A	58. A	59. A	60. C
61. A	62. C	63. D	64. D	65. D	66. A	67. C	68. A	69. A	70. A
71. B	72. D	73. C	74. B	75. D	76. B	77. D	78. D	79. C	80. C

81. C	82. B	83. B	84. C	85. C	86. B	87. A	88. B	89. A	90. C
91. C	92. D	93. D	94. A	95. D	96. B	97. C	98. B	99. D	100. C
101. B	102. C	103. C	104. B	105. C	106. B	107. C	108. D	109. A	110. A
111. D	112. C	113. B	114. A	115. B	116. A	117. C	118. C	119. D	120. A
121. C	122. A	123. C	124. B	125. B	126. D	127. C	128. A	129. B	130. A
131. B	132. D	133. C	134. B	135. B	136. B	137. D	138. D	139. C	140. D
141. C	142. D	143. A	144. C	145. C	146. D	147. C	148. D	149. A	150. B
151. D	152. C	153. D	154. D	155. C	156. C	157. C	158. B	159. C	160. B
161. A	162. A	163. B	164. D	165. A	166. D	167. B	168. A	169. C	170. B
171. D	172. B	173. C	174. B	175. B	176. D	177. B	178. A	179. B	180. B
181. C	182. C	183. C	184. B						

任务五　正确识别和使用声响与灯光信号

1. A	2. C	3. D	4. A	5. C	6. A	7. B	8. A	9. B	10. C
11. C	12. A	13. C	14. A	15. C	16. A	17. D	18. A	19. A	20. B
21. B	22. D	23. A	24. C	25. B	26. A	27. D	28. D	29. A	30. B
31. A	32. D	33. A	34. D	35. B	36. A	37. C	38. C	39. C	40. D
41. D	42. B	43. D	44. C	45. B	46. A	47. A	48. A	49. B	50. D
51. C	52. D	53. C	54. C	55. A	56. A	57. B	58. A	59. C	60. A
61. C	62. C	63. D	64. B	65. B	66. C	67. B	68. D	69. B	70. D
71. B	72. C	73. A	74. C	75. A	76. B	77. A	78. B	79. B	80. B
81. C	82. A	83. B	84. D	85. A	86. A	87. B	88. B	89. B	90. A
91. D	92. D	93. A	94. B	95. C	96. C	97. A	98. D	99. D	100. C
101. C	102. C	103. A	104. A	105. B	106. B	107. C	108. C	109. B	110. A
111. A	112. D	113. A	114. B	115. B	116. C	117. A	118. D	119. D	120. B
121. B	122. A	123. A	124. C	125. A	126. C	127. B	128. A	129. D	130. D
131. C	132. C	133. B	134. A	135. B	136. D	137. D	138. D	139. A	140. C
141. D	142. D	143. C	144. B	145. D	146. D	147. D	148. B	149. B	150. D
151. C	152. B	153. A	154. C	155. C	156. C	157. D	158. A	159. B	160. D
161. D	162. A	163. A	164. A	165. B	166. B	167. A	168. A	169. B	170. A
171. A	172. B	173. D	174. C	175. A	176. D	177. C	178. D	179. C	180. A
181. B									

任务六　掌握瞭望的相关规定

1. A　2. D　3. B　4. B　5. A　6. C　7. A　8. C　9. D　10. D
11. D　12. B　13. D　14. D　15. A　16. B　17. D　18. D　19. C　20. D
21. C　22. D　23. A　24. C　25. D　26. C　27. D　28. C　29. C　30. A
31. D　32. A　33. A　34. A　35. D　36. D　37. C　38. D　39. C　40. C
41. A　42. D　43. C　44. D

任务七　掌握安全航速的相关规定

1. B　2. B　3. B　4. C　5. C　6. D　7. A　8. C　9. D　10. C
11. D　12. D　13. B　14. B　15. D　16. C　17. D　18. A　19. C　20. C
21. A　22. C　23. D

任务八　理解与预防碰撞危险

1. B　2. D　3. A　4. D　5. C　6. C　7. C　8. A　9. D　10. D
11. D　12. A　13. B　14. D　15. B　16. D　17. A　18. D　19. D　20. C
21. C　22. C　23. A　24. A　25. C　26. B　27. C　28. D　29. A　30. A
31. A　32. C　33. C　34. A　35. B　36. D　37. A　38. D　39. D　40. A
41. D　42. D　43. B　44. B　45. B　46. B　47. A　48. B　49. A　50. A
51. A　52. C　53. A　54. D　55. C　56. D　57. D　58. D　59. A　60. B
61. D　62. D　63. B　64. D　65. D　66. B　67. B　68. A　69. D　70. A
71. A　72. B　73. C　74. B　75. B　76. C　77. D　78. D　79. D

任务九　掌握避免碰撞的行动

1. B　2. C　3. D　4. C　5. B　6. D　7. D　8. B　9. D　10. C
11. A　12. C　13. B　14. D　15. C　16. C　17. C　18. C　19. C　20. A
21. A　22. D　23. C　24. C　25. C　26. C　27. D　28. A　29. D　30. C
31. B　32. A　33. D　34. C　35. B　36. B　37. C　38. D　39. C　40. B
41. D　42. D　43. A　44. D　45. D　46. A　47. A　48. B　49. D　50. B
51. B　52. B　53. B　54. D　55. A　56. B　57. A　58. A　59. A　60. D

61. A	62. D	63. C	64. C	65. C	66. D	67. D	68. D	69. C	70. C
71. C	72. C	73. C	74. C	75. A	76. D	77. C	78. D	79. D	80. D

任务十　熟悉狭水道航行规则

1. C	2. D	3. B	4. A	5. B	6. D	7. D	8. B	9. A	10. D
11. A	12. B	13. D	14. A	15. D	16. C	17. C	18. B	19. C	20. B
21. D	22. C	23. B	24. D	25. A	26. C	27. D	28. B	29. B	30. D
31. A	32. B	33. A	34. A	35. D	36. D	37. A	38. C	39. D	40. C
41. D	42. D	43. A	44. B	45. C	46. C	47. B	48. B	49. D	50. B
51. D	52. B	53. C	54. D	55. B	56. A	57. D	58. D	59. B	60. D
61. C	62. C	63. A	64. A	65. C	66. B	67. B	68. A	69. B	70. B
71. B	72. B	73. D	74. B	75. A	76. D	77. D	78. D	79. D	80. D
81. B									

任务十一　熟悉分道通航制航行规则

1. B	2. B	3. C	4. B	5. C	6. B	7. C	8. B	9. A	10. A
11. C	12. B	13. B	14. D	15. C	16. C	17. D	18. C	19. C	20. A
21. B	22. A	23. B	24. C	25. B	26. D	27. A	28. B	29. A	30. C
31. A	32. D	33. C	34. D	35. C	36. C	37. A	38. C	39. C	40. D
41. D	42. D	43. B	44. D	45. A	46. D	47. A	48. B	49. C	50. D
51. A	52. C	53. B	54. B	55. B	56. A	57. A	58. C	59. C	60. A
61. D	62. C	63. D	64. D	65. D	66. C	67. B	68. B	69. D	70. C
71. C	72. C	73. B	74. A	75. D	76. B	77. B	78. C	79. C	80. A
81. D	82. D	83. A	84. A	85. D	86. D	87. C	88. C	89. D	90. C
91. B	92. A	93. D	94. D	95. B	96. D	97. C	98. D	99. D	100. D
101. A									

任务十二　熟悉帆船条款航行规则

1. D

任务十三　掌握追越局面行动规则

1. D	2. A	3. C	4. D	5. A	6. C	7. D	8. C	9. D	10. D
11. D	12. D	13. D	14. B	15. D	16. A	17. D	18. C	19. A	20. B
21. B	22. B	23. C	24. C	25. A	26. D	27. A	28. A	29. B	30. B
31. A	32. B	33. A	34. B	35. A	36. C	37. A	38. C	39. C	40. D
41. B	42. C	43. C	44. B	45. C	46. A	47. A	48. B	49. C	50. C
51. C	52. C	53. C	54. A	55. C	56. C	57. A			

任务十四　掌握对遇局面行动规则

1. A	2. C	3. B	4. C	5. C	6. A	7. B	8. C	9. C	10. A
11. C	12. D	13. B	14. C	15. C	16. B	17. D	18. A	19. A	20. A
21. C	22. A	23. C	24. B	25. D	26. D	27. C	28. A	29. A	30. A
31. D	32. B	33. A	34. C	35. D	36. C	37. B	38. B	39. B	40. C
41. C	42. C	43. A	44. A	45. D	46. D	47. C			

任务十五　掌握交叉相遇局面行动规则

1. A	2. D	3. A	4. A	5. A	6. B	7. A	8. D	9. B	10. A
11. C	12. C	13. C	14. C	15. A	16. D	17. A	18. D	19. B	20. B
21. B	22. C	23. C	24. B	25. B	26. B	27. A	28. C	29. C	30. C
31. A	32. B	33. B	34. D	35. C	36. C	37. A	38. D	39. B	40. B
41. D	42. D	43. A	44. B	45. A	46. D	47. A	48. C	49. C	50. D
51. B	52. A	53. C	54. C	55. C	56. B	57. D	58. A	59. C	60. D
61. B	62. C	63. C	64. A	65. D	66. C	67. D	68. D	69. D	70. D
71. D	72. B	73. C	74. D	75. A	76. B	77. A	78. B	79. A	80. B
81. C	82. D	83. C	84. C	85. C	86. A				

任务十六　掌握让路船的行动规则

1. D	2. C	3. A	4. D	5. B	6. A	7. B	8. D	9. B	10. C
11. C	12. A	13. B	14. D	15. C	16. D	17. B	18. C	19. C	20. B

21. C　22. C

任务十七　掌握直航船的行动规则

1. D	2. B	3. C	4. A	5. A	6. A	7. B	8. A	9. D	10. D
11. A	12. A	13. D	14. C	15. B	16. C	17. D	18. C	19. D	20. B
21. B	22. C	23. C	24. B	25. B	26. D	27. B	28. C	29. C	30. C
31. D	32. A	33. A	34. C	35. D	36. D	37. A	38. C	39. C	40. C
41. B	42. D	43. B	44. C	45. B	46. C	47. D	48. B	49. C	50. A
51. B	52. B	53. D	54. C	55. D	56. D	57. C	58. D	59. C	60. D
61. D	62. C	63. B	64. A	65. D	66. D	67. B			

任务十八　理解船舶之间的责任

1. B	2. D	3. C	4. C	5. C	6. C	7. D	8. D	9. D	10. C
11. B	12. C	13. A	14. B	15. C	16. D	17. C	18. D	19. A	20. D
21. C	22. D	23. A	24. D	25. D	26. A	27. B	28. C	29. A	30. B
31. A	32. A	33. A	34. D	35. B	36. C	37. C	38. D	39. D	40. C
41. C	42. C	43. C	44. A	45. B	46. D	47. D	48. C	49. B	50. B
51. D	52. A	53. D	54. C	55. C	56. D	57. D	58. A	59. A	60. D
61. C	62. B	63. C	64. A	65. B	66. C	67. B	68. A	69. C	70. C
71. B	72. B	73. C	74. C	75. C	76. B	77. B	78. A	79. C	80. B
81. C	82. A	83. C	84. C	85. C	86. B	87. B	88. B	89. D	90. C
91. B	92. C	93. C	94. B						

任务十九　掌握船舶在能见度不良时的行动规则

1. C	2. C	3. C	4. C	5. B	6. B	7. D	8. D	9. C	10. A
11. B	12. C	13. C	14. C	15. C	16. C	17. B	18. D	19. B	20. A
21. B	22. D	23. B	24. C	25. B	26. A	27. A	28. D	29. C	30. A
31. B	32. C	33. A	34. D	35. A	36. D	37. C	38. C	39. C	40. D
41. A	42. A	43. B	44. B	45. A	46. B	47. B	48. A	49. C	50. C
51. A	52. D	53. C	54. B	55. A	56. D	57. B	58. B	59. D	60. B
61. A	62. A	63. C	64. B	65. C	66. A	67. A	68. C	69. C	70. C
71. A	72. C	73. B	74. D	75. B	76. A	77. A	78. D		

任务二十 了解渔区航行与避让的特殊规定

1. C	2. A	3. D	4. D	5. D	6. C	7. A	8. B	9. C	10. C
11. B	12. C	13. B	14. D	15. D	16. C	17. A	18. A	19. C	20. D
21. D	22. B	23. C	24. B	25. A	26. A	27. A	28. A	29. D	30. C

任务二十一 理解《中华人民共和国非机动船舶海上安全航行暂行规则》

1. B	2. C	3. B	4. C	5. A	6. D	7. C	8. B	9. A

项目十

航行值班

学习目标

1. 了解适于值班的相关内容。
2. 掌握值班安排和应遵循的原则。
3. 掌握航行值班的相关内容。
4. 掌握不同条件和不同水域内的值班。

任务一　了解适于值班的相关内容

知识储备

一、一般要求

(1)配备适任船员:航运公司和船长应确保船舶配备足够的适任船员以保持安全值班。船长要安排合格船员值班,明确职责,保证值班船员充分休息,防止疲劳值班。

(2)符合资源管理要求:值班应遵守驾驶台和机舱资源管理要求,合理安排值班船员,值班船员要熟悉岗位职责和部门职责,正确领会、处置与航行有关的信息并适当共享,保持各部门之间的沟通,对安全行动有怀疑时应立即告知相关人员。

(3)确保有效接班：值班的高级船员若认为接班的高级船员不能有效履行值班职责，不得交班并向船长或轮机长报告。值班的高级船员在交班前进行重要操作的，应在操作完成后交班，除非船长或轮机长另有指令。接班的高级船员应在确认本班人员能有效履行职责后接班。

(4)避免影响值班的工作：不得安排船员在值班期间承担影响值班的工作。值班船员应将值班期间发生的重要事件做好记录。

二、驾驶台值班人员组成考虑因素

(1)保证值守和安全航行：确定驾驶台值班人员组成时，要保证驾驶台 24 h 值守，考虑临近航行危险时值班驾驶员额外的航行职责以及特殊操作环境对航行值班的特别要求等，以满足安全航行需要。

(2)保持正规瞭望：船长应合理安排航行值班船员以保持连续正规的瞭望，考虑指定的值班船员适于值班的状况、值班驾驶员对船舶设备等的熟悉程度及操船能力、必要时召唤待命人员到驾驶台协助的可能性等因素。

三、特殊环境下的值班要求

(1)能见度不良时：遇到或者预料能见度不良时，值班驾驶员应按规定采取相应措施，如加强瞭望、使用安全航速、开启相关设备等。

(2)夜航期间：夜航期间航行值班时，船长和值班驾驶员安排瞭望应特别考虑驾驶台设备和助航仪器及其局限性、当时航区的环境和情况以及所实施的程序和安全措施。

(3)船舶锚泊时：船舶在锚泊时，值班驾驶员应履行相应职责，如勤测锚位、定时巡视甲板、检查锚链和制链器等。

此外，航运公司应根据规则及有关国际公约编制船舶值班规则，张贴在船舶各部门易见之处，要求全体船员遵守执行，以保证船舶航行安全。同时，船长及全体船员在值班时，应遵守相关法律法规、国际公约以及当地有关防治船舶造成海洋污染的要求，采取预防措施防止船舶对海洋环境的污染

相关习题

1. 根据 STCW 规则，船长因________的目的，有权要求海员从事长时间工作。
   ①船舶紧急安全需要；②船上人员紧急安全需要；③船上货物紧急安全需要；④救助海上遇险的其他船舶或人员
   A. ①④　　B. ②③
   C. ①②③④　　D. ①②④
2. 保持安全值班的目的包括________。
   ①避免船舶发生碰撞事故；②避免船舶发生火灾；③避免船舶污染环境
   A. ①　　B. ②③
   C. ①②③　　D. ①③
3. 船舶航行时保持安全值班的目的包括________。

①避免船舶所载货物发生损坏;②避免船舶发生碰撞事故;③避免船舶发生火灾爆炸事故;④避免船舶发生搁浅或触礁事故

A. ①②　　B. ①②③④

C. ①③④　　D. ②③④

4. 保持安全值班的目的包括________。

①避免船舶发生海难事故;②保证船舶不发生工伤事故;③保证船舶所装货物得到妥善保管;④避免船舶受到保安威胁

A. ①②④　　B. ①②③

C. ②③④　　D. ①③④

5. 保持安全值班的目的包括________。

①避免船舶发生海难事故;②保证船舶随时处于适航状态;③保证船舶所装货物得到妥善保管

A. ①②　　B. ②③

C. ①②③　　D. ①③

6. 我国的《中华人民共和国海船船员值班规则》明确规定:在船舶可能面临________时,应保持适当和有效的保安值班。

A. 保安威胁或存在安全风险　　B. 航行风险或存在安全风险

C. 保安威胁或存在保安风险　　D. 航行风险或存在保安风险

7. 我国的《中华人民共和国海船船员值班规则》明确规定:在船舶可能面临保安威胁或存在保安风险时,应保持适当和有效的________。

A. 安全值班　　B. 保安值班

C. 航行值班　　D. 船舶值班

8. 船舶航行保持安全值班的目的包括________。

①保证船舶处于适航状态;②保证船舶所载货物的安全;③保证海洋环境安全不受任何损害;④避免船舶发生搁浅或触礁事故

A. ①②③④　　B. ①②④

C. ①③④　　D. ②③④

9. 根据《STCW 公约》值班规则 B 部分对防止疲劳做出的指导,对短航次船舶的值班安排,下列说法正确的是________。

①可以有不同规定;②应防止疲劳保证安全;③主管机关应对防止疲劳的规定进行审查;④不必保持值班和休息时间的记录

A. ①②　　B. ③④

C. ①②③④　　D. ①②③

10. 根据《STCW 规则》,所有负责值班的高级船员或参与值班的普遍船员以及涉及的安全、防污染和保安职责的人员 24 h 内休息时间不应少于________ h。

A. 6　　B. 20

C. 10　　D. 24

11. 影响疲劳的因素有________。

①心理紧张,情绪不佳;②身体较弱;③技术不熟练

A. ②③　　B. ①②③
C. ①②　　D. ①

12. 所有分派作为负责值班的高级船员或组成值班部分的普通船员应在 24 h 内至少有 10 h 的休息时间,休息时间可以分成两段,其中一段的时间不少于 6 h,该规定________。
①在任何情况下均应遵守;②在紧急或演习时可以除外;③在一些超常工作情况下可以除外
A. ②　　B. ①
C. ②③　　D. ③

13. 根据《STCW 公约》值班规则 B 部分的指导,为防止疲劳,下列说法正确的是________。
①可调整下岗时段的长短;②可调整下岗时段的次数;③可将最低休息时间分成超过两段;④可给疲劳船员一定的补休
A. ①③　　B. ①②④
C. ③　　D. ①②

14. 根据《STCW 公约》值班规则 B 部分对防止疲劳做出的指导,防止疲劳的关键因素包括________。
①休息时段的次数;②休息时段的长短;③准予的补休
A. ①②　　B. ①③
C. ①②③　　D. ③

15. 根据《STCW 规则》,缔约国政府允许对规则规定的休息时间有例外,但在任何 7 天内的休息时间都不得少于________ h。
A. 50　　B. 30
C. 70　　D. 40

16. 根据《STCW 公约》马尼拉修正案,以下表述正确的是________。
①船舶应制定和实施值班人员以及被指定安全、防污染和保安职责的人员的休息时间制度;②值班制度的安排应使所有值班人员的效率不致因疲劳而受到影响;③主管机关应考虑海员,特别是涉及船舶安全和保安工作职责的海员,由于疲劳所引发的危险;④为所有负责值班的高级船员或参与值班的普通船员提供的休息时间应不少于每天 14 h
A. ②③④　　B. ①③
C. ①②　　D. ①②③

17. 根据《STCW 规则》,负责值班的高级船员或参与值班的普通船员以及涉及指定的安全、防污染和保安职责的人员的休息时间应:任何 24 h 内至少________ h;任何 7 天内至少________ h。
A. 12;77　　B. 12;72
C. 10;77　　D. 10;72

18. 所有分派作为负责值班的高级船员或组成值班部分的普通船员应在任何________ h 内至少有________ h 的休息时间。
A. 24;16　　B. 12;6
C. 24;8　　D. 24;10

19. 所有分派作为负责值班的高级船员或组成值班部分的普通船员应在任何 24 h 内至少有 10 h

的休息时间;休息时间最多不超过________段,其中一个时间段至少要有连续________ h。

A. 2;4　　B. 3;4

C. 2;6　　D. 3;6

20. 所有分派作为负责值班的高级船员或组成值班部分的普通船员应在任何 24 h 内至少有________ h 的休息时间;休息时间最多不超过 2 段,其中一个时间段至少要有连续________ h。

A. 12;4　　B. 8;4

C. 16;6　　D. 10;6

21. 值班船员的疲劳操作容易发生事故,引起疲劳的原因有________。

①长时间连续工作或者得不到整段时间的充分休息,导致睡眠不足;②过分的体力消耗;③人体内潜伏着某些疾病;④工作不称心,生活遇到挫折,内心苦闷得不到发泄等心理因素

A. ②③④　　B. ①②③④

C. ①②　　D. ①②③

22. 值班船员的疲劳操作容易发生事故,引起疲劳的原因有________。

①睡眠不足;②过分的体力消耗;③人体内潜伏着某些疾病而产生的疲劳;④情绪不佳

A. ①　　B. ①②

C. ②③④　　D. ①②③④

23. 船舶在________可以不必严格保证所有值班人员的休息时间。

①紧急或在其他超常工作情况下;②紧急集合演习、消防和救生演习时;③船舶发生海上交通事故时;④船舶正常锚泊时

A. ②③④　　B. ①②③

C. ①②④　　D. ①②③④

24. 为防止酗酒,主管机关应对正在履行安全、保安和海洋环境保护职责的________设定血液酒精浓度(BAC)不高于 0.05%或呼吸中酒精浓度不高于 0.25 mg/L,或可导致该酒精浓度的酒精量的限制。

①船长;②高级船员;③其他船员

A. ①②　　B. ②③

C. ①③　　D. ①②③

25. 根据有关规定,对船上人员的下列哪些情况应做酗酒处理?________。

①值班前 4 h 内喝酒;②值班时带有酒意或血液中酒精含量超标;③在休息时间喝酒,但其酒后行为对船舶的正常工作和生活秩序造成妨碍;④值班期间喝酒

A. ②③④　　B. ①②③④

C. ①②　　D. ①②③

26. 根据《STCW 公约》马尼拉修正案关于防止吸毒和酗酒的规定,下列说法不正确的是________。

A. 当船员被发现受到吸毒或酗酒的影响时,将不允许其值班或负责安全、防污染和保安值班,直到他们履行其职责的能力不再受到妨碍为止

B. 主管机关应采取措施防止毒品或酒精削弱值班人员的能力,并制订必要的甄别计划

C. 公司应明确书面政策,禁止值班人员在值班前 4 h 内喝酒

D. 对于因吸毒或酗酒而可能影响安全的船员，经劝说、批评等方式使其认识错误后再继续值班

27. 根据《STCW 公约》马尼拉修正案关于防止吸毒和酗酒的规定，下列说法正确的是________。
①当船员被发现受到吸毒或酗酒的影响时，将不允许其值班或负责安全、防污染和保安值班，直到他们履行其职责的能力不再受到妨碍为止；②主管机关应采取措施防止毒品或酒精削弱值班人员的能力，并制订必要的甄别计划；③公司应明确书面政策，禁止值班人员在值班前 4 h 内喝酒；④对于因吸毒或酗酒而可能影响安全的船员，经劝说、批评等方式使其认识错误后再继续值班

A. ①②③　　B. ①③④

C. ①②④　　D. ②③④

28. 严禁船员酗酒、吸毒，值班船员在接班前________ h 内禁止喝酒，且值班期间血液中的酒精含量不超过 0.05%。

A. 1　　B. 2

C. 3　　D. 4

29. 严禁船员酗酒、吸毒，值班船员在接班前 4 h 内禁止喝酒，且值班期间血液中的酒精含量不超过________。

A. 0.005%　　B. 0.25 mg/L

C. 0.025 mg/L　　D. 0.05%

任务二　掌握值班安排和应遵循的原则

知识储备

一、值班安排

1. 驾驶台值班安排

(1) 人员组成：要保证驾驶台 24 h 值守，考虑天气及能见度情况、白天及夜间的驾驶要求差异、临近航行危险时值班驾驶员额外的航行职责等因素来确定值班人员。夜间航行时应当至少有一名值班水手协助驾驶员瞭望。

(2) 接班要求：接班驾驶员在接班前，应当对本船的推算船位或者实际船位进行核实，确认计划航线、航向和航速以及无人机舱控制装置的工作状况，并考虑值班期间可能遇到的任何航行危险。接班驾驶员在视力未完全调节到适应环境条件以前，不应当接班。

2. 机舱值班安排

(1) 人员组成：轮机值班的组成应当适合当时的环境和条件，以确保影响船舶安全操作的所有机械设备在自动操作方式、手动操作方式模式下均能安全运行。

(2) 接班要求：接班轮机员对接班事项不满意或者观察到的情况与轮机日志记录不相符时，

不得接班。

二、应遵循的原则

1. 确保安全原则

值班安排要符合保证船舶、货物安全及保护海洋环境的要求，船长应安排合格船员值班，明确职责，保证船舶航行、作业等过程中的安全。

2. 防止疲劳原则

保证值班船员得到充分休息，防止疲劳值班，避免因船员疲劳导致操作失误等安全隐患。

3. 资源管理原则

根据情况合理地安排值班船员，值班船员应当熟悉其岗位职责和部门职责，对值班时所接收到的与航行有关的信息应当能够正确领会、正确处置，并与其他部门适当共享，保持各部门之间的适当沟通。

4. 遵守法规原则

船长及全体船员在值班时，应当遵守法律、行政法规、相关国际公约以及当地有关防治船舶造成海洋污染的要求，采取一切可能的预防措施，防止船舶对海洋环境的污染。

5. 正规瞭望原则

值班驾驶员应当始终保持正规瞭望，充分利用视觉、听觉及其他一切有效手段，及时发现周围船舶动态和周围环境情况，以便对局面和碰撞危险做出充分的估计。

相关习题

1. 为确保在所有海船上始终保持安全，连续并适合当时环境和条件的值班，应遵守 STCW 规则中规定的要求和原则的是________。

①船长；②值班的高级船员；③值班的普通船员；④全体船员

A. ①　　B. ①②③

C. ①②③④　　D. ①②

2. 制订航行计划应至少包括________。

①航线的总里程和预计航行的总时间；②预计航线上的气象情况和海况；③各转向点的经纬度；④各段航线的航程和预计到达各转向点的时间；⑤特殊航区的注意事项

A. ①②　　B. ①②③

C. ①②③④　　D. ①②③④⑤

3. 制订航行计划时，应包括下列哪些内容？________。

①各种航线的航程和预计到达各转向点的时间；②复杂航线的航法以及对航线附近的危险物的避险手段；③特殊航区的注意事项

A. ①②③　　B. ②③

C. ①②　　D. ①

4. 根据《STCW 规则》第 A-Ⅷ/2 节“值班安排和应遵循的原则”第Ⅰ部分“发证”的规定，资格应完全符合第Ⅰ章（强制性最低要求）或第Ⅶ章（可供选择的发证标准）有关航行或甲板值班职责相应的规定的是________。

A. 负责航行和甲板值班的高级船员和普通船员

B. 负责航行和甲板值班的全体值班船员

C. 全体船员

D. 负责航行和甲板值班的高级船员

5. 为确保在船上始终保持安全、连续并适合当时环境和条件的值班，主管机关应使公司、船长、轮机长和全体值班人员注意________。

①《STCW 规则》中的值班要求；②《STCW 规则》中的关于值班的原则；③《STCW 规则》中的指南

A. ①　　　　B. ①②

C. ①②③　　　　D. ②

6. 值班应当遵守下列驾驶台资源管理的哪些要求？________。

①根据情况合理地安排值班船员；②白天在任何时候，值班驾驶员可以是唯一瞭望人员；③值班船员应当熟悉其岗位职责和部门职责；④考虑值班船员资格和适任的局限性

A. ②③④　　　　B. ①③④

C. ①②④　　　　D. ①②③

7. 在考虑了所有有关信息并核实了航线计划后，计划航线应清晰地标绘在有关海图上，并在航行期间供值班高级船员随时使用，但________应在使用之前核实将采取的每一航向。

A. 负责航行值班的高级船员　　　　B. 船长

C. 船长和全体船员　　　　D. 船长和二副

8. 根据《STCW 规则》的要求，对预定的航次，应在研究所有有关资料后事先做出计划，并应在________对设定的任何航线进行核实。

A. 航次开始前　　　　B. 航次开始后

C. 使用过程中　　　　D. 航行过程中

9. 根据《STCW 规则》的要求，值班应基于驾驶台和机舱的资源管理原则，包括________应适当地共享来自工作站/装置/设备的信息。

A. 船长、轮机长

B. 船长、负责值班的高级船员

C. 负责值班的高级船员和普通船员

D. 所有值班人员

10. 根据 STCW 规则的要求，值班应基于驾驶台和机舱的资源管理原则，包括________在任何情况下应保持适当的相互交流。

A. 船长、轮机长

B. 船长、负责值班的高级船员

C. 负责值班的高级船员和普通船员

D. 值班人员

任务三　掌握航行值班的相关内容

知识储备

一、值班安排原则

航运公司和船长应为船舶配备足够适任船员以保持安全值班，确保值班安排符合船舶、货物安全及保护海洋环境要求，保证值班船员充分休息，防止疲劳值班。

船长应根据保安等级要求，安排并保持适当有效的保安值班。

二、驾驶台值班要求

1. 保持正规瞭望

值班驾驶员应始终保持正规瞭望，可使用视觉、听觉及其他一切有效手段，达到针对操作环境变化保持连续戒备状态、全面判断碰撞危险等危及航行安全的局面、探明遇险船舶等目的。瞭望人员和舵工职责分开，除非在某些小船且操舵位置视野良好无妨碍时，舵工可同时为瞭望人员。在白天，值班驾驶员在对局面充分估计确信安全、考虑相关因素且必要时能立即召唤人员到驾驶台协助的情况下，可作为唯一瞭望人员；夜间航行时至少有一名值班水手协助驾驶员瞭望。

2. 遵守值班职责

值班驾驶员应在驾驶台值班，不得离开。船长在驾驶台时，值班驾驶员仍对船舶安全航行负责，除非被明确告知船长已承担责任。值班驾驶员应给予全体值班人员适当指示和信息以保持安全值班，使用安全航速，充分掌握本船操纵特性，了解安全和航行设备的放置地点和操作方法，熟练掌握电子助航仪器使用方法，有效使用助航仪器，经常和精确地测定驶近船舶的罗经方位和距离，及早判断有无碰撞危险，必要时使用甚高频无线电话与他船协调避让措施。

3. 进行设备测试与检查

值班驾驶员应在到港前和出港前等情况下对航行设备进行操作性测试，定期检查标准罗经误差、自动舵手动操作、航行灯和信号灯及其他航行设备、无线电设备、无人机舱控制装置等是否正常工作。在使用自动舵时应考虑相关因素，熟练使用雷达，遵守相关规定，选择合适量程，仔细观察显示器，确保及早进行雷达标绘或系统分析，并在天气良好时进行雷达使用方面的操练。

4. 特殊情况处理

遇到或者预料能见度不良时，值班驾驶员应使用雷达，遵守相关规定，确保所使用的雷达量程以足够频繁的时间间隔进行转换，以便能及早地发现物标，选择合适的量程，仔细观察显示器，并确保及早进行雷达标绘或者系统的分析，在确认没有碰撞危险的情况下，应勤测船位，环境许可时还应使用多种方法定位，确切地辨认沿岸陆标及所有有关的航行标志。在夜航期间航行值班时，船长和值班驾驶员安排瞭望应特别考虑驾驶台设备和助航仪器及其局限性、当时航区的环境和情况以及所实施的程序和安全措施，船长应将航行指示和注意事项等记入“船长夜航命令簿”，值班驾驶员应遵照执行。发现遇险人员或船舶以及他船求救等情况时，值班驾驶员应立即报告船长，必要时果断采取行动。

三、交接班要求

交班驾驶员若认为接班驾驶员不能有效履行职责，不得交班并通知船长。交班前正在进行重要操作的，应在操作完成后交班，除非船长或轮机长另有指令。

接班驾驶员在接班前应核实本船推算船位或实际船位，确认计划航线、航向和航速以及无人机舱控制装置的工作状况，考虑值班期间可能遇到的航行危险，在视力未完全调节到适应环境条件前，不应接班。

交、接班驾驶员应清楚交接正在使用或值班期间可能使用的所有航行设备和安全设备的工作状况等情况。

相关习题

1. 根据《中华人民共和国海船船员值班规则》在驾驶台和海图室分设的船上，值班驾驶员为了履行其必要的职责，在确信航行安全的情况下________进入海图室。
   A. 且有人代替时可以　　B. 可以短时间
   C. 不可以　　D. 可以长时间
2. 根据《中华人民共和国海船船员值班规则》，下列说法正确的是________。
   ①值班驾驶员应当将值班期间发生的重要事情按要求做好记录；②值班驾驶员在交接班前正在船舶操纵应当在确认操作完成后再交班，船长另有指令除外；③值班驾驶员在视力未完全调节到适应环境条件以前，但是夜视眼已经适应，可以接班；④不得安排船员从事影响值班的工作
   A. ①②④　　B. ①②③④
   C. ①②③　　D. ①③④
3. 负责航行值班的高级船员交班时，下列在________的情况下应报告船长。
   A. 接班的高级船员在其视力未完全调节到适应光线条件
   B. 有理由相信来接班的高级船员不能有效地履行其职责
   C. 正在进行船舶操纵或其他避免危险的行动
   D. 接班的高级船员未搞清本船的推算船位或实测船位
4. 《STCW 公约》对值班驾驶员在使用航行设备方面的要求有________。
   ①应最有效地使用在他支配下的所有航行设备；②使用雷达时必须遵守海上避碰规则中所载的有关使用雷达的规定；③在需要时，应毫不犹豫地使用舵、主机和声号；④尽可能使用航行设备，尤其是自动设备，以减少人为失误
   A. ①②③④　　B. ①②③
   C. ①②　　D. ②③
5. 满足下列哪些条件后，舵工可同时担当瞭望人员职责？________。
   ①在某些小船上，操舵位置具有四周无遮挡的视野；②没有夜视障碍；③没有其他保持正规瞭

望的障碍,包括人员适任与适于值班

A. ②③ B. ①③

C. ①② D. ①②③

6. 在下列哪些情况下,负责航行值班的高级船员应立即通知船长? ________。

①预定时间未能看到陆地;②预定时间未能看到航标;③意外看到陆地;④意外看到航标

A. ①② B. ①②③④

C. ②④ D. ③④

7. 航行值班时,接班驾驶员在接班前,应当________。

①对本船的推算船位或者实际船位进行核实;②确认计划航线、航向和航速以及无人机舱控制装置的工作状况;③考虑值班期间可能遇到的任何航行危险

A. ①②③ B. ①③

C. ①② D. ②③

8. 对于负责航行值班的驾驶员,下列说法正确的是________。

①如有必要,毫不犹豫用车避让或避险;②使用手操舵避让;③每班进行自动舵和手动舵转换试验

A. ② B. ①②③

C. ②③ D. ①③

9. 对于负责航行值班的驾驶员,下列做法正确的是________。

①如有必要,毫不犹豫用车避让或避险;②避让时释放相应的声响信号;③保持正规瞭望

A. ①②③ B. ①②

C. ①③ D. ②③

10. 对于负责航行值班的驾驶员,下列做法正确的是________。

①如有必要,毫不犹豫用车避让或避险;②避让时释放相应的声响信号;③保持安全航速

A. ①②③ B. ①②

C. ①③ D. ②③

11. 使用自动舵期间,负责航行值班的高级船员应确保________。

①自动舵正操作在正确的航向上;②自动舵至少每班手动测试一次;③使舵工就位并及时改为手动操舵以使潜在危险局面转危为安的必要性;④使用自动舵航行期间,值班驾驶员可以是唯一瞭望人员

A. ①②③④ B. ③④

C. ①② D. ①②③

12. 负责航行的值班驾驶员的职责包括________。

①严格遵守《国际海上避碰规则》及有关的地区性规章,对来往船只、浮标及各种漂浮物做到早让宽让;②熟悉有关的地方规则、港规和港章;③正确使用 VHF;④代表船长处理一切紧急情况

A. ①②③ B. ①②③④

C. ① D. ①②

13. 根据《STCW 公约》,在任何情况下的夜间,对瞭望人员的数量的要求至少为________。

A. 一名舵工和一名值班驾驶员　　B. 一名高级船员和一名值班驾驶员
C. 一名瞭望人员和一名值班驾驶员　　D. 一名值班驾驶员

14. 下列说法正确的是________。
A. 大型船舶在夜间航行应至少保持两名水手协助驾驶员值班
B. 负责航行的值班驾驶员是船长的代表，其首要职责是保持船长规定的航向和航速
C. 值班驾驶员应遵照《1972 年国际海上避碰规则》规定亲自保持正规的瞭望
D. 瞭望人员必须全神贯注地保持正规瞭望，不得从事或被分派给会影响瞭望的其他任务

15. 根据《STCW 公约》的建议和指导，航行值班人员在________须做好准备，以便充分有效地对环境改变做出反应。
A. 拥挤水域航行的全部时间　　B. 能见度不良时
C. 任何时候　　D. 夜间

16. 负责航行值班的驾驶员应做到________。
A. 任何时候不离开驾驶台，也不应进入与之连通的场所
B. 如果船长上驾驶台，将航行安全的责任转交给船长
C. 当对为了安全而采取的某种行动产生疑问时，应仔细认真研究，应避免打扰船长的正常休息
D. 在驾驶台保持值班

17. 负责航行值班的驾驶员应________。
A. 集中精力保持正规的瞭望，不做与值班无关的事情
B. 船长或引航员负责操纵时，值班驾驶员的瞭望职责即被解除
C. 当在沿岸航行时，在半点或整点时应立即进入海图室进行定位
D. 如需降速避让船舶，在使用主机前必须通知机舱值班人员

18. 下列说法正确的是________。
①负责航行的值班驾驶员应坚守岗位，在任何情况下，没有船长或其他驾驶员的正式接替，不得离开岗位；②船长在驾驶台指导，仍应由值班驾驶员负责航行值班，除非船长声明亲自指挥并彼此明白；③负责航行的值班驾驶员如长时间离开驾驶台，必须确信这样做是安全的
A. ①②　　B. ①②③
C. ②③　　D. ①

19. 在确定包括合格的甲板部普通船员在内的驾驶台值班人员构成时，特别应考虑的因素有________。
①在任何时候，驾驶台不得无人值守；②天气情况、能见度、日间或夜间；③船上是否装有自动操舵装置
A. ①②　　B. ①③
C. ①②③　　D. ②③

20. 航行值班驾驶员在下列什么情况下不得接班？________。
A. 接班者在夜间视力不能适应时　　B. 预计到能见度不良时
C. 维持航向发生困难时　　D. 恶劣天气可能造成损害时

21. 负责值班的高级船员如在航行值班时，由于工作强度过大，感到疲劳以至于难以保证安全值

班的情况下,应________。

A. 告诉配合其值班的水手或机工,让其暂时代替其值班

B. 克服困难,继续坚持值班

C. 立即通知船长

D. 如果周围船舶较少,确信不存在碰撞危险,可进入海图室休息片刻

22. 在判定航行值班的组成是否足以保证能连续保持正规瞭望时,船长应考虑________。

A. 应招并被指定为值班人员的任何船员适于值班的情况

B. 应招并被指定为值班人员的高级船员适于值班的情况

C. 应招并被指定为值班人员的普通船员适于值班的情况

D. 所有船员适于值班的情况

23. 下列说法正确的是________。

①转换手动操舵或自动操舵必须由值班驾驶员亲自或在其监督之下进行;②值班驾驶员应将所有与航行安全有关的指示和信息告知驾驶台的其他值班人员;③只要可行和情况允许,船上的航行设备应经常在海上做操作试验

A. ②③　　B. ①②③

C. ①②　　D. ①③

24. 航行中交接班,接班驾驶员不应接班的情况包括________。

①未确定本船的船位;②未核实本船的预定航线、航向和航速以及无人机舱控制装置;③正在进行船舶操纵;④接班的普通船员视力未完全调节到适应光线条件

A. ③④　　B. ①②③

C. ①②　　D. ①②③④

25. 白天,负责航行值班的高级船员作为唯一的瞭望人员时,意味着________。

A. 避碰和转向时应使用自动舵,以保持正规瞭望

B. 驾驶员完全可以凭借个人应付任何情况

C. 驾驶员任何情况下不可以离开驾驶台(包括进入海图室)

D. 需要时能有人立即到驾驶台协助

26. 接班的高级船员应注意的事项包括________。

①确保本班人员能履行他们的职责;②确保本班人员的夜视力的适应调节;③视力未完全调节到适应光线条件不应接班;④如果正在进行船舶操纵或其他避免危险的行动,应等操作完成之后接班

A. ①③　　B. ①②③④

C. ①②　　D. ②③④

27. 下列哪项不是履行航行值班的驾驶员要充分考虑并承担的责任?________。

A. 在正式交接班之前,任何情况下不得离开驾驶台

B. 即使船长在驾驶台,继续对船舶的安全航行负责,直至被明确告知,船长已承担此责任并彼此领会时为止

C. 航行值班的高级船员应知晓包括冲程在内的船舶操纵性能,并应意识到其他船舶可能具有不同的操纵性能

D. 当主机、推进机械的遥控装置、舵机或者任何重要的航行设备、报警或指示仪发生故障时应先与机舱联系，再通知船长

28. 为保证安全值班应采取的措施，下列说法不正确的是________。

A. 当发现负责值班的高级船员有疲劳的症状，但仍能担任其职责时，在值班人员的组成上应考虑配备精力充沛的其他人员配合其值班

B. 当值班与正常工作规律由于某些原因被破坏时，船长应对值班人员的疲劳程度进行观察和判定，以确定是否影响安全值班

C. 负责值班的高级船员如在航行值班时，由于工作强度过大，感到疲劳以至于难以保证安全值班的情况下，应毫不犹豫地通知大副

D. 为保证安全值班，必要时船长应亲自到驾驶台值班

29. 下列说法正确的是________。

A. 值班驾驶员无须严格遵照“船长夜航命令簿”执行

B. 值班驾驶员应确切地辨认沿岸陆标及所有有关的航行标志

C. 沿岸航行，在确认没有碰撞危险的情况下，最好始终保持一种定位方法

D. 应使用船上适合于该地区并依照最近期资料改正过的最小比例尺的海图

30. 锚泊中负责航行值班的驾驶员应________。

①确保正规的瞭望；②确保定时巡视船舶；③采取措施防止船舶污染环境，并遵守适用的防止污染规则；④任何情况下，不得离开驾驶台

A. ①②③④　　B. ①②③

C. ①②　　D. ①

31. 锚泊中负责航行值班的驾驶员________。

①应以足够频繁的时间间隔，测定和核对锚位；②应与在航船一样保持正规的瞭望；③如果能见度变差，通知船长；④如果发现本船与来船构成碰撞危险，及时通知机舱备车

A. ①②③④　　B. ①②③

C. ①②　　D. ①

32. 值班驾驶员在决定是否使用自动舵时，所依据的条件有________。

①通航密度；②海面情况；③气象条件

A. ①②　　B. ①②③

C. ①③　　D. ②③

33. 在下列哪些情况下值班驾驶员应立即报告船长？________。

①遇到或预料到能见度不良时；②对通航条件或他船动态产生疑虑时；③在预计的时间未能看到陆地、航标或测不到水深时

A. ①②　　B. ①②③

C. ①③　　D. ②③

34. 自动舵转换为手操舵时________。

A. 应由舵工转操　　B. 不论由谁转换，转换者应手操舵

C. 驾驶员应亲自转换　　D. 驾驶员应亲自转换或监督转换

35. 根据《中华人民共和国海船船员值班规则》，值班驾驶员认为接班驾驶员明显不能有效履行

值班职责时,________。

A. 可以交班,并立即向船长报告

B. 不得交班,并立即向船长或者轮机长报告

C. 不得交班,并立即向船长报告

D. 可以交班,并立即向船长或者轮机长报告

36. 在决定可能包括合格的普通船员在内的驾驶台值班组成时,应特别考虑的因素有________。

①在任何时候,驾驶台不许无人值守;②天气情况、能见度情况以及是否白天或黑夜;③邻近航行危险物的程度;④在周围不存在他船时,值班人员可以离开驾驶台,短时间可无人值班,但必须确信这样做是安全的

A. ①③　　B. ②③④

C. ①②③　　D. ②③

37. 根据《STCW 规则》的有关规定,在决定可能包括合格的普通船员在内的驾驶台值班组成时,应特别考虑________。

①天气情况、能见度以及是否白天或黑夜;②接近航行危险物可能需要负责航行值班的高级船员执行额外的航行职责;③助航仪器,如电子海图显示与信息系统(ECDIS)、雷达或电子定位仪以及任何其他影响船舶安全航行的设备的使用和工作状态;④特殊操作环境可能导致对航行值班的出乎寻常的任何要求

A. ②③　　B. ①②④

C. ①③④　　D. ①②③④

38. 有关值班驾驶员对驾驶台设备的定期检查,下列说法正确的是________。

①每班至少试验一次自动舵的手动操作;②有条件时每班应至少测定一次标准罗经的误差;③主罗经与复示仪应同步,如发现误差变化较大,应立即校正

A. ②③　　B. ①②

C. ①③　　D. ①②③

39. 关于常规大型船舶的瞭望人员,下列说法正确的是________。

①值班驾驶员不应是唯一的瞭望人员;②舵工操舵时不应视为瞭望人员;③舵工不操舵时是唯一的瞭望人员;④瞭望人员不得从事影响其瞭望的其他任务

A. ④　　B. ②③④

C. ①②④　　D. ②④

40. 有关驾驶员交接班,下列说法正确的是________。

①接班驾驶员在接班前,应对本船的推算船位或实际船位进行核实;②接班驾驶员在其视力未完全适应前不应接班;③接班驾驶员应确信本班人员完全能履行特别是夜视能力的适应性;④正在进行避让操作时不应接班

A. ①②③　　B. ①②③④

C. ①②　　D. ①③

41. 根据《STCW 规则》,关于负责航行值班的高级船员使用舵、主机装置,下列说法正确的是________。

①在需要时,应使用舵、主机和声号;②使用主机应当经过船长同意;③使用主机应当经过机

舱同意；④如可能，应及时通知拟进行主机变速，或者按照适用的程序有效地使用装配在驾驶台的无人机舱主机控制装置

A. ①③④　　B. ①④

C. ①②④　　D. ①②③④

42. 根据《中华人民共和国海船船员值班规则》，值班驾驶员可以是唯一的瞭望人员需满足的条件________。

①必须是白天；②能在需要时立即召唤其他合适人员到驾驶台协助；③充分考虑天气及能见度情况、在分道通航制水域或者其附近水域内航行时必要的注意事项、邻近的航行危险物、通航密度和其他影响航行安全的因素

A. ②③　　B. ①③

C. ①②　　D. ①②③

43. 在下列哪些情况下，负责航行值班的高级船员应立即通知船长？________。

①船舶很难保持航向；②恶劣天气中，怀疑可能有天气危害；③预料到能见度不良；④交班时正在进行避让操纵

A. ①②③　　B. ①②③④

C. ①　　D. ①②

44. 关于航行时值班驾驶员的职责，下列说法正确的是________。

①船长在驾驶台时，值班驾驶员仍然应当对船舶安全航行负责，除非被明确告知船长已承担责任；②进行操纵和避让；③充分了解本船航行设备的放置地点和操作方法；④熟练掌握电子助航仪器的使用方法

A. ①②③　　B. ①②④

C. ①③④　　D. ①②③④

45. 关于航行时值班驾驶员的职责，下列说法正确的是________。

①负责船舶的安全航行；②在驾驶台保持值班，不得离开驾驶台；③使用安全航速；④必要时，应当立即采取转舵、主机变速和使用声响信号等措施

A. ①②③　　B. ①②④

C. ①③④　　D. ①②③④

46. 关于航行时值班驾驶员的职责，下列说法正确的是________。

①对航行设备进行操作性测试；②确保航行灯和信号灯及其他航行设备正常工作；③确保无线电设备正常工作并且按照要求值守；④每班应当至少测定一次标准罗经的误差

A. ①②③　　B. ①②④

C. ①③④　　D. ①②③④

47. 关于航行时值班驾驶员的职责，下列说法正确的是________。

①有效使用船上的助航仪器；②以恰当的时间间隔对所驶的航向、船位和航速进行核对；③确保本船沿着计划航线行驶；④注意在适当的时候使用测深仪

A. ①②③　　B. ①②④

C. ①③④　　D. ①②③④

48. 在航行值班期间，负责航行值班的高级船员应________。

①使用任何可用的、必要的助航仪器;②充分了解船上所有安全和航行设备的放置地点;③充分了解船上所有安全和航行设备的操作方法;④考虑航行设备在操作上的局限性

A. ①②③④　　B. ①②④

C. ①③④　　D. ②③④

49. 负责航行值班的高级船员应使用雷达的情况包括________。

①能见度不良;②预料到能见度不良;③拥挤水域的全部时间;④夜间航行时

A. ①②③④　　B. ①③④

C. ①②③　　D. ②③④

50. 根据《STCW 规则》,天气良好时,负责航行值班的高级船员应________。

①观测来船罗经方位判断碰撞危险;②只要有可能,应进行雷达操练;③使用雷达时,应选择适当的量程;④使用雷达时,应进行标绘或系统分析

A. ①②③　　B. ②③④

C. ①②③④　　D. ①②

51. 航行中交接班,交班驾驶员不应交班且应报告船长的情况包括________。

①有理由相信来接班的高级船员不能有效地履行其职责;②正在进行船舶操纵;③正在采取避免危险的行动;④接班驾驶员视力未调节到适应光线条件

A. ①②③　　B. ③④

C. ①　　D. ②③

52. 交班驾驶员应交接的内容包括________。

①陀螺罗经和磁罗经的误差;②船位、航向、航速和吃水;③附近船舶的位置及动态;④可能会遇到的情况和危险;⑤船长指示

A. ①②　　B. ①②③

C. ①②③④　　D. ①②③④⑤

53. 遇到能见度不良时,负责航行值班的高级船员,应做到________。

①自动舵改为手操舵,使用两台舵机;②用雷达或 AIS 瞭望手段,代替视觉瞭望,不再进行视觉瞭望;③开启两台雷达并调校到最佳工作状态,对雷达目标回波保持不间断的正规观测;④充分利用 AIS 相关功能获取来船的动态、信息以便协助避让

A. ①②　　B. ①②④

C. ①③④　　D. ②③④

54. 在下列哪些情况下值班驾驶员应立即报告船长? ________。

①对船长所布置的各项安全措施、指示感到有疑虑时;②船位偏离太大时;③即将驶入雾区

A. ①　　B. ①③

C. ①②③　　D. ②③

55. 在下列哪些情况下值班驾驶员应立即报告船长? ________。

①在恶劣天气中,怀疑可能有气象危害时;②遇到能见度不良时;③预计能见度不良

A. ①　　B. ①②

C. ①②③　　D. ②③

56. 负责航行值班的驾驶员的职责包括________。

①正确地测定或核对各种助航仪器的误差,如有异常情况立即报告船长;②以一定的相等的时间间隔对所驶的航向、船位和航速进行核对;③细心观察航经水域的水色、岸形和各种物标,尤其是当这些物标首次出现时

A. ①②③　　B. ①③

C. ①②　　D. ①

57. 负责航行值班的驾驶员,如果有理由相信来接班的高级船员不能有效地履行其职责,则应________。

①继续保持航行值班,不向来接班的高级船员交班;②交班后继续在驾驶台值守,直到确定接班的高级船员能有效地履行其职责为止;③交班后报告船长,以安排辅助值班人员;④立即报告船长

A. ①　　B. ②

C. ②③　　D. ①④

58. 关于航行值班期间对助航仪器的使用和检查,下列说法不正确的是________。

A. 手操舵与自动舵的相互转换,由值班驾驶员亲自操作或监督舵工操作

B. 有条件时,每班应至少测定一次标准罗经的误差

C. 每班应至少试验一次手操舵

D. 每班应至少试验一次自动舵

59. 负责航行值班的高级船员不得在下列哪些情况下强行交班?________。

①在险要航段指挥航行时;②临近转向点或正在转向;③在处理人落水等应急事项;④船位不明确时

A. ①②③④　　B. ③④

C. ①②④　　D. ①②③

60. 引航员在船引航时,值班驾驶员的主要和关键作用是什么?________。

A. 监视设备和船舶动态　　B. 海图作业

C. 定位测深　　D. 负责与港口的联络

61. 负责航行值班的驾驶员,如果有理由相信来接班的高级船员不能有效地履行其职责,则应________。

①代替接班的高级船员值班;②交班后继续在驾驶台值守,直到确定接班的高级船员能有效地履行其职责为止;③不应交班;④立即报告船长

A. ①②③　　B. ①③④

C. ①　　D. ③④

62. 天气良好时,只要有可能,负责航行值班的驾驶员应________。

A. 进行雷达方面的操练　　B. 尽可能使用雷达进行瞭望

C. 尽可能避免使用雷达　　D. 进入海图室定位

63. 负责航行值班的高级船员可以是唯一的瞭望人员的先决条件是________。

A. 对局面做了充分的估计　　B. 能见度良好

C. 通航密度小　　D. 白天

64. 下列说法正确的是________。

①负责航行值班的高级船员是船长的代表,并在任何时候主要负责船舶的安全航行;②负责航行值班的高级船员应遵守《1972年国际海上避碰规则》;③船长对船舶的安全航行负总的责任

A. ①　　B. ①②

C. ②③　　D. ①②③

65. 在下列哪些情况下值班驾驶员应立即报告船长?________。

①主机、推进装置遥控器、舵机或者任何主要的航行设备、警报或指示仪发生故障时;②对保持航向感到困难时;③意外地看到陆地、航标或水深突然发生变化时

A. ①②　　B. ①②③

C. ①③　　D. ②③

66. 在履行航行值班职责时,负责航行值班的高级船员对主机的使用,下列说法错误的是________。

A. 如有需要,应毫不犹豫地使用主机

B. 在使用主机时,如有可能,应及时通知拟进行主机变速

C. 按照适用的程序有效地使用装置在驾驶台的无人机舱主机控制装置

D. 船舶出港后,定速航行,主机不应变速,直至到达下一港口备车完毕

67. 在判定航行值班的组成是否足以保证能连续保持正规的瞭望,船长应考虑的因素应包括________。

①由船舶特性、即时操纵要求和预期操纵所引起的额外工作量;②应召并被指定为值班人员的任何船员适于值班的情况;③船舶高级船员和普通船员的专业适任能力和自信心

A. ①②③　　B. ①②

C. ①③　　D. ②③

68.《STCW公约》规定值班驾驶员在航行中的任务和职责是________。

①值班时应专心执行值班任务,负责航行安全,任何情况下均不得在交班前离开岗位;②在安全航行方面如船长在驾驶台时,应由船长负责航行安全;③当遇到任何疑难时,如需要,应当机立断地使用主机和声号

A. ①②③　　B. ①②

C. ①③　　D. ③

69. 负责航行值班的驾驶员的职责包括________。

①熟悉所装备的电子助航仪器的使用方法,包括其性能和局限性;②最有效地使用船上一切可用的助航仪器;③注意在适当的时候使用回声测深仪

A. ①　　B. ①②

C. ①③　　D. ①②③

70. 下列哪些情况,值班驾驶员应立即通知机舱备车,并报告船长?________。

①能见度不良或天气恶劣时;②进入狭水道或邻近来往船舶频繁的海区时;③抵达目的港或有其他紧急情况时;④对船长所布置的各项安全措施、指示感到有疑虑时

A. ①②③④　　B. ①②③

C. ①②　　D. ①

71. 下列说法正确的是________。

①船长上驾驶台，就说明船长开始对航行值班负责；②船长直接发出操船口令，说明船长已经声明亲自指挥；③船长上驾驶台说明已解除驾驶员的值班责任

A. ①　　B. ②

C. ①③　　D. ②③

72. 根据《STCW 公约》和海船值班规则的要求，航行船舶应随时保持正规的瞭望，并应达到________的目的。

①探明遇险的船舶；②探明遇险的飞机；③探明遇难人员；④探明沉船、残骸

A. ①②　　B. ②③

C. ①②③④　　D. ①③④

73. 根据《STCW 公约》和海船值班规则的要求，航行船舶应随时保持正规的瞭望，并应达到________的目的。

①充分估计碰撞和搁浅危险；②充分估计危害航行安全的局面和危险；③探明沉船、残骸；④探明其他危害航行安全的物体

A. ①②　　B. ②③

C. ①②③　　D. ①②③④

74. 根据《STCW 规则》和海船值班规则的要求，航行船舶应随时保持正规的瞭望，并应达到________的目的。

①对当时环境和情况保持连续戒备的状态；②及早发现或察觉到环境的变化；③充分估计到碰撞危险；④充分估计危害航行安全的局面和危险

A. ①②③④　　B. ①②

C. ①③　　D. ②③

75. 在下列哪些情况下值班驾驶员应立即报告船长？________。

①发生火警；②发生火灾；③船舶发生污染海域事故；④发现海上污染情况

A. ①③　　B. ②③

C. ①②③　　D. ①②③④

76. 负责航行值班的高级船员交班时如果正在进行船舶操纵或其他避免危险的行动，则应________。

①立即报告船长；②由船长决定是否交班；③等操作完成之后交班；④可以正常交班

A. ①②　　B. ③

C. ①　　D. ④

77. 接班的高级船员在接班(航行值班)前，应________。

①彻底搞清本船的推算船位或真船位；②核实本船的计划航线；③核实航向和航速；④注意值班期间预计可能遇到的任何航行危险

A. ①　　B. ①②

C. ①②③④　　D. ①②③

78. 锚泊中值班驾驶员的交接内容应包括________。

①锚、锚位、艏向、锚链受力和船舶的偏荡情况；②号灯与号型、号旗的显示情况；③船长的

指示

A. ① B. ①②

C. ①②③ D. ②③

79. 在下列哪些情况下值班驾驶员应立即报告船长？________。

①遇到危及航行的任何情况，诸如冰或漂流船时；②发现遇难人员或船只以及他船求救时；③收到遇险警报，但遇险船舶离本船计划航线较远

A. ① B. ①②

C. ①②③ D. ②③

80. 根据《中华人民共和国海船船员值班规则》，在白天并在需要时立即召唤其他合适人员到驾驶台协助时，满足下列________因素条件能够确保安全，值班驾驶员可以是唯一的瞭望人员。

①天气及能见度情况；②在分道通航制水域或者其附近水域内航行时必要的注意；③邻近的航行危险物；④通航密度和其他影响航行安全的因素

A. ①②③ B. ②③④

C. ①②④ D. ①②③④

81. 根据《STCW 公约》有关规定，在决定可能包括合格的普通船员在内的驾驶台值班组成时，应特别考虑________。

①特殊操作环境可能导致对航行值班的出乎寻常的任何要求；②装备在驾驶台上的无人机舱(UMS)控制装置、警报和指示器及其使用程序和局限性；③是否履行无线电职责；④船上是否装有自动操舵装置

A. ②③④ B. ①②

C. ①③④ D. ①②③④

82. 在下列哪些情况下值班驾驶员应立即报告船长？________。

①在预计的时间未能看到陆地、航标或测不到水深时；②意外地看到陆地、航标或水深突然发生变化时；③预计到水深将发生变化时

A. ① B. ②③

C. ①② D. ①②③

83. 有关值班驾驶员对驾驶台设备的定期检查，下列说法正确的是________。

①主罗经与复示仪应同步，如发现误差变化较大，应及时报告船长；②如果条件允许，在较大改变航向后也应测定罗经的误差；③无论条件如何，每班至少试验一次自动舵的自动操作

A. ①② B. ①②③

C. ①③ D. ②③

84. 有关值班驾驶员对驾驶台设备的定期检查，下列说法正确的是________。

①无人机舱控钮、警报和指示器工作正常；②标准罗经和陀螺罗经应经常进行核对；③主罗经与复示仪应同步，如发现误差变化较大，应立即校正

A. ①② B. ①②③

C. ①③ D. ②③

85. 在确定负责航行值班的高级船员在白天作为唯一的瞭望人员时，应考虑的相关因素包括________。

①在分道通航制内航行必要的注意；②在分道通航制附近时航行必要的注意；③天气、海况；④通航密度

A. ②③④　　B. ①②③④

C. ③④　　D. ①③④

86. 在确定负责航行值班的高级船员在白天作为唯一的瞭望人员时，应考虑的相关因素包括________。

①邻近的航行危险物；②在分道通航制内航行必要的注意；③在分道通航制附近时航行必要的注意；④海况条件

A. ①②③　　B. ①②④

C. ①②③④　　D. ①④

87. 在判断航行值班的组成是否足以保证能连续保持正规瞭望时，船长应考虑所有的相关因素，包括高级船员的________。

①专业适任知识；②自信心；③经验；④对船舶设备、规程和操纵能力的熟悉程度

A. ①②　　B. ①②③④

C. ①　　D. ①③

88. 在判断航行值班的组成是否足以保证能连续保持正规瞭望时，船长应考虑所有的相关因素，包括________。

A. 船舶高级船员和普通船员对船舶设备、规程和操纵能力的熟悉程度

B. 船舶高级船员和普通船员

C. 船舶高级船员和普通船员的经验和对船舶设备、规程和操纵能力的熟悉程度

D. 船舶高级船员和普通船员的专业适任知识和自信心

89. 夜间，接班的驾驶员在接班以前应搞清的情况包括________。

①船长在夜航命令簿中的指示；②船位、航向和航速；③航线附近的碍航物；④周围船舶的位置和动态

A. ①②③　　B. ①②④

C. ①③④　　D. ①②③④

90. 接班的驾驶员在接班以前应搞清的情况包括________。

①当主机在驾驶台控制时操纵主机的程序；②正在使用或值班期间有可能使用的所有航行和安全设备的工作状况；③船舶的号灯或号型是否正确显示；④在值班期间可能会遇到的有关情况和危险

A. ①②③④　　B. ①②③

C. ①②　　D. ①

91. 接班的驾驶员在接班以前应搞清的情况应包括________。

①船长对船舶航行有关的常规命令和其他特别指示；②本船的船位、航向、航速和船舶吃水；③当时的潮汐、潮流、气象和能见度以及这些因素对航向和航速的影响；④预报的潮汐、潮流、气象和能见度以及这些因素对航向和航速的影响

A. ①　　B. ①②

C. ①②③　　D. ①②③④

92. 接班的驾驶员在接班以前应搞清的情况包括________。

①陀螺罗经和磁罗经的误差;②看到或知道的附近船舶的位置和动态;③在值班期间可能会遇到的有关情况和危险;④值班期间有可能使用的所有航行和安全设备的工作状况

A. ①②　　B. ①②③④

C. ①　　D. ①②③

93. 接班的驾驶员在接班以前应搞清的情况包括________。

①罗经误差;②值班期间可能会遇到的有关情况和危险;③航线附近的碍航物;④附近船舶的位置和动态

A. ①②③　　B. ①②④

C. ①③④　　D. ①②③④

94. 有关航行值班对雷达的使用,下列说法正确的是________。

①遇到或预料到能见度不良时,应使用雷达,并注意其局限性;②正确调试雷达显示方式;③使用 ARPA 获取来船的 DCPA 和 TCPA;④雷达量程远近距离交替使用,以便及早发现物标

A. ①②③　　B. ①②④

C. ①③④　　D. ①②③④

95. 有关航行值班对雷达的使用,下列说法正确的是________。

①遇到或预料到能见度不良时,应使用雷达,并注意其局限性;②在船舶密度大的水域航行时,应使用雷达,并注意其局限性;③使用雷达时,必须遵守《国际海上避碰规则》中有关使用雷达的规定;④雷达量程远近距离交替使用,以便及早发现物标

A. ①②③　　B. ①②④

C. ①③④　　D. ①②③④

96. 有关航行值班对雷达的使用,下列说法正确的是________。

①遇到或预料到能见度不良时,以及在船舶密度大的水域航行时,应使用雷达,并注意其局限性;②能见度良好时,值班驾驶员不必进行雷达标绘或与其相当的系统观测;③雷达量程远近距离交替使用,以便及早地发现物标;④使用 ARPA 获取来船的 DCPA 和 TCPA

A. ①③　　B. ①②④

C. ①③④　　D. ①④

97. 有关航行值班对雷达的使用,下列说法正确的是________。

①能见度良好时,值班驾驶员应进行雷达方面的操练;②能见度良好时,值班驾驶员不必进行雷达标绘或与其相当的系统观测;③雷达量程远近距离交替使用,以便及早发现物标;④使用 ARPA 显示来船的 DCPA 和 TCPA

A. ①③　　B. ①②④

C. ①③④　　D. ①④

98. 根据《STCW 规则》的要求,驾驶台团队工作的人员________。

①必须由足够的、称职的和不同职级的航海人员组成;②分工明确、任务到人;③对话与联系应明确无误;④集中精力工作

A. ①④　　B. ①②③

C. ①③④　　D. ①②③④

99. 根据《STCW 规则》,关于航行中自动舵的使用,下列说法正确的是________。

①应遵守《SOLAS 公约》的相关要求;②应考虑手操舵的必要性;③至少每班手动测试一次;④使用自动舵航行时驾驶员可以是唯一的瞭望人员

A. ①②　　B. ①②③

C. ①②③④　　D. ②③④

100. 根据《STCW 规则》,航行中使用自动舵时,________。

①应至少每班手动测试一次;②驶入需要特别警惕的航行区域前,应进行手动舵测试;③应遵守《SOLAS 公约》的相关要求;④自动舵与手动操舵的转换应由值班驾驶员亲自进行

A. ①②　　B. ①②③

C. ①②③④　　D. ②③④

101. 根据《STCW 规则》要求,遇到或预料到能见度不良时,负责航行值班的高级船员应________。

①操作和使用雷达;②鸣放雾号、显示航行灯;③安全航速航行、备车;④使用手操舵

A. ①　　B. ①③

C. ①②③④　　D. ①②③

102. 在航行值班期间,负责航行值班的高级船员应充分了解________。

①船上所有安全设备的放置地点;②船上所有航行设备的放置地点;③船上所有安全设备的操作方法;④船上所有航行设备的操作方法

A. ②③④　　B. ①③④

C. ①②④　　D. ①②③④

103. 在值班期间,对于航行设备,负责航行值班的高级船员应________。

①了解放置地点;②了解操作方法;③知道和考虑操作上的局限性;④到港前和出港前进行操作性测试

A. ①②　　B. ①②④

C. ①②③　　D. ①②③④

104. 根据《STCW 规则》,不应或不宜交班的情况包括________。

①临近转向点;②正在处理人落水等应急事项;③机电设备故障抢修;④险要航段指挥航行

A. ①④　　B. ①③④

C. ①②③④　　D. ③④

105. 根据《STCW 规则》,不应或不宜交班的情况包括________。

①正在避让;②正在转向;③刚完成避让;④刚完成转向

A. ①③　　B. ①③④

C. ①②　　D. ①②③④

106. 根据《STCW 规则》,负责航行值班的________,如果有理由相信来接班的________不能有效地履行其职责,则不应向其交班,在这种情况下应通知船长。

A. 高级船员;高级船员

B. 高级船员;高级船员和普通船员

C. 高级船员和普通船员；高级船员和普通船员

D. 高级船员和普通船员；高级船员

107. 根据《STCW 规则》，保持正规的瞭望应探明________。

①遇险的船舶、飞机；②船舶遇难人员；③沉船、残骸；④其他障碍物

A. ①④　　B. ①③④

C. ①②③④　　D. ③④

108. 根据《STCW 规则》，为保持正规瞭望值班安排应考虑的因素包括________。

①高级船员专业适任知识和自信心；②普通船员专业适任知识和自信心；③负责航行值班的高级船员的经验和对船舶设备、规程和操纵能力的熟悉程度；④负责航行值班的普通船员的经验和对船舶设备、规程和操纵能力的熟悉程度

A. ①④　　B. ①③

C. ①②③　　D. ①②③④

109. 根据《STCW 规则》，为保持正规瞭望值班安排应考虑的因素包括________。

①高级船员专业适任知识；②普通船员专业适任知识；③高级船员自信心；④普通船员自信心

A. ①④　　B. ①③

C. ①②③　　D. ①②③④

110. 根据《STCW 规则》，为保持正规瞭望值班安排应考虑的因素包括________。

①负责航行值班的高级船员的经验；②负责航行值班的高级船员对船舶设备、规程和操作能力的熟悉程度；③值班高级船员适于值班的情况；④任何值班人员适于值班的情况

A. ①②④　　B. ①③

C. ①②③　　D. ①②③④

111. 根据我国《中华人民共和国海船船员值班规则》规定，负责航行值班的高级船员应该________。

①保持在驾驶台值班；②在正式交接班之前，不得离开驾驶台；③在对为了安全而采取的某种行动产生疑问时，立即通知船长；④船长上驾驶台说明已解除驾驶员的值班责任

A. ①②④　　B. ①②③

C. ②③④　　D. ①③④

112. 航行值班时应做好与航行安全有关的动态和工作的正规记录，这些记录包括但不限于________。

①船舶航经重要物标的正横时间、距离、方位和计程仪读数；②气象要素；③主机转速；④航行设备的操作试验数据

A. ①②　　B. ②③

C. ①②③　　D. ①②③④

113. 关于航行时值班驾驶员的职责，下列说法正确的是________。

①准确地测定驶近船舶的罗经方位和距离；②及早判断碰撞危险；③及时采取避让措施；④注意在适当的时候使用测深仪

A. ①②③　　B. ①②④

C. ①③④　　D. ①②③④

114. 在下列哪些情况下值班驾驶员应立即报告船长？________。

①无线电设备发生故障时；②在恶劣天气中，怀疑可能有气象危害时；③遇到危及航行的任何情况，诸如冰或漂流船时

A. ①②③　　B. ①②

C. ①③　　D. ②③

115. 关于值班驾驶员在值班期间报告船长的说法________是错误的。

A. 值班驾驶员对是否应该报告船长有任何怀疑或犹豫时，就应该报告船长

B. 航行中，只要发现与他船存在碰撞危险，即使自己可以应对，也应该报告船长，让船长尽快上驾驶台

C. 值班驾驶员在报告船长的同时，还应采取适合当时环境和情况的相应行动

D. 任何主要的航行设备、警报或指示仪发生故障时，应该报告船长

116. 值班驾驶员应对驾驶台有关设备做定期检查，以确保________。

①手动操舵或自动舵按船舶正确的航向行驶；②有条件时每班应至少测定一次标准罗经的误差；③每班至少试验一次自动舵的手动操作

A. ①②　　B. ①②③

C. ①③　　D. ②③

117. 在值班期间，应使用任何可用的、必要的助航仪器，其使用的注意事项包括________。

①无论航行或锚泊都应保持连续值守 VHF16 频道和航行区域及所在港口要求的其他 VHF 频道；②经常用多种方法核测船位，包括对目标的目视观测；③值班驾驶员应熟知各种电子助航设备的使用限制及其误差；④对各种仪器，除驾驶员和管理、检修人员外，无关人员未经允许不得擅自动用

A. ②④　　B. ①③④

C. ①②③④　　D. ①②③

118. ________应给予全体值班人员一切适当的指示和信息，以确保包括正规瞭望在内的安全值班得以保持。

A. 船长　　B. 负责航行值班的高级船员

C. 船长和轮机长　　D. 船长和大副

119. 航行中的值班驾驶员应该通知船长并开启和使用雷达的时机包括________。

①当遇到能见度不良时；②预料能见度不良时；③沿岸航行时；④遇有他船时

A. ②③　　B. ①②

C. ③④　　D. ①②③④

120. 值班驾驶员应对驾驶台有关设备做定期检查，以确保________。

①无论条件是否允许，每班应至少测定一次标准罗经的误差；②手动操舵或自动舵按船舶正确的航向行驶；③每班至少试验一次自动舵的自动操作；④有条件时，在航向有较大改变后也应测定罗经的误差

A. ①②④　　B. ①②③④

C. ①③　　D. ②④

121. 航行中为保持计划航线而采取的风流压差，应由________来确定。

A. 船长

B. 大副

C. 值班驾驶员

D. 船长或值班驾驶员根据船长指示

任务四　掌握不同条件下和不同水域内的值班

知识储备

一、不同条件下的值班

1. 能见度不良时

(1)加强瞭望与设备使用：值班驾驶员应使用雷达等设备进行系统观察，以足够频繁的时间间隔转换雷达量程，以便及早发现物标，并对物标进行雷达标绘或系统分析。同时，应充分利用视觉、听觉等其他手段瞭望，开启航行灯和其他相关信号灯，注意收听雾号。

(2)控制航速与保持戒备：使用安全航速行驶，备车航行，以便能够在必要时立即采取行动，如停车、倒车等。值班驾驶员要保持高度戒备，随时准备应对可能出现的危险情况，如与他船碰撞、搁浅等。

(3)准确记录与报告：及时、准确地记录船舶的位置、航速、航向以及发现的物标等信息，并向船长报告能见度情况和所采取的措施。

2. 恶劣天气时

(1)确保船舶安全措施：值班驾驶员应检查船舶的水密设施、排水系统、系固设备等是否处于良好状态，确保船舶在恶劣天气下的安全性。如遇大风浪，应适当调整航向和航速，避免船舶横浪航行，防止船舶发生横倾或倾覆。

(2)加强设备检查与监控：密切关注船舶的各种设备运行情况，特别是主机、舵机、发电机等关键设备，确保其正常运行。增加对设备的检查频率，及时发现并处理设备故障或异常情况。

(3)保持通信畅通：与船长、轮机长以及其他船员保持密切通信，及时报告船舶的状况和遇到的问题。同时，保持与外界的通信联系，及时获取气象信息和其他相关情报，以便采取相应的应对措施。

二、不同水域内的值班

1. 狭水道航行时

(1)熟悉航道与标志：值班驾驶员应提前熟悉狭水道的航道情况、水深、转向点、碍航物以及助航标志等信息，确保船舶沿着正确的航道行驶。严格遵守狭水道的航行规则，如靠右行驶、避免追越等。

(2)谨慎驾驶与控制船速:保持高度警惕,谨慎驾驶船舶,密切关注周围船舶的动态。根据狭水道的宽度、弯曲程度、水流情况等因素,合理控制船速,确保船舶能够在狭窄的水域内安全操纵,避免与岸壁、浅滩或其他船舶发生碰撞。

(3)加强瞭望与通信联系:加强瞭望,特别是对狭水道内的弯头、交叉路口等容易出现危险的区域要重点关注。同时,与过往船舶和附近的港口管理部门保持良好的通信联系,及时通报船舶的位置和动态,协调会遇和避让事宜。

2. 港口水域航行时

(1)遵守港口规定:值班驾驶员应严格遵守港口的各项规章制度,包括航行规则、交通管制要求、船舶报告制度等。按照港口指定的航道、锚地和靠泊位置行驶和作业,不得擅自进入限制区域。

(2)注意港口交通秩序:港口水域内船舶密集,交通情况复杂,值班驾驶员要注意观察周围船舶的动态,保持良好的船间距离,避免影响其他船舶的正常航行和作业。听从港口交通指挥人员的指挥,按照指令进行操作。

(3)做好靠离泊准备:在接近泊位时,值班驾驶员应与船长、轮机长密切配合,做好靠泊前的准备工作,如调整船速、控制船位、准备好系缆设备等。靠泊过程中,要准确执行船长的指令,确保船舶安全靠泊。离泊时,同样要做好各项准备工作,确保船舶顺利离泊并安全驶出港口水域。

3. 沿岸水域航行时

(1)关注沿岸情况:值班驾驶员应注意观察沿岸的地形、地貌、岛屿、礁石、灯塔等标志,以确定船舶的位置和航行方向。同时,要关注沿岸的船舶活动、渔业作业区域以及可能影响船舶航行安全的其他因素。

(2)考虑潮汐与水流的影响:沿岸水域的潮汐和水流变化较大,值班驾驶员要充分考虑这些因素对船舶航行的影响。提前了解潮汐表和水流情况,合理调整船舶的航向和航速,避免因潮汐和水流的作用导致船舶偏离航线或发生搁浅等事故。

(3)保持与岸基的联系:与沿岸的海岸电台、港口管理部门或其他相关机构保持适当的联系,及时获取有关航行安全的信息和警告,如气象预报、海上交通信息、沿岸施工情况等。

相关习题

1. 值班驾驶员必须仔细阅读“船长夜航命令簿”,充分了解其各项内容和要求,如有不明之处,则________。

A. 不应执行　　B. 不应接班

C. 不应签字　　D. 应立即请示船长

2. 引航员对船舶航行安全负有职责和义务,但并不解除________对船舶安全所负的职责和义务。

A. 值班驾驶员　　B. 值班船员

C. 船长　　D. 船长或负责航行值班的高级船员

3. 锚泊船保持正规的瞭望,包括________。

①注意周围锚泊船的情况和动态,防止他船走锚危及本船;②注意来锚泊的船的锚位是否与本船有足够的距离,如过近应设法通知对方,并报告船长;③注意过往船舶的动态;④如果发现来

船与本船构成碰撞危险,应立即报告船长,并根据船长的指示采取行动

A. ① B. ①②③④

C. ①②③ D. ①②

4. 锚泊时,值班驾驶员的职责包括________。

①出现危险局面时,应报告船长并果断地采取一切有效措施,以避免或减少损失;②如情况许可,要经常利用固定航标校核船舶是否保持在锚位上;③锚抛下时应立即测定船位,并在海图上标出锚位和回旋范围

A. ①②③ B. ①③

C. ①② D. ②③

5. 负责锚泊值班的驾驶员如发现前来锚泊船的锚位与本船距离过近,应________。

①设法通知对方;②报告船长;③通知机舱备车;④缩短锚链

A. ② B. ①②③

C. ③④ D. ①②

6. 下列说法正确的是________。

①锚泊时,无须船长决定,立即值停泊安全班;②值班驾驶员应每小时检查锚链、锚链制和锚设备一次;③应注意位于上风方向锚泊船的动态,以防他船走锚危及本船安全;④白天遇能见度不良时,开亮锚灯和甲板灯

A. ③④ B. ②③④

C. ①②③④ D. ①②

7. 引航员在船引航,若引航员发出的指令与船长不同时,值班驾驶员应执行________。

A. 待船长、引航员的意见一致后再执行

B. 引航员的命令

C. 船长的命令

D. 自己根据情况判断

8. 在有引航员引航船舶时,对船舶安全承担义务的人员是________。

A. 船长 B. 引航员

C. 船长和引航员以及值班驾驶员 D. 船长和引航员

9. 值班驾驶员在下列什么情况下可以交接班?________。

A. 正在避让他船时 B. 正在改向时

C. 交接班船位未定时 D. 按计划航线正常航行时

10. 航行中交接班,接班驾驶员不应接班的情况包括________。

①未搞清本船的船位;②视力未调节到适应光线条件;③正在避让他船;④未核实本船的预定航线、航向和航速

A. ①②③④ B. ①③④

C. ①④ D. ②③

11. 锚泊值班中的交班驾驶员应告知接班驾驶员下列哪些事项?________。

①锚位和所出锚链的情况;②转流时船舶回转等安全注意事项;③主机状态和应急使用的可能性;④与船舶安全有关的其他情况

A. ①② B. ①②③

C. ①②③④ D. ②③④

12. ________应与引航员密切合作，并保持对船舶的位置和动态进行精确的核对。

A. 船长 B. 值班驾驶员

C. 船长或负责航行值班的高级船员 D. 船长和负责航行值班的高级船员

13. 在锚泊时，负责值班的驾驶员应________。

A. 每小时测定锚位一次

B. 每隔一段时间瞭望一次

C. 以足够频繁的间隔保持瞭望

D. 抛锚时，应尽快测定锚位，并将锚位标绘在适当的海图上

14. 根据 STCW 规则第 A-Ⅷ/2 节要求，载运危险货物船舶在港安全值班，应由船上的一个或几个完全合格的高级船员和适当普通船员来承担，这种要求适用于________。

①在港装货时；②在港卸货时；③在港安全系泊时；④在港安全锚泊时

A. ①②③④ B. ①②③

C. ① D. ①②

15. STCW 规则第 A-Ⅷ/2 节对载运危险货物船舶在港值班有特殊要求，其中危险货物种类包括________。

①易燃货物；②易爆货物；③有毒货物；④污染性货物

A. ①② B. ①②③

C. ①②③④ D. ③④

16. 在能见度不良的水域航行，负责航行值班的驾驶员应________。

①在进入雾区前尽可能测得船位，并观察海面情况，以利于避让；②通知机舱备车；③通知船长上驾驶台；④操作和使用雷达

A. ①②③④ B. ②③④

C. ①③④ D. ③④

17. 遇到或预料到能见度不良时，负责航行值班的高级船员的职责包括________。

①使主机处于立即可操作的准备状态；②通知船长；③开启航行灯；④操作和使用雷达

A. ①③④ B. ①②③④

C. ①②③ D. ③④

18. 能见度不良，船舶在锚泊时，值班驾驶员应当________。

①加强瞭望；②每隔不超过 2 min 鸣放一长声雾号；③打开锚灯和各层甲板的照明灯；④通知船长；⑤以适当的时间间隔巡视全船

A. ①②④ B. ①③④⑤

C. ②③ D. ①②③④⑤

19. 关于港内值班驾驶员的职责，下列说法正确的是________。

①督促值班水手按时升降国旗、开关灯，显示或者悬挂有关号灯与号型；②经常检查舷梯、锚链、跳板及安全网；③及时调整系泊缆绳；④确保系泊设备处于安全工作状态

A. ①②③ B. ①②④

C. ①③④　　D. ①②③④

20. 白天能见度不良时,负责锚泊值班的驾驶员应________。

①加强瞭望、正确操作和使用雷达;②开启锚灯和各层甲板的照明灯;③鸣放雾号;④通知船长

A. ①②　　B. ①②③

C. ③④　　D. ①②③④

21. 如果船上载有有害货物,值班安排应充分考虑到________。

①有害货物的性质、数量、包装;②有害货物的积载;③当时船上、水上、岸上的任何特殊情况

A. ①　　B. ①②③

C. ②③　　D. ①③

22. 在能见度不良的水域航行,负责值班的驾驶员应________。

①通知船长;②开启航行灯;③鸣放雾号;④将手操舵改为自动舵,以增加瞭望人员

A. ①　　B. ①②

C. ①②③　　D. ①②③④

23. 根据STCW规则要求,遇到能见度不良时,负责航行值班的高级船员________。

①通知船长;②布置正规的瞭望;③操作和使用雷达;④安全航速航行、备车,显示航行灯

A. ①　　B. ①③

C. ①②③　　D. ①②③④

24. 引航员引航过程中值班驾驶员的职责包括________。

①注意引航员舵令及水手操舵的正确性;②正规瞭望、勤测船位;③正确记录船舶动态;④按引航员要求亲自悬挂信号

A. ②③　　B. ①②③

C. ①③④　　D. ②③④

25. 引航员引航过程中值班驾驶员的职责包括________。

①与引航员密切合作;②对船舶位置和动态进行精确的核对;③正确记录船舶动态;④注意引航员舵令及水手操舵的正确性;⑤引航员的任何指令都必须执行

A. ②③　　B. ①②

C. ①②③④　　D. ①②③④⑤

26. 当遇到或预料能见度不良时,值班驾驶员应该________。

①通知船长;②布置瞭望人员;③舵工手动操舵;④显示航行灯;⑤操作和使用雷达

A. ①②　　B. ①②③④

C. ①②③④⑤　　D. ②③⑤

27. 锚泊中,当负责值班的驾驶员发现本船走锚时,应采取的措施包括________。

①利用VHF警示周围船舶;②通知机舱备车;③报告船长;④夜间应开启桅灯、舷灯、艉灯,关闭锚灯与甲板工作灯

A. ①②③④　　B. ①②③

C. ①②　　D. ①

28. 负责锚泊值班的驾驶员在下列哪些情况下应通知船长? ________。

①本船走锚；②他船走锚并危及本船；③前来锚泊的船锚位与本船距离过近；④邻近的锚泊船起锚

A. ①②　　B. ②

C. ①②③　　D. ①③④

29. 负责锚泊值班的驾驶员在下列哪些情况下应通知船长？________。

①本船走锚；②他船走锚并危及本船；③前来锚泊的船锚位与本船距离过近；④能见度不良

A. ①②　　B. ③

C. ①②③④　　D. ①②③

30. 船舶在沿岸水域航行时，下列说法错误的是________。

A. 应使用船上适合于该区域并依据最新通告改正过的最大比例尺的海图

B. 使用电子海图显示与信息系统(ECDIS)，应选择适当比例尺的电子海图

C. 尽量只使用一种定位方法，如单一物标雷达定位，至少每小时测得一个船位

D. 负责航行值班的高级船员应确切地辨认所有相关的航行标志

31. 船舶在沿岸水域航行时，下列说法正确的是________。

①应保持正规瞭望，特别注意渔船、渔网、渔栅和海上养殖区；②若条件许可，应避免使用单一的定位方法或使用单一物标雷达定位，尽量使用多种方法核对船位；③要特别注意潮流影响；④在制订航行计划时，应尽可能避开捕鱼作业区、急流区和锚地

A. ①②　　B. ①③④

C. ②③④　　D. ①②③④

32. 根据《STCW 规则》关于载运危险货物船舶在港值班的要求，载运包装危险品时，下列说法正确的是________。

①确保维持安全值班；②充分注意危险货物的性质、数量、包装和积载；③充分注意船上的任何特殊情况；④充分注意水上和岸上的任何特殊情况

A. ①②③　　B. ①②④

C. ①③④　　D. ①②③④

33. 当船舶锚泊或系泊时，为始终安全起见，应________。

A. 以一定的时间间隔巡视四周

B. 以一定的时间间隔保持值班

C. 如果周围存在威胁船舶安全的任何情况，则保持连续值班，直到危险过去为止

D. 保持适当和有效的值班

34. 船舶在由引航员引航期间，船长在非危险航段暂时离开驾驶台应告知引航员，并指定驾驶员负责，此时值班驾驶员________。

A. 如对引航员的行动或意图有所怀疑，应要求引航员予以澄清

B. 如对引航员的解释仍有怀疑，应立即报告船长，但在船长未到达之前不得采取行动

C. 如对引航员的行动或意图有所怀疑，应立即报告船长

D. 如对引航员的行动或意图有所怀疑，应立即采取认为安全的行动

35. 负责航行值班的驾驶员在引航员引航期间应________。

①与引航员密切合作；②保持正规的瞭望；③勤测船位，正确记录车钟及过浮筒的时间；④经

常核对船位和船舶动态

A. ①②③④　　B. ②③④

C. ①③④　　D. ①②③

36. 负责航行值班的高级船员在使用雷达时，应________。

①选择适当的量程；②确保所使用的量程以足够频繁的时间间隔进行转换；③能及早地发现回波；④进行标绘或相当的系统分析

A. ①②③④　　B. ①④

C. ①②③　　D. ①③④

37. 锚泊中，如条件许可，值班驾驶员应以足够频繁的时间间隔利用________测定方位，校核船舶是否安全保持在锚位上。

A. 水深　　B. 附近他船的相对方位

C. 固定航标或岸上容易辨认的物标　　D. 天体

38. 在沿岸和拥挤水域航行时，下列说法正确的是________。

①值班驾驶员应确切地辨认沿岸陆标及所有有关的航行标志；②在确认没有碰撞危险的情况下，应使用多种方法勤测船位并比对；③应使用船上适合于该地区并依照最近期资料改正过的最大比例尺的海图

A. ①②　　B. ①②③

C. ①③　　D. ②③

39. 在船长与引航员的信息交流中，整个驾驶台的信息来源包括________。

①船长；②引航员；③驾驶员和值班水手；④拖船船员；⑤码头带缆工人

A. ①②③④　　B. ②③④⑤

C. ①②③④⑤　　D. ①②④⑤

40. 船在锚泊时，如果能见度恶化，负责航行值班的高级船员应________。

A. 通知船长　　B. 显示航行灯

C. 操作和使用雷达　　D. 通知机舱备车

41. 载运散装危险货物的船舶，如果船舶安全在港系泊或锚泊，在港甲板值班的人员应________。

A. 由一个和几个完全合格的高级船员或适当普通船员组成

B. 由一个或几个完全合格的高级船员和适当普通船员组成

C. 由一个完全合格的高级船员和适当普通船员组成

D. 由一个或几个完全合格的适当普通船员组成

参考答案

任务一　了解适于值班的相关内容

1. C　2. C　3. B　4. D　5. C　6. C　7. B　8. B　9. D　10. C

11. B	12. C	13. B	14. C	15. C	16. D	17. C	18. D	19. C	20. D
21. B	22. D	23. B	24. D	25. B	26. D	27. A	28. D	29. D	

任务二　掌握值班安排和应遵循的原则

1. B	2. D	3. A	4. D	5. C	6. B	7. A	8. A	9. D	10. D

任务三　掌握航行值班的相关内容

1. B	2. A	3. B	4. B	5. D	6. B	7. A	8. B	9. A	10. A
11. D	12. A	13. C	14. D	15. C	16. D	17. A	18. A	19. C	20. A
21. C	22. A	23. B	24. B	25. D	26. B	27. D	28. C	29. B	30. B
31. B	32. B	33. B	34. D	35. C	36. C	37. D	38. B	39. D	40. B
41. B	42. D	43. A	44. D	45. D	46. D	47. D	48. A	49. A	50. C
51. C	52. D	53. C	54. C	55. C	56. B	57. D	58. D	59. A	60. A
61. D	62. A	63. D	64. D	65. B	66. D	67. A	68. C	69. D	70. B
71. B	72. C	73. D	74. A	75. D	76. B	77. C	78. C	79. C	80. D
81. D	82. C	83. A	84. A	85. B	86. C	87. B	88. D	89. D	90. A
91. D	92. B	93. D	94. D	95. D	96. C	97. C	98. D	99. B	100. B
101. C	102. D	103. D	104. C	105. C	106. A	107. C	108. C	109. D	110. D
111. B	112. D	113. D	114. A	115. B	116. B	117. C	118. B	119. B	120. D
121. D									

任务四　掌握不同条件下和不同水域内的值班

1. D	2. D	3. C	4. A	5. D	6. A	7. C	8. C	9. D	10. A
11. C	12. D	13. D	14. A	15. C	16. A	17. B	18. B	19. D	20. D
21. B	22. C	23. D	24. B	25. C	26. C	27. B	28. C	29. C	30. C
31. D	32. D	33. D	34. A	35. A	36. A	37. C	38. B	39. C	40. A
41. B									

项目十一
船舶视觉信号

学习目标

掌握船舶视觉信号并熟练运用。

知识储备

船舶视觉信号是船舶在海上或港口等水域进行沟通和传递信息的重要方式,熟练掌握和运用这些信号对于保障船舶航行安全和作业协调至关重要。以下是一些常见的船舶视觉信号及其运用方法:

一、灯光信号

1. 航行灯

航行灯用于显示船舶的航行状态和位置,包括桅灯、舷灯和艉灯。桅灯为白色,装在船舶的前桅和后桅上,显示船舶的长度和航行方向;舷灯分左红右绿,安装在船舶的左右舷,用于表示船舶的横向位置;艉灯为白色,装在船尾,显示船舶的后部位置。在夜间或能见度不良时,船舶必须按规定开启航行灯,以便其他船舶能够及时发现和判断本船的状态和动向。

2. 信号灯

信号灯包括闪光灯、环照灯等,用于表示船舶的特殊状态或意图。例如,失控船显示垂直两盏红色环照灯;搁浅船显示垂直三盏红灯;船舶在捕鱼作业时,显示垂直两盏环照灯,上绿下白等。此外,船舶还可通过闪光灯的不同闪烁频率和方式来发送特定的信号,如莫尔斯码等,以进行简单的信息传递。

二、旗号信号

1. 国际信号旗

国际信号旗由26面字母旗、10面数字旗、3面代旗和1面回答旗组成。每面旗帜都有特定的含义,可以单独使用,也可以组合使用来表示各种信息。例如,“A”旗表示“我船正在装卸或载运危险货物”;“B”旗表示“我船正在装卸散货”;“H”旗表示“本船有引航员”等。通过悬挂不同的信号旗组合,船舶可以向其他船舶或岸上设施传达丰富的信息,如船舶的身份、货物情况、作业状态等。

2. 手旗信号

手旗信号是一种用手持旗帜通过特定的动作和姿势来传递信号的方式。通常在近距离通信时使用,船员通过双手持旗,做出不同的挥舞动作来表示字母、数字和简单的指令,对方通过观察旗帜的动作来解读信号。手旗信号在船舶靠泊、离泊或与附近小船进行沟通等情况下经常使用。

三、号型信号

号型信号有球体、圆锥体和圆柱体等号型。在白天,船舶通过悬挂不同形状和颜色的号型来表示其状态和意图。例如,在航的机动船悬挂一个黑色圆锥体,尖端向下;从事捕鱼作业的船舶,悬挂两个尖端对接的圆锥体;锚泊船悬挂一个黑色球体等。这些号型通常挂在船舶的桅杆或其他显著位置,以便其他船舶在远距离就能识别。

在实际运用中,船员需要严格按照《国际海上避碰规则》和相关的行业标准来正确显示和解读船舶视觉信号。同时,要确保信号设备的完好和正常使用,定期进行检查和维护。在使用旗号信号时,要注意旗帜的悬挂顺序、位置和角度,保证信号的清晰和准确。在通过灯光信号或号型信号表示船舶状态时,要根据实际情况及时、准确地进行显示,避免误判或误解。此外,船员还应通过培训和实践,熟练掌握各种视觉信号的含义和使用方法,提高在不同环境和情况下的信号运用能力,以保障船舶的安全航行和作业。

相关习题

1.《国际信号规则》是由________组成的。

①第一部分为目录和通信规则;②第二部分为信号码组;③第三部分为船舶呼号;④第四部分为医疗码组

A. ①②　　B. ①③④

C. ①②③　　D. ①②③④

2.《国际信号规则》规定,水深的表示方法是________。

①数字加M表示以米为单位的水深;②数字加F表示以英尺为单位的水深;③数字加F表示以拓为单位的水深;④数字加L表示以米为单位的水深

A. ①②③　　B. ①②③④

C. ①②④　　D. ①②

3. 白天你船在海上航行中,发现一船悬挂国际信号旗 E,该船为________。
A. 正在向右转向　　B. 正在向左转向
C. 操作困难,请让开它　　D. 操作失灵

4. 你在海上航行中,船上有危重病人需要医疗援助,在白天,你应该悬挂什么信号旗? ________。
A. W　　B. M
C. G　　D. Z

5. 当你在航行中看到航道附近有一艘悬挂 A 信号旗的小船,该信号 A 表明________。
A. 我下面有潜水员,请慢速远离我　　B. 请让开我,我操纵困难
C. 我操纵失灵,请与我通信　　D. 我正在装卸或载运危险货物

6. 以下对于单字母信号的含义,说法错误的是________。
A. F:我操纵失灵,请与我通信
B. J:我船失火,并且船上有危险货物,请远离我
C. Q:我船没有染疫,请发给我进口检疫证
D. X:我正在走锚

7. 在港口你看到某船悬挂红色的 B 国际信号旗,说明该船________。
A. 下面有潜水员,请慢速远离　　B. 正在装卸或装运危险货物
C. 操纵困难,请让开他　　D. 操纵失灵,请与之联系

8. 你船在进出港期间,引航员已经上船,应悬挂________旗号。
A. H　　B. G
C. B　　D. D

9. 白天,你船在海上航行中,看到他船悬挂一面 V 信号旗,说明________。
A. 你船正在向左转向　　B. 他船需要援助
C. 他船正在向左转向　　D. 你船需要援助

10. 下列关于船舶挂满旗的说法,正确的是________。
①挂旗方法为从船首、船尾到前后桅以及桅间用绳索穿引,将信号旗及国旗缠绕在绳索上;②挂旗时将全部信号旗在形状和色泽上做好搭配,可采取“两方一尖”的搭配方法;③大型船舶由于尺度大,难以前后挂满旗时,可在驾驶台区域的左右舷、前后挂满;④国旗挂在信号旗中的最前端醒目位置
A. ①②③④　　B. ②③
C. ①③④　　D. ③④

11. 一套船舶信号旗共由多少面旗子组成? ________。
A. 25 面字母旗和 10 面数字旗,共 35 面旗子
B. 25 面字母旗,10 面数字旗和 1 面回答旗,共 36 面旗子
C. 26 面字母旗和 10 面数字旗,共 36 面旗子
D. 26 面字母旗,10 面数字旗,3 面代旗和 1 面回答旗,共 40 面旗子

12. 根据船舶的挂旗常识,下列做法正确的是________。
①船舶抵达国外港口或返航抵达国内第一港时,则检疫锚地锚泊应挂出 Q 旗;②待检疫结束领到进口检疫证,获得无疫证明后,可降下 Q 旗;③船舶到达泊位系泊结束后即可降下船舶

呼号旗、泊位旗和引航旗等;④船舶到达泊位系泊结束后即可降下国旗

A. ①②③　　B. ①②④

C. ①②③④　　D. ①③④

13. 根据船舶挂旗常识,下列叙述正确的是________。

①在极地航行时,应在能看得见的情况下,悬挂相关旗帜;②船舶在进出港或其他必要显示国籍的情况下,国旗及各旗帜的升降时间需要提早或延迟;③船舶所悬挂的国旗应当整洁,不得破损、污损、褪色和不合规格;④海上航行不必悬挂国旗

A. ①②③④　　B. ①②③

C. ①②④　　D. ①③④

14. 根据我国《船舶升挂国旗管理办法》的规定,下列叙述正确的是________。

①悬挂时间,每日早升晚降,恶劣天气除外;②悬挂位置,中国籍船悬挂于船尾旗杆上;③无船尾旗杆的挂于驾驶台信号杆顶部或右横桁;④船舶在公海航行时不需要悬挂国旗

A. ①③④　　B. ①②③

C. ①②④　　D. ①②③④

15. 以下关于通信要素的表示方法,呼号的组成等叙述错误的是________。

A. 呼号包括船舶呼号,是有关当局指定给某个台的一组字母和数字

B. 船舶呼号是船舶所有国政府指定该船的一组字母和数字,常由四个或四个以上的英文字母或数字混合构成

C. 中国呼号为 BAA ~ BZ,3HA ~ 3UZ

D. 数字加 M 表示以英尺为单位的水深

16. 你船在进出港口期间需要引航员应悬挂什么旗号? ________。

A. H　　B. G

C. B　　D. D

17. 在白天你船没有染疫,进港前应悬挂什么旗号? ________。

A. B　　B. D

C. Q　　D. G

18. 白天,在狭水道航行中看到图中某船的挂旗,说明他船________。

A. 希望与你船通信　　B. 有人落水

C. 需要援助　　D. 船上有引航员

19. 白天,在港口看到图中某船的挂旗,说明他船________。

A. 下面有潜水员,请慢速远离他

B. 正在装卸或装运危险货物

C. 需要援助

D. 操纵失灵,请与他通信

20. 船舶在锚地申请检疫时,应悬挂________信号旗。

A. A　　B. B

C. H　　D. Q

21. 有人员落水时,应悬挂________信号旗。

A. G　　B. O

C. H　　D. Q

22. 下列哪些情况下船舶应用适合当时环境和情况的一切有效手段判断是否存在碰撞危险? ________。

①将要靠码头;②刚起锚欲驶往航道;③从事使其偏离航向的能力严重受到限制的作业

A. ①②　　B. ②③

C. ①③　　D. ①②③

参考答案

1. A　2. D　3. A　4. A　5. A　6. D　7. B　8. A　9. B　10. A

11. D　12. A　13. B　14. B　15. D　16. B　17. C　18. D　19. B　20. D

21. B　22. D

项目十二
驾驶台资源管理

学习目标

1. 了解驾驶台资源管理基础。
2. 了解驾驶台组织结构及职责。
3. 掌握驾驶台通信与沟通。
4. 了解领导与决策相关内容。
5. 理解情境意识相关内容。

任务一　了解驾驶台资源管理基础

知识储备

一、基本概念

驾驶台资源管理(Bridge Resource Management,BRM)是船舶向现代化发展和管理进程中所引进的一门新兴学科。它是指协调和利用驾驶台所有人员的技能、知识、经验和驾驶台内外的相关资源,以保障船舶安全生产和提高船舶营运效益。

二、资源分类

1. 人力资源

人力资源涉及船舶安全航行的所有人员，包括船长、引航员、驾驶员、舵工和保证船舶动力、通信和其他相关设备正常工作的其他人，以及他们的技能、能力、知识、潜力以及协作能力。

2. 物质资源

物质资源是指确保船舶正常航行和操作的所需设备、仪器、物品、工具、备件等，如驾驶台的导助航仪器、通信设备、机舱的所有主副机系统、操舵系统等。

3. 信息资源

信息资源是指确保正常航行和操作所需的信息与资料，包括电子海图、AIS、设备操作手册、海图、航海出版物、港口信息、航海通告、航行警告、天气预报等。

4. 其他资源

其他资源涉及确保船舶正常航行和操作需要的时间、空间、技能、经验和与有关部门的合作及支持的程度与广度等。

三、作用与目的

1. 作用

使船舶驾驶人员能更好地转变思想理念，端正工作态度；提高情境意识，及时发现和中止失误链与事故链；注重不同文化意识与背景，保持良好的通信与交流；改进管理作风，提高操纵决策水平和应变能力；执行规章制度与操作程序，确保船舶引航作业的安全。

2. 目的

通过进一步加强安全工作理念的学习与教育，使船舶驾驶人员在正确思想认识的基础上，提高与转变思想认识与理念，端正工作态度，熟悉与掌握一些实用的船舶资源管理的相关知识与方法，进而提高船舶安全管理方面的水平，确保船舶的航行安全。

相关习题

1. 以下关于驾驶台资源管理，说法错误的是________。
   A. 狭义的“资源”是指一切可被人类开发和利用的客观存在
   B. “管理”是指管理者或管理机构在一定范围内，通过由计划、组织、指挥、协调及控制等要素组成的活动，对组织所拥有的资源进行合理配置和有效使用，以实现组织预定目标的过程
   C. 管理是一个过程；管理的核心是达到目标；管理的手段是运用组织拥有的各种资源
   D. 管理是一种以绩效责任为基础的专业职能
2. 对资源的________实质上就是对资源的管理。
   A. 应用和管理　　B. 应用和配置
   C. 整理和配置　　D. 整理和调节
3. 船舶驾驶台资源管理的目的是________。
   ①通过进一步加强安全工作理念的学习与教育；②以便使船舶驾驶人员能在正确思想认识的

基础上，提高与转变思想认识与理念，端正自己的工作态度；③熟悉与掌握一些实用的船舶资源管理的相关知识与方法；④进而提高自己在船舶安全管理方面的水平，确保船舶的航行安全

A. ①②③④　　B. ①②③

C. ①③④　　D. ①②④

4. 船舶驾驶台资源管理的定义是________。

A. 对船舶驾驶台工作环境中的各种可利用资源进行安全评估

B. 妥善管理好驾驶台内的包括仪器设备在内的各种资源，以确保船舶的安全

C. 协调和利用驾驶台所有人员的技能、知识、经验和驾驶台内外的相关资源，以保障船舶安全生产和提高船舶运营效益

D. 充分运用驾驶台内外的有助于船舶航行安全的各种仪器设备

5. 船舶驾驶台组织的作用和原则是________。

①确定完成组织目标所必做的工作；②将工作合理地划分为具有可行性的个人行为；③将组织机制设计成便于协调组织成员工作的统一而且和谐的整体；④提高船员本人工作效率

A. ①②③④　　B. ①②③

C. ①②④　　D. ①③④

6. 驾驶台资源管理的作用和目的包括________。

①改进管理作风；②提高操纵决策水平；③提高应变能力；④提高船舶应急能力

A. ①②　　B. ①②③

C. ③④　　D. ①②③④

7. 驾驶台资源管理的作用和目的包括________。

①提高船舶安全管理水平；②减少人为失误；③确保船舶及其人员安全；④确保货物和环境的安全

A. ①②　　B. ③④

C. ①　　D. ①②③④

8. 驾驶台资源管理的作用和目的包括________。

①端正工作态度；②发挥团队的作用；③保持情境意识；④改进管理作风

A. ①②　　B. ③④

C. ②③④　　D. ①②③④

9. 驾驶台资源管理的作用和目的包括________。

①避免疲劳值班；②充分利用驾驶台资源；③及时发现和中止失误链与事故链；④保持良好的通信与交流

A. ①②　　B. ③④

C. ②③④　　D. ①②③④

10. 船舶驾驶台资源管理的作用是使船舶驾驶员能更好地做到以下各点________。

①注重不同文化意识与背景，保持良好的通信与交流；②改进管理作风，提高操纵决策水平和应变能力；③执行规章制度与操作程序，确保船舶引航作业的安全；④提高船员的工作技能和业务能力

A. ①②③④　　B. ①②③

C. ①②④　　　　D. ①③④

11. 船舶驾驶台资源中的物质资源是指________。

①涉及确保船舶本身正常航行和操作所需的设备、仪器、物品、工具备件等；②也包括船舶靠离泊作业过程中所需要的拖船或带缆艇等；③特指操纵设备；④特指确保安全的航海仪器

A. ①②③④　　　　B. ①②④

C. ①②　　　　D. ①③④

12. 船舶驾驶台资源管理的内容主要包括________。

①分析人为失误和船舶事故的发生与预防之间的关系；②注意多元文化意识对船舶安全工作的影响；③阐述情境意识对船舶航行安全的作用；④提高和增进船员工作技能

A. ①②③　　　　B. ①③④

C. ①②③④　　　　D. ①②④

13. 驾驶台资源的优先排序为________。

A. 物质资源、人力资源、信息资源、其他资源

B. 其他资源、物质资源、信息资源、人力资源

C. 船员资源、信息资源、物质资源、其他资源

D. 人力资源、物质资源、信息资源、其他资源

14. 船舶驾驶台资源中的物质资源包括________。

①导航设备；②助操的拖船；③带缆艇；④车舵

A. ①②④　　　　B. ①③④

C. ①②③　　　　D. ①②③④

15. 驾驶台资源可分为内部资源与外部资源，其中外部资源包括________。

①陆上有关支援系统；②港口支援系统；③航运公司支援系统

A. ①②　　　　B. ①③

C. ①②③　　　　D. ②③

16. 根据船舶驾驶台资源的优先排序，下列哪项是最重要的？________。

A. 人力资源　　　　B. 信息资源

C. 物质资源　　　　D. 其他资源

17. 船舶驾驶台资源管理的作用是使船舶驾驶员能更好地做到________。

①转变思想理念，端正工作态度；②提高情境意识，及时发现和中止失误链与事故链；③注重不同文化意识与背景，保持良好的通信与交流；④改进管理作风，提高操纵决策水平和应变能力；⑤执行规章制度与操作程序，确保船舶引航作业的安全；⑥提高船员的工作技能和业务能力

A. ①②③④⑤⑥　　　　B. ①③④⑤⑥

C. ①②④⑤⑥　　　　D. ①②③④⑤

18. 驾驶台资源包括________。

①人力资源；②物质资源；③信息资源；④其他资源

A. ①②　　　　B. ③④

C. ①②③　　　　D. ①②③④

19. 从驾驶台资源管理的角度，人力资源包括________。

①船长；②驾驶台值班人员；③轮机值班人员；④他船驾驶台值班人员

A. ①②　　B. ①②③

C. ①②④　　D. ①②③④

20. 船舶驾驶台资源管理中的人力资源是指涉及船舶安全航行的所有人员，包括________。

①船长；②引航员；③船舶驾驶员；④舵工；⑤保证船舶动力、导航和其他相关设备正常工作的其他人员

A. ①②③④⑤　　B. ①③④⑤

C. ①②④⑤　　D. ①②③⑤

21. 信息资源是指涉及确保船舶本身正常航行和操作所需要的信息与资料，包括________等。

①电子海图、AIS；②命令簿、操作手册、使用指导书；③海图、航次计划、航海出版物；④港口信息；⑤日常工作计划书

A. ①②③④⑤　　B. ①②③④

C. ①③④⑤　　D. ①②④⑤

任务二　了解驾驶台组织结构及职责

知识储备

一、船长

(1)全面负责船舶的安全航行、生产运营、人员管理等所有事务，是船舶的最高负责人。

(2)制订航行计划，根据船舶任务、航线情况、气象条件等因素，确定最佳航行方案，并指挥船员执行。

(3)负责船舶与港口、海事部门、公司等外部机构的沟通协调，处理各种业务往来和相关事务。

(4)在船舶遭遇紧急情况，如恶劣天气、碰撞、火灾等时，担任应急总指挥，组织和指挥船员采取有效的应急措施，保障船舶、人员和货物的安全。

二、大副

(1)是船长的主要助手，在船长因故不能履行职责时，代行船长职责。

(2)负责甲板部的日常工作，包括货物装卸、船舶保养、人员管理等。

(3)制订并执行甲板部的工作计划，组织船员进行船舶的除锈、油漆、设备维护等保养工作。

(4)监督货物的装卸过程，确保货物的积载合理、绑扎牢固，符合运输要求和安全规定。

(5)负责编制航海日志、货物记录簿等甲板部相关的文件和记录。

三、二副

(1)主要负责船舶的航海仪器设备的管理和维护,确保其正常运行。

(2)协助船长制订航行计划,绘制航线图,计算航程和航时,提供准确的航海资料。

(3)负责管理和更新海图、航海图书资料,及时接收和处理航海通告、航行警告等信息,确保船舶航行资料的准确性和时效性。

(4)在航行中,负责驾驶台的值班工作,按照船长的指示和航海规则,操纵船舶,保持正确的航向和航速,密切关注周围的船舶动态和航行环境,及时发现和处理各种情况。

四、三副

(1)负责船舶的救生、消防设备的管理和维护,定期检查和保养这些设备,确保其处于良好的备用状态。

(2)制订救生、消防设备的操作规程和演练计划,并组织船员进行演练,提高船员的应急反应能力。

(3)在船舶靠离泊、进出港等操作时,协助船长和引航员进行指挥,负责瞭望和传达指令等工作。

(4)负责管理驾驶台的通信设备,确保船舶与外界的通信畅通,及时接收和发送各种信息。

五、值班水手

(1)在驾驶员的指挥下,负责操舵工作,按照指令准确地操纵船舶的航向,保持船舶稳定航行。

(2)协助驾驶员进行瞭望,观察海面情况,及时发现周围的船舶、障碍物、浮标等,向驾驶员报告相关信息。

(3)负责驾驶台的清洁卫生工作,保持驾驶台的整洁和良好的工作环境。

(4)在船舶靠离泊、抛起锚等作业时,协助水手长进行相关的操作,如系解缆绳、抛锚等工作。

六、引航员

(1)引航员是具备专业引航知识和技能的人员,在船舶进出港口、通过狭窄水道、复杂水域或靠离码头时,受港口当局或船舶公司的委派,登上船舶引领船舶航行。

(2)熟悉港口的航道、水文、气象等情况,根据船舶的类型、吃水、载货量等因素,制定合理的引航方案,确保船舶安全、顺利地进出港口和靠离码头。

(3)在引航过程中,引航员对船舶的操纵拥有指挥权,但船长仍然对船舶的安全负有最终责任。引航员与船长、驾驶员等密切配合,共同完成引航任务。

(4)不同类型和吨位的船舶,驾驶台的组织结构和人员配备可能会有所不同,但总体上都遵循类似的职责分工原则,以保障船舶的安全航行和正常运营。

相关习题

1. 引航期间,需要沟通的船舶在引航状态下的航行计划包括________。
①哪一舷靠泊,怎么带缆;②需要几个拖船,如何带;③是否需要掉头;④何时何地下引航员,哪舷放梯子
A. ①②③④　　B. ①②④
C. ①②③　　D. ③④
2. 船舶进出港及在港期间的安全操纵与控制包括哪些第三方的良好合作? ________。
①引航员;②拖船;③带缆工;④装卸工;⑤船舶供应商
A. ①②③④⑤　　B. ①②③④
C. ①②④⑤　　D. ①③④⑤
3. 属于直线式的船舶组织的优点是________。
A. 专业分工明确　　B. 强化横向联系
C. 能发挥专家的作用　　D. 指挥灵活
4. 下列说法正确的是________。
①组织是指管理者对组织内部人力和物力资源的协调;②组织的突出表现在对大量资源的合理调配进而达到其目标的能力;③组织的工作越是统一和协调,效率也就越高;④组织是指具有不同志向和意愿的人群的集群
A. ①②③④　　B. ①②④
C. ①③④　　D. ①②③
5. 工作前的安排说明是团队内部交流的一个重要方式,其特点是________。
①这种说明是公开的、友好的,并能在驾驶台团队工作中产生积极影响;②说明和公布建立的标准和指南,与驾驶台团队检查计划,识别薄弱的环节,以营造有效的工作氛围;③征求建议,总结共同达成的合成计划查核理解情况,制定监督指南获得承诺;④监督合成计划的进展,评估进展情况,必要时修改、更新计划
A. ①②③④　　B. ①②④
C. ①③④　　D. ①②③
6. 船舶人员可分为________。
A. 管理级、操纵级、支持级　　B. 指挥级、操纵级、支持级
C. 管理级、操作级、支持级　　D. 领导级、操作级、支持级
7. 在团队工作的三环模式中,班组或团队领导必须保证________。
①能有效和高效地执行任务;②能维持班组或团队为一个整体;③每个组员都可以得到相应的支持;④每个组员都可以得到相应的提升
A. ①②③④　　B. ①③④
C. ①②④　　D. ①②③
8. 一个完整的团队是有众多的角色的,优秀的团队是由下列哪种角色构成的? ________。
①信息者;②评论者;③监督者;④凝聚者;⑤完美者
A. ①②③④⑤　　B. ①②③④

C. ①②④⑤　　D. ①③④⑤

9. 驾驶台团队协作应努力做到________。

①船舶团队工作人员应能临时与第三方进行良好合作;②船舶团队工作人员要防止任何人孤立地工作;③每一成员都需要充分利用自己的才能和技巧来完成既定的共同目标;④任何时候,船长在确定工作目标时应自行决断并自行制订详细的计划;⑤船舶团队工作人员能够提出自己的观点、发表意见与评论

A. ②③④⑤　　B. ①③④⑤

C. ①②④　　D. ①②③⑤

10. 船舶进出港时的驾驶台团队工作主要有________。

①船长应在驾驶台,轮机长应在机舱亲自指挥;②值班人员均应认真执行体系文件的各项规定,切实履行各自的职责;③值班驾驶员应协助船长做好安全航行工作;④二副应将航海资料准备妥当以备 PSC 检查

A. ①②③④　　B. ①②③

C. ①③④　　D. ①②④

11. 团队形成的基本要素包括________。

A. 成员有着共同的目标、成员具有鲜明个性、成员具有团队意识、成员具有爱心

B. 成员有着共同的目标、成员之间相互依赖、成员具有自我意识、成员具有责任心

C. 成员有着共同的目标、成员之间相互依赖、成员具有团队意识、成员具有爱心

D. 成员有着共同的目标、成员之间相互依赖、成员具有团队意识、成员具有责任心

12. 船舶在制作引航卡时,应将最重要的信息打印在引航卡的________部位。

A. 最后面　　B. 最前面或最后面

C. 最前面　　D. 中间

13. 团队领导者是________。

①对外联络官;②困难处理专家;③冲突管理者;④教练员

A. ①②③④　　B. ①②③

C. ①③④　　D. ②③④

14. 团队领导应当好下列哪些角色? ________。

①对外联络官;②困难处理专家;③利益保护者;④教练员

A. ①②③　　B. ①②

C. ①②④　　D. ①②③④

15. 船舶驾驶台资源管理所涉及的组织属于________。

A. 具有共同情感的正式组织　　B. 具有协作关系的非正式组织

C. 具有协作关系的正式组织　　D. 具有共同情感的非正式组织

16. 从驾驶台资源管理的角度,驾驶台团队的作用包括________。

①促使每位成员履行职责;②消除个人失误造成灾难的危险;③保持驾驶台团队具有良好的情境意识;④培养和训练团队新成员

A. ①②③　　B. ②④

C. ①③④　　D. ①②③④

17. 关于团队的特点，下列说法错误的是________。

A. 团队领导应该是精英，必须能独当一面

B. 团队成员有着共同的目标，为了完成这一目标，成员之间彼此合作，这是构成和维持团队的基本条件

C. 团队成员之间分工不同，能有效地领导，但每个人又都为了实现共同的目标而承担着一定的责任

D. 团队成员具备实现目标所必需的技术和能力，而且相互之间有能够良好合作的个性品质，从而能够出色完成任务

任务三　掌握驾驶台通信与沟通

知识储备

驾驶台通信与沟通至关重要，它直接关系到船舶的航行安全和运营效率。以下是关于驾驶台通信与沟通的一些重要方面：

一、通信设备及使用

1. 甚高频无线电话(VHF)

甚高频无线电话(VHF)用于船舶之间、船舶与岸台之间的近距离语音通信。在不同的频道上有不同的用途，如16频道是国际遇险与安全呼叫频道，船舶在航行中应保持守听。使用时要注意语言简洁明了，准确传达信息，包括船名、位置、航向、航速以及所面临的情况等。

2. 卫星通信系统

卫星通信系统包括国际海事卫星组织(Inmarsat)系统等，可实现全球范围内的语音、数据通信。能用于船舶与公司总部、岸基救援中心等的远程通信，如发送船舶的实时位置、接收气象预报、传达重要指令等。

3. 数字选择性呼叫(DSC)系统

数字选择性呼叫(DSC)系统是一种用于船舶之间和船舶与岸台之间的自动呼叫和信息传输系统。可以快速准确地发送和接收遇险报警、安全呼叫以及常规呼叫等信息，能够自动识别呼叫方和被呼叫方的身份和位置。

4. 船舶内部通信系统

船舶内部通信系统包括电话、对讲机、广播系统等，用于驾驶台与机舱、船首、船尾以及其他各工作区域之间的即时通信，确保船舶内部各部门之间的协调配合。例如，驾驶台通过电话向机舱传达主机变速、换向等指令，通过广播系统向全体船员发布紧急通知。

二、沟通方式与技巧

1. 与船员沟通

驾驶台人员要清晰、明确地向船员传达指令，避免使用模糊或容易产生歧义的语言。同时，要善于倾听船员的反馈，鼓励他们及时报告发现的问题或异常情况。例如，在船舶靠泊操作时，驾驶员要准确地向水手传达系缆、解缆的时机和要求，并且关注水手的操作情况，及时给予指导和确认。

2. 与其他船舶沟通

在与其他船舶进行通信时，要遵循《国际海上避碰规则》和相关的通信规范。使用标准的航海术语和呼号，礼貌、准确地告知对方本船的动态和意图，协商会遇、避让等事宜。例如，在交叉相遇局面中，通过 VHF 告知对方本船的航向、航速以及打算采取的避让行动。

3. 与岸台沟通

与岸台通信时，要按照规定的程序和格式进行。准确报告船舶的位置、目的港、货物情况等信息，接收岸台提供的导航信息、港口交通管制指令等。如进港前，向港口管制中心报告船舶的预计到达时间、吃水等信息，以便岸台安排引航员和泊位。

4. 与引航员沟通

引航员登船后，驾驶台团队要与引航员进行充分的沟通。向引航员介绍船舶的操纵特性、设备状况等信息，同时了解引航员的引航计划和要求，密切配合引航员的工作。例如，告知引航员船舶的舵机响应时间、主机加速性能等，以便引航员在操纵船舶时做出准确判断。

三、沟通中的注意事项

1. 语言规范

使用标准的航海英语或双方都能理解的语言进行沟通，避免使用方言、俚语或随意简化的表达方式。对于关键信息，如船名、位置、航向、时间等，要重复确认，确保准确无误。

2. 信息准确

提供的信息要真实、准确、完整，避免误报或漏报。在紧急情况下，更要保持冷静，准确传达关键信息，以便各方能够及时采取有效的应对措施。

3. 保持礼貌

无论是与内部船员还是外部机构人员沟通，都要保持礼貌和尊重。良好的沟通氛围有助于提高沟通效果，避免因情绪问题而引发误解或冲突。

4. 记录与存档

对重要的通信内容，如遇险报警、与岸台的重要指令往来等，要进行记录和存档。这不仅有助于后续的事故调查和责任认定，也可为船舶的运营管理提供参考依据。

相关习题

1. 有效沟通的原则之一是使用标准回话，对此下列说法正确的是________。

①通信使用的语言既要表达清楚又要标准；②外部通信沟通应使用英语；③船内通信和沟通应

使用团队成员通用的工作语言；④船舶与船舶之间，船舶与岸站之间的通信应使用《IMO 标准航海通信用语》

A. ①③④　　B. ①②④

C. ②③④　　D. ①②③

2. 船舶外部通信的有关方是________。

①VTS；②引航站；③代理公司；④船公司；⑤船位报告系统

A. ①②③④⑤　　B. ①②③④

C. ②③④⑤　　D. ①②③⑤

3. 船舶内部通信主要是________。

①与机舱间的通信；②与报房间的通信；③与船首、船尾的通信；④与机舱间的通信；⑤船舶广播系统，船舶报警系统，驾驶台/机舱间/泊位间通信

A. ①②③④⑤　　B. ①②③④

C. ①②③⑤　　D. ①③④⑤

4. 改进船舶通信与沟通障碍的措施主要有________。

①实际采用物理方法降低噪声；②通过资源管理避免精神不振；③设计改善设备的物理处所；④使用共同语言，加强语言技能培训，使用标准航海用语，增强文化意识；⑤合理安排工作时间以减少压力和疲劳

A. ①②④⑤　　B. ①③④⑤

C. ①②③④⑤　　D. ①②③④

5. 重要的船上的沟通方式有________。

①船上会议；②简要提示/总结报告；③值班命令；④通函、公告、海报、符号和标签；⑤航海通告，无线电警报信息等

A. ①②③⑤　　B. ①②③④⑤

C. ②③④⑤　　D. ①②③④

6. 以下为外部通信的是________。

①与船舶交管中心的通信，与引航站的通信；②与代理、船公司、船位报告系统；③与船舶交管站和港口当局的通信

A. ②③　　B. ①②

C. ①②③　　D. ①③

7. 下列哪项不属于外部通信？________。

A. 与船舶交管中心的通信　　B. 与代理的通信

C. 值班命令　　D. 与引航站的通信

8. 通信与沟通存在障碍时，改进措施包括________。

①通过资源管理避免精神不振；②使用标准航海用语；③使用共同语言；④通过各种反馈途径来检验沟通的有效性

A. ①②③④　　B. ①②

C. ①②③　　D. ①②④

9. 有效沟通的原则是________。

①准确、清晰、使用标准词语/短语;②使用标准程序;③提高听力技巧;④进行有效反馈

A. ①②③　　B. ①②③④

C. ①②④　　D. ①③④

10. 船舶与外部通信的要点是________。

A. 保持交流简短准确,把多余的交流降到最少

B. 尽量全面详细准确,把要说明的事情反复说清,以免误解

C. 使用标准航海用语,尽量详细说明你的通信意图

D. 使用你的工作语言,尽量详细说明你的通信意图

11. 关于有效沟通的原则,下列叙述不正确的是________。

A. 发出指令、接收指令和确认指令是标准的沟通程序

B. 沟通过程中,为确保接收者能够正确地理解,要求尽量地详细、全面和完整

C. 在传递信息前,发送者要针对沟通目的收集相关的内容和信息,避免对时间和精力的浪费

D. 发送者在接到复述者的回答后,应予以确认,如有错误要立即予以更正

12. 下列对通信方式的叙述不正确的是________。

A. 船上会议、夜航命令、广播系统、VHF 等都可作为内部通信的手段

B. 在船引航员与船长的充分交流属于外部通信

C. 船长与引航站的通信属于外部通信

D. 船长与本船船东的通信属于外部通信

13. 通信与沟通的主要障碍有________两大类。

A. 噪声障碍与语言障碍　　B. 精神涣散与语言障碍

C. 物理障碍与人为障碍　　D. 设备的物理处所障碍与人为障碍

14. 通信与沟通的人为障碍包括________。

①语言和声音;②肢体语言和词语选择;③职位、背景、偏听;④压力、疲劳

A. ①②③④　　B. ①②④

C. ①③④　　D. ①②③

15. 船舶内部通信的主要手段是________。

①口头;②电话;③对讲机;④电报

A. ①②③④　　B. ①②③

C. ①②④　　D. ①③④

16. 书面语言是一种通信和沟通方式,关于其优点,下列说法正确的是________。

①能及时反馈;②适于传达复杂和难记的资料;③能准确表达内容,内容正规;④可复查

A. ②③④　　B. ①③④

C. ①②④　　D. ①②③

17. 口头语言是一种通信和沟通方式,其特点包括________。

①节省时间;②交流方便,可以辅以非语言沟通技巧;③难以长时间保留查看;④受外界影响严重

A. ②④　　B. ①②③④

C. ①②③　　D. ③④

18. 引航员引领船舶操纵时，关于驾驶台通信程序，正确的是________。

①引航员发令，船长必须明确认同；②引航员发令，船长沉默，视为同意；③引航员发令，船长沉默，驾驶员或舵工回复并执行引航员命令；④引航员发令，船长发令不认同，执行船长命令

A. ②③　　B. ③④

C. ②③④　　D. ①④

19. 为了完成有效的驾驶台通信与沟通，应________。

①明确通信与沟通目的；②选择有效的沟通方式；③使用标准的通信与沟通程序；④使用俗语或通用词语

A. ①②③　　B. ①②④

C. ①③④　　D. ①②③④

20. 船舶通信中会用的标准程序为________。

A. "发令者→传达→接受者→反馈→发令者"的闭环过程

B. "发令者→传达→接受者"的开环过程

C. "发令者→传达→接受者→反馈→发令者→传达→接受者"的冗余闭环过程

D. "发令者→接受者→发令者→接受者→发令者"的冗余闭环过程

21. 船上重要的沟通方式不包括下列哪项？________。

A. 船上会议　　B. 简要提示

C. 值班命令　　D. 电传

22. 船舶通信的特点是________。

A. 简单明了，通俗易懂

B. 方式多种多样，差异很大

C. 没有语言障碍，容易领会彼此的意思

D. 使用一种语言，方便沟通

23. 船舶通信通常可分为________。

①内部通信；②外部通信；③手语通信；④语音通信

A. ①②③④　　B. ①②④

C. ①③④　　D. ①②

任务四　了解领导与决策

知识储备

在船舶驾驶台的工作中，领导与决策是至关重要的环节，直接关系到船舶的安全航行和任务的顺利完成。以下是相关的具体内容：

一、领导的作用与职责

1. 目标设定与规划

船长作为驾驶台团队的领导者，要根据船舶的任务、航线特点以及公司的要求，设定明确的航行目标，并制订详细的航行计划。这包括确定合理的航线、预计航行时间、安排中途停靠点等，确保船舶能够安全、高效地到达目的地。

2. 团队管理与协调

领导要负责驾驶台团队的人员管理，包括船员的分工、培训、考核等。要根据船员的技能和经验，合理分配工作任务，确保每个岗位都有合适的人员承担。同时，要协调团队成员之间的工作关系，促进良好的沟通与协作，形成一个紧密团结、高效运作的团队。例如，在船舶靠离泊操作时，船长要协调大副、二副、三副以及水手等各岗位人员的工作，确保每个环节都能紧密配合，顺利完成操作。

3. 激励与引导

领导者要善于激励船员，提高他们的工作积极性和责任心。通过表扬、奖励等方式，肯定船员的工作成绩，激发他们的工作热情。同时，要在团队中树立正确的价值观和工作态度，引导船员遵守规章制度，严格执行操作规程，确保船舶的安全运营。

二、决策的过程与要点

1. 信息收集与分析

在做出决策之前，领导者需要收集全面、准确的信息。这包括船舶的当前位置、航向、航速、设备运行状况、气象条件、海况、周围船舶的动态等。对这些信息进行仔细分析，评估各种因素对船舶航行的影响，为决策提供依据。例如，在遇到恶劣天气时，船长要综合考虑天气预报、船舶的抗风能力、附近可供避风的港口等信息，来决定是继续航行还是寻找避风场所。

2. 方案制定与评估

根据信息分析的结果，制定多个可行的决策方案。然后对每个方案进行评估，考虑其优缺点、风险程度以及对船舶和人员的影响等。例如，在选择航线时，可能有不同的备选方案，需要评估每个方案的航程长短、航行难度、潜在风险等因素，选择最适合当前情况的方案。

3. 决策执行与监控

一旦做出决策，就要迅速组织船员执行。在执行过程中，领导者要密切监控决策的实施效果，及时发现问题并进行调整。例如，在船舶按照既定航线航行时，要不断关注船舶的实际航行情况，如发现航向偏离或出现其他异常情况，要及时采取措施进行纠正。

三、领导与决策中的关键能力

1. 专业知识与经验

领导者必须具备扎实的航海专业知识，包括船舶操纵、航海气象、海图作业、船舶安全管理等方面的知识。丰富的航海经验也非常重要，能够帮助领导者在复杂的情况下迅速做出正确的判断和决策。

2. 判断力与决断力

在面对各种复杂情况和不确定因素时，领导者要有敏锐的判断力，能够准确把握问题的关键，迅速做出决断。不能犹豫不决，以免错过最佳的决策时机，导致危险情况的发生。

3. 沟通与协调能力

领导与决策过程中需要与船员、岸基人员、其他船舶等进行广泛的沟通与协调。良好的沟通能力能够确保信息的准确传递和理解，协调各方利益，为决策的实施创造有利条件。

相关习题

1. 在船舶生产实践中，根据做出决策所处情况不同，可将决策分为________。
①紧急决策；②一般决策（短期决策）；③日常决策（长期决策）
A. ①②③　　B. ②③
C. ①②　　D. ①③

2. 下列哪些不属于法定权力？________。
A. 在组织中担任某种职务而获得的权力
B. 职务规则赋予领导部门的权力
C. ISM 规则要求船公司必须明确船长的绝对权力
D. 基于专业知识、技术或特殊技能的影响力

3. 激励船员的举措有________。
①运用目标激励；②奖励与绩效挂钩；③表扬先进，鞭策后进；④健全劳务费分配制度
A. ①②④　　B. ①②③④
C. ①②③　　D. ①③④

4. 在实际工作中，领导者应尽可能避免哪些领导风格？________。
①单一命令型；②指示型；③参与型；④完全委托型
A. ①④　　B. ②③
C. ①②　　D. ②④

5. 决策过程包括以下步骤，说法错误的是________。
A. 决策的目的是实现和达到一定的目标
B. 明确决策的目的后，就必须根据决策的要求，详尽地收集相关的资料与信息
C. 决策的本质和最终的工作是选择对策
D. 决策者决定应对方案，无须考虑其他人员

6. 决策过程包括以下哪些步骤？________。
①明确决策的必要性；②明确决策的目的；③收集决策所需资料；④拟定决策的方案；⑤选择最终的对策；⑥实施应对方案
A. ①②③④⑤⑥　　B. ②③④⑤⑥
C. ①③④⑤⑥　　D. ①②③④⑥

7. 领导者在工作中应采用哪种类型的工作方式？________。
①民主与激励型；②榜样型与教育型；③专制型和放任型；④制度与原则型

A. ①②④　　B. ②③④
C. ①③④　　D. ①②③④

8. 以下关于决策的概念,最确切的是________。
A. 决策是指人们在工作中为实现某种最优化目标而决定选择最佳行动方案的一种活动
B. 决策是人们根据工作的要求做出决定的一种活动
C. 决策是指人们在工作中为实现目标而选择行动方案的一种活动
D. 决策是指人们在工作中决定采取某种行动

9. 在制定船舶短期决策过程中,应避免如下哪种情况?________。
A. 充分评估决策信息的质量,确认其相关性和精度,注意到可能影响到决策的已遗漏信息
B. 时间允许时,驾驶台团队成员共同参与决策,并一同参与执行决策的过程
C. 时间紧迫时,船长可在适当了解和征求相关人员意见的基础上尽快做出决断
D. 条件一旦紧急变化,驾驶台团队成员必须等船长做出新的决策后才能随之改变和更新计划

10. 在紧急情况下的决策应________。
①沉着冷静;②果断及时;③反复征求团队人员的意见;④与团队全体成员共同商定
A. ①②　　B. ②③
C. ②④　　D. ①③

11. 为了保证决策的正确性和可行性,管理者在决策中应防止________。
A. 决策前明确目的、注重团队协作和资料收集
B. 决策时沉着及时、仔细考虑和准备好替代方案
C. 决策后监督进程、认真评估进程和改进决策拟定决策的方案
D. 管理者完全根据本人的判断来做出相应的决策

12. 领导者在工作中应摒弃下列哪种类型的工作方式?________。
A. 运用物质激励的管理方式,创造职工积极向上的氛围
B. 通过自己以身作则、率先示范的行动来领导和带动下属职工
C. 将工作任务与问题交付下属人员处理,自己不愿多加过问,也不想多担负工作的责任
D. 要求下属职工必须严格按照规章制度加以执行

13. 领导者应具备哪些基本要求?________。
①责任性与权威;②诚实与正直;③独特的个性;④相关知识与能力
A. ①②③④　　B. ①②④
C. ①③④　　D. ②③④

14. 船舶驾驶台组织形式属于________。
A. 直线式　　B. 职能式
C. 直线职能式　　D. 矩阵式

15. 船舶领导的非权力性影响力由哪些因素构成?________。
①品格因素;②能力因素;③知识因素;④情感因素
A. ②③④　　B. ①③
C. ①②　　D. ①②③④

16. 有效的激励船员的方法包括________。

①尽可能满足船员的合理需求;②尽可能结合船员特点分配工作;③确保检查体制的公平;④过于考虑事故后果的表象,严厉采用惩罚措施

A. ①②③④　　B. ①③④

C. ①②③　　D. ②③④

17. 有效的激励船员的方法包括________。

①合理运用目标激励;②满足船员的合理需求;③落实奖励与绩效挂钩;④分配工作时无须结合船员能力的特点

A. ①②③④　　B. ①③④

C. ①②③　　D. ②③④

18. 船舶管理者在决策后应依次注意________。

A. 评估进程、监督进程、改进决策　　B. 监督进程、评估进程、改进决策

C. 改进决策、监督进程、评估进程　　D. 评估进程、改进决策、监督进程

19. 领导的作用主要包括________。

①指挥作用;②协调作用;③个人作用;④激励作用

A. ①②③④　　B. ①②④

C. ①③④　　D. ②③④

20. 船舶管理者在决策前应注意________。

A. 明确决策的目的、加强团队协作、认真收集资料

B. 明确决策的必要性、加强团队协作、认真收集资料

C. 明确目的、加强团队协作、拟定决策方案

D. 明确目的、加强团队协作、实施决策

21. 决策的主要类型包括________。

①紧急情况下的决策;②一般情况下的决策;③随意情况下的决策;④日常工作中的决策

A. ①②③　　B. ①②④

C. ②③④　　D. ①③④

22. 决策应具有以下哪些特点?________。

①决策必须具有明确的目标性;②决策必须具有绝对的确定性;③决策必须具有一定的可行性;④决策必须具有唯一的选择性

A. ①②　　B. ②④

C. ①③　　D. ③④

23. 决策应具有以下哪些特点?________。

①决策必须具有一定的超前性;②决策必须具有绝对的确定性;③决策必须具有一定的可行性;④决策必须具有若干方案的选择性

A. ①②　　B. ②③

C. ①③④　　D. ③④

24. 决策时最重要的是________。

A. 确认决策的必要性和明确决策的目的

B. 收集决策的资料

C. 拟定决策的方案

D. 选择最终的对策和对决策的实施

25. 船舶的领导力包括________。

①法定权力;②强制权力;③奖赏权力;④专家权力

A. ①②③④　　B. ①③④

C. ①②③　　D. ②③④

26. 领导力取决于________。

①领导者的职权;②领导者本身的素质;③被领导者群体和个体状况

A. ②　　B. ①

C. ①②　　D. ①②③

27. 船长作为船舶领导,具有的法定权力包括________。

①开船决策权;②弃船决策权;③船舶安全和防污染管理的绝对权力;④安排值班

A. ①③　　B. ③

C. ①②③　　D. ①②③④

28. 船舶领导具有的专家权力体现在________。

①专业知识;②技术水平;③特殊技能;④资历经验

A. ①　　B. ①②

C. ①②③　　D. ①②③④

29. 日常工作的决策要求________。

①迅速;②果断;③正确;④遵守惯例

A. ①③　　B. ①②③

C. ③④　　D. ①②③④

30. 紧急情况下的决策要求________。

①迅速;②果断;③正确;④遵守惯例

A. ①③　　B. ①②③

C. ②③④　　D. ①②③④

31. 领导者应具备的基本要求包括________。

①确立目标、解决问题和正确决策的智慧;②巧妙的沟通能力;③敏锐的观察能力;④绝对的自信

A. ①②③　　B. ①②④

C. ①③④　　D. ②③④

32. 面临困境或者危急关头,________领导往往非常果断,常能发挥速战速决的作用。

A. 民主型　　B. 教育型

C. 专制型　　D. 放任型

33. 船舶管理者在决策时可能面对的条件有________。

A. 确定性与不确定性、风险性与保险性

B. 确定性、不确定性、风险性

C. 不确定性与保险性

D. 风险性与保险性

34. 在面对决策的确定性时,船舶管理者可以做出________的决策。

A. 较精确的　　B. 不够精确的

C. 有较大风险的　　D. 无任何风险的

任务五　理解情境意识

知识储备

情境意识是指在特定环境中,个体对周围环境要素的感知、理解以及对未来状态的预测能力。在船舶驾驶台工作中,情境意识尤为重要,它是保障船舶安全航行的关键因素之一。以下是对船舶驾驶台情境意识的详细理解:

一、情境意识的构成要素

1. 感知

感知指驾驶台团队成员对船舶自身状态、周围环境以及各种相关信息的察觉和获取。它包括船舶的位置、航向、航速、设备运行状况,以及天气、海况、附近其他船舶的动态等信息。例如,驾驶员通过雷达、电子海图等设备感知船舶周围的交通状况,通过气象预报了解天气变化趋势。

2. 理解

理解是指在感知的基础上,对所获取信息进行分析、整合和解读,明白其含义和潜在影响。例如,当发现前方有一艘船正在靠近时,驾驶员需要理解该船的航向、航速以及与本船的相对位置关系,判断是否存在碰撞危险。同时,还要考虑到当前的天气和海况等因素对两船操纵的影响。

3. 预测

根据感知和理解的信息,对船舶未来的状态和周围环境的变化趋势进行预测。例如,根据当前的风向、风速以及船舶的航向、航速,预测船舶在接下来一段时间内的位置变化,以及是否会遭遇恶劣天气等情况。通过预测,驾驶台团队可以提前做好准备,采取相应的措施来应对可能出现的问题。

二、情境意识的重要性

1. 保障航行安全

良好的情境意识能够帮助驾驶台团队及时发现潜在的危险,如碰撞风险、搁浅风险等,并采取有效的措施进行预防和应对,从而保障船舶和人员的安全。例如,在能见度不良的情况下,驾驶员通过加强对雷达等设备的观测,保持高度的情境意识,能够及时发现附近的船舶,避免发生碰撞事故。

2. 提高决策质量

情境意识为驾驶台团队的决策提供了准确的依据。在做出决策之前，团队成员需要对当前的情境有清晰的认识，包括船舶的状态、周围环境的情况以及各种可能的变化趋势。只有这样，才能制定出合理、有效的决策方案。例如，在选择避碰行动时，驾驶员需要根据当时的情境意识，综合考虑两船的速度、距离、相对位置以及周围的水域环境等因素，选择最佳的避让措施。

3. 促进团队协作

在船舶驾驶台工作中，团队成员之间需要密切协作，共同完成各项任务。情境意识有助于团队成员之间的信息共享和沟通，使每个人都能了解团队的整体情况，明确自己的职责和任务。例如，在船舶靠泊过程中，驾驶台团队成员通过保持良好的情境意识，能够清楚地知道各自的工作内容，如引航员的指挥、驾驶员的操舵、水手的系缆等，从而相互配合，顺利完成靠泊作业。

三、影响情境意识的因素

1. 疲劳

船员长时间工作或睡眠不足会导致疲劳，影响其感知、理解和预测能力，降低情境意识。例如，疲劳的驾驶员可能会错过雷达上的重要目标，或者对船舶的航行状态判断失误。

2. 压力

在紧急情况或复杂的工作环境下，船员可能会面临较大的压力，这也会干扰他们的思维和判断，影响情境意识。例如，在船舶遭遇恶劣天气或面临碰撞危险时，船员可能会因为紧张而无法准确地分析情况，做出错误的决策。

3. 经验不足

缺乏航海经验的船员可能对一些复杂的情境缺乏足够的认识和理解，难以准确地感知潜在的危险，也无法做出合理的预测。例如，新船员可能不熟悉某些特殊水域的航行规则和特点，容易忽视一些重要的安全因素。

4. 设备故障

船舶上的导航设备、通信设备等出现故障，会影响船员获取信息的能力，进而降低情境意识。例如，如果雷达出现故障，驾驶员就无法及时掌握周围船舶的动态，增加了发生碰撞事故的风险。

四、培养和提高情境意识的方法

1. 加强培训教育

通过开展专业培训课程和案例分析，提高船员对情境意识的认识和理解，教授他们如何正确地感知、理解和预测各种情境信息。例如，组织船员学习航海气象知识、船舶操纵技巧以及避碰规则等，使他们能够更好地应对不同的航行情况。

2. 制定标准操作程序

建立完善的标准操作程序和检查清单，规范船员的工作流程和行为，确保他们在操作过程中不会遗漏重要的信息和环节。例如，在船舶进出港、靠离泊等关键操作中，严格按照标准程序进行检查和操作，有助于提高情境意识。

3. 加强团队协作

鼓励驾驶台团队成员之间的信息共享和沟通，及时交流各自获取的信息和发现的问题，共同分析和解决问题。例如,在驾驶台设立专门的信息通报制度,要求船员在发现重要情况时及时向其他成员报告,以便大家共同掌握船舶的整体情况。

4. 定期进行情境意识评估

通过模拟演练、实际操作评估等方式,定期对船员的情境意识进行检查和评估,发现问题及时进行纠正和改进。例如,组织船舶进行应急演练,观察船员在演练过程中的表现,评估他们的情境意识水平,针对存在的问题进行有针对性的培训和指导。

相关习题

1. 船舶驾驶员个人的情境意识包括________。

①对情况的适应程度;②对情况的熟悉程度;③领导能力;④管理技能

A. ②③④　　B. ①②③④

C. ①③④　　D. ①②③

2. 情境意识的内容包括________。

①仅对船舶近距离范围内情况的观察力;②敏捷地觉察船舶周围实际情况与变化趋势的注意力;③仅对自己船舶驾驶台实际条件状态的注意力;④正确地感知自己船舶实际条件状态与变化的理解力

A. ①②③④　　B. ①③

C. ①②　　D. ②④

3. 培养情境意识的途径有________。

①初始航行实习;②航海技术和经验的累积;③航海模拟器训练;④良好的心理和身体素质;⑤良好的航海职业态度

A. ①③④　　B. ①②③⑤

C. ①②③④　　D. ①②③④⑤

4. 在实际的航海工作中不断提高情境意识的警觉性的最有效的途径是________。

A. 保持充足睡眠

B. 参加模拟器训练

C. 保持兴奋和紧张

D. 自问“周围已发生了什么,正在发生什么,将要发生什么?”

5. 下列哪项是情境意识丧失的表现?________。

A. 尾随他船航向时,考虑到他船可能会有突然停车,而未能及时通知本船的情况

B. 锚泊中,有他船近距离穿越本船船首时,提前警告他船有碰撞锚链的危险

C. 桥区航行时,引船员在船,船长认为没有必要采取备锚措施

D. 船舶进出港口的过程中,能够考虑到可能会有小船突然穿越本船船首航向的情况

6. 保持良好的情境意识的手段包括________。

①利用一切手段获得情景意识;②最大限度值班驾驶室的情景意识的培养;③充分认识其他驾驶台团队成员的作用

A. ①②　　B. ②③

C. ①②③　　D. ①③

7. 以下关于情境意识的说法错误的是________。

A. 情境意识是对当前情况和环境认识和感知就驾驶台资源管理的角度而言的

B. 情境意识最基本的影响因素是经验与训练

C. 良好的情境意识表现有能迅速地感知工作现场的实际情况和变化趋势

D. 在平时工作中养成安全的做法和习惯不是驾驶台情境意识的保持

8. 为了保持良好的情境意识,及时发现事故链形成的迹象和中止事故链,以达到船舶航行安全的目的,驾驶台团队成员应当________。

①培养和提高个人的情境意识;②提前做好周密详尽的计划和准备;③在平时工作中养成安全的做法和习惯;④灵活地把握注意力的转移和集中

A. ①②③④　　B. ②③④

C. ①③④　　D. ①②④

9. 下列哪些做法可以保持良好的情境意识? ________。

①利用知识和技能;②做好计划和准备工作;③正确使用通信—反馈渠道;④充分认识其他驾驶台团队成员的作用

A. ①②③④　　B. ①②③

C. ②③④　　D. ①③④

10. 关于情境意识与船舶航行安全之间的关系,正确的说法是________。

A. 情境意识与船舶航行事故风险没有必然的关系

B. 情境意识与船舶航行事故风险没有很大的关系

C. 情境意识越好,船舶航行事故风险越大

D. 情境意识越好,船舶航行事故风险越小

11. 下列对情境意识的影响因素叙述错误的是________。

A. 对情况的适应和熟悉程度会直接影响个人的情境意识

B. 良好的情境意识的培养,需要凭借个人的能力来独立完成

C. 经验丰富和训练有素是提高情境意识的最基本方法

D. 健康是具有良好的情境意识的基本条件,包括身体健康和心理健康

12. 下列________情况下,驾驶台值班人员会丧失情境意识。

①超负荷工作、压力过大,疲劳值班;②外部通信使用标准用语、遵守标准的规定;③未能进行正确的控制和指挥、未能安排好瞭望人员;④不考虑或轻视潜在问题以及自认为很安全

A. ①②④　　B. ①②③

C. ②③④　　D. ①③④

13. 关于驾驶台团队的情境意识,正确的是________。

①是驾驶台团队的群体情境意识;②由团队成员的个体情境意识组合形成;③不是每一个个体情境意识的简单叠加;④主要取决于船长所能获得的情境意识水平

A. ①②③　　B. ①

C. ①②　　D. ①②③④

14. 下列不是良好的情境意识表现的是________。

A. 有了解周围情况变化对船舶运动影响的判断力
B. 有觉察船舶周围实际情况与变化趋势的注意力
C. 有感知自己实际条件状态与变化的理解力
D. 采取有效措施与方法确保船舶安全的领导力

15. 下列哪些做法可以保持良好的情境意识？________。
①正确感知周围情况；②敏感地察觉周围情况的变化；③全面了解周围情况变化的影响；④正确考虑和计划好即将面临的情况以及知道周围将发生什么
A. ①②③④　　B. ①②③
C. ②③④　　D. ①③④

16. 情境意识与安全的关系是________。
①情境意识是识别失误链和终止事故发生的能力；②丧失情境意识表明失误链的形成；③情境意识越好，事故风险越小；④低情境意识产生高风险，高情境意识则减少风险
A. ④　　B. ③④
C. ①②　　D. ①②③④

17. 下列哪些做法可以保持良好的情境意识？________。
①用一切手段获得情境意识；②敏感地察觉周围情况的变化；③全面了解周围情况变化的影响；④正确考虑和计划好即将面临的情况以及知道周围将发生什么
A. ①②③　　B. ①②③④
C. ②③④　　D. ①③④

18. 船舶驾驶员个人的情境意识包括________。
①个人的经验；②个人的训练；③个人的身体与精神状态；④操纵与操作的技能
A. ①②③　　B. ①③④
C. ②③④　　D. ①②③④

19. 关于情境意识的提高途径，正确的是________。
①避免只重视技术，忽略管理的倾向；②善于从事故中观察和总结规律；③积累工作经验；④反复训练应急程序
A. ①②③　　B. ①
C. ①②③④　　D. ①②

20. 在下列哪些情况下，驾驶台值班人员不会丧失情境意识？________。
A. 全部注意力集中在一个问题或情境意识的一个方面
B. 按照正规的程序从事交接班时
C. 通信不畅或不良的通信
D. 对局面难以确定且注意力分散

21. 在下列什么情况下，驾驶台值班人员会丧失情境意识？________。
A. 制订或落实好航行计划
B. 执行已建立的规则和程序
C. 对船舶实施正确的控制与指挥
D. 过度自信，自认为对从事的工作与业务很熟悉

22. 对于船舶驾驶人员而言，情境意识是________。
A. 在特定的时段和情境中对影响船舶的各种因素与条件的准确感知
B. 在特定的情境中对影响船员的各种因素与条件的准确感知
C. 在特定的时段和情境中对影响船舶和船员的各种因素与条件的准确感知
D. 在特定的时段对影响船舶和船员的各种因素与条件的准确感知

23. 关于驾驶台资源管理中的情境意识，下列说法正确的是________。
①是船舶驾驶台团队对船舶的状态、条件、影响因素的准确感知；②是工作状态和思维的产物；③决定着人的行为与动作；④情境意识低表明失误链的形成
A. ①　　B. ①②
C. ①②③　　D. ①②③④

24. 驾驶台团队情境意识应是哪些个人情境意识的组合？________。
A. 船长和引航员个人情境意识的组合
B. 船长和驾驶员个人情境意识的组合
C. 船长、引航员和驾驶员个人情境意识的组合
D. 船长、引航员和驾驶台其他值班船员个人情境意识的组合

25. 下列不是情境意识丧失的征兆的是________。
A. 出现了两个或多个可信度很高但有矛盾的信息
B. 感觉压力大或疲劳而忽略了其他问题
C. 不能完整地接收和理解计划
D. 根据正当的理由背离避碰规则

26. 下列哪些做法不能获取情境意识？________。
A. 时刻保持能了解船舶在哪里、去哪里和如何安全到达那里的警觉性
B. 保持良好的情绪和身体健康状况
C. 缺乏良好的职业态度
D. 在模拟器训练中不断地复习特定的应急情况程序

参考答案

任务一　了解驾驶台资源管理基础

1. A　2. B　3. A　4. C　5. B　6. D　7. D　8. D　9. D　10. B
11. C　12. A　13. D　14. D　15. C　16. A　17. D　18. D　19. B　20. A
21. A

任务二　了解驾驶台组织结构及职责

1. A　2. B　3. D　4. D　5. A　6. C　7. D　8. D　9. D　10. B
11. D　12. C　13. A　14. C　15. C　16. A　17. A

任务三　掌握驾驶台通信与沟通

1. A　2. A　3. A　4. C　5. B　6. C　7. C　8. A　9. B　10. A
11. B　12. B　13. C　14. A　15. B　16. A　17. B　18. C　19. A　20. A
21. D　22. B　23. D

任务四　了解领导与决策

1. A　2. D　3. B　4. A　5. D　6. A　7. A　8. A　9. D　10. A
11. D　12. C　13. B　14. C　15. D　16. C　17. C　18. B　19. B　20. A
21. B　22. C　23. C　24. A　25. A　26. D　27. D　28. D　29. C　30. B
31. A　32. C　33. B　34. A

任务五　理解情境意识

1. B　2. D　3. D　4. D　5. C　6. C　7. D　8. A　9. A　10. D
11. B　12. D　13. D　14. D　15. A　16. D　17. C　18. D　19. C　20. B
21. D　22. C　23. C　24. D　25. D　26. C